근대조리서『조선요리제법』(방신영, 1943), 『우리음식』(손정규, 1948)의 저채류(菹菜類) 수록

근현대 김치와 김장문화

◎ — 윤덕인 · 홍미숙 · 김문경 · 박수금

지식인

근현대 김치와 김장문화

2020년 6월 15일 초판 1쇄 인쇄
2020년 6월 20일 초판 1쇄 발행

지은이 | 윤덕인 · 홍미숙 · 김문경 · 박수금
펴낸이 | 김종욱 · 명사동
펴낸곳 | 지식인
등 록 | 제301-2013-134호
주 소 | 서울시 도봉구 도봉로 180길 20 투웨니퍼스트 102동 602호
전 화 | 02)2266-8606 (대)
팩 스 | 02)2266-8607
E-mail | jisikin2013@naver.com
홈페이지 | www.jisikinbook.co.kr

ISBN 979-11-90815-66-6 (93590)

값 23,000원

근현대 김치와 김장문화

【제1부】 근대 이전의 김치와 김장문화

【제2부】 근대의 김치와 김장문화

1부

근대 이전의 김치와 김장문화

1장

들어가면서

우리나라의 김장문화는[1] 2013년 '김장, 한국의 김치를 담그고 나누는 문화(Kimjang; Making and Sharing Kimchi in the Republic of Korea)'로 유네스코 인류무형문화유산[2]으로 등재되었다. 다른 문화권에도 김치와 유사한 채소절임 음식은 많지만, 우리의 김장처럼 3,4개월 동안 채소가 귀한 추운 겨울을 대비하여 통배추김치, 동치미 등 여러 종류의 김치를 만들어 저장하고 먹는 풍속은 찾아보기 힘들다. 김장문화의 인류무형문화유산 등재는 공동체 아이덴티티(identity)의 나눔이라는 상징적 정서가 숨어있으며, 김치의 과학적 우수성을 전 세계에 다시 한 번 인식시키는 계기가 되었다.

전통적인 김장 풍경을 한식요리 연구가 故 김숙년(1934~2018) 선생은[3] "삼각산에서 선득한 바람이 불어와 '아, 이제 곧 겨울인가' 싶으면 어김없이 잔치처럼 분주한 김장하는 날이 다가오곤 했다. 마흔 명이 넘는 엄청난 식솔들이 내년 초여름까지 먹을 양을 마련해야 했기에 김칫거리 실은 달구지가 끝없이 이어지고, 어른아이 할 것 없이 모두가 거들며 열흘 가까이 김장을 담갔다. 이렇게 김장을 마친 뒤 김칫독을 세어보면 일흔 개가 넘었다. 내가 자란 오현(梧峴, 현재 서울 도봉구 번동 드림랜드 자리에 있던 우리집 가호)의 겨울은 해마다 이렇게 시작했다."고 회상했다.

김장 담그기 실태조사(2019)를 보면, 전국에서 10가구 중 6가구꼴로 김장을 담는다는 결과가[4] 나왔다. 한국농촌경제연구원이 최근 전국 소비자 601명을 대상으로 온라인 설문조사를 한 결과 응답자의 63%가 직접 김장을 할 것이라고 말했다. 그 이유로는 가족의 입맛을 맞출 수가 있고, 시판 김치보다는 재료의 품질을 믿을 수 있다는 점 등이었다. 또한 김치 담그기의 실태를 조사한 논문「한식조리 및 준비의 간소화 경향 조사」에서 4,241명을 대상으로 김치류의 실태조사를 한 경우도[5] 거의 매번 직접 만든다(45.2%)와 가족이나 친척으로부터 얻는다(43.5%)는 응답이 비슷한 수준으로 나타나, 가정 내 김치 담그기 비율이 높은 것으로 나타났다. 주로 구입한다는 10.7%, 잘 안 먹는다는 0.6%였다. 주로 '구입한다'는 조사에서는 대도시에 사는 경우 12.9%, 연령층은 30~39세, 소득은 200만원 미만일 경우에 직접 담근다는 응답이 많았다.

이처럼 '삼한사온(三寒四溫)'으로 대표되는 우리의 겨울에 채소재배가 어려운 환경에서 발달된 우리의 김치와 김장문화는, 현재 포장김치의 수요가 늘어남에도 불구하고 여전히 '김장'이라는 행사로 집집마다 이어지고 있다.

그러나 2020년 외식 주요 유행 흐름인 소비트렌드(농림축산식품부와 한국농수산식품유통공사(aT))의 발표를 보면[6] ① 친환경 가치를 중시하는 '그린오션', ② 편리하면서도 프리미엄한 '편리미엄', ③ 나를 위한 소비 '바이미포미(buy me for me)', ④ SNS 등을 통한 감성마케팅 '멀티스트리밍 소비'가 될 것이라는 전망이 나왔다. 이는 친환경 소비를 추구하는 젊은층이 많아져 유기농 식재료나 지역 식재료를 활용한 업체들이 주목받을 것으로 예상되고, 소비자들이 최근 수요가 높아진 1인 가구 증가와 함께 '가정간편식(HMR)' 등 간편한 외식제품을 소비할 때도 '가성비'만 따지는 것이 아니라, 품질과 서비스가 우수한 프리미엄 간편식을 찾고 있기 때문이다. '편리미엄'의 결과 젊은이들 사이에서 1회용 막김치(섞박지류)와 같은 '포장김치'의 판매는 증가하고 있는 실정이다.

국내 김치 소비량은[7] 2016년 186만 톤, 2017년 194만 톤이 된다. 김치는 조달 방법에 따라 소비자 가정과 외식과 급식업체에서 직접 담그는 '자가조제김치', 시장에서 구입하는 '상품김치(포장김치)'로 구분된다.[8] 자가조제김치의 소비량은 2010년에 147만 톤이며, 2017년에는 122만 톤으로 감소하는 편이고, 상품김치는 같은 기간에 54만 톤에서 71만 톤으로 증가하였다.[9] 결과적으로 상품김치의 소비가 증가하고 있음을 알 수 있다. 50대 이상 중 · 장년층에서도 직접 김장을 하는 대신 포장김치를 사먹는 사람들이 늘고 있다[10]고 한다.

외식 현장에서 보게 되는 중국산 수입김치의 모습, 수제 및 공장 가공김치의 등장, 편의점에서 1인분씩 포장된 채로 판매되는 '맛김치', 홈쇼핑에서 판매되는 빨갛게 고춧가루 범벅이 된 '통배추김치'의 모습에서 우리 전통김치의 본모습과 원형을 무엇이라고 해야 할까 생각된다. 젊은 세대들에게 우리의 김치라고 권장할 만한 김치의 종류와 담금법을 제시해 주고자 시작된 이번 연구에서, 특히 근대 1876년 개항 이후 「황제의 식탁」 전시(2019)에서 보는 바와 같이 우리의 음식문화는 외세의 강압으로 개방되면서 서양과 일본문화의 영향을 받았다. 낯선 이방인인 외국인들은 처음 대하는 김치를 냄새와 신맛으로 인하여 기피하는 식품으로 여겨졌던 기록도 있다. 그럼에도 불구하고 오늘날 김치는 외세문화의 영향을 거의 받지 않았으며, 김치 재료의 내용변화와 초기 김치의 주류를 이루던 짠지류를 많이 선호하지 않는 점 등의 변화는 있지만, 그 원형을 유지하며 현재까지 전통을 지켜오고 있다.

이 책에서는 전통김치를 재조명하고, 기능성김치 등으로 진화된 현재의 김치 모습도 살펴보고자 하였다. 특히, 21세기 전 세계적으로 발효식품이 각광을 받고 있는 이때에 향토김치, 기능성김치에 이어 농림축산식품부에서 지정하는 '전통식품명인-김치 식품명인' 제도와 국가무형문화재로 지정된 '김장문화'로 우리김치, 김장문화의 꽃을 피운 듯하다.

2017년부터 시행하는 '김장문화(제133호)'는[11] 우리나라 전역에서 각 가정을 중심으로 자연스럽게 전승되고 있는 생활 관습이자 문화라는 점에서 '제염(제134호)', '장 담그기(제137호)' 등과 같이 보유자나 보유단체 인정 없이 국가무형문화재 지정 가치로 인정되었다. 문화재청은 국민들이 무형유산으로서 가치를 공유하고 전승에 함께 참여할 수 있도록 학술적인 연구와 전승 활성화 프로그램 등을 적극적으로 지원하고 있다.

이 책에서는 근대 이후 우리의 김치가 다른 어떤 음식문화보다도 외세문화의 영향을 덜 받고 우리의 김치 정체성을 지녀온 무김치, 동치미, 나박김치, 섞박지, 오이김치, 배추김치 등 우리 김치의 역사적 변천 과정을 살펴보고 원형을 반영한 바람직한 권장김치 10~20종을 제시하고 있다. 또한 집필 목적에 맞게 김치명인을 지향하면서, 우리 전통김치에 대한 이해를 돕는 자료로 김치의 원형, 향토김치, 개발김치, 특허김치 등을 포함하여 우리 김치의 변천사를 이해하고 전문적인 김치 전통식품명인, 무형문화재 지정종목인 '김장문화'를 계승하는데 도움을 주고자 하였다.

우수한 영양과 기능성을 지니고 있는 우리 김치의 문헌상 처음 기록은 『삼국지 위지』 동이전에 고구려인들은 "자희선장양(自喜善藏釀)하였다."라고 하여 발효식품을 잘 만들었다고 하였으며, 『삼국사기(三國史記)』 신문왕(神文王) 3년(683년)

에 폐백(幣帛) 품목으로 쌀(米), 술(酒), 기름(油), 장(醬), 시(豉), 해(醢 젓갈 해, 절임/醯, 식초 혜)[12], 포(脯)가 기록되었는데, 김치와 같은 발효식품은 해(醢)에서부터 시작되었다고 본다. 학자들에 따라 해는 해(醢)나 혜(醯)로, 또는 해와 혜로 해석되기도 하는데, 채소를 소금에 절인 짠지 형태의 채소절임으로 시작되었다고 보인다. 이 고대 김치의 모습은 장아찌로 남아있는데, 현재도 그 흐름은 김장 무렵에 토종 갓을 소금에 짜게 절였다가 일년 내내 두고 퇴염해 무쳐서 먹는 강원도의 토종 갓김치에 그대로 남아있다.

고대에 해형(醢型) 김치로 시작한 것이 신라, 고려를 거치는 과정에서 침채형(沈菜型) 김치가 등장하며 '해형 김치'와 '침채형 김치'의 두 계열로 나누어 발달하였다. 해형(醢型) 김치는 고대의 김치 형태로 소금, 소금과 술지게미, 소금과 술지게미 및 쌀죽을 섞은 것에 채소를 절인 것을 의미한다.[13] 고려시대에는 이규보의 『동국이상국집』에 국물김치인 동치미, 나박김치 등의 침채형(沈菜型) 국물김치가 획기적으로 등장하는데, 고려시대까지는 무, 가지, 오이, 부추, 미나리, 파 등이 주재료가 되고, 양념으로 마늘, 생강, 귤껍질, 천초 등이 쓰였으며 젓갈을 넣지 않았다. 김치는 짠지 형태와 침채형 김치가 만들어졌다.

조선시대 전기에도 대체로 고려시대의 것과 같은 김치를 담갔으나 배추 · 무 · 오이 · 가지 등을 주재료로, 미나리 · 갓 등은 양념채소로, 파 · 마늘 · 생강 · 고춧가루 · 젓갈 등을 사용한 양념김치의 시작과 함께, 임진왜란(1592~1598) 이후 도입된 붉은 고추의 사용과 젓갈의 사용 등으로 본격적인 양념김치의 형태를 갖추게 되었다. 이후 19세기에 결구배추가 재배되어 현재와 같은 조선시대 후기 양념김치인 통배추김치가 만들어졌다. 따라서 통배추김치의 역사는 비교적 짧고, 전통적 우리 김치의 대표적 재료는 무이다.

오늘날 김치라 하면 붉은 색의 '통배추김치'를 먼저 떠올리는데, 우리의 전통김치는[14] 장류와 식초 등의 발효식품과 함께 오이 · 무 · 갓 등을 소금에 절인 짠지류로 시작하여, 현재는 다양한 재료의 양념김치 형태로 이용된다.

김치가 오늘날과 같이 자리매김한 것은 조선시대[15]이다. 필자 중 윤덕인은 「조선시대 김치의 변천 발달과정」을 석사학위 논문으로 썼으며, 홍미숙은 조리 실기

솜씨가 뛰어난 조리기능장(2018년)이며, 김문경, 박수금은 '이하연 김치명인'의 김치아카데미를 수료하고 매년 김장축제 행사 등에 참여하고 있다.

따라서 집필 내용도 윤덕인은 이 책의 기획과 함께 들어가며 1장, 2장, 3장, 4장, 5장 등 김치의 역사적 변천을 집필했고, 홍미숙은 8장, 9장의 김치산업과 전통식품명인 중 김치명인에 대한 비법들을 조사 집필하였으며, 김문경, 박수금은 6장, 7장, 10장의 연변 조선족 등 해외동포들의 김치문화, 궁중김치, 향토김치, 개발김치, 퓨전김치 등을 포함한 주로 현대의 김치, 김장문화와 김치축제 등을 집필하였다. 또한 『주초침저방』이나 『규합총서』, 『산가요록』의 고찰 부분도 참여하였다. 그리고 7장 중 문헌을 통한 우리 김치의 원형과 권장김치는 4명이 공동으로 숙고하였다. 11장의 김치와 인문학에서는 김치박물관, 문학작품 속의 김치, 전통음식의 보고인 종가의 김장 모습, 그리고 각 집필진이 인터뷰한 스토리텔링 성격의 우리 김장문화를 이야기로 기록하였다.

2장

근세(초기근대), 근대, 현대

1. 근세(초기근대), 근대, 현대의 이해

1.1 근세(초기근대)의 개념

동아시아에서 '근세'라고 하면[16], 중국사와 한국사에서는 '근세'라는 시대 구분이 명확하지 않으나, 중국에서는 '근세'라는 말이 예전부터 사용되고 있어서 우리가 '요즈음'이라고 표현하는 것과 비슷하다. 교토제국대학 교수였던 나이토 코난(內藤湖南)이 『지나론(支那論)』(1914)에서 "명나라 시대 또는 청나라 이후를 칭하여 근세라고 부른다."고 하였으나, 군주독재 정치, 서민의 대두, 그리고 새로운 문화의 발흥과 같은 서양의 르네상스 시대와 견줄 수 있는 변화를 근세로 본다면, 송나라시대 10세기 이후를 지칭하기도 한다.

일본사에서의 '근세'는 보통 오다 노부나가(織田信長)의 교토입성(1568년)에서부터 도쿠가와 요시노부(德川慶喜)의 대정봉환(大政奉還, 1867)[17]을 가리킨다.

유럽사에서의 '근세'는 초기근대와 겹치는 16~18세기까지의 시기를 의미한다. 16세기에 급격하게 상품경제가 활발해지고 사회가 유동화(流動化)되는 가운데 기존의 질서가 무너지고, 그 혼란 상황 속에서 새로운 국가가 생겨나 17세기에서 18세기에 걸쳐 새로운 질서가 만들어지는 하나의 움직임이 나타나는 시기이다. 17세기 초에 성립한 일본의 도쿠가와 정권과 같은 세기 중엽에, 중국 청나라 정권은 유럽 절대왕권의 성립과 동시대적으로 생겨났다. 그리고 근세 동아시아 역사에 중요한 역할을 한 물품으로는[18] 생사, 인삼, 총과 대포 같은 화기(火器), 아메리카 대륙에서 도입된 담배와 고구마 등의 신작물 등이었다.

1.2 근대의 개념

근대(近代)라는 말을 직역하면[19] '가까운 시대'라는 뜻으로, 19세기까지의 동아시아 문헌에는 거의 등장하지 않는 개념어이다. 근대라는 말이 동아시아에서 주목받기 시작한 것은 서양어 'modern'의 번역어로 쓰이면서부터이다. modern의 어원은 'modemus'로 '지금의(new) 또는 새로운(new)'이라는 뜻이다. 따라서 modern은 서양인들이 중세와는 다른, 그리고 지금 시대와는 가까운, 그러면서 새로움이 등장한 시대를 지칭하기 위해서 쓴 말이다. 그 새로움은 과학혁명, 산업혁명, 시민혁명, 정교분리, 중앙집권, 자본주의, 개인의 등장으로 대변되었다. 이것은 흔히 말하는 '서구적 근대성(Western modernity)'이다.

서양사에서 중세는 '암흑기'부터 '황금기'까지 관점과 해석의 스펙트럼이 아주 넓다. 먼저 떠오르는 단어는 마녀사냥이나 봉건제 같은 부정적인 것들이다. 고대는 서양문명의 원형을 제시한 창조적 시대로, 근대는 시민사회를 이룬 진보의 시대, 합리적 시대로 보는 긍정적 평가와 대비된다.[20]

『근현대세계사』에서는[21] 근대를 1760년대 산업혁명부터 제국주의 시대가 시작되는 1870년대까지 약 100년 남짓을 근대라 하였다. 이 시대는 영국의 산업혁명 이후 유럽국가들을 중심으로 자본주의 경제시스템이 세계화되고 유럽 중심의 국민국가 체계라는 정치 체계가 확립되어 도시가 주요 생활공간의 위치를 확립한 시기에 해당한다. 이때는 유럽에서 전 세계로 뻗어가는 철도망, 증기선의 정기항로를 건설했던 지구 규모의 네트워크 형성의 움직임이 큰 역할을 하고 있다. 즉 산업혁명이 세계로 확산되는 가운데 현대로 이어지는 역사가 새롭게 시작되었다고 생각할 수 있다.

산업혁명은 서구국가들로부터 러시아, 미합중국, 일본으로 전해지고, 유럽국가들은 라틴아메리카와 아시아의 많은 나라를 식민지나 종속국으로서 세계시장에 편입시켜 자본주의 경제시스템을 전 세계로 확산시켰다.

1) 서양의 근대

근대(modernity, modern times)라는 용어 자체가 주로 서양에서 시대를 구분할 때 자주 사용되는 용어이며, 시간적으로는 중세, 근세를 거쳐 현대가 되기 전의 교량적 의미의 시기이다. 유럽사회에서는 17~18세기를 근대의 시작으로 보고 있는데, 르네상스를 거쳐 산업혁명 이후로 본다면 크게 틀리지 않는다.

근대는 영국의 산업혁명 이후 유럽국가들을 중심으로 자본주의 경제시스템이 세계화되고 유럽 중심의 국민국가 체제라는 정치체제가 확립되어 도시가 주요 생활공간의 위치를 확립한 시기에 해당한다. 이때는 유럽이 전 세계로 뻗어가는 철도망, 증기선의 정기항로를 건설했던 지구 규모의 네트워크 형성의 움직임이 큰 역할을 맡고 있다. 요컨대 산업혁명이 세계로 확산되는 가운데 현대로 이어지는 역사가 새롭게 시작되었다고 할 수 있다.

1870년부터 시작된 전기와 석유 등을 에너지원으로 하는 네트워크가 형성되고 그에 맞는 산업시스템, 자금조달시스템, 경제구조가 완성되기 시작했다. 이러한 변화에 의해 식민지 체제가 세계화되고 열강들 간의 세계적 규모의 충돌이 치열해지다가 유럽국가들은 제1차 세계대전에 돌입했다. 유럽을 무대로 4년에 걸쳐 전개된 치열한 전쟁은 세계의 중심이 유럽이었던 19세기까지의 시대에 종지부를 찍었다. 이 대전을 계기로 미국이 세계를 주도하기 시작했다.

그러나 미국의 번영도 1929년의 세계공황으로 크게 흔들렸다. 심각한 경제 위기에 절박한 경제 경쟁이 치열해지고 대립의 골이 깊어져 제2차 세계대전이 발발한 것이다. 이 전쟁에서 유럽국가들은 완전히 몰락하고, 대전 후에는 전 세계의 식민지 체계가 붕괴하며 아시아와 아프리카에 많은 국민국가가 탄생하였다. 나아가 미국의 경제패권, 미 · 소냉전, 컴퓨터 기술의 보급 등에 의해 현대로 이어지는 많은 사건들이 일어났다.

2) 중국, 일본의 근대

청나라의 개항은 1840년, 일본의 개항은 1854년, 쇄국정책을 실시해 왔던 조선의 개항은 1876년(강화도조약)이며, 그 이후부터가 근대의 시작이다. 그리고 조선은 1883년 제물포, 부산, 원산 세 항구가 문을 열었고, 1897년과 1899년에 다섯 곳이 추가로 개항되었다. 이때부터 한반도에는 새로운 시대가 시작되었다.

이후 1990년대가 시작되면서 냉전 종결, 소련 해체, 사회주의 국가들의 변모, 광역 경제의 성장, NIES(신흥공업경제국)의 확대, 지구환경 문제의 심각화 등으로 인류사회는 다시금 극적인 변화를 보였다. 21세기 역시 변화의 흐름은 더욱 치열해져 시스템에서부터 가족과 개인의 생활 유형에 이르기까지 과거의 장점은 살리면서 재편해 나갈 것을 요구하고 있다.

3) 조선의 근대(갑오개혁(1894) ~ 해방(1945)까지의 시기)

근대를 어떻게 규정할 것이냐 하는 문제는 학자마다 의견이 다르지만, 조선의 근대는[22] 갑오개혁(고종 31)부터 해방(1945)까지의 시기라고 할 수 있다. 갑오개혁은 1876년 개항 후 1894년 고종 31년에 시행된 정책으로 재래의 문물제도를 버리고 근대적 서양의 문물제도 및 법식을 받아들여 새 국가체제를 확립하려던 시도이다. 개혁의 중심은 군국기무처(軍國機務處)였는데, 반년 동안 무려 208건에 달하는 개혁조치를 의결했다.

이것은 조선의 구질서를 혁파하여 근대국가의 기틀을 다지려는 시도로 정치, 경제, 사회 등의 모든 제도에 대한 근대적인 개혁이었다. 청국과의 조약 폐지, 개국기원의 사용, 문벌과 신분계급의 타파, 인재등용 방법의 쇄신, 노비제도의 폐지, 조혼 금지, 부녀자의 재가 허용 등의 정치적 사회개혁이 있었고, 대표적인 경제개혁은 도량형(度量衡)의 통일, 통화정리, 조세의 금납제(金納制), 은행과 회사의 설립 등이 있었다.

조선의 근대는 개화와 맞물려 있는데, 개화의 국면에서 새로운 문명이라고 여기는 근대가 펼쳐졌다.[23] 즉 램프, 시계, 기차, 전차, 자동차, 단발과 양복, 신문과 잡지 등 신기술과 신문명의 보급이 당시 사회에 큰 변화를 예고했다. 특히 새로운 인쇄기술의 도입은 사회적으로 큰 영향을 미쳤다. 또한 근대식 신문을 통하여 조리법이 연재되기도 했는데, 1913년 방신영의 『요리제법(料理製法)』[24]을 최초로 하여 근대의 조리서들이 다양하게 출간되었다.

한국적 근대의 특징은[25] 유학과의 긴장 속에서 탄생되었다는 점이다. 이것은 서구적 근대가 중세와의 긴장 속에서 탄생한 것과 대비된다. 즉 한국적 근대는 유교적 질서와는 다른 새로운 질서를 모색한 데서 시작되었다. 유교적 질서의 특징은 모든 가치가 '성인'의 가르침(敎)에서 나온다는 점이다. 이에 반해, 동학을 비롯한 개벽종교는 가치의 중심을 중국의 '성인'에서 한국의 '민중'으로 이동시켰다. 철학의 근원을 어느 한 사람에게 집중시키지 않고 모든 이들에게 분산시킨 것이다.

우리나라의 근대화는[26] 서양 대부분 국가의 근대화 과정과는 다른 성격을 지녔다. 청, 일본, 러시아, 미국, 영국 등의 여러 나라에 의해 강제로 물밀듯이 밀려들어온 외부의 문물은 무조건적으로 조선의 것은 비과학적 · 비이성적인 것이며, 조선의 것이 아닌 서구적인 것은 과학적 · 이성적인 것으로 받아들여지게 되는 현상을 낳았다.

조선의 문을 강제로 열고 문물을 받아들이게 한 외부세력 중에 가장 집요했던 세력은 일본이었다. 일본에 의해 많은 문물이 받아들여지고 또 그 과정이 근대화와 겹치면서 '근대화는 일본'이라는 등식을 가지게 하는 부작용도 낳았다. 또한 식생활에서 일어난 근대화에서도 우리의 전통 식생활 · 식문화는 다소 홀대받는 느낌이 강했다. 정확하지 못하고, 청결하지 못하고, 복잡하고 영양학적으로 풍부하지 못하다는 '전통'에 비해, 근대화된 식생활이란 정확한 조리법에 의해 정확한 정량, 청결하고 간소한 방법으로 영양적으로 우수한 음식을 만들 수 있는 것으로 인식되었다.

일본에서는 19세기에 후쿠자와 유키치가 서양의 과학을 '실학'이라는 말로 표현했는데, 즉 과학으로서의 실학 개념을 제시한 것이다. 우리도 실학에서 서구의 모던(modern)과 같은 기준으로 새로움을 발견하려 하였다. 이 점은 우리의 경우도 같다고 할 수 있다.

이제까지의 근대통사는[27] 내재적 발전론을 암묵적 전제로 삼았었다. 즉 한국은 18세기 무렵부터 내재적으로 근대를 향하여 발걸음을 내딛었으나, 그것이 일본의 침략으로 저지당했다고 하는 인식이 일반적이었다. 그러나 이러한 역사 인식은 근대화를 절대화해 버린다.

한편, 식민지 근대화론의 통사는 내재적 발전을 부정하지만, 근대를 절대화하는 점에서는 내재적 발전론 이상이다. 따라서 한국의 경우에는 유교적 민본주의, 즉 일군만민(一君萬民)의 정치문화가 근대와 만났을 때 어쩔 수 없이 변화를 강요당하면서도 어떻게 자신의 가치를 관철하면서 새로운 국가를 만들려고 했는지에 대하여 고민하고 좌절하는 과정에 주목하였다.

일본은 근대서구와 접촉하면서 막부 말기의 혼란은 있었다고 하나, 비교적 완만하게 국민국가를 달성했다고 보았고, 한국의 국민국가화는 그리 쉽지 않았다고 보았다. 그 원인으로는 재빨리 근대화 한 일본이 한국의 국민국가화를 저해했다는 것이 종래의 견해인데, 결코 틀린 말을 아니지만 한국에는 문명의식 차원에서 일본과는 비교가 되지 않을 정도의 우월의식이 있었으며, 유교적 민본주의라는 정치문화가 각계각층에 침투해 있었기 때문으로 보았다.

민중은 유교적 민본주의에 기초하여 민란과 농민전쟁을 일으켰다. 의병에 나선 것 또한 그러한 이유에서다. 그러므로 단순히 위정척사파의 사상뿐만 아니라 개화파의 사상도 유교적 민본주의에 구속당하면서 근대화를 구상했다고 보았다.

1.3 1945년 해방과 현대

미야자키 마사카츠는 『근현대세계사』에서 "현대사는[28] 자본주의 경제시스템, 국민국가시스템, 도시의 팽창, 철도 등의 다양한 인공적 네트워크의 성장, 기술혁신에 의한 기술체계의 변화, 그것과 상호관계에 있는 사회시스템 변모 등의 키워드를 포함하고 있다."고 하였다. 그는 1970년대 이후 태어난 젊은이들은 전쟁 직후의 배고픔을 상상할 수 없을 것이고, 포식의 시대가 안고 있는 문제점도 보이지 않을 것으로 보았다. 그것이 현대사를 쓰기 위해서는 근대사부터 써야 하는 이유라고 밝히면서, 앞서 키워드로 꼽은 "경제시스템, 국민국가시스템, 도시의 팽창, 다양한 인공적 네트워크의 성장, 기술체계의 변화에 수반되는 사회시스템의 변모는 18세기 후반부터 현대까지 이어지고 있는 인류사회의 저변을 흐르고 있는 저음부로, 그것을 알아두지 않으면 최근의 민족분쟁 같은 것을 이해할 수 없다."고 하였다. 그래서 대략 1760년대(산업혁명)부터 1870년대(제국주의 시작)까지 약 100년을 '근대'로 하고, 1870년대부터 현재까지를 '현대'로 하였다.

우리는 개화기와 일제강점기인 근대를 거쳐 1945년에 해방을 맞았다.[29] 1942년 9월 미 육군은[30] 원폭개발 '맨해튼 프로젝트'에 착수했다. 2개월 후 시카고대학의 경기장에 만들어진 원자로에서 핵분열의 연쇄반응이 일어나는 것을 발견하고, 우라늄 238에 중성자를 대면 플루토늄으로 바뀌는 계산을 얻었다. 20억 달러의 자금과 12만 명을 동원하여 뉴멕시코주의 2,000미터 고지에 있는 로스앨러모스의 비밀 연구소를 중심으로 우라늄과 플루토늄 두 타입의 원폭 계획 및 개발이 진행되었고, 이후 1945년에 우라늄 원폭 1개, 플루토늄 원폭 2개가 완성되었다. 미국은 8월 6일 우라늄 원폭을 히로시마에, 8월 9일 플루토늄 원폭을 나가사키에 투하했다. 이로 인해 히로시마에서는 약 42만 명의 시민 중 38%에 해당하는 15만 9,000명이, 나가사키에서는 약 7만 4,000명이 사망했다. 이때쯤 독일과의 전선에서 승리한 소련도 8월 8일에 일·소 중립조약을 일방적으로 파기하고, 160만 명의 병력을 만주로 보내어 불과 1주일 만에 만주국을 점령하였다. 미국대통령 트루먼은 미군의 피해를 최소한으로 줄이기 위해 어쩔 수 없이 원폭을 사용했다고 했고, 이로 인해 일본은 연합국에 무조건 항복하며 제2차 세계대전은 끝이 나면서 우리도 해방을 맞았다.

제2차 세계대전 이후 컴퓨터를 이용한 신기술 체계가 개발[31)]되어, 1920년대에 보급된 라디오, 1936년에 영국 BBC에서 처음 방송이 시작된 텔레비전, 1960년에 미국의 NASA(미국항공우주국)가 지상의 전파를 인공위성으로 반사시켜 멀리 보내는 '에코위성'을 쏘아올리고 2년 후에 통신위성 '텔스타1호'를 이용한 텔레비전 중계도 개시되었다. 1980년대 이후에 세계 규모로 컬러화가 추진되어 컬러텔레비전이 전 세계 가정에 보급되었다.

비행기의 개발은 20세기 초에 본격적으로 시작되었다. 제트기에 의한 하늘의 네트워크가 지구상에 펼쳐지며 지구는 더욱 좁아졌고, 제1차 세계대전 이후 세계일주 네트워크를 갖는 항공회사도 출현하였다. 인터넷 등의 각종 고속 네트워크가 지구를 휘감으면서 이로 인해 인류의 생활 터전은 크게 변화하였다. 그와 더불어 새로운 시스템이 필요하게 되면서 정치, 경제의 구조는 규모가 더욱 커졌다.

3장

김치와 김장의 정의, 어원 및 기원

1. 김치의 정의와 어원

1.1 김치의 정의

김치는[32] 무, 배추, 오이 등과 같은 채소를 소금에 절이고 고추, 파, 마늘, 생강 등 여러 가지 양념을 버무려 담근 채소의 염장 발효식품이다. 2001년 7월 초 국제식품규격위원회인 코덱스(Codex)위원회에서 'Kimchi'로 국제규격식품 공인을 받으며, 다른 전통식품에 대해서도 국제규격화를 추진할 수 있는 바탕을 마련하였다.[33]

1.2 김치의 어원

김치를 의미하는 옛말은 '디히'와 '지'인데, '지'는 지금까지도 김치의 다른 표현으로 쓰이고 있다. 상고시대에는 김치를 '저(菹)'로 표기하였다. 저(菹)는 '소금에 절인 채소'를 뜻한다.

『한국식품사연구』에 따르면, 중국 『제민요술(齊民要術)』(540년)의 '작저법(作菹法)'과 일본 나라(奈良)시대의 '채소절임'을 소개하며 우리나라 삼국시대의 '채소염장법'을 ① 소금에 절임, ② 소금과 술(또는 술지게미)을 섞은 것에 절임. 이때 조밥, 쌀밥 등을 섞어 절임, ③ 소금과 식초를 섞어서 절임, ④ 장류에 절임으로 도출하였다.

위와 같은 것이 우리나라 상고시대부터 삼국시대의 지(漬)형 또는 해(醢)형[34], 혜(醯)형[35] 김치로 보았다. 지(漬)형 김치 이후 채소를 소금에 절여 만든 장아찌가 대중을 이루다가, 통일신라기에 이르러 천초(川椒), 생강, 귤피 등 향신미(香辛味) 나는 조미료가 식생활에 쓰이면서, 특히 청염(깨끗한 소금 또는 소금물)에 절여 국물채로 먹을 수 있는 나박김치, 동치미 등의 국물김치(침채(沈菜))가 새롭게 개발된 것으로 보인다. 이에 대한 문헌의 기록을 살펴보면 다음과 같다.

『삼국유사(三國遺事)』에는 김치, 젓갈무리인 '저해(菹醢)'가 기록되었는데, 『고려사(高麗史)』, 『고려사절요(高麗史節要)』에서도 '저'를 찾아볼 수 있다. 이후 '지(漬)', '염지(鹽漬)', '지염(漬鹽)', '침채(沈菜)', '침저(浸菹)', '침지(沈漬)', '엄채(醃菜)', '함채(鹹菜)' 등으로 표기되었다.

지(漬)는 우리 고유의 옛말로는 디히(菹)이고, 침채(沈菜, 팀채, 딤채)와 함께 김치(菹, 저)를 통칭한다. '지(漬)'는 국물을 붓지 않은 절임채소, '침채(沈菜)'라 할 때는 국물을 부어 담근 것으로 채소 발달 이후에 분화 개발된 김치로 생각할 수 있다. '저(菹)'는 날채소를 소금에 절여 차가운 곳에 두고 숙성시킨 김치무리를 말한다. 『임원십육지(林園十六志)』에는 저(菹)에 대한 설명과 많은 종류의 김치가 기록되어 있다.[36)]

우리나라 문헌에서 '김치'라는 말이 등장한 문헌은 불분명하나 기록을 찾아보면[37)], 조선 중종 때의 『벽온방』(1518년)에 '무딤채'라는 말이 나온다. 16세기 초엽 『훈몽자회』에서도 '딤채'라는 말이 나온다. '딤채'와 '팀채'와 '침채'는 동일한 의미라 추측되지만, 조선시대 후기에 쓰여진 『시의전서』에는 재료에 따라 '침채'와 '김치'를 병행하여 쓰고 있었다.

'김치'라는 말은 '침채(沈菜)'라는 한자어에서 비롯되었다. 이 한자어는 중국에는 없는 것으로 보아 우리나라에서 만든 글자인 듯하다. 즉 우리는 소금에 절인 채소에 소금물을 붓거나 소금을 뿌림으로써 독자적으로 국물이 많은 김치를 만들어낸 것이다. 이것은 숙성되면서 채소 속의 수분이 빠져나오고, 채소 자체는 채소국물에 침지(沈漬)된다. 또 국물이 많은 동치미 같은 것에서는 채소가 국물 속에 침전되고 만다. 여기서 우리 고유의 명칭인 '침채'가 생겨난 것이다.[38)]

『훈몽자회(訓蒙字會)』(1525)에서는 '딤채조'라고 하였으며, 이 '딤채'가 '짐츼'에서 '짐치', 다시 '김치'의 여러 단계로 어음변화가 일어나 '김치'가 된 것이라 한다. 반면, 한글학자 박갑수는[39)] 김치의 어원에 대하여 "김치는 '침채(沈菜)'에서 비롯된 말이나, 이는 한자를 빌린 우리말이다. 이것이 '딤ᄎᆡ(딤채)' 또는 '팀ᄎᆡ(팀채)'로 변하고 다시 '짐ᄎᆡ(짐채)', '짐츼(짐채)'를 거쳐 '김츼(김채)'가 되고, 오늘의 김치가 되었다."고 설명한다.

그러나 '딤채'보다 더 오랜 고유어로 '디히'가 있다. 『두시언해(杜詩諺解)』 권 3에 원문의 '동저(冬菹)'를 '겨디히'라 번역한 데서 이것을 확인할 수가 있다. 『태종실록』에는 침장고(沈藏庫)란 말이[40] 나오고 있는 사실에서 이미 1300년대에 '침채(沈菜)'라고 표기해 이것이 오늘날의 김치가 되었으며, 김장은 '침장(沈藏)'에서 유래되었음을 알 수 있다.

2. 김장의 어원과 기원

2.1 김장의 어원

김장은[41] 김치의 장기저장을 위한 행사로서 진장(陣藏), 침장(沈藏)이라고도 한다. 저장기간으로 엄동 3개월이 필수이지만, 늦은 가을에서 이른봄 햇채소가 나오는 시기까지 4~5개월이 된다. 김장은 침장에서 유래되었다.

2.2 김장의 기원

『동국세시기(東國歲時記)』(1849)에서는 김장과 장 담그기는 일 년의 2대 행사라고 하였다. 오늘날과 같은 통배추김치의 원형도 이 책에 소개되었다.[42] 『농가월령가(農家月令歌)』(1816)에서 김장을 "무, 배추 캐어 들여 김장을 하오리다. 앞 냇물에 정히 씻어 함담(鹹淡)을 맞게 하소. 고추, 마늘, 생강, 파에 젓국지, 장아찌라 독 곁에 중두리요, 바탱이 항아리요. 양지에 가가 짓고 짚에 싸 깊이 묻고……"라고 기록하여 그 모습을 전하고 있다.

속리산 법주사에 묻혀 있는 석옹(石瓮, 독 옹)은 신라 33대 성덕왕 19년(720)에 설치되어 김칫독으로 사용되어 온 것이라 한다. 또한 침장고(沈藏庫)는 왕궁의 채소 공급을 관장하던 조선 초의 한 직사(職司)인데, 고려시대부터 궁중에서 필요한 물건을 담당하는 기관을 고(庫)라고 했으므로, 침장고는 고려에도 있던 직사로 볼 수 있다. 최남선의 『고사천자(故事天字)』에 "배추와 무가 성숙하고 기온이 강하하여 엄치(절여서 둠)가 가능한 시기를 타서 거의 향후 수년용의 잡저(雜菹)를 한 번에 냉암 저장하는 것을 김장이라 하여 침장(沈藏)의 글자를 관용한다." 하였다.

조선 초기 『사시찬요』에서 "겨울에 독을 묻을 때는 온처에 두고 눈이 두텁게 덮이도록 하는 것이 춘지(春漬, 봄김치)까지 얼지 않도록 하는 요령이다." 하였으며, 『동국세시기(東國歲時記)』(1849) 10월 '월내(月內)'에 "서울풍속에 무, 배추, 마늘, 고추, 소금 등으로 독에 김장을 한다. 여름의 장 담그기와 겨울의 김장 담그기는 인가(人家)의 일 년의 중요한 계획이다."라고 하였다.

김장행사는 각 가정을 위시하여 사찰, 군단, 기숙사 등 급식을 하는 각 집단의 단위로 행해져 왔으며, 김치의 산업화가 시작된 오늘날에도 가정을 위시하여 각 급식단위별 김장행사는 계속되고 있다.

3. 김치의 기원

김치의 탄생 이유로 가장 처음에 드는 것은, 우리나라가 사계절이 뚜렷하여 겨울철 3개월은 채소재배가 거의 이루어지지 못하므로 채소들을 김치의 형태로 저장 가공하였다고 한다.

식품을 저장하는 방법으로 햇볕에 말려 수분을 줄이거나 소금에 절이는 방법이 오래 전부터 이용되어 왔다. 채소를 소금에 절이면[43] 조직이 그대로 살아있고 신선미를 보유하면서 저장이 가능하다. 또한 염장 시에 소금을 적게 사용하면 세균의 발효작용으로 젖산을 생성하여 상큼한 맛을 내면서 저장성을 부여하는 유리한

작용을 한다. 이 절임 과정이 담금, 즉 발효 과정으로 진입한 것은 식품가공의 역사에서 획기적인 진전이라 할 수 있다.

우리나라의 김치 변천사에 관하여 윤서석은[44] "고대에 해형(醢型) 김치로 시작한 것이 신라, 고려를 거치는 과정에서 침채형(沈菜型)이 발달하여 해형 김치와 침채형 김치의 두 계열로 나누어 발달하였다."고 보았다. 해형(醢型) 김치는 고대의 김치가 소금, 소금과 술지게미, 소금과 술지게미 및 쌀죽을 섞은 것에 절인 것을 의미한다.[45] 이후로 채소재배가 발달하여 무, 미나리, 부추와 같은 채소의 종류가 많아지면서 채소를 소금물에 담가 국물과 함께 먹는 침채(沈菜)형 김치가 만들어졌다고 보았다,

장지현은[46] 김치의 기원은 "채소류 재배와 김치 제조를 연관시켜 삼국시대 이전으로 보았고, 김치 재료로는 고려시대에 확립되었으며 임진왜란 무렵에 들어온 고추가 보급됨에 따라 단순한 제조법에서 복합적인 김치 제조법으로 전환하기 시작하였다."고 하였다. 장지현의 김치 기원론은[47] 양념법과 절임법이 중국으로부터 각각 개별적으로 도입되었고, 그 후 두 가지 법이 혼합되어 우리나라에서 독자적인 김치 개발이 이루어졌다는 것이다.

이성우 또한 장지현과 같이[48] 김치의 기원을 중국으로 보고, "중국의 '저(菹)'는 신맛을 내는 채소저장 가공식품이었는데, 중국 농서 『제민요술』(540년경)에는 발효김치와 초절임으로 대별되며, 이것이 한국과 일본에 전해져 각기 특색 있는 저채류를 이루게 되었고, 중국에서는 초절임이나 신맛이 강한 것으로 발전했는데, 한국과 일본에서는 적절한 산미와 입 안의 촉감과 빛깔을 중요시하는 방향으로 나아가 훌륭한 부식으로 되었으며, 중국에서는 이차적으로 산미료화 하였다."는 것이다. 한국에서는 『제민요술』에서와 같이 "향신료를 충분히 쓰면서 여러 가지 채소, 해초, 육류, 젓갈 등도 섞어서 독특한 김치를 만들게 되었고, 일본에서는 다꾸앙, 후구신스게 식의 종류가 만들어지게 되었다."는 것이다.

김치가 채소의 절임에 이어 담금 중에 젓갈류를 비롯한 여러 가지 향신료, 조미료, 고명 그리고 빛깔까지도 고려한 김장김치의 수준으로 올라온 것은 외국에서 그 예를 볼 수 없는 것이다.

중국에서는 지금부터 3000년 전에 김치를 뜻하는 '저(菹)'자가 『시경(詩經)』에서 "밭두둑에 외가 열었다. 외를 깎아 저(菹)를 담자. 이것을 조상에게 받쳐 수(壽)를 누리고 하늘의 복을 받자."라고 기록되었다. 여기에 나오는 저(菹)가 바로 김치다.

김치의 기원을 『시경』의 '저(菹)'에서 찾고 있다.[49] 저(菹)는 『여씨춘추(呂氏春秋)』에 "주문왕(周文王)이 저(菹)를 즐겨 먹었다. 이 말을 들은 공자(孔子)는 주문왕을 존경하는 나머지 모든 행위를 그에 따르기 위해 콧등을 찌푸려가면서 저(菹)를 먹어 삼년 후에는 이 맛을 즐길 수 있게 되었다."고 기록되어, 저(菹)는 콧등을 찌푸리면서 먹어야 할 정도로 신맛이 센 것임을 알 수 있다. 『석명(釋明)』이라는 사전에는 "저(菹)는 차고, 덥고 간에 채소가 물러지지 않게 저지하는 효과를 낸 식품이라는 것"이라고 하였다.

신맛의 '저(菹)'를 알 수 있는 것은 『주례(周禮)』에 의하면[50], 천관총재(天官冢宰, 국무총리)의 직속으로 요리관계의 최고 독립기관으로서 선부(膳夫)가 있고, 여기에 속하는 혜인(醯人)이란 관청이 있는바 여기에서 김치류를 만들어 제사에 쓰는데 이곳의 구성과 다스리는 직무를 보면, "혜인은 환관(宦官) 2인, 여혜(女醯) 20인, 여노(女奴) 20인으로 구성되며, 다섯 가지 제(齏, 양념할 제)와 일곱 가지 저(菹)를 다스리는데, 이제와 저는 다 같이 혜물(醯物)로서 서로 비슷한 무리의 것이다."라고 하였다. 제(齏)는 넓은 뜻의 저(菹)에 속하는 것으로 다 같이 김치류에 속하는 것이다.

『삼국사기(三國史記)』 신문왕 3년에 의하면, "해(醢)[51]가 장(醬), 시(豉), 포(脯) 등과 기록되어 있어 상용 기본식품임을 알게 하는데, 이 해(醢)는 어패류, 수조육류, 채소 또는 이러한 식품을 섞어서 절인 것 등을 총칭하는 것으로 해석한다. 절임은 물론 소금이 있던 시기에 실시하였다고 생각되는데, 다만 고대 생활에서는 소금보다 술이 얻기 쉬운 식품이었으므로 여러 가지 해(醢)를 가공할 때 소금과 술 또는 소금과 술지게미 등을 섞어서 절였을 것이다. 현재도 동해안의 일부 지역에서 배추를 바닷물에 절여 김치를 담그듯이 바닷물에 절이는 일도 있었을 것이다."라고 기록되어 있다.

윤서석은 "절임은 어패류, 수조육류의 절임과 채소류의 절임을 함께 포함[52]하는데, 어패류나 수조육류의 절임은 오늘의 여러 가지 젓갈로 이어질 수 있고, 채소류의 절임은 오늘의 장아찌와 김치로 이어진다."고 보았다. 즉 삼국시대까지 실시한 채소절임은 신라, 고려를 거치면서 장아찌와 김치로 분화 발달하여 오늘로 이어진다고 본 것이다. 『제민요술(齊民要術)』의 작어자법(作魚鮓法), 작저법(作菹法)과 『정창원문서』의 지(鮨), 해(醢), 염지(鹽漬), 장지(醬漬) 등에 관한 해설을 제시하여, 우리 삼국시대 절임에 관한 추고를 하였다.

『제민요술』의 자법(鮓法)과 저법(菹法)

- 작어자(作魚鮓) : 만드는 때가 봄, 가을이 적기이고, 겨울, 여름은 좋지 않다. 신선한 생선비늘을 긁어내고 길이 2寸, 나비 1寸, 두께 5分으로 껍질을 붙인 채로 썬다. 찬물에 헹군 다음 흰소금을 뿌리고 소쿠리에 담아 돌로 눌러 수분을 일부 뺀다. 한편 갱미(秔米, 메벼 갱)로 된 밥을 짓는다. 밥을 지을 때 수유(茱萸), 귤피(橘皮), 좋은 술(한 되의 어자(魚鮓)에 술 반 되)을 섞어 짓는다. 항아리에 절인 생선 한 줄, 그 위에다 밥 한 줄의 식으로 포개어 담고 대나무살로 눌러 익힌다. 익히는 도중에 붉은 색의 장(漿, 즙액)이 흐르면, 이것을 기울여 버리고 흰색의 장(漿)이 생기고 맛이 알맞게 익으면 먹는다.
- 함저법(鹹菹法) : 신선한 채(菜)를 짠 소금물에서 씻어 건져 항아리에 담고 남은 소금물을 갈아 앉힌 다음 웃국을 항아리에 부어 담가둔다. 무청(蕪菁, 무와 무청)이면 3일 만에 건진다. 한편 수수쌀가루(黍米粉)로 묽은 죽을 쑤고, 밀을 증숙하여 황의(黃衣)가 입히도록 띄워 말린 메주를 갈아 가루로 한다. 항아리에 채소 1켜, 메주가루 1켜씩 포개고, 그 위로 더운 묽은 죽을 부어 견봉하여 익힌다.

한편 일본의 『정창원문서』의 절임에는

- 지(鮨) : 생선의 비늘을 둔 채로 내장을 빼어 소금을 뿌리고 밥과 술을 섞은 것을 채워 눌러서 익힌다.
- 해(醢) : 지(鮨)와 같은 방법으로 만든 것인 듯하다. 다만 패류(貝類), 생선토

막 등에 소금을 뿌리고 술과 밥을 섞은 것에 절임, 즉 지(鮨)는 내장자리에 술에 섞은 밥을 채우고, 자(鮓)는 섞어서 절인 것이다.

• 과류염지(瓜類鹽漬) : 과류를 소금에 절인 것 이외에 미나리, 가지, 파, 무, 고비, 생강, 박하 등의 염지(鹽漬)가 있다.

• 저(菹) : 무, 아욱, 무청 등 여러 가지의 저(菹)가 있으며, 소금과 유말분(楡末粉, 느릅나무 껍질가루)을 섞어서 절인 것으로 추정한다.

• 수수보리지(須須保理漬) : 여러 가지 채소를 소금과 쌀밥(또는 죽), 소금과 콩을 섞은 것에 절인 것이다. 수수보리는 한반도에서 일본으로 술빚기의 고도 기술을 전한 사람을 칭하므로, 한반도의 당시 절임의 일본과 관계가 깊은 것으로 여겨진다.

• 이밖에도 장지(醬漬), 조염초지(糟鹽酢漬) 등이 있다.

9~10세기 일본 헤이안(平安)시대의 문헌 『연희식(延喜食)』에는 소금절임(가지, 파, 미나리, 순무, 양하, 생강, 산초 등), 술지게미 담금(오이, 생강), 장절임(순무, 오이, 동아, 가지 등을 된장에), 초절임(순무, 동아), 저(菹, 니라기), 스스호리(須須保利)가 수록되었다.

장지현 교수는[53] "채소류 재배와 김치 제조를 연관시켜 삼국시대 이전으로 보았고, 김치 재료는 고려시대에 확립되었으며, 임진왜란 무렵에 들어온 고추가 보급됨에 따라 단순한 제조법에서 복합적인 김치 제조법으로 전환하기 시작하였다."고 하였다.

삼국시대 채소 재배의 일단을 전하는 기록으로 『후한서(後漢書)』[54]에 "오곡, 잡과와 함께 채소류의 재배가 성하였을 뿐만 아니라, 효(餚, 반찬 효), 찬(饌, 반찬 찬) 등이 중국과 같았다 하니, 분명히 백제사회에서도 침채류의 식용이 있었을 것으로 믿어진다."고 보았다. 수나라 때보다 거슬러서 올라간 중국에서 재배되었던 채소류를 열거하여 보면[55], 과(瓜, 오이), 호(瓠, 박), 근(芹, 미나리), 규(葵, 아욱), 만청(蔓菁, 무), 산(蒜, 마늘), 총(蔥, 파), 비(韭, 부추), 개(芥, 겨자), 숭(崧, 배추), 강(薑, 생강), 가자(茄子, 가지) 등이다.

『삼국지(三國志)』 위지 동이전 고구려조를 보면[56], "멀리서 미량어염(米糧魚鹽)을 공급한다고 하였고, 또 고구려 사람이 발효식품을 잘 만든다."고 하였으며, 동서 한(韓)에는 "금수초목(禽獸草木)이 중국과 거의 같다."고 한 기록 등으로 미루어 보아, 중국에서는 멀리 주(周)나라 때에 저(菹)가 있었으므로 우리나라에도 김치가 있었을 것으로 본다.

『삼국사기(三國史記)』(683)의 기록에, 신문왕의 폐백품목으로 간장, 된장, 젓갈 무리가 들어 있어 발효식품이 상용되고 있었음을 알 수 있다. 『삼국유사』에도 소금에 절인 김치와 젓갈이 나오지만, 양념이 가미된 담금 형태의 김치는 아직 찾아볼 수가 없다. 이 시기에 산출된 채소인 순무, 오이, 가지, 박, 부추, 고비, 죽순, 더덕, 도라지 등으로 소금에 절인 형태의 김치, 장에 절인 형태, 초에 절인 형태, 술지게미에 절인 형태, 소금과 곡물 죽에 절인 형태로 담았으리라 여겨진다. 이러한 절임법은 오늘날의 장아찌형으로, 우리나라는 풍부한 해산물과 양질의 채소를 발효기술로 만든 장아찌형 김치가 있는가 하면 생선, 곡물, 채소, 소금으로 이루어진 오늘날의 가자미식해, 북어식해 같은 식해형 김치가 존재했음을 추정할 수 있다.[57]

일본 나라(奈良)에 있는 동대사(東大寺)라는 절에 보관되어 있는 8세기경의 나라시대(奈良時大) 관청 문서인 『정창원문서(正倉院文書)』는 일본 즈게모노의 우리나라 경유설을 설명하는데 언제나 등장하는 문헌이다. 나라시대의 상층문화는 그 이전 수세기에 걸친 한반도와의 정치적, 문화적 교섭 과정을 통해 한반도 문화가 원류가 되어 정착된 것이라는 우리나라 역사학계의 입장을 전제로 이 문서는 즈게모노의 한국 경유설을 뒷받침하는데 자주 이용된다.

『정창원문서』에 적힌 채소절임음식 35종은[58] 대체로 소금에 절인 것, 장에 절인 것, 식초에 절인 것, 술지게미에 절인 것 등이 있다. 특히 수수보리지(須須保理漬)라는 즈게모노는 백제인 '수수보리'가 전한 것으로 본다. 백제인이었던 '수수보리'는 일본으로 건너가 누룩으로 술 빚기를 전수한 사람으로, 일본인들이 지금도 주신(酒神)으로 모시고 있는 사람이다. 이 수수보리의 이름을 딴 수수보리지가 고문서에 보이니, 더욱 일본의 즈게모노는 우리나라를 통해 일본으로 건너간 김치로 보여진다.

우리나라 문헌에는 찾을 수 없지만, 곡물이나 쌀겨를 발효기질(醱酵基質)로 삼는 『제민요술』의 저(菹)가 우리나라를 거쳐 일본의 수수보리지로 이어졌고, 이것이 일본에서 쌀겨를 이용한 택엄지(澤淹漬)로 발전했다는 것이다.

고대 일본의 중국문물 수입은[59] 대체로 한반도를 거치는 경로와 직접 중국을 통하는 경로 두 가지가 있었다. 불교, 유교와 같은 중앙집권체제를 형성하는데 필요한 통치이념은 견당사(遣唐使)를 중국에 보내 직접 수용하였다. 불교의 승려들 역시 배를 이용하여 한반도 남부를 거쳐 중국 남부와 산둥반도에 닿았다. 중국의 '저'를 일본에 수입하는데 불교의 승려들이 주역을 맡았다면, 그들의 대부분은 한반도를 거치지 않고 직접 중국을 통했다.

이렇게 도입된 중국의 채소절임 음식은 '저'가 일본 음식문화와 접촉하여 각기 현재의 나라지(奈良漬), 복신지(福神漬(醬漬)), 택엄지(澤淹漬(菹))로 전래된 것이라는 일본 식품학자들의 주장도 상당한 설득력을 가진다.

4. 『제민요술(齊民要術)』(540, 가사협(賈思勰))의 김치류

중국의 농업기술서 『제민요술(齊民要術)』(540, 가사협(賈思勰)에는[60] 김치류가 32종 소개되었는데, 이 김치류를 엄초저(腌醋菹, 초절이 김치무리), 소금과 발효기질을 이용하는 발효저(醱酵菹, 발효 김치무리)로 크게 나뉘고, 또 장(醬)에 절이는 엄장저(腌醬菹, 장절이 김치무리)가 소개되어 있다.

김치류의 재료로는 숭(菘, 배추 종류), 무, 아욱, 순무, 오이, 죽순, 달래, 동아, 목이버섯 등을 사용했으며 소금에 절이거나 삶아서 초에 담그거나 하는데, 소금에 절인 것에는 전분질(기장죽, 쌀죽, 쌀밥 등) 또는 술지게미, 누룩 등을 넣어서 숙성시켰다.

『제민요술』에 기록된 김치로는 규숭무청촉개함저(葵菘蕪菁蜀芥鹹菹, 아욱, 배추, 순무, 갓, 소금), 탕저(作湯菹法, 배추, 순무, 소금, 초, 참기름), 양저(釀菹法, 순무, 소금), 졸저(作卒菹法, 초, 아욱), 식경의 규저(葵菹), 숭함저(崧鹹菹), 초저(酢菹), 저소(菹消), 포저(蒲菹), 규저(葵菹), 식경의 장과(藏瓜), 식경의 장매과(藏梅瓜), 식경의 낙안령 서숙장과(徐肅藏瓜), 식차의 여국(女麴), 과저(瓜菹), 과개저(瓜芥菹), 고순자채저(苦笋紫菜菹, 죽순, 소금, 초유, 김), 죽채저(竹菜菹), 즙저(蕺菹, 즙채(멸, 삼백초, 채소명), 소금, 총백), 한저(𤎌菹), 호근, 소산저(胡芹, 小蒜菹), 숭근라복저(崧根蘿蔔菹), 자채저(紫菜菹), 이저(梨菹), 목이저(木耳菹), 거저(蘧菹, 씀바귀), 궐(蕨, 고사리), 식경의 장궐(藏蕨), 궐저(蕨菹), 행(荇, 마름) 등이다. 밀강(蜜薑) 같은 단순저장도 있다.

이와 같이 고대 중국에서는 채소를 소금에 절여 전분질과 효소원을 가하여 김치로 익게 하거나, 채소를 삶거나 끓는물을 가한 다음 초를 넣는 식의 초절임(13종)을 하고 있다.

규숭무청촉개함저(葵菘蕪菁蜀芥鹹菹)는 채소를 거두어들일 때 좋은 것을 골라서 띠나 부들로 묶어둔다. 규(葵)는 아욱, 숭(崧)은 배추, 무청(蕪菁)은 순무, 촉개(蜀芥)는 갓이다. 소금물을 아주 짜게 만들고, 이 소금물로 채소를 씻어 바로 항아리 안에 넣어둔다. 만약 먼저 담수로 씻으면 저(菹)가 물러진다. 채소를 씻은 소금물은 맑게 가라앉혀 윗물을 떠 항아리 안에 붓고 채소를 넣고 누른다. 그리고 다시 휘젓지는 않는다. 그렇게 하면 저(菹)의 색이 파랗게 된다. 물로 헹구어 소금물을 빼고 데쳐서 여(茹, 나물과 같은 음식류)로 하면 날채소와 다를 바가 없다. 이중에서 순무와 갓은 3일만에 꺼낸다. 메기장가루로 묽은 죽을 끓인다. 맥혼(麥䴷, 누룩혼, 밀누룩을 빻아 가루로 만들어 비단체로 친다. 채소를 한 켜 깔고 맥혼의 가루를 얇게 뿌리고, 바로 뜨거운 메기장 묽은죽을 붓는다. 반복해서 항아리에 찰 때까지 하며, 채소를 항아리에 넣는 방법은 한 줄마다 줄기와 잎이 반대 방향이 되게 놓는다. 처음의 소금물을 항아리 안에 다시 부으면 저(菹)의 색이 누렇게 되고 맛이 좋아진다. 담저(淡菹)를 만들 때는 메기장을 낟알 째로 쑨 묽은 죽과 맥혼가루를 쓰면 맛이 좋다.

4장

김치의 변천 발달역사

1. 상고시대(고려 이전)

삼국시대에 실시했던 채소절임은[61] 오늘날 김치의 원조이다. 절임법으로는 소금에만 절인 것, 소금과 쌀밥 또는 쌀죽을 섞어서 절인 것, 소금과 술지게미를 섞은 것에 절인 것, 소금과 식초를 섞어서 절인 것, 장에 절인 것 등으로 구분할 수 있으며, 이러한 절임류를 해형(醢型) 김치 혹은 지형(漬型) 김치라고 한다.

- 고비, 고사리, 죽순과 같은 단단한 나물의 산채김치는 소금과 쌀죽 등으로 절였다.
- 가지김치 : 『본초연의(本草衍義)』에 "신라의 가지는 은은한 광택이 있는 연한 자색이고 모양이 달걀과 같다."고 소개하고 있다. 가지에 소금, 장 또는 소금과 쌀죽을 섞은 것에 절였을 것이다.
- 무김치 : 무는 삼국시대에 도입하여 재배했는데, 좋은 무를 산출하였으므로 무를 소금에 절인 동치미, 짠지류가 있었고, 장에 절이거나 소금과 쌀죽을 섞은 것에 절였을 것이다.
- 달래, 마늘, 마늘종 김치 : 달래는 예전부터 우리나라 산야에 자생하는 식용 채소다. 큰 마늘이 도입되기 전 달래, 마늘, 마늘종을 여러 가지 방법으로 절였을 것이다.

이러한 채소의 절임류가 통일신라를 거쳐 고려에 이르는 과정에서 무, 가지, 오이 등의 재배 채소가 발달하면서, 종전의 해형(醢型) 김치와 새로 만든 침채(沈菜)형 김치로 분화 발달한다. 이러한 채소 절임법도 백제 사람인 인번(仁番)의 이름을 따서 '수수보리지'라고 불리던 채소 절임도 있었는데, 이것은 여러 가지 채소를 소금과 콩죽 또는 쌀죽 등을 섞은 것에 절인 것이다.

2. 고려시대

우리나라에서는[62] 김치무리를 '지(漬)'라고 하며, 중국에서는 '저(菹)'자를 쓰고 있다. 일본은 700년대에서 1000년대에 걸쳐 김치무리를 '지물(漬物)'이라 하였다. 그러므로 지(漬)는 우리나라에서 일본으로 건너간 것으로 보인다. 우리나라에서 저(菹)자는 『고려사(高麗史)』 종묘제사의 제품에 등장한다.[63]

조선 초기에 기록된 『고려사』 예지(禮志)에 제향음식과 관련된 원구(圓丘)에 제사를 올릴 때의 진설품(陳設品)[64]에 대한 '저' 4종이 나온다. "제 1열에는 비저(菲菹, 부추저), 육장, 청저(菁菹, 순무저), 사슴고기조림, 근저(芹菹, 미나리저), 토끼고기 조림을 두고, 제 2열에는 순저(筍菹, 죽순저), 식혜, 흿간, 돼지다리, 미음, 고기죽을 담는다."라고 기록되어 있다.

장지현은 이 문헌을 우리나라 김치에 대한 최초의 기록으로 보고 있다.[65] 그러나 주영하는 당시 원구제를 지내는데 결정적인 역할을 한 유학자들의 사고방식에는 고대 중국의 『주례』가 모범이었기 때문에, 진설품의 내용은 고대 중국의 제사와 관련을 맺고 있어 우리의 김치라 판단하기에는 무리가 있다고 보았다.

그럼에도 불구하고 장지현은 "이 『고려사』 예지 가운데 나타났던 芹, 筍, 菲, 菁菹와 같은 종류의 저채류(菹菜類)들이[66] 조선사회 『세종실록(世宗實錄)』 오례조의 찬실도(饌實圖)에도 그대로 나타나고 있어, 고려사회에서나 조선조 초기사회에서의 저채류 식용 범위는 별로 틀린다고 할 수 없는 것을 알 수 있겠고, 『고려사』 예지에 나타난 저채류들로 제향음식에서만 사용되지 않았다는 것이 분명하여진다."고 하였다.

상고시대 중국의 저(菹)와 대동소이한 형태에서 출발하여 고려시대까지는[67] 무, 가지, 오이, 부추, 미나리, 파 등이 주재료가 되고 양념으로 마늘, 생강, 귤껍질, 천초 등이 쓰였으며 젓갈을 넣지 않았다. 고려시대에 독창적인 형태의 물김치가 탄생하였으며, 침채형 김치가 만들어진 것은 고려 이전이라고 생각되지만, 우리나라 문헌으로 김치의 기원을 살필 수 있는 최초의 것은 고려 중기 이규보(李奎報, 1168~1241)가 지은 『동국이상국집(東國李相國集)』이다.

『동국이상국집』(1168) 「가포육영((家圃六詠)」에 오이(瓜), 가지(茄), 순무(菁), 파(葱), 아욱(葵), 박(瓢)을 다음과 같이 노래했다.

- 오이(瓜) : 밭의 오이는 물 안줘도 번성하여, 누른 꽃 푸른 잎 사이에 푸르게 열려있네, 덩굴줄기 마디 없이 달려서 사랑스럽고, 높고 낮은 곳 할 것 없이 병인 냥 달려있네.
- 가지(茄) : 자줏빛 바탕에 붉은빛 지녔으니 어찌 늙었다 할 것인가? 꽃을 즐기고 열매를 먹을 수 있으니 가지보다 나은 것이 또 있으리, 밭 안에 푸르고 붉은 알(卵) 가득하네, 날로 먹고 삶아먹어 여러모로 좋구나.
- 순무(菁) : 담근 장아찌(得醬)는 여름철에 먹기 좋고, 소금에 절인 김치(漬鹽) 겨울 내내 반찬 되네, 뿌리는 땅 속에서 자꾸만 커져, 서리 맞은 것 칼로 잘라 먹으니 배 같은 맛이지.
- 파(葱) : 가냘픈 손인냥 무성한 파 옹기종기 많은데, 아이들 그 잎 뜯어 피리삼아 불어댄다. 주석(酒席)의 안주가 될 뿐더러, 고깃국에 파를 넣으니 맛이 더욱 좋아지네.
- 아욱(葵) : 권력다툼 싫어 벼슬을 내던지고, 글 읽으라 조용히 자식 훈독(薰督)한다. 재상(宰相)자리 그만두니 찾아오는 객(客)도 없네, 저 잎 한가한 냥 내 몸 정양(靜養)함을 무엇이 방해할까.
- 박 : 쪼개면 표주박이 되어 차가운 음료 퍼내고, 통째로는 항아리 되어 맑고 좋은 술 담아두네, 박이 떨어진다. 찬 걱정하지 마소, 미숙한 것 삶아먹기 좋을 걸세.

그 중 순무장아찌와 순무 소금절임, 즉 동치미가 있었음을 알 수 있다.[68)]

장지현 교수는 '지염(漬鹽)'과 '구동(九冬)'으로 미루어 보아 단순히 짠지 절임식이 아닌 소금물에 절여 담은 무김치, 월동형 김치로 파악하였다.

고려 말 이색(1320~1396)의 시에 '침채장(沈菜藏)'이 출현[69]하고 있기 때문에, 이때 이미 김치의 뜻으로 저(菹)와 침채(沈菜)가 혼용되어 쓰였을 것으로 짐작된다. 이후 권근(1352~1409)이 쓴 『양촌집(陽村集)』에서는 '축채(畜菜)'로 표기한 김장이 등장한다. 『서하집』에는 창포김치가, 『향약구급방(鄕藥救急方)』에는[70] 동아, 오이, 후추, 염교, 부추, 아욱, 상치, 파, 양하, 무, 배추가 수록되어 있다. 이들 채소나 향신료가 김치 재료로 이용되었을 것이다. 파, 마늘, 생강, 갓을 장에 절여 담은 장김치에 대한 기록이 나온다. 또 『목은집』에는 무 나박김치 형태의 나복김치(蘿蔔沈菜)가 있다.

고려시대에는 김치에 있어서 절임 형태의 김치와 함께 새롭게 개발된 국물 있는 김치, 즉 동치미류가 등장하여 분화된 형태를 보여준다. 이 시기에도 단순 절임형인 김치와 마늘 등의 양념과 천초, 파, 귤피(橘皮) 등의 향신료가 가미되는 김치가 등장하게 된다.

조선 초 서거정의 「순채포유작(巡菜圃有作)」이라는 시에는[71] 순무, 댓무, 상추, 미나리, 토란, 차조기, 생강, 마늘, 파, 여뀌로 김치를 담는다는 내용이 있어, 이를 통해 고려부터 조선 초기의 김치를 알 수가 있다. 이러한 기록을 통해 우리 김치는 고려 때부터 비로소 중국이나 일본 것과는 점차 구별되어가는 모습을 볼 수 있다. 미나리, 생강, 마늘, 파, 여뀌, 차조기와 같은 향신채소가 첨가되는 김치 제조법이 자리 잡기 시작하고, 물김치류가 등장하면서 기존 장아찌 형태의 김치로부터 진화된 형태의 김치를 볼 수가 있다.

고려 말 이달충(李達忠)이 지은 「산촌잡영(山村雜詠)」이라는 시에 "여뀌풀에 마름을 넣어 소금절임(鹽漬)을 하였다."는 구절이 있어, 김치에 야생초를 이용하여 제철김치의 맛을 즐겼음을 보여주기도 한다. 또 이색(李穡, 1320~1396)은 그의 시에서 '침채(沈菜)'라는 글자를 썼다. 『목은집(牧隱集)』에 나오는 시구에 '침채(沈菜)', '산개염채(山芥鹽菜, 산갓김치)', '장과(醬瓜, 장에 담근 오이장아찌)' 등이 나온다. 여기에서 김치란 우리말의 한자표기인 '침채(沈菜)'가 선보이고 있으며, 장아찌가 문헌상으로 처음 소개되었다.

3. 조선시대

김치가 오늘날과 같은 형태의 것으로 자리매김한 것은 조선시대이다. 고대에 해형(醢型) 김치로 시작한 것이 고려를 거치는 과정에서 침채형(沈菜型)으로 발달하여 해형 김치와 침채형 김치의 두 계열로 나뉘어 발달하였다.

조선시대 전기에 대체로 먼저 시대의 것과 같은 것을 담가 먹었으나, 후기에 이르면 배추, 무, 오이, 가지 등을 주재료로 미나리, 갓 등은 양념채소로 파, 마늘, 생강, 고춧가루, 젓갈은 중요 양념감이 된다.

조선시대별 김치의 변천 내용을 김치재료 채소의 변천, 김치 담금법의 변천으로 나누어 보면[72], 조선 초기의 김치재료 채소는 무, 가지, 오이, 아욱, 생강, 마늘, 파, 부추, 천초 등이었으며, 조선 중기에는 무, 오이, 가지, 배추가 주재료로 등장하고, 그 외의 채소는 부재료로 취급되었다. 조선 후기에는 무, 배추, 오이로 김치재료로 채소의 자리가 굳혀졌다. 그러나 배추는 이때에도 아직 현재와 같은 배추는 아닌 듯하다.

재배채소의 이런 변천의 원인은 재배채소 기술의 발달로 인하여 채소의 대량생산이 이루어졌으며, 또 우리나라의 자연환경과 우리민족의 기호에 맞는 김치 담금시 채소류의 품목이 자연히 김치 담그기에 알맞은 채소류의 위치를 굳혀 발달하였으리라 생각된다.

김치 담금법의 변천을 보면, 조선시대에는 생채소를 짜게 절여 담는 지염식(漬鹽式) 김치류가 주를 이루었으므로 자연히 짠지류가 성했었다.

조선 전기에는 담저류(淡菹類)와 무염저류(無鹽菹類)가 개발되어 종전의 함저류(鹹菹類)와 같이 실시되었다. 이러한 발달의 비교는 함저류(鹹菹類)가 원시적 방법이라고 볼 수는 없으며, 담백한 국물이 많은 담금법인 담저류(淡菹類)가 담가져 청량음료와 같은 구실을 했으며, 그 후 차를 즐겨 마시던 풍습도 점차 줄어 상용식품으로서 김치의 위치를 알려준다.

조선 중기에는 종전의 담금법과 함께 육저류(肉菹類)가 새로 등장했으며 마늘, 천초, 고추, 청각, 파, 갓, 부추 등의 양념의 첨가가 있어 김치의 내용이 다양해졌다.

조선 후기에는 생채소를 절여 담는 방법이 보이며 젓갈류를 침채원으로 사용하는 함저류(鹹菹類)가 보였고, 청장(淸醬)을 침채원으로 사용하는 장저(醬菹) 등 침채원의 다양성을 보여준다.

김치의 재료로 무, 오이, 가지가 가장 보편적[73]이었고, 동아가 비교적 널리 쓰였다.

3.1 조선 전기의 김치 : 『산가요록』(1450), 『수운잡방』(1540), 『주초침저방』(1600년대), 『도문대작』(1611), 『음식지미방』(1670), 『요록』(1680), 『주방문』(1600년대 말)

『세종실록』 五禮, 사직정배찬실도(社稷正配饌實圖, 종묘제례를 행할 때 올리는 제물의 진설도)에 수록된 제물[74] 중 죽순김치(筍菹), 미나리김치(芹菹), 무김치(菁菹), 부추김치(韮菹) 등이 있다.

제물은 본래 상고적인 음식을 쓰는 것이므로, 조선조 초에 종묘제사에 쓴 위의 네 가지 김치(菹)는 고려는 물론이고 그 이전시대에도 만들어졌을 것으로 여긴다. 다만, 저(菹)라고 한 것이 고대의 해형(醢型) 김치인지 국물이 있는 고려시대의 침채형 김치인지는 알 수가 없다. 그러나 미나리는 연하여 침채형 김치, 즉 지금의 나박김치와 같은 김치라고 여겨지고, 무는 해형이나 침채형이나 다 가능했을 것이다. 죽순과 부추는 해형으로 담았을 것이며, 길경(桔梗, 도라지)은 초나물로 만든 것이다. 현재 향교의 향사, 율곡제 등의 제사에서는 저(菹)라고 하지만 부추, 미나리, 무, 도라지 등을 생것 그대로 묶어서 올린다.[75]

그 후 중종 20년(1525)의 『간이벽온방(簡易僻瘟方)』에 "또 쉰무수나 박팀채국물 집안에 어른 아이 모두 대소간에 마시라."하여, 순무나 박김치국물을 어른 아이 모두 대소간에 먹으라고 하는 뜻이라 하여 순무, 박김치 국물, 해형 김치(죽순, 부추), 침채형(나박김치)이 시대의 나박김치로 해석된다.[76]

조선 전기의 김치를 구체적으로 알 수 있는 문헌으로는, 『산가요록(山家要錄)』(전순의, 1450), 『수운잡방(需雲雜方)』(김유, 1540), 『주초침저방(酒醋浸菹方)』(1600년대), 『도문대작(屠門大嚼)』(허균, 1611), 『음식지미방』(안동장씨, 1670), 『요록』(1680), 『주방문』(1600년대 말) 등이다.

1) 『산가요록(山家要錄)』의 김치류

『산가요록(山家要錄)』은[77] 문자 그대로 산가(山家)에서 생활하는데 여러 가지 필요한 부분들을 기록한 책이라는 뜻이다. 산촌에 있는 집으로 알기 쉬우나, 조정에 벼슬을 하는 사람에 비해 산가 일반인들이 사는 평범한 서민들의 집이라는 뜻이다.

『산가요록(山家要錄)』에 기록된 총 230여 종류의 음식 중 김치는 38종이다. 김치 담금법을 살펴보면[78], 즙저(汁菹, 가지, 오이, 밀기울, 누룩, 소금, 밀가루, 술), 생총침채(生葱沈菜, 생파김치, 파, 소금, 쌀밥), 생총침채2(생파김치, 파, 소금, 조밥), 송이김치(송이, 동아, 닥나무잎, 소금), 생강김치(생강, 소금, 술, 술지게미, 쌀밥) 등으로 찬품 기록 중에 침채류가 가장 많은 것을 보면, 김치는 그때나 지금이나 우리민족의 식생활에서 빠질 수 없는 가장 친밀한 음식으로 이어져 옴을 인정하게 된다.

『산가요록(山家要錄)』의 김치류로는 즙저(汁菹, 집장, 햇콩, 밀기울, 쑥잎, 북나무잎, 닥나무잎, 소금, 오이) 외에 하일즙저(夏日汁菹, 여름 집장, 감장, 밀기울, 오이), 하일장저(夏日醬菹, 오이, 간장), 하일가즙저(夏日假汁菹, 오이, 생마늘, 향유(콩잎), 분지잎, 장), 과저(瓜菹, 오이지, 오이, 향유(콩잎), 소금) 외에 가자저(茄子菹, 가지지, 가지, 생파, 마늘, 간장, 참기름), 청침채(菁沈菜, 무김치, 무, 소금) 외에 동침(凍沈, 동치미, 순무, 소금), 나박(蘿薄, 무), 토읍침채(土邑沈菜, 참무김치, 쌀뜨물, 소금) 외에 우침채(芋沈菜, 토란대 김치, 토란대, 소금), 동과침채(冬瓜沈菜, 동아김치), 동과랄채(冬瓜辣菜, 동아, 기름, 소금), 침백채(沈白菜, 배추김치), 무염침채법(無鹽沈菜法, 소금 없이 김치 담는 법), 선용침채(旋用沈菜, 급히 쓰는 김치), 생총침채(生葱沈菜, 생파김치, 파, 소금) 외에 침송이(沈松茸, 송이버섯 담그기, 송이, 삶은 물, 소금은 금지), 침강법(沈薑法, 생강 담그기, 생강, 소금, 밑술이나 식초 찌꺼기, 찹쌀밥), 침동과(沈冬瓜, 동아 담그기, 동아, 소금), 침산(沈蒜, 마늘 담그기, 덜 여문 마늘, 소금), 침서과(沈西瓜, 수박, 소금), 침청태(沈青太, 푸른 콩 담그기, 푸른콩, 소금), 침도(沈桃, 복숭아 담그기, 반쯤 익은 복숭아, 꿀), 침행(沈杏, 살구 담그기, 반쯤 익은 살구, 소금, 꿀, 생강, 행인, 찐 자소잎), 침궐(沈蕨, 고사리 담그기, 고사리, 소금) 등 38종이다.

이들 중 특징적인 김치 담금법을 살펴보면, 다음과 같다.

(1) 과저(瓜菹)

오이지로 푸른 오이를 깨끗이 씻어서 볕에 하루정도 말렸다가 항아리에 담는다. 한 겹은 향유[79]잎, 한 겹은 오이를 놓아 항아리가 가득 찬 뒤에 끓인 소금물을 식혀서 부어준 뒤 할미꽃(白頭翁草)으로 덮는다.

(2) 청침채(菁沈菜)

청침채는[80] 무김치이다. 서리가 서너 번 내린 후 무를 캐어 볕에 널어 말리는데, 조금 시들어지면 잔줄기와 잎을 떼어내고 흙을 씻어내어 껍질을 벗겨 다시 씻는다. 무 한 켜를 깔고 손으로 꼭꼭 누르면서 소금을 서리 내린 것처럼 묻히고, 다시 무 한 켜로 하여 소금이 다 없어질 때까지 붙여 빈 섬으로 덮어 하룻밤 절여둔다. 다시 씻는데 물이 맑아지는 정도가 되면 항아리에 담되 물이 맑아질 때까지 씻어 항아리에 담고, 무 한 동이에 소금 열아홉 홉의 비율로 물에 타서 찌꺼기를 걸러내고 소금물만 받아 항아리에 가득 부어놓는다. 거품이 생기며 넘치면 매일 걷어내고 소금물을 타서 조금씩 부어주면 좋다.

(3) 토읍침채(참무김치)

토읍침채는[81] 1,2월에 참무(眞菁根)를 깨끗이 씻어서 껍질을 벗기고 그 크기에 따라서 3~6쪽으로 잘라 물에 3일 동안 담가두되 물을 자주 갈아준다. 마지막에 물은 버리고 참무를 항아리에 담아 깨끗한 물이나 쌀뜨물을 끓여 식혀 붓고 온돌에 놓고 두껍게 싸서 익으면 사용한다.

(4) 무염침채법(無鹽沈菜法)

무염침채법은[82] 소금 없이 김치 담그는 법으로, 무를 깨끗이 씻어 항아리에 담고 맑은 물을 가득 채워 3~4일 기다리면 흰 거품이 솟아오른다. 다시 맑은 물을 채워두어 익게 되면 먹는다.

(5) 동치미(凍沈, 순무동치미)

동치미는[83] 겨울 순무를 껍질 벗겨 그릇에 담아두었다가, 아주 잘 얼었으면 항아리에 담아 냉수를 붓고 입구를 봉하여 따뜻한 방에 두어 익기를 기다린다. 맛을 보아서 먹을 만하면 수저로 뜰 수 있을 만큼 찢어 물에 담그고 소금을 조금 넣으면 매우 맛이 좋다.

(6) 나박(蘿薄)김치

나박김치는 무를 깨끗이 씻어 껍질을 벗기고, 다시 씻지는 말고 하나하나 작고 납작하게 썰어 바로 항아리에 담는다. 바람을 들지 않게 하여 담그는 것이 더 좋다. 나박김치의 재료로 무만 사용한다.

(7) 침백채(沈白菜, 배추김치, 머위김치*)

침백채는[84] 깨끗이 씻은 배추 한 동이에 소금 삼 홉을 고루 뿌려 넣고 하룻밤 지낸다. 다시 씻어 먼저처럼 소금을 뿌리면서 항아리에 담고 물을 붓는다. 다른 침채법과 같다.(*농촌진흥청 고농서국역총서 8 산가요록(p.105)에는 머위김치로 해석하였다.)

(8) 동과랄채(冬瓜辣菜, 동아김치)

겨울이 지나도 상하지 않는다. 동아와 순무를 껍질 벗겨 한 치처럼 잘라 남은 물기가 없게 널어 항아리 속에 넣고 소금을 살짝 온 눈 정도로 뿌린다. 이와 같이

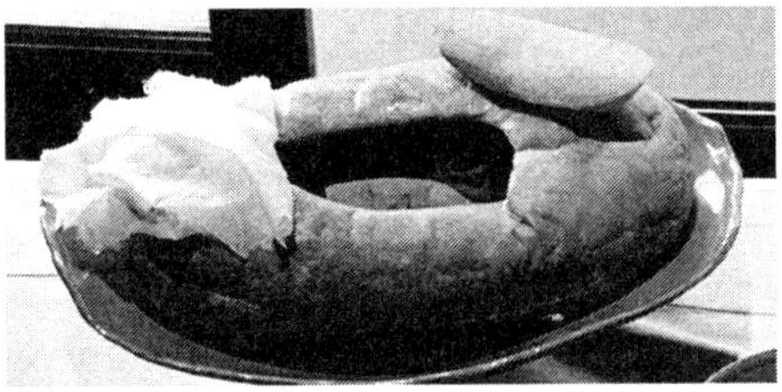

사진 : 김문경 제공
[그림 4.1] 동과랄채(冬瓜辣菜, 동아김치)

항아리가 찰 때까지 여러 겹으로 매번 펴면서 담아 익으면, 참기름을 조금씩 떨어뜨리며 따르고 또 겨자가루를 굵은 체에 쳐서 넣는다. 가지와 함께 담아도 되는데, 항아리를 열고 헤쳐서 넣는다.[85]

동아를 손가락만한 크기로 사방 한 치쯤 되게 자르고, 베 보자기나 대 광주리에 담아 끓는물 속에 잠깐 넣었다가 즉시 꺼낸다. 동아 한 동이에 기름 다섯 홉과 소금 다섯 홉을 별도로 진하게 타서 동아와 섞어 항아리에 넣는다.[86] 이름에 들어 있는 매운 랄(辣) 때문에 매운 재료를 생각했으나, 재료는 기록되지 않았다.

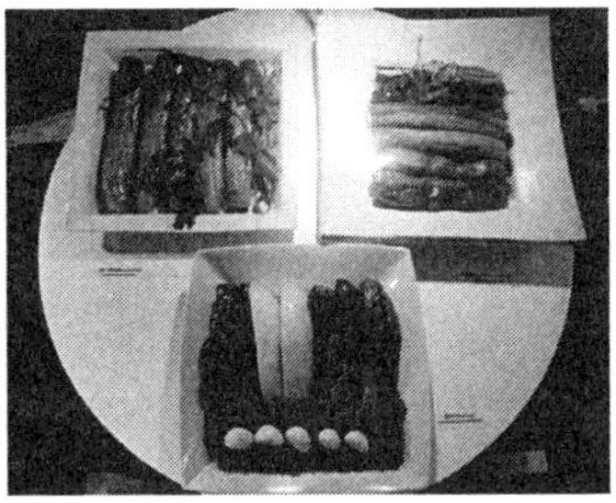

사진 : 김문경 제공
[그림 4.2] 즙저, 김치무리 [그림 4.3] 산초오이김치, 방아잎가지김치, 김치무리

김치는 단순절임의 장아찌형과 짠지형, 싱건지 형태의 김치가 있었으며 나박지형, 동치미형 물김치까지 등장하고 있다. 물이나 쌀뜨물을 끓여 식혀 붓거나, 소금 없이 담그는 동치미 등이 특징적이며, 침백채처럼 배추김치(또는 머위김치)로 담는 동치미도 있다. 김치의 국물색을 낼 때는 맨드라미나 잇꽃, 연지(臙脂) 등으로 붉은 색을 내기도 하였다. 또 김치에 양념 사용이 많아져 주재료와 부재료의 구분이 뚜렷해졌다. 나박김치는 무만 사용하고 있다.

장아찌형 김치 중 채소를 즙장에 절인 즙저(汁菹)(그림 4.2 참조)가[87] 많았는데, 조선 중기 『증보산림경제』(1766년)에서는 저(菹)의 종목에서 장(醬) 종목으로 분류되고 있다. 이는 초기까지 채소 저장식품으로 담갔던 것이 김치가 발달하면서 장류로 자리를 굳힌 것으로 해석된다.

2) 『수운잡방(需雲雜方)』의 김치류

『수운잡방』(1540년)은[88] 조선 초기의 음식과 조리법을 알아보는데 큰 도움이 될 뿐만 아니라, 그 이전부터의 조리 흐름을 연결하는 한 고리로서도 중요한 의미가 있다. 특히 침채(沈菜)와 저(菹)가 혼용되어 쓰여있고, 자(鮓)는 사용하지 않고 '어식해법(魚食醢法)'을 쓰고 있는 것을 볼 때, 조리명의 변화 과정에 있어서 저(菹)나 자(鮓)의 시대적 위치를 자리매김하는 데에도 중요한 자료가 된다. 또한 중국의 고조리서 『거가필용』의 인용은 외래문물의 도입을 알 수가 있다.

『수운잡방』에는 곡물을 첨가한 김치류가 전혀 보이지 않는다. 똑같은 파김치라고 해도 소금과 파만 가지고 담는 오늘의 김치와 별반 다름이 없는 것을 볼 수 있다. 『수운잡방』에는 머위, 토란줄기로 담근 김치가 있었는데, 향토음식의 하나로 본다. 선조 23년(1593) 12월에 "나복무가 흔하게 재배되었을 뿐 잡색채종이 부족하거나 전무한 상태임을 개탄하여 요동으로부터 잡채의 종자를 무력하는 일이 있었다."하여, 김치 재료는 무가 주가 되었다. 꿩저, 생치침채법, 생치지히 등 김치로 수록되고 있는데, 모두 오이절인 것과 꿩고기를 섞어 만든 음식의 하나이다.

『수운잡방(需雲雜方)』(김유)의 김치로는[89] 청교침채법(순무김치), 침백채(메밀줄기, 머위김치, 소금), 고운대김치(토란줄기, 소금), 즙저(가지, 간장, 밀기울, 소금), 즙장, 침동아구장법(동아, 소금), 과저(오이, 소금, 할미꽃), 또 다른 과저(오이, 소금, 할미꽃, 산초), 수과저(오이, 할미꽃, 산초, 소금), 노과저(늙은 오이, 소금, 산초, 할미꽃풀), 치저(생치, 오이, 생강, 간장, 참기름, 천초), 납조저(술지게미, 소금, 가지, 오이) 등이 기록되었다. 그들 중 특징적인 김치류를 살펴보면 다음과 같다.

(1) 청교침채법

청교침채법은[90] 순무(蔓菁)를 깨끗이 씻어 발 위에 널어놓고, 살짝 덮인 눈(微雪)과 같이 소금을 뿌린다. 잠시 후 다시 씻어 소금을 뿌리고 남은 우거지와 향채로 고르게 덮는다. 3일이 지난 후 3~4치 길이로 잘라 독에 담는다. 큰 독이면 소금 2되, 작은 독이면 소금 1되를 넣는다. 반쯤 익으면 찬물을 부어 넣고 익으면 쓴다.

(2) 과저

과저는[91] 7,8월에 가지나 오이를 따서 씻지 않고 행주로 닦아 준비한다. 소금 3되와 물 3동이를 1동이가 되도록 달여서 식혀두고, 오이와 오이 사이에 할미꽃(白頭翁)잎과 줄기를 켜켜이 넣고 독에 담는다. 앞에서 준비한 물을 오이가 잠길 때까지 붓고 돌로 눌러둔다. 할미꽃 사용이 특이하다.

(3) 치저

치저는[92] 생치와 과저를 날오이로 김치를 담글 때의 모양처럼 썰고, 생강도 가늘게 썬다. 과저는 물에 담가 소금기를 우려 낸 다음 이 세 가지를 섞어둔다. 물을 탄 간장을 무쇠그릇에 넣고 끓여서 참기름을 몇 방울 떨어뜨리고, 여기에다 위의 세 가지 재료와 씨를 발라낸 천초 조금을 함께 넣고 끓인다. 잠깐 끓이면 맛있게 먹을 수 있고, 안주로 해도 역시 좋다.

(4) 납조저

납조저는 납일(臘日)[93]에 술지게미와 소금을 섞어 독에 담고 독부리를 진흙으로 발라 봉해둔다. 여름이 되면 가지나 오이를 따서 행주로 닦아 물기를 없애고, 술지게미 독에 깊이 박아두었다가 익으면 먹는다. 물기가 있으면 벌레가 생긴다. 납일이 아닐지라도 이 달을 넘기지 않으면 담을 수 있다. 가지와 오이는 동자(童子)[94]로 하여금 햇볕에 쪼이게 한 것을 쓰면 맛이 좋다.

3) 『주초침저방(酒醋浸菹方)』(1600년대)의 김치류

본문의 내용이 술, 초, 김치에 대한 방문임을 고려하여 『주초침저방』이라 이름 붙였다. (1) 즙저류 : 즙저, 다른 즙저1, 또 다른 즙저2, 가지즙저, 즙장, (2) 무김치류 : 동치미, 모은지 김치, 무깨즙김치, (3) 오이, 가지 김치류 : 물김치류(오이김치,

오이김치2, 오이김치3, 오이김치4, 가지김치), 장김치류(오이장김치, 오이장김치2, (4) 젓갈을 넣은 김치류 : 동아새우젓 섞박지, 감동저, (5) 그 외 김치류 : 동아김치 날채, 토란김치 등이 기록되었다. 동아새우젓섞박지(冬苽白蝦交沈菹), 감동저(甘動 곤쟁이젓김치)에 백하젓과 자하젓 등 젓갈을 넣은 김치도 기록되었다.[95)]

김치제조에 젓갈이 본격적으로 사용되기 시작한 것은 1700년대 후반으로, 고춧가루 이용 시기와 중첩되어 있는데, 조리서에서 확인할 수 있는 최초 사례는 1700년대 문헌인 「소문사설」의 '무깍두기'와 「증보산림경제」의 '새우젓오이김치(오이술지게미김치법(糟黃瓜法)' 항목이다.

따라서 1600년대 조리서인 「주초침저방」에 백하젓과 자하젓을 넣은 김치의 레시피가 2종이나 실려 있다는 점은 이 조리서가 지닌 사료적 가치를 제고시키기에 충분하다.

(1) 동아새우젓섞박지(冬苽白蝦交沈菹)

切冬苽一盆, 鹽六升, 白蝦 一斗, 交合納甕; 자른 동아 1동이, 소금 6되, 새우젓(白蝦) 1말을 섞어 항아리에 담는다.

「주초심의방」의 동아새우젓섞박지는 동아를 그냥 잘게 썰고 소금과 새우젓으로 담은 김치이다. '교침저(交沈菹)'는 우리말로 '섞박지'라 부르는데, 향신 양념 없이 젓갈만 넣었음에도 교침저로 불렀다는 점에 주목할 필요가 있다. 많은 양의 소금을 뿌리거나 소금물을 부어 담았던 김치와 달리, 젓갈을 넣으면서 버무리는 작업이 추가되면서 명칭에 분화가 생긴 것으로 볼 수 있다.

섞박지형 김치의 표기는 한문 조리서에서는 '해즙저(汁菹)' 및 '서박저(胥薄菹)', 한글 조리서에서는 '셧박지(섞박지)' 및 '셕박지' 등으로 쓰였다.

"여러 가지 젓갈과 채소를 섞어 담근 것을 교침채(交沈菜)라 한다(五洲衍文長箋散稿 經史篇 經傳類 禮經)"는 이규경의 설명으로부터 19세기 섞박지의 재료는 17세기 이전의 것과 비교해 상당히 풍성해졌음을 알 수가 있다. 「주초침저방」의 동아섞박지는 만드는 방법이나 재료가 매우 간략한 초기 형태라 할 수 있다.

(2) 감동저(甘動 곤쟁이젓섞박지)

童子苽摘取, 沈 水經一宿, 拯 出半乾, 紫蝦 交沈. 兒苽曝湯, 半乾交沈, 亦可; 어린 오이를 따서 소금물에 하룻밤 재웠다가 꺼내 반 건조시킨 후 자하젓과 섞는다. 어린 오이를 매우 끓는물에 데쳐 반건하여 섞어 담가도 좋다.

[표 4.1] 『수운잡방』의 김치류

김치분류	김치이름	재료	양념	비고
나박김치	무침채	무, 소금, 물		정이월 담금
동치미형	물오이저(水苽菹)	오이, 소금, 물	산초, 백두옹(할미꽃)	8월 담금
동치미형	꿩저(雉菹)	꿩, 오이지 담갔던 것	생강, 천초	
신건지형	오이저(不老苽菹)	오이, 소금, 물	식초, 백두옹	
짠지형	늙은 오이저(老苽菹)	늙은 오이, 소금, 물	산초	
짠지형	오이, 가지저(苽菹)	오이, 가지, 소금, 물	산초, 백두옹	
짠지형	파김치(葱沈菜)	파, 소금		
짠지형	토란줄기담기(土卵莖沈造)	토란줄기와 잎, 소금, 물		
짠지형	동아담가두기(沈東瓜久)	동아, 소금		
짠지형	순무침채(靑郊沈菜)	순무, 소금, 물, 향채		
짠지형	메밀줄기침채(沈木麥)	연한 메밀줄기, 소금, 물	머위(白菜)	

자료 : 윤서석, 우리나라 식생활문화의 역사, 신광출판사, 2008, p.275.

4) 『도문대작(屠門大嚼)』(1611) 중의 김치

『도문대작』은 허균(1569~1618)이 쓴 책으로 문집 『성소부부고』 권 26 설부 5에 수록되어 있다. 이 책의 서문은[96] 허균이 어떤 연유로 『도문대작』을 집필하게 되었는가를 알려준다.

"우리집은 비록 가난했으나 선친이 살아 계실 때는 사방에서 나는 별미를 예물로 바치는 자가 많으므로 나는 어릴 때 온갖 진귀한 음식을 고루 먹었다. 성장해서는 잘사는 집에 장가들어 산해진미를 다 맛보았다. 임진왜란 때 병화를 피해 북쪽으로 갔다가 강릉으로 돌아왔는데, 거기서 지내는 동안 기이한 해산물을 골고루 맛보았다. 벼슬길에 나선 뒤로는 남북으로 옮겨 다니면서 우리나라의 별미를 모두 먹어보았다.

먹는 것과 성욕은 사람의 본성이다. 더욱이 먹는 것은 생명과 관계되는 것이다. 선현들은 먹는 것을 바치는 자를 천하게 여겼으나, 그것은 먹는 것만 탐하고 자기 이익을 추구하는 자를 지적하는 것이지, 어떻게 먹지도 말고 말하지도 말라는 것이겠는가? 그렇지 않다면 무엇 때문에 팔진미의 등급을 『예경(禮經)』에 기록했으며, 맹자가 생선과 웅장(熊掌)의 구분을 했겠는가?

내가 죄를 짓고 바닷가[97]로 유배되었을 때 쌀겨마저 부족하여 밥상에 오른 것은 상한 생선이나 감자, 들미나리 등이었다. 그것도 끼니마다 먹지 못해 굶주린 배로 밤을 지새울 때면 언제나 지난날 산해진미도 물리도록 먹어서 싫을 때를 생각하고 침을 삼키곤 했다."

위 서문에서 알 수 있듯이, 허균은 바닷가에 귀양을 가서 거친 음식을 먹게 되자, 견딜 수 없이 전에 먹던 것을 생각나는 대로 적어놓으면서 도문(屠門)을 바라보고 대작(大嚼)하는 것과 같이 하여 책의 이름을 이렇게 지었다. 따라서 『도문대작』은 선조와 광해군 당시의 전국에서 맛있는 음식을 적은 일종의 '향토별미음식서'라 하겠다.

허균이 맛본 김치 중에서 진미로 여겼던 김치는[98] '산개저(山芥菹, 산갓김치)'와 '죽순해(竹筍醢, 죽순김치)'였다. 함경도의 산갓김치, 노령산맥 이남의 죽순짠지를 그가 맛본 김치 중 최고로 좋았다고 한다. 지금도 함경도는 산갓김치가 향토김치로 되어있고, 전라남도 담양, 장흥 일대에는 죽순김치가 별미김치로 유명하다. 그러나 이 책에 소개된 김치는 별미김치의 일종이라, 당시 일반인들이 보통 때 먹었던 것이라 여길 수는 없다.

(1) 산개저(山芥菹, 산갓김치)

산갓김치의 조리법이 『음식지미방』(1670)에 나오는데, 산갓을 날것대로 미지근한 맹물에 담근 것으로 산갓의 향을 그대로 살린 나박김치다.

(2) 죽순해

죽순해는 '해(醢)'라는 이름에서 알 수 있듯이, 양념에 버무려 익힌 지(漬), 즉 해형(醢型)김치이다.[99)]

5) 『음식지미방』(1670) 중의 김치

김치의 제조법을 비교적 상세하게 설명한 최초의 요리서인 『음식지미방』(안동 장씨, 1670)에는[100)] 꿩김치(生雉沈菜法)와 산갓김치(山芥菹)가 나온다. 다른 종류의 김치들은 너무 일상적이어서 일부러 다루지 않았다고 여겨진다.

꿩김치는 미리 담근 오이지에 삶은 꿩살을 섞어 나박김치처럼 담갔다. 오이지와 꿩고기를 간장기름에 볶은 찬도 두 가지 나온다. 산갓김치는 산갓을 더운물에 헹구어 단지에 담아 더운물을 부어 익힌 점이 특이하다. 그 밖에도 소금을 이용하여 동아 담는 법, 마늘 담는 법, 고사리 담는 법 등이 소개되어 있다.

(1) 산갓김치(山芥菹)

산갓김치는[101)] 산갓을 다듬어 찬물에 씻고, 더운물에 헹구어 작은 단지에 넣고 물을 따뜻하게 데워 붓는다. 구들이 아주 뜨겁거든 의복으로 싸서 익히고, 뜨겁지 않으면 솥에 중탕해서 익힌다. 너무 뜨거워서 산갓이 데어도 좋지 않고, 덜 뜨거워서 익지 않아도 좋지 않다. 찬물에만 씻고 더운물에 헹구지 않으면 맛이 쓰다.

(2) 생치침채법(生雉沈菜法, 꿩고기김치법)

간이 든 오이지의 껍질을 벗겨 속은 가늘게 한 치 길이만큼씩 도독도독하게 썰어 물에 우려내두고, 꿩고기를 삶아서 그 오이지 같이 썰어 따뜻한 물과 소금을 알맞게 넣어 나박김치같이 삭혀서 쓴다.

(3) 꿩세(細) 짠지

오이지의 껍질을 벗겨 가늘고 잘게 썰고, 꿩고기도 그렇게 썬다. 간장기름에 볶아 산초와 후추로 양념하여 쓴다.

(4) 꿩고기 짠지

오이지속만 도려내어 버리고, 껍질을 벗기지 말고 아주 도독도독 썰어 더운물에 씻는다. 꿩고기도 오이지 같이 둥글게 썰어 간장기름에 볶아 담아두고 쓰면 여러 날이 지나도 변하지 않고 점점 맛이 난다.

> **청어, 방어 젓갈법[102)]**
>
> 청어는 물에 씻으면 못쓰게 되니 가져온 채로 자연히 씻어 버린다. 백 마리에 소금 두 되씩 넣는데, 날물기는 절대로 금하고 독을 조강한 데에 묻으면 제철이 돌아오도록 쓸 수 있다. 방어도 날물을 절대 금하고 썰어서 이같이 하라. 무릇 고기 염해(소금을 넣어 만든 젓갈)는 모두 이렇게 한다.

6) 『요록(要錄)』(1600년대 말엽)의 김치류

『요록(要錄)』에는 11종류의 김치류가 기록되어 있다. 고추를 사용한 흔적이 없으며 무, 배추, 동아, 고사리, 청태콩 등의 김치와 무를 소금에 담근 동치미에 대한 설명이 있을 뿐이다.

'무염침채'는 무에 맑은 물을 붓고 사나흘 두어 거품이 일면 즙을 따라서 버리고 다시 맑은 물을 부어 삭히는 김치이다. 오이김치인 '엄황과(淹黃瓜)'에는 향신료를 사용한 것이 보인다. 오이를 뜨거운 물에 데친 다음 물기를 없애고 소금, 당, 천초, 회향식초를 넣어 담갔다. 고추 대신 천초나 회향 등의 향신료가 사용되었음을 알 수가 있다.

7) 『주방문』(1600년대 말엽)의 김치 및 장아찌류

김치 및 장아찌류는[103)] 더덕침채, 지히, 약지히, 죽순지히, 오이가지선이다. 더덕침채는 소금, 기름, 간장, 후추를 넣은 물에 담그는 것으로 방법이 조금 다르다. 『음식지미방』의 지히는 생치지히와 생치전지히로 생치를 양념하여 볶았으나, 『주방문』의 지히는 장아찌와 같이 간장물을 부었다.

오이가지선의 한글은 오이가지선, 한자는 오이가채로 장아찌의 일종이다. 동아전의 전(煎)은 '다릴 전', '지질 전'으로 전유어의 한 방법이나 조리법은 장아찌에 속한다. 이들을 김치 및 장아찌로 분류한 것은 한글은 '지히', 한문은 '침채'로 기록되어 있어 『주방문』이 나온 1600년대에는 김치와 장아찌로 분류되는 요즘과 달리 침채와 지히가 혼용된 시기로, 김치와 장아찌를 따로 분류하지 않았다고 본다.

조선 초기의 김치 담그는 법으로 분류하면[104)] [105)] 다음과 같다.

조선 전기의 김치
(1) 나박김치 : 침채형 김치의 원조이고 고려 때부터 먹었다는 기록이 있으나, 그 이전부터 먹었을 것이라 생각된다. 채소 재배기술이 발달하지 못한 예전에는 김장김치가 맛이 없어지기 시작하는 음력 정월부터 담가먹었다.
(2) 동치미 : 동치미를 먹기 시작한 것은 신라시대부터이지만, 통일신라를 거쳐 고려시대에 들어오면서 질 좋은 무가 생산되자, 더 많이 담가먹게 되었다. 동치미는 겨울김치로 짜지 않게 통째로 소금에 절였다가, 양념을 넣고 소금물을 부어 국물과 함께 먹는 침채형 김치다. 이북지방은 메밀이 흔해 국수를 만들어 동치미에 말아 먹는 냉면이 대표적 음식으로 자리 잡았다.
(3) 신건지 : 김장철에 동치미보다는 짜고 짠지보다는 싱겁게 절여 이듬해 봄철에 먹는다. 배추만으로 또는 배추에 무를 조금 섞어서 배추동치미로도 한다. 여름에 오이나 무를 썰어 동치미로 담그기도 한다.
(4) 짠지 : 김장철에 무를 짜게 절여 이듬해 여름까지 장기간 저장할 수 있게 담근 무김치다. 배추만으로도 담근다. 중부지역에서 주로 먹는다.
(5) 섞박지 : 배추, 무를 썰어서 갖은 양념(미나리, 파, 마늘, 생강, 고춧가루 등)과 젓갈, 소금을 버무려 담가 익힌다. 사계절 어느 때고 담근다. 오이, 갓, 파, 소리쟁이 등을 버무린 김치도 섞박지로 구분된다. 또는 무를 크게 썰고 소금과 젓갈로 버무려 간단히 먹던 허드레 김치다. 계절과 관계없이 손쉽게 담가서 가족끼리 먹을 때 밥상에 올린 김치라고 할 수 있다.
(6) 소박이 : 오이, 가지 등에 칼집을 내어 절이고 켜켜이 소를 넣어 담그는 속박이 김치다. 예전에는 손님상에 오르던 김치였다.
(7) 장아찌 : 오늘날에는 장아찌와 김치가 서로 다른 종류지만, 조선시대 문헌에는 장아찌가 김치에 포함되었다.

3.2 조선 중기의 김치(18세기) : 『산림경제』(1715), 『소문사설』(1740), 『증보산림경제』(1766)

조선 중기 이후에는 상업의 발달에 따라 상품 작물의 재배도 활발해졌다. 각종 전래채소와 과수를 재배하였고, 원예작물과 약초가 널리 보급되었고 이것들이 김치의 주재료, 부재료로 이용되었다.

조선시대의 대표적인 전래식품으로는 호박, 고추, 옥수수, 고구마, 동아, 사과, 수박 등인데, 그 중 17세기 초에 유입된 고추는 우리 식생활에 큰 변화를 주었다. 고추가 김치 양념의 하나로 자리 잡기 시작하면서 이전의 담백한 맛의 김치가 조

화미(調和味)로 바뀌게 되었고, 주재료와 양념재료의 종류가 늘어나게 되었다.[106)]

김치는 조선시대 중기 이후 고추가 양념의 하나로 쓰이고 젓갈이 쓰이기 시작하면서 획기적으로 발전하였다. 1712년에 기록된 김창업(金昌業)의 『연행일기(燕行日記)』를 보면[107)], "우리나라에서 귀화한 노파가 그곳에서 김치를 담가 생계를 이어가고 있었는데, 그가 담근 동치미의 맛이 서울의 것과 똑같다."라고 나와 있다. 우리 김치들이 이웃 중국에도 전해진 것으로 보인다.

1803년의 『계산기정』에는, "통관(通官)집의 김치는 우리 김치 담그는 법을 모방해서 그 맛이 꽤 좋다."라고 쓰여 있다. 어떤 종류의 김치인지는 확실하지 않으나, 두 기록에서 18세기에 우리 김치가 중국으로 건너가 인기를 얻고 있다는 사실을 알 수가 있다.

1) 『산림경제』(1715)의 고추재배법

1715년경 홍만선이 쓴 『산림경제』에서는 김치 담그는 법을 소금을 적게 넣는 '담저법(淡菹法)'과 짜게 담그는 '함저법(鹹菹法)'으로, 배추김치나 동치미, 오이소박이와 오이짠지로 분류했다.

배추김치는 '담저법'에 속하며, 오이는 '짠지류'와 양념 속을 넣는 '소박이류' 두 가지로 분류했다. 나박김치는 '동치미류'이고, 무지는 양념을 넣은 것으로 나와 있다. 양념을 넣은 '무지'는 애호박, 호박순과 줄기까지 섞어 담갔는데, 호박이 고추와 함께 김치에 쓰인 흔적을 볼 수 있다. 이밖에 동치미, 배추김치, 용인 오이지, 겨울 가지김치, 전복김치, 굴김치 등이 보인다.

『산림경제』에 처음으로 고추재배법이 소개되었다. 고추는 김치나 젓갈의 변질 방지와 냄새 제거의 목적으로 서서히 이용되다가, 18세기 후반에 이르러 고추장도 개발되었다. 고추를 사용한 매운 맛이 서민들의 가정에 정착된 것은 19세기 초이다.

『본초강목습유(本草綱目拾遺)』(1765)에 "고추가 요즘 재배되어 이것이 시장에 많이 모여든다. 이 고추는 고추장을 비롯한 넓은 용도로 쓰이는데, 『본초강목』(1578)에는 이에 관한 설명이 없다."고 하였다. 중국에도 1500년대에는 아직 고추를 모르고 있었다는 것을 알 수가 있다.[108)]

허균은 『도문대작』에서 "초시(椒豉)는 황주에서 만드는 것이 가장 좋다."라고 하였다. 당시 초(椒)는 천초를 가리키고, 시는 장을 뜻했기 때문에 천초를 넣은 장을 초시라고 한 것 같다.

중남미가 원산지로 되어 있는 이 고추가 콜럼부스의 미 대륙 발견 이후에 세상에 번져나가게 되는데, 1559년 포르투갈 상선에 의해 일본에 전래된 것이 동양에서는 최초로 고증되고 있다. 육식이 일반화되지 않은 일본에서는 후추나 고추 같은 강한 맛은 좀처럼 익숙해지지 않아 관상용으로 재배하다가, 본격적으로 사용하게 된 것은 육류요리가 사랑받기 시작한 메이지시대(明治時代, 1868~1912)였다.

임진왜란이 끝나고 1백년 후에 쓰여진 책 『대화본초(大和本草)』에는 "고추가 옛날 일본에는 없었는데, 토요토미 히데요시가 조선을 정벌할 때 고추 종자를 가져왔고, 이런 연유로 고추를 '고려후추(후추가라(芥子))'로 불려왔다." 해서 한반도 전래설이 없지는 않으나, 일본 전래설이 정설이 되고 있다.

선조 때 학자 이수광의 『지봉유설』에 고추는 왜국에서 건너왔기에 '왜개초(倭芥草)'로 부른다 했고, 선조 말년까지만 해도 이 고추는 상식(常食) 단계가 아니라 술집에서 조금씩 가꾸어 그것을 소주에 타 고추술을 팔았을 정도였다 한다. 또한 『오주연문장전산고』에 보면, 추운 날 먼 길 떠나는 사람이 복부에 고추를 넣어서 만든 복대를 차고 고추를 버선 틈에 넣어 신고 감으로써, 그 자극성으로 혈행(血行)을 좋게 하여 추위를 타지 않게 하는 용도로 쓰였고, 또 전략무기로도 쓰였다고 했다.

내외문헌을 대조해 볼 때, 고추가 우리나라에 도입된 것은 왜란이 일어났던 1592년에서 1600년 사이의 일이며, 중국에 도입된 것도 바로 한국에 파견된 명나라 원군에 의한 것으로 추정되고 있다.[109)]

그러나 한국식품연구원의 권대영은[110)], 이성우가 고초(苦椒)의 원조라 주장하는 왜개자(倭芥子)와 고려 호초는 전혀 다르며, 조선에서부터 전래되었음을 알 수 있다고 반론을 제기하고 있다.(2010) 그 이후에 발간된 『물류칭호(物類稱呼)』에는 고추가 우리나라에서 전래된 것이라고 하고, 『본조세사담기(本朝世事談紀)』, 『성형도설(成形圖說)』 등에는 우리나라 혹은 남만에서 온 것이라 기록되어 있다.

결론적으로, 고추가 임진왜란 때 일본을 통해 전해졌다는 남방전래설보다 당초(唐椒), 고쵸(椒)와 같이 우랄 알타이족의 이동으로, 아니면 어떤 이유로 북방에서부터 우리나라에 고추가 들어오게 된 것은 아닐까 하는 북방전래설을 제시하고 있다.

『규합총서』에서는 고춧가루와 함께 고추를 썰어 채소절임의 음식에 넣었다. 특히 고춧가루를 넣은 매운탕이 등장했고, 심지어 고춧잎을 이용하여 장아찌까지 담그는 형태로 이용이 다양해졌다.[111)]

조선시대는 임진왜란 이후 고추가 도입되면서 음식에 큰 변화가 생겼다. 우리민족은 열이 많고 매운 음식을 애호했다. 겨자, 후추 등 자극성 강한 향신료를 즐겨 써왔는데, 고추가 도입되면서 이들을 대신하게 되었다. 소금물에만 담그거나 천초, 회향 등의 향신료에만 의지했던 김치절임에도 고추를 첨가하게 되었다. 고추를 사용함으로써 김치의 부패를 방지하고 소금의 사용량을 줄이는 효과를 경험하면서, 고춧가루를 넣어 만든 수십 종의 김치가 생겨난 것이다. 그러나 고추를 양념으로 사용한 김치가 나온 것은 고추 도입당시가 아닌 훨씬 후의 일이다. 이전에는 다양한 방법으로 담근 붉지 않은 김치들이 주를 이루었다.[112)]

2) 『소문사설』(이시필, 1740)의 깍두기(菁醢, 새우젓 + 고춧가루)

『소문사설』에는[113)] "깍두기는 집집마다 있지만 맛이 짠 것이 많고, 색깔이 깨끗하지 않은 것도 있다. 어떤 집에서는 오랫동안 묵혀 색깔이 누렇게 된 새우젓을 물에 넣어 삶은 뒤 고운 체로 찌꺼기를 걸러내고, 따로 생무를 큼직하게 썰어 새우젓 삶은 물에 담가놓는다. 또 고춧가루를 많이 섞어 놓으면 오래되어도 맛이 있고 그다지 짜지도 않다."라고 하여 깍두기를 집집마다 일반적으로 담아먹는 김치임을 알 수 있도록 기록되었다.

(1) 무

무는 우리나라 대부분의 지방에서 재배하는 1~2년생 초본이며, 근경은 품종에 따라 둥근형, 원통형, 방추형, 봉상형 및 쐐기형 등이 있다. 원산지는 지중해 연안

내부에 자생하는 R.maritiruas와의 잡종이라는 설과, 코카서스 남부, 소아시아, 팔레스타인, 그리스 등이라는 설, 중국의 남부라는 설 등이 있다. 원산지는 불분명하지만, 재배종의 기본이 되는 것이 지중해 연안지방에 많이 분포하고 있다. 우리나라에 도입된 것은 확실하지는 않으나 중국이 2,400년 전, 일본이 1,250년 전이라면, 우리나라에도 기원전에 도입되었을 것으로 추정되는데, 기록으로는 고려시대 『향약구급방』(1236)에 나복(蘿葍)이 등장하고, 『농상집요』(1372)에도 기록되어 있다.

대표적인 재래종으로는 김치감으로 알맞은 서울무와 중국 청피무, 백양사무 등이 있으며, 화북의 작은 무 계통에서 분화된 알타리무가 있는데 총각김치용으로 이용된다. 1900년대 초기에는 중국에서 일본을 거쳐 우리나라에 들어온 화남산(華南産)무도 있었는데, 이것은 일본무라고 부르는 궁중무, 미농조생무, 연마무 및 성호원무였으며, 재래종과 성호원무를 자연 교잡시킨 남강무도 있다.[114]

조선무는 무(蘿蔔)의 일종으로, 같은 흰무에 속하는 왜무보다 둥글고 단단하며 윗부분이 푸르다. 깍두기나 김치용으로 재배되며 주요품종으로는 진주대평무, 중국청피무, 용현무, 의성반청무 등이 있으며 실크로드를 통해 중국에서 전래되었다고 한다. 중국에는 기원전 400년경에 무에 대한 기록이 나타난다. 우리나라에는 불교의 전래와 함께 삼국시대에 재배되기 시작했으며, 고려시대에는 중요채소로 취급되었다.

중국을 통해 들어온 재래종과 중국에서 일본을 거쳐 들어온 일본무 계통이 주종을 이루는데, 근래 샐러드용 서양무가 다소 재배되고 있다. 이밖에 재래종에는 알타리무, 서울봄무, 봄무를 개량한 대당봄무가 재배되고 있다. 재래종무는 얼지 않게 흙속에 움 저장하면 다음해 봄까지 저장이 가능하다. 저장 중에 재래종도 바람이 드는데, 이는 저장기간 중 온도가 높아서 생장점의 생육이 진전될 경우 심하다.

(2) 배추

배추는[115] 19세기 말쯤 되어서야 오늘날과 같은 좋은 배추를 재배하게 되었다. 배추의 종자를 북경에서 가져다심으면 그 해는 좋았으나 3년만 계속하면 순무가 되어버리고, 시골에서는 새종자로 그해에 심어도 서울 것만 못했다. 서울이 배추 재배에 좋았던 모양이며, 서울의 방아다리배추는 특히 좋은 품종이었다.

배추는 백채(白菜)가 변한 말[116]로, 20세기 전반까지도 신문, 잡지 등에서는 '배채'로 표기했다. 우리 선조들이 배추를 김치의 주재료로 삼기 시작한 것은 18세기 말 속이 꽉 찬 결구배추 종자가 중국 산둥성에서 전래된 이후이다.

배추는 순무, 유채꽃과 기원지가 같다. 지중해 연안에서 자생산 잡초성 평지가 아프가니스탄 지역을 중심으로 순무로 분화했고, 서기 300년대에는 배추가 순무에서 분화 육종된 것으로 보인다. 중국에서 배추가 일반화 된 시기는 북위(北魏, 530~550) 때이다. 중국 북부가 원산지인 배추는 오늘날과 같은 고갱이가 들어 있는 결구형 배추가 아니었다.

우리나라 문헌상으로는 고려 후기에 발간된 『향약구급방(鄕藥救急方)』(1236)에 숭(菘)으로 처음 등장[117]하며, 성현의 『해동잡록(海東雜錄)』에는 "우리나라 사람들이 '숭채'를 배추라 하여 한양 성문 밖에 많이 심어 이익을 본다." 『용재총화(慵齋叢話)』에는 "지금 동대문 밖 왕십리에는 순무, 무, 배추 등을 심는다."라는 기록이 있어 많이 재배했다는 것을 알 수가 있다. 『삼재도회(三才圖會)』(1607)의 그림을 통해 그 당시 배추라 불리던 '숭채'는 순무와 더 가까운 비결구성 배추였음을 확인할 수가 있다. 또 조리서에서 이용이 거의 없었던 것으로 보아, 일반 식재료보다 약재로 쓰임새가 컸던 것으로 보인다.

『북학의(北學議)』(박제가, 1750~1815)에는 "배추 종자를 서울 사람들은 해마다 연경에서 받아온다. 그러므로 맛이 매우 좋다. 그러나 이것도 3년 동안만 씨앗을 바꾸지 않으면 순무로 변해 버린다. 더구나 시골에서 심은 것은 당년에도 서울 것만 미치지 못한다. 그것은 토질이 달라서 그런 것이 아니고 서울만큼 거름을 주지 못한 까닭이다."라고 전한다.

1800년대 중반 즈음에는 조선 땅에서 결구성 배추인 조선배추와 개성배추가 육종에 성공하였고, 1800년대 말에는 한반도에서 재배 면적이 확산된 것으로 추정된다. 1906년에는 서울 여러 지역에서 꽤 품종이 우수한 결구성 배추가 식용으로 이용된 것으로 본다.[118]

3) 『증보산림경제((增補山林經濟)』(1766년)의 김치류 – 고추 본격적으로 이용

『증보산림경제』는 영조 때 유중임(柳重臨)이 쓴 책이다. 유중임은 영조 때 태의내원(太醫內院)에 들어가 태의의약(太醫議藥)이란 직책을 맡았다. 유중임은 일찍이 유학에 깊은 지식을 가지고 있었으나, 계급적 한계로 인해 제대로 뜻을 펼치지 못했다.

이 책에서는 김치류를 별도의 항목으로 뽑지 않았다. 원예작물을 재배하는 법에 관한 치포조(治圃條)의 채명(菜名)에 각 채소의 재배법과 이용법을 소개하면서 속방(俗方)이라 하여 저(菹)를 소개했다. 저(菹) 이외에도 초절임법과 장아찌법을 소개하고 있으나, 이들은 대부분 중국의 문헌에서 인용한 것이다. 속방으로 소개된 김치류는 대부분 현재에도 그 맥락이 이어지는 것으로 18세기 중엽쯤에 현재의 김치류가 자리를 잡아가기 시작한 것으로 추정된다. 특히 고추와 고춧가루를 김치의 양념으로 사용한다는 사실을 처음으로 밝혀놓았다. 또 마늘, 파, 부추 따위가 중국처럼 주재료가 아닌 양념으로서 쓰였다는 사실을 이 책을 통해 알 수 있다.[119]

『증보산림경제(增補山林經濟)』(1766년)에는 무려 41종의 김치류가 기록되었다. 오늘날의 배추김치가 '숭침저'라는 이름으로 등장하며, 이 배추김치는 생선과 고기가 재료로 곁들여진 것이 특징이다. 또 오늘날의 총각김치의 원형이 보이며, 오이의 세면에 칼집을 내서 고춧가루와 마늘을 양념으로 하여 소를 채운 소박이형 김치, 배추와 무를 한데 섞어 담근 섞박지, 동치미 등이 문헌상 처음으로 소개되고 있다.

배추나 무 등을 익혀서 김치를 담가 치아가 좋지 않은 노인도 쉽게 먹을 수 있도록 한 숙(熟)김치도 있다. 그 밖에 채소에 곡물, 생선, 소금으로 숙성시켜 만든 식해형김치, 새우젓을 사용한 젓갈김치, 초절이김치, 짠지 등 다양한 형태의 김치류가 수록되어 있다. 문헌상 고춧가루가 김치에 이용되었다는 사실이 매우 특이하며, 김치를 땅 속에 묻은 독 속에 꼭꼭 눌러 담아 보관하면서 숙성시킨 발효김치의 모습을 보여주고 있다.

『증보산림경제(增補山林經濟)』의 김치를 담금법으로 구분하면 담저(淡菹), 함저(鹹菹), 숙저(熟菹), 초법(酢法), 조염(糟鹽, 술지게미 이용), 산법(蒜法, 마늘)으로 41종이다.

『증보산림경제』(1766) 중의 김치
『증보산림경제』에는 수록된 김치류는[120] 겨울철 가지김치 담그는 법(沉冬月茄菹法), 여름철 가지김치 담그는 법(夏月沉茄菹法), 동아김치(冬瓜菹), 배추김치 담는 법(沉菹法), 오이소박이 담는 법(黃瓜淡菹法), 용인 오이지 담그는 법(龍仁淡瓜菹法), 황과함저법(黃瓜鹹菹法), 황과숙저법(黃瓜熟菹法), 조황과법(糟黃瓜法), 강수저법(薑鬚菹法, 생강뿌리김치 만드는 법), 순무김치(나박김치), 무동치미 담그는 법(蘿葍凍沉菹法), 침나복함저법(沈蘿葍鹹菹法), 산갓김치 담그는 법(山介菹法), 미나리김치, 갓김치 나복황아저(蘿葍黃芽菹)

(1) 겨울철 가지김치 담그는 법(沉冬月茄菹法)

가지는 처음 서리가 내린 뒤에 단맛이 나니, 바로 이때에 따다가 꼭지를 떼고 이어 껍질을 벗기고, 먼저 백비탕을 식혔다가 소금을 넣어 간을 알맞게 한 뒤에 가지를 재워 작은 항아리에 넣고 그 위를 수마석(水磨石)으로 눌러두고 잎으로 덮은 뒤에 항아리주둥이를 밀봉한다. 항아리를 땅에 묻었다가 납일(臘日)을 기다려 꺼내어 가지를 찢은 뒤에 꿀을 발라먹으면 맛이 시원하고 좋다. 만약 색이 붉다면 맨드라미꽃을 함께 넣는다.(굳이 물가지를 쓸 필요는 없다.)

다른 방법은 먼저 토란줄기(속칭 고은대라고 한다)를 취하여 3치의 길이로 썰어서 반일 정도 소금에 절였다가 베로 짜서 소금물을 제거하고, 또 토란줄기에 소금을 앞과 같이 가했다가 짜서 생기(生氣)를 제거한다. 또다시 소금을 넣고 꼭지를 떼고 문질러 깨끗이 한 가지를 소금에 절여 작은 항아리에 넣고 앞에서 소금에 절인 토란줄기를 그 위에 덮고 맨드라미를 많이 취해 넣은 뒤 물은 전혀 넣지 말고 음지에 두되 추울 때에는 얼지 않는 곳에 두었다가 겨울철에 꺼내면 가지색이 붉어 사랑할 만하니 찢어서 꿀을 발라먹는다.(이 방법에서 전혀 물을 넣지 말라고 하였으나, 그렇지 않을 것 같으니 시험해 보아야 한다.)

(2) 여름철 가지김치 담그는 법(夏月沉茄菹法)

물가지를 따서 문질러 깨끗이 하고 큰 꼭지는 잘라 버리되, 가지에 이어진 꼭지는 제거하지 말며 파손된 것은 모두 버리고 온전한 것만 고른다. 별도로 백비탕에 소금을 넣고 식히고 또 큰 마늘을 취해 갈아 즙을 내어 소금물에 섞어 항아리에 부은 뒤 가지를 넣어 절였다가 물에 가지를 담가 수일 뒤에 먹는다. 시속의 방법은 칼로 가지의 배를 세 방향으로 갈라 마늘조각을 끼워 넣고 김치를 담그는데, 이와 같이 하면 가지즙이 다 새서 좋지가 않다.

(3) 동아김치(冬瓜菹)

중간 크기의 동아살을 1치 정도로 썰어 얇은 편으로 만들 되, 일반적인 방법과 같이하여 나박김치를 담그는데, 색을 붉게 하고자한다면 맨드라미꽃을 넣고 또 생강과 파를 넣는다.

(4) 배추김치 담는 법(沉菹法)

처음 서리가 내린 뒤에 배추를 일반적인 방법으로 거두어 나박김치를 담가 항아리에 넣고 뚜껑을 덮은 뒤에 땅에 묻어 기가 새지 않게 하고, 이듬해 봄에 꺼내면 색이 신선하고 맛도 맑고 시원하다. 배추를 찐 다음에 어떤 어육을 첨가해도 모두 좋고, 마른새우살을 첨가하면 더욱 맛이 있다.

(5) 오이소박이 담는 법(黃瓜淡菹法)

늙지 않은 오이를 취하여 꼭지를 떼어 깨끗이 씻고 칼집을 낸 뒤, 고춧가루 소량을 넣고 또 마늘 4~5조각을 끼워 넣는다. 백비탕에 소금을 넣고 매우 뜨거운 상태일 때에 항아리에 붓고(오이를 먼저 항아리에 넣는다) 굳게 밀봉했다가, 다음 날에 먹는다.

(6) 용인 오이지 담그는 법(龍仁淡瓜菹法)

늙지 않은 오이 100개를 따서 꼭지를 제거하고 상한 오이도 골라 버린다. 좋은 냉수에 소금을 조금만 넣고, 먼저 오이를 깨끗이 씻어 깨끗한 항아리에 넣은 뒤 소금물을 부어 잠기게 한다. 그런 다음 날에 또 오이를 꺼내어 위에 있었던 것은 거꾸로 아래에 있게 하고, 아래에 있었던 것은 위에 있게 하며 반드시 껍질이 상한 것을 세심하게 골라서 버린다. 다음 날에도 이와 같이 반복하기를 6~7번쯤 하면 매우 맛이 좋다.

(7) 황과함저법(黃瓜鹹菹法)

늙지 않은 오이를 취하여 깨끗이 씻고 별도로 생강, 마늘, 고추와 부추와 파 등의 양념을 매우 잘게 썬다. 깨끗한 항아리에 먼저 오이 한 층을 안치고, 다음으로 양념 한 층을 안치는데 오이를 다 안칠 때까지 한다. 백비탕에 소금을 넣어 조금 짜게 하며, 뜨거운 상태일 때에 항아리에 붓고 잎으로 덮은 뒤 뚜껑을 덮었다가 다음날 먹는다.(이 방법은 여름철에 쓴다.)

(8) 황과숙저법(黃瓜熟菹法)

끝물오이를 거두어 익을 때까지 물에 삶았다가 꺼내어 식힌 뒤 항아리에 넣고 소금을 넣어 메우게 한다. 10월 말 무동치미를 담글 때에 비로소 익힌 오이를 꺼내어 냉수에 담가 소금기를 뺀 뒤에 무동치미에 넣어 맛이 스며들기를 기다렸다가 먹는다. 치아가 없는 노인에게 좋다.

(9) 조황과법(糟黃瓜法)

석회와 백반을 넣고 끓인물을 식혔다가 오이를 한동안 담근다. 술거품과 술지게미와 소금에 동전 백여 개를 넣고 잘 섞은 뒤에 오이를 10일 동안 담가두었다가 꺼내어 말린다. 별도로 술지게미와 소금과 술을 바꾸어 다시 섞어 술단지에 넣어 저장하고, 대껍질과 대잎으로 주둥이를 밀봉한 뒤 익기를 기다렸다가 먹는다. 늙지 않은 오이는 장즙에 담거나, 항아리에 장과 함께 담거나, 소금에 절인 뒤 꺼내어 새우젓에 넣으면 모두 다른 반찬과 섞어 쓸 수 있는 훌륭한 찬거리가 된다.

(10) 강수저법(薑鬚菹法, 생강뿌리김치 만드는 법)

먼저 순무나 무를 예리한 칼로 얇게 썰어 연한 파와 나박김치를 담글 때에 생강뿌리를 함께 넣어 익기를 기다렸다가 먹으니, 시원하고 매운 것이 이만한 것이 없다. 또한 10월에 무동치미에 넣어 먹으면 더욱 훌륭하다.

(11) 순무김치(나박김치)

순무를 취해 나박김치를 만드는데, 일시적으로만 먹을 수 있고 겨울을 나는 반찬은 되게 할 수 없다.

(12) 무동치미 담그는 법(蘿葍凍沉菹法)

늦가을, 초겨울에 날씨가 추워지면 칼자루 크기만한 무를 거두어 칼로 껍질을 긁어내고 깨끗이 씻어 독에 넣고, 백비탕을 식혔다가 소금을 넣어 담백하게 한 뒤, 무가 담긴 독에 붓고 짚으로 싸서 땅에 묻는다. 먼저 늙지 않은 오이와 연한 가지, 지상으로 드러난 송이 등을 각각 그 철에 따라 소금물에 짜게 절였다가, 이때에 이르러 모두 취하여 냉수에 담가 소금기를 빼고 또 생강과 파 밑동과 청각과 눈을 제거한 천초와 가지, 오이 따위를 취하여 함께 땅에 묻은 독에 담가 굳게 봉한 뒤 흙을 덮고 익기를 기다렸다가 꺼내어 먹는다. 맛이 매우 좋으나 혹여 지나치게 많이 먹으면 천식이 생길까 두려우니 삼가야 한다. 가지는 재에 담갔다가 꺼내어 쓰니 이 방법은 앞에서 보인다.

(13) 침나복함저법(沈蘿蔔鹹菹法)

처음 서리가 내린 뒤에 무의 뿌리와 잎을 취하여 깨끗이 씻는다. 별도로 고추의 연한 열매와 잎과 줄기(이것은 이슬이 내리고 서늘할 때에 먼저 짠지를 담갔다가 이때에 이르러 합하여 담그는 것이다.), 청각과 늙지 않은 오이와 아이 주먹만한 호박의 열매, 잎, 줄기(줄기는 반드시 껍질을 제거한다.)와 가을 갓의 열매, 잎, 줄기와 동아와 조피와 부추 등의 채소를 일시에 함께 담그고, 마늘을 많이 갈아 즙을 취하여 무와 여러 재료를 독에 안칠 때에 층층이 놓고 마늘즙을 골고루 부은 뒤에 굳게 봉하고 땅에 묻기를 이전방법과 같이 한다. 납월에 이르러 꺼내어 먹으면 맛이 매우 좋고, 기를 새지 않게 저장하면 봄까지 보존될 수도 있다. 미나리줄기와 애가지를 아울러 넣어도 좋다.

(14) 산갓김치 담그는 법(山芥菹法)

먼저 순무 뿌리나 무를 취하여 예리한 칼로 담저(시속에서는 나박김치라고 한다)를 만들어 따뜻한 곳에 하루, 이틀 놔두어 익기를 기다린다. 산갓을 취하여 정한 것을 고르고 굳이 뿌리를 제거할 필요는 없다. 물에 산갓을 깨끗이 씻어 질그릇에 넣고 솥에 물을 끓이되(물에 넣어 문드러지지 않을 정도로 뜨겁게 한다) 3~4차례 물을 부은 뒤에 그 물과 갓을 함께 질그릇에 붓는다.(물을 잠길 정도로 적당히 붓는다.) 질그릇에 입김을 많이 분 뒤에 겹종이로 질그릇 주둥이를 밀봉하고, 또 뚜껑으로 덮어서 조금도 기가 새지 않게 하고, 온돌에 두고서 옷과 이불로 덮어 1시간 정도 지난 뒤에 산갓을 꺼내어 따뜻할 때에 먼저 만들어 놓은 순무김치에 섞고, 조린 청장을 첨가하면 매운맛이 좀 덜해지고 맑고 시원하여 매우 맛있다. 만약 산갓으로만 김치를 담가 장을 넣어 먹으면 지나치게 매워 맛이 변해 써진다. 먼저 순무김치를 담글 때에 반드시 무 싹과 파 등의 재료를 넣는다.

(15) 미나리김치

반드시 연한 배추와 봄 무와 함께 담가야 괜찮다.(가는 파를 첨가한다.)

(16) 갓김치(芥菹)

봄 갓은 반드시 나란히 씨를 뿌려 곧바로 연한 줄기를 따서 소금에 절이거나 나박김치를 만드는데 모두 훌륭하다. 가을 갓으로는 겨울김치를 담근다.

(17) 나복황아저(蘿葍黃芽菹)

정월에 움에 저장해두었던 무를 취하여 무에서 돋아난 황아를 기름에 지지고, 아울러 무와 생파를 썰어 나박김치를 만들어 먹으면 사람으로 하여금 봄기운을 느끼게 한다.

조선 중기 김치 재료로 조선 초기와 같이 무, 순무, 오이, 가지가 많이 쓰이고, 동아가 쓰였으며, 초기에는 없던 배추, 미나리, 갓이 쓰였다. 양념은 파, 마늘, 생강, 청각, 거목, 천초, 고추가 쓰였다. 젓갈은 쓰이지 않았으며 통김치 말고도 소박이형의 김치가 등장하여 가지나 오이에 칼집을 내어 그 속에 양념을 넣었다는 사실을 확연히 드러내고 있다.

『증보산림경제』 중 속방으로 소개된 김치류는 당시의 상용 김치류를 소개한 것으로 볼 수 있다. 양념으로서의 고추 사용과 양념김치의 등장이 특징적이다. 장아찌형 김치는 이 시기에도 김치의 한 종목으로 취급되었으며, 초기의 것에 비해 밥을 섞어 담근 것, 엿기름을 섞어 담근 것, 마늘 찐 것에 담근 것, 조황과법(糟黃瓜法)처럼 술지게미에 담은 것 등으로 다양하다.

『증보산림경제』의 김치 담금법을 나누면 다음과 같이 여섯 가지로 구분된다.

- 담저(淡菹) : 소금에만 담근 동치미, 짠지, 오이지류, 저며서 담은 나박김치류
- 함저(鹹菹) : 주재료에 부재료를 많이 섞어서 월동용으로 담근 것
- 숙저(熟菹) : 오이나 무를 일단 익혀서 담근 것
- 초법(酢法) : 소금과 엿기름 또는 소금, 밥, 엿기름에 절인 것
- 조염(糟鹽) : 소금과 술 또는 소금과 술지게미에 절인 것
- 산법(蒜法) : 마늘 다진 것과 소금을 섞은 것에 절인 것

그러나 동서(同書)에는 젓갈을 넣어 담근 김치는 없다. 『증보산림경제』의 담금법을 크게 대별하면[121] 표 4.2와 같다.

[표 4.2] 『증보산림경제』(1766)의 김치류[122]

	김치명	재료	
		주재료	양념, 젓갈
나박김치, 동치미	산갓저(山芥菹)	산갓, 소금물	
	무싹저(蘿葍黃芽菹)	무싹, 무, 소금물	
	순무저(蔓菁菹)	순무, 소금물	어린 파
	무저(蘿葍菹)	무, 소금물, 당귀순	어린 파
	무동김치(蘿葍凍沈菜)	가을에 절인 오이, 가지, 늙은 송이버섯	생강, 파, 청각, 거목, 천초

		재료	
	김치명	주재료	양념, 젓갈
신건지, 짠지	冬瓜菹	송이, 동아, 소금물	
	무저(蔓菁菹)	무, 소금물	
	겨울용 가지저(沈冬月茄菹)	가지, 소금물	맨드라미꽃
	용인 오이담저(龍仁淡瓜菹)	늙은 오이, 소금물	
	오이짠지(黃瓜鹹菹)	늙은 오이, 소금물	
소박이, 석박지	오이소박이(黃瓜淡菹)	오이, 소금물	고춧가루 소량, 마늘 저민 것
	가지소박이(夏月沈茄菹)	가지, 소금물	마늘 간 것, 마늘 저민 것
	오이함저(黃瓜鹹菹)	오이, 부춧잎, 소금물	생강, 마늘, 고추, 고춧잎, 총백 등
	무함저(蘿葍鹹菹)	무, 오이, 호박, 가을갓, 호박줄기 등	고추, 고춧잎, 마늘 간 것, 부춧잎, 천초
	배추저(菘菹)	배추	고춧가루, 마늘
	미나리 함저(芹鹹菹)	미나리, 배추, 봄무, 소금	파
	봄갓저(春芥菹)	봄갓	
	가을갓저(秋芥菹)		고춧가루, 마늘
	부들저(香蒲菹)	어린 부들	
	오이숙저(黃瓜熟菹)	늙은 오이, 소금	
장아찌	죽순초(竹筍酢)	죽순, 소금	생강, 파, 메줏가루, 천도 등
	부들순해(蒲筍酢)	부들순, 멥쌀밥, 소금	
	연뿌리초(蓮根酢)	연뿌리, 소금	파, 생강, 홍국 또는 엿기름, 기름, 귤피 등
	오이산(黃瓜蒜), 가지산(茄蒜), 동아산(冬瓜蒜)	어린 오이, 가는 가지, 동아 등을 마늘 찐 것, 소금	
	숭개(菘芥), 芥末茄, 黃瓜芥	배추, 가지, 오이 등을 겨자즙, 식초, 간장을 섞은 것에 절임	

자료 : 윤서석, 우리나라 식생활문화의 역사, 신광출판사, 1999, pp.395-396.

3.3 조선 후기의 김치(19세기) : 『규합총서』(1815), 『주찬(酒饌)』(1800년대 초), 『임원십육지』「정조지」(1835), 『주식시의』(1800년대), 『음식법』(1854)

김치의 주재료도 배추와 무가 많이 사용되기 시작한다. 통배추김치는 배추의 품종개량이 이루어져 반결구형, 결구형 배추가 등장하기 시작한 19세기부터 대표적 김치가 되었다. 김치 담그는 법도 장아찌형, 물김치형, 소박이형, 섞박지형, 식해형 김치 등으로 다양하게 발달하였고, 제조 방법도 퇴렴(退鹽)하여 김치를 담는 2단계 담금법으로 발전하였다. 또한 단순한 양념을 이 시기부터는 본격적으로 사용하기 시작하였고, 양념김치는 점차적으로 보편화되어 갔다.[123)]

1) 『규합총서』(1815)의 김치류

조선시대 최초의 가정백과서로 볼 수 있는 『규합총서(閨閤叢書)』(1815)는 1939년 빙허각전서(憑虛閣全書)가 발견된 후에 이 책이 1809년(순조 9년) 빙허각 이씨(憑虛閣 李氏, 1759~1824)가 쓴 것이라는 게 세상에 알려졌다.

빙허각 이씨는 명망 있는 소론 가문에서 아버지 이창수(李昌壽), 어머니 문화유씨(文化柳氏) 사이의 막내딸로 태어나 서울에서 자랐고, 15세에 서유본(徐有本, 1762~1822)에게 시집갔다. 남편인 서유본의 집안 역시 유교적 학문을 바탕에 두고 실용을 중시하는 실학자 집안이었다.

서유본의 집안이 옥사에 연루되며 큰 어려움에 처하고 경제적으로 곤궁해지면서 빙허각 이씨는 차밭을 일구며 생활하였다. 그때부터 그녀는 집안 살림을 경영한 자신의 경험과 생활지식은 물론 실학서의 내용까지 모아 51세의 나이에 가정생활 백과사전이라 할 만한 『규합총서(閨閤叢書)』를 편찬했다. 서유본은 아내가 저술한 책에 『규합총서』라는 제목을 붙여주고, 축하하는 시를 지어줄 정도로 자신보다 여러 면에서 뛰어났던 아내를 예우하였다.

『규합총서』는 한글 필사본으로 규방에서 많이 읽혔는데, 음식 관련 내용만 간추려 1869년(고종 6년)에 목판본으로 간본(刊本) 『규합총서』가 나왔고, 1915년에는 가정생활에 필요한 내용만 추리고 시대변천에 맞추어 새로운 내용을 추가한 필사본 『부인필지(夫人必知)』란 책도 나왔다.

처음으로 지금의 김치명 섞박지, 동치미 등이 나온다. 담금법을 보면, 젓갈과 젓국을 섞어서 담고, 그 외의 몇 가지 김치 담금법은 지금과 같다.[124)]

동서(同書)의 김치[125)]는 섞박지, 어육김치, 동과 석박지, 동침이(냉면 및 생치김치), 동가김치, 동지, 용인 오이지법, 산갓김치, 장짠지, 전복김치가 기록되어 별미스러운 김치만을 기록한 것으로 보인다. 이 책에 등장하는 김치에는 해물, 젓갈, 고추 등이 본격적으로 사용된다. 고추장 담는 법, 고추장볶이, 각종김치의 양념에 고추가 다양하게 사용되었다.

(1) 섞박지

가을로부터 겨울까지 김장할 무렵 가죽이 얇고 크고 연한 무와 좋은 갓, 배추를 너무 짜게 말고 각각 그릇에 절인다. 절인지 사오일만에 맛있는 조기젓과 준치, 반당이 젓을 좋은 물에 많이 담가 하룻밤 재운다. 무도 껍질 벗겨 길고 동글기를 마음대로 썰고, 배추, 갓을 알맞게 썰어 물에 담근다. 오이도 절일 적에 소금물에 끓여 더운 김에 붓고 동녹(銅) 쓴 돈을 넣거나 놋그릇 닦는 수세미를 넣어 두면 빛이 푸르고 싱싱하니 며칠 전에 꺼내어 물에 담가 짠 물을 우려내라. 가지는 잿물 밭인 재를 말리어 켜켜 묻어 단단히 봉하여 땅에 묻어 두면 갓 딴 듯하니 섞박지 담는 날 꺼내어 물에 담가라. 선 동과는 과즐만치 베어 껍질을 벗기지 말고 속은 긁어 없이 하라.

젓갈들은 지느러미, 꼬리 없이 하고 비늘을 거슬려라. 소라, 낙지는 머리의 골을 꺼내고 정히 씻는다. 무, 배추를 광주리에 건지고 물이 빠진 후 독을 땅에 묻고, 먼저 넣고 가지(茄), 오이(瓜), 동과 등을 넣고, 젓갈을 한 벌 깐 후 청각과 마늘, 고추 붙이를 위에 많이 뿌리고 고추, 나무새 넣기를 전대로 떡 안치듯 한다. 항아리를 국물 넉넉히 들 만치 채우고, 절인 배춧잎과 무 껍질 벗긴 것으로 우름(우거지 치는 것) 두껍게 덮고, 가늘고 단단한 나무로 그 위에 가로질러 누른다. 젓 담갔던 물이 적거든 찬물을 더 치고, 좋은 조기젓국과 정한 굴젓국을 더 타 간을 맞게 하되, 굴젓국이 삼분의 일을 섞어 독에 가득 붓고, 두껍게 매고 소래기나 방석으로 덮어두어라. 겨울에 익거든 쓸 적에 젓과 생복, 낙지붙이는 썰고, 동과는 껍질 벗겨 썰면 빛이 옥(玉) 같다. 고추와 마늘의 다소(多少)는 각각(各各) 식성대로 넣는다. 날이 더울 때 하면 국은 시고 나무새는 설어 좋지 못하니, 절인 지 사나흘만에 알맞게 하여 방문을 잃지 않아야 기이(奇異)하다.

이 섞박지는 주재료와 부재료, 양념이 구분되어 많은 젓갈과 함께 다양한 재료로 제조되었다. 특히 무와 배추를 짜지 않게 절였다가 김치를 담는 모습이 이제까지의 생채 절임과는 다른 형태를 보이고 있다. 부재료로 낙지, 전복, 소라 등의 해산물과 함께 조기젓, 굴젓, 준치젓, 밴댕이젓 등의 젓국으로 간을 맞추며 한 가지 김치를 담는데 두세 가지 젓갈이 들어가는 것도 특징적이다. 오이의 변색을 위해 녹슨 엽전이나 놋그릇 닦는 수세미를 이용하는 새로운 담금법도 소개되었다.

(2) 어육(魚肉)김치

대구, 복어, 민어, 조기붙이를 쓸 적마다 대가리(頭骨)와 껍질을 많이 모아둔다. 서리 처음으로 나리고 날이 차 김장할 때, 좋은 무와, 연한 배추. 굵은 갓을 정히 씻어 간 맞추어 절인다. 오이 가지를 법대(如法)로 절인 것과 호박(마치 어린애 주먹같이 맺힌 것) 절인 것과 고춧잎에 어린 고추 달린 채 딴 것을 서리 나리기 전에 미리 가려라. 소금에 절이면 질기고 맛이 사나우니, 항아리에 넣고 돌로 단단히 누른 후 냉수(冷水)를 부었다가 쓸 때에 여러 번 씻으면 연하고 좋다.

김치 담그기 하루 전에 다림방(설렁탕 집 같은 데)에서 고기 삶은 냉수 타지 않은 전물 두어 동이를 그 전에 모았던 생선대가리, 껍질 건덕이를 많이 넣고 소고기를 넣어 진히 달여 채운다. 독을 묻은 후 청각, 마늘(蒜), 파(葱), 생강(薑), 고추붙이를 켜켜 놓는다. 마늘은 갈아서 붓고, 미나리는 정히 씻어 사이사이 넣은 후 우를 두껍게 덮고, 생선과 소고기 달인 물을 맛보아, 싱겁거든 무절인 국을 타서 체에 밭여 가득 붓는다. 두껍게 싸고, 위를 흙으로 덮었다가 선달그믐께나 이른 봄에 먹으면 훈감(熏甘)하고 맛이 매우 아름답다. 이 김치는 무, 배추 붙이를 썰지 않는다.

이 어육김치를 보면, 조선시대 김치가 오늘날 우리가 흔히 먹는 김치로 점차 발전되는 과정을 엿볼 수 있다.

(3) 동과(冬瓜) 섞박지

매우 크고 한 곳도 상하지 않은 서리 맞은 분빛 같은 동과(冬瓜)를 가려, 위를 얇게 도리고, 씨와 속을 손을 넣어 죄 긁어낸다. 그 속에 좋은 조기젓국을 가득히 붓고, 청각, 생강, 파, 고추를 다 한데 섞어 절구에 갈리도록 찧어 그 속에 넣고, 딱지를 도로 덮어 맞추고 종이로 틈을 단단히 발라 덥지도 않고 얼지도 않을 곳에 세워 둔다. 겨울에 열어보면 맑은 국이 가득히 괴었거든 정한 항아리에 쏟고 동과(冬瓜)를 썰어 담가두고 먹으면 그 맛이 매우 아름답다.

(4) 동치미(凍沈菹法)

잘고 모양이 예쁜 무를 꼬리 째 정하게 깎아 간 맞추어 절인다. 하루 지나 다 절거든 정하게 씻어 독을 묻고 넣는다. 어린 오이를 가지 재에 묻는 법으로 두면 갖 딴듯하니, 무절일 제 같이 절였다가 넣고 좋은 배(梨)와 유자(柚子)를 왼 이로 껍질 벗겨 썰지 말고, 파 흰뿌리채 한 치 길이씩 베어 위를 반씩 갈라 넷으로 쪼갠 것과 생강 넓고 얇게 저민 것과 고추씨 없이 반듯(方正)하게 썬 것을 위에 많이 넣는다. 좋은 물에 소금을 간맞추어 고운체에 밭여 가득히 붓고, 두껍게 봉하여 둔다. 겨울에 익은 후 먹기를 임시하여 배(梨)와 유자(柚子)는 썰고, 그 국에 꿀(白清)을 타고 석류에 잣을 흩어서 쓰면 맑고 산뜻하며 그 맛이 매우 아름답고, 또 좋은 생치(生雉)를 매니(白熟)로 고아 그 국의 기름기를 없이 하고 얼음같이 채워 동침이국에 화합하고, 생치살을 찢어 섞어서 쓰면 그 이름이 이른바 생치김치요, 동침이국에 가는 국수를 넣고 무, 오이, 배, 유자를 같이 저며 얹고, 돼지고기와 달걀 부친 것을 채쳐서 흩고 후추와 잣을 뿌리면 이른바 냉면이다.

(5) 동가(冬茄)김치

구월초생에 한곳도 유점 없는 물 적은 가지를 씻어, 물기 없이하여 항아리를 묻고 상하지 않게 차례로 켜켜이 넣고, 맨드라미꽃을 많이 넣고 위로 수숫잎이나 단단한 잎을 두껍게 덮고 돌로 누른다. 좋은 물을 끓여 얼음같이 채워두고, 소금을 동침이국 조금 짠듯하게 하여 붓고 두껍게 싸매고 맞는 그릇으로 위를 덮어둔다. 그랬다가 깊은 겨울에 내면 가지와 국이 다 단사(丹砂)와 같으니, 둥글게 썰거나 길이로 끊거나 마음대로 하여 꿀을 많이 타면 기이하되, 반찬으로는 마땅치가 못하다.

(6) 동지

김장 후 잎 없는 무 나거든 크고 좋은 무를 꼬리와 위를 베어 깨끗이 다듬고 여러 번 씻어 소금에 굴려 묻혀, 독을 묻고 넣으며 켜켜 소금을 뿌려 가득히 넣는다. 며칠 후 반만 절거든, 상·하(上下)를 뒤바꾸어 사오일 후 절거든, 절였던 오이를 짠맛 우려 넣고 고추, 청각을 넣는다. 좋은 냉수에 소금 타지 말고 가득히 부어 단단히 봉하여 그릇을 덮어 굳게 묻었다가 설 지난 뒤 꺼내면, 국물이 유난히 맑고 시원하며 담소하여(淡淡素朴) 갖은 김치보다 갑절이나 아름답다.

동치미는 무뿐 아니라 오이, 배, 유자, 파, 씨를 뺀 고추 등의 양념을 넣고 익힌다고 나오는데, 이는 궁중과 사대부가의 대표적인 동치미 조리법이다. 평생 서울에서 살아온 빙허각 이씨의 요리책은 서울의 음식문화를 눈여겨 볼 수 있는 귀한 자료라 하겠다.[126]

(7) 용인오이지법(龍仁黃瓜沉菹法)

오이 백개를 꼭지 없이 하고, 혹 상한 것 가리어 항아리에 넣고 맑은 뜨물과 냉수를 섞어 소금을 싱겁게 터, 오이 넣은 항아리에 붓고, 그 이튿날 꺼내어 아래위를 바꾸어 넣고, 또 그 이튿날 또 이렇게 하여 날마다 바꾸어 넣기를 예닐곱 번 하여 익히니 용인 오이지가 우리나라에서 유명하다.

(8) 산갓김치

입춘 때 무를 가늘게 쳐 깎고 미나리, 순무 엄(牙)과(움파) 움 신감채를 넣어 맹물을 끓여 슴슴한 나박김치를 담가 더운 데에 둔다. 그 김치가 익을 만하거든 산갓을 가리어 깨끗이 씻어 뿌리째 굽 없는 그릇에 담는다. 더운물을 끓여 산갓이 데어 익지 않을 정도로 서너 번 주어 물과 산갓을 넣고, 입으로 불기를 한참 동안 겨자 개듯 하여 두껍게 여러 번 종이로 덮는다. 그 위에 옷이나 솜 둔 것을 눌러 더운데 묻어 김이 조금도 나지 않게 하여 반시간 쯤 후 내어 먼저 담근 김치에 섞어 검은 장을 타 먹되, 이 김치가 김이 나면 쓰고, 산갓이 좀 자라면 즉시 쇠고 맛이 좋지 못하다. 봄뜻이 먼저 있는 고로 이름 하여 보춘저(報春菹)라 한다.

(9) 장(醬)짠지

여름에 어린 오이와 무, 배추 등을 슬쩍 삶아 청장에 절여 숨이 죽거든 파, 생강, 송이 길이로 저민 것, 생복이나 전복이나 넓게 저미고, 마른 청각, 고추붙이를 켜켜이 넣고, 꾸미를 많이 넣어 좋은 장을 달이어 간 맞추어 타 부어 익힌다. 전복이 없거든 큰 건합(乾蛤) 혀만 베어 대신 써도 좋다. 이 김치는 젓붙이는 넣으면 좋지 않다.

(10) 장(醬)짠지의 또 한 방법

오이를 가운데 속을 내고 슬쩍 볶는다. 고기를 가늘게 두드리고 생강, 파를 두드려 넣어 유장(油醬) 맞추어 볶아 잣가루, 후추를 섞어 오이 속에 소를 넣고, 가늘고 긴 부춧잎으로 동여 소가 빠지지 않게 한다. 파, 생강, 부추, 고추양념을 갖추 갖추 꾸미어 많이 넣어 장국을 달여 채운다. 익거든 얼음에 채워 사용한다. 오이김치는 끓여 담가야 골마지가 없다.

(11) 전복김치

전복을 추겨 칼로 넓게 저민다. 유자껍질과 배를 가늘게 썰어 전복을 주머니처럼 만들고, 그 소를 넣고 소금물을 슴슴히 하여 김치를 담가 익히면 신선 같은 맛이 있다고 약천집에 하였으니 무와 생강, 파붙이를 더 넣어서 담그면 더욱 기이하다.

『규합총서』(1815)의 김치류는[127] 다음 표 4.3과 같다.

[표 4.3] 『규합총서』(1815)의 김치류

	김치명	재료	
		주재료	양념, 젓갈
나박김치, 동치미형	산갓김치	산갓, 무, 순무, 미나리, 소금물	엄파
	동치미	무, 절인 오이, 절인 가지, 소금물	파, 생강, 고추, 유자, 배, 석류, 꿀, 실백
신건지, 짠지형	동지	무, 절인 오이, 소금물	고추, 청각
	용인 오이지	오이, 소금, 뜨물	
	동가(冬茄)김치	가지, 소금물	수숫잎, 맨드라미꽃, 조기젓, 준치젓

	김치명	재료	
		주재료	양념, 젓갈
소박이, 섞박지	섞박지	무, 배추, 갓, 낙지, 생전복, 절인 오이, 절인 가지, 낟동아, 소라	파, 고추, 청각, 마늘, 소어젓
	동아섞박지	동아	파, 생강, 고추, 청각 젓국(조기젓국, 생굴젓국)
	어육김치	대구, 무, 배추, 갓, 고춧잎, 미나리, 절인 오이, 가지, 호박들	파, 생강, 마늘, 고추, 청각
	전복김치	생전복, 유자껍질, 배, 무	파, 생강
	장짠지 1 (장김치)	오이, 무, 배추, 송이, 생복	파, 생강, 고추, 마른 청각, 청장
	장짠지 2 (장김치)	오이, 고기, 잣가루, 부추	파, 생강, 고추, 청장, 기름
장아찌형	장가, 장황과 조가, 조황과 장자총, 조강	– 가지, 오이, 자총 등을 전 처리한 다음 장에 절임 – 가지, 오이, 마늘, 생강 등을 각각 전 처리하여 소금과 술지게미를 섞은 것에 절임	
	부추절임	부추를 소금에 짜게 절임	

자료 : 윤서석, 우리나라 식생활문화의 역사, 신광출판사, 1999, p.396.

2) 『주찬(酒饌)』(『수운잡방』보다 300년 후의 책, 1800년대 초)의 김치류

『주찬(酒饌)』은[128] 다른 고조리서에 나오는 병(甁), 선(鐥), 말집(末汁) 같은 말의 정확한 개념을 알게 해 줄 뿐만 아니라, 『본초강목(本草綱目)』(1590)을 인용한 구절과 김치에 흔하지는 않으나 고추를 쓰고 있는 점으로 보아 이성우 교수는[129] 1600년대 이후의 것, 1800년대 초엽의 것임을 짐작할 수 있다고 하였으며, 동아느르미나 황향 느르미에 즙을 끼얹는 조리법이 기재되어 있는데, 이러한 조리법에 대해 이용기는 『조선무쌍신식요리제법』(1924년)에서 "요사이는 쓰지 않는다."라고 한 점, 또 『주찬(酒饌)』의 권말에 후인이 낙서한 것으로 보이는 을묘(乙卯)라는 연대가 기록되어 있는데, 이것이 일제 강점기에 쓰인 것이 아니라면 이 책은 늦어도 1855년 이전에 서술된 책임을 알 수가 있다. 그리고 여러 가지 조리법에 대한 명쾌한 서술은 다른 고조리서의 애매한 기술을 해석하는데 도움이 된다.[130]

『주찬(酒饌)』(1800년대 초)의 김치로는[131] 침저법, 추침법, 함저, 동치미, 섞박지, 조(早)섞박지, 함저 2, 담저 등이 기록되었다.

(1) 침저법(沈菹法)

침저법(沈菹法)을 보면, 납일 전에 쓰는 소금물은 물 한 동이에 소금 7~8되를, 납일 후에 쓰는 것은 물 한 동이에 소금 한 말씩을 물에 녹여서 쓴다.

(2) 추침법(秋沈法)

추침법(秋沈法)은 무, 배추를 짠 소금물에 담갔다 건져내어 물기를 빼고 독에 담는다. 오이, 고춧잎, 고추, 파, 마늘, 가지, 청각, 생강, 볶은깨, 초피(조피) 등을 섞어 층층마다 넣고 갓, 죽순도 사이사이에 넣어 담는다. 그런 다음 처음 무, 배추 절인 소금물의 간을 맞추고 체에 걸러 부은 다음 무, 배춧잎을 소금으로 절여 그 위를 덮는다. 오래되어 부피가 줄면 익은 것이니 쓸 수 있다. 생강과 마늘즙을 많이 넣는다. 당파, 오이, 고춧잎, 가지 따위의 그 계절채소를 소금에 절여 가을 담글 때 썰어 넣어 담는다.

(3) 함저(鹹菹)

함저(鹹菹)는 무를 껍질을 벗기고 소금에 절인다. 한 개, 한 개가 간이 들면 꺼내어 냉수에 헹구어 물기를 말린 다음 독에 담는다. 고추, 초피, 생강, 파를 켜켜이 섞어 담고 처음의 무 절인 소금물을 붓는다. 만약 싱거우면 소금을 덧치고 오래 두고 쓴다.

(4) 동치미(童沈菹)

동치미(童沈菹)는 무를 껍질을 벗기고 약간 싱거운 소금물에 절인다. 무가 말랑말랑해진 다음 찬물을 많이 붓고 씻어서 독 안에 담는다. 오이, 가지도 소금에 며칠 절인 다음 찬물에 씻어서 함께 담고, 초피와 가운데를 갈라 씨를 발라낸 고추껍질을 층층이 넣은 다음, 처음의 무 절인 물을 체에 걸러 적당히 간을 맞추어 부어 넣는다.

(5) 섞박지(胥薄漬)

섞박지(胥薄漬)는[132] 연한 무와 배추를 소금물에 절여서 줄기에는 짠 맛이 들지 않고 잎에만 조금 짠 맛이 들 때 채반 위에 건져내어 둔다. 조기젓은 품질이 좋고 역한 냄새가 나지 않는 것을 냉수에 담가 비늘을 떼고 씻어 둔다. 소라, 굴, 대하, 파, 마늘, 생강, 초피, 청각, 생복, 석이, 표고 따위, 여러 가지 썰어야만 하는 것들은 썰어서 다른 그릇에 담아두고, 조기젓과 무와 배추를 양념과 함께 켜켜이 넣어 담는다.

소금에 절인 무와 배춧잎을 그 위에 덮고, 조기젓 씻은 물을 체에 걸러 그 위에 부어 넣는다. 맛을 보아 너무 싱거우면 다른 좋은 젓국물을 더 넣고, 너무 짜면 무와 배추 절였던 물을 덧부어서 간을 맞춘다. 적당히 간을 맞춘 국물을 독에 가득 차도록 붓고 그 국물을 다른 그릇에도 많이 담아둔다. 다음에 보아서 김칫국물이 줄어들면 남겨두었던 국물을 여러 번 덧붓는다. 즉 완전히 익어도 독에 물은 독에 꽉 차게 되는 것이다. 이와 같이 국물을 여러 번 많이 덧부으면 군내가 나지 않아 좋다.

이와 같이 너무 싱거우면 맛이 이상하고 좋지 않으며, 너무 짜도 맛이 별로 좋을 것이 없다. 준치젓을 넣어도 좋은데, 젓갈 중에는 굴젓이 가장 좋으며, 이 김치의 젓갈로도 좋다. 담글 때 젓국의 맛이 이상하고 매우 역겨울 때에는 일체 그 젓국을 쓰지 않는 것이 좋다.

(6) 조섞박지(早胥薄漬)

조섞박지(早胥薄漬)는 배추김치와 무김치 같은 침채를 항아리에 함께 담근 김치로서, 맛이 좋은 젓갈과 고명을 켜켜이 넣어 덥지 않고 시원한 곳에 여러 날 두어 삭힌 것이다. 만약에 너무 짤 것 같으면 침채 국물을, 너무 싱거우면 함저 국물을 넣으면 좋다. 젓갈 중에는 굴젓이 가장 좋으며, 그 다음으로는 새우젓이 좋다. 이 두 가지 젓갈은 담글 때 많이 넣으면 젓갈의 좋은 맛이 김치와 서로 어우러져 맛을 돋우며, 먹을 때 맛이 섞박지에 밑지지 않는다.

유지로 항아리의 아가리를 봉해 김이 새지 않도록 하며, 국물이 줄어들면 군내가 나고 맛이 없으므로 줄어드는 것에 따라 국물을 수시로 덧붓는 것이 좋다.

(7) 함저(鹹菹)

함저(鹹菹)는 무를 깨끗하게 씻어 마른 소금에 재운다. 소금은 저절로 짙은 소금물이 되고, 무는 말랑말랑 해진다. 그런 다음 무 사이에 생강과 초피를 총총히 넣어 담고 짙은 소금물을 독이 차도록 붓는다. 객수는 넣지 않으며 소금만으로 한다. 담글 때 여분의 소금을 두었다가, 짙은 소금물을 만들어 수시로 덧부으면 된다. 이 함저법은 자세히는 모르나, 이 방법보다 좋은 것은 없는 듯하다.

(8) 담저(淡菹)

담저(淡菹)는 무를 깨끗하게 씻고 생강, 초피 섞은 것을 켜켜이 넣어 담근다. 한 동이를 담그려면 소금 한 되를 물에 녹여 담는다. 이 동치미법은 자세히는 모르나 이 방법보다 좋은 것은 없는 듯하다.

3)『임원십육지』「정조지」(1827)

1827년에 발간된『임원십육지』「정조지」(서유구(1764～1845))[133]에도 많은 종류의 김치가 수록되었는데, 그 중 특이한 것은 고추의 사용을 적극 권장한 것이다. 그리고 네 종류로 구분된 김치가 90가지 이상 나온다.

① 엄장채(醃藏菜)는 소금에 절인 김치와 술지게미를 넣어 만든 김치의 총칭이며, ② 자채(鮓菜)는 누룩이나 쌀밥을 넣어 발효시킨 식해형 김치이다. ③ 제채(虀菜, 버무릴 제)는 간장이나 된장 혹은 초(醋)에 생강과 마늘 같은 향신료를 넣어 만든 김치, 그리고 저채(菹菜)이다. ④ 저채는[134]는 지금 우리가 먹는 김치와 가장 비슷한데,『석명』에서 저는 조(阻, 험할 조)라고 했다. 날것을 발효시킨 것이다. 대개 엄채(醃菜), 저채(菹菜), 제채(虀菜) 모두 한 종류이나 이름만 다른 것이다.

저(菹)는 한 번 익으면 먹을 수 있고, 엄채(醃菜)는 다시 씻어 먹는다. 제(虀)는 작게 자르고, 저(菹)는 뿌리와 잎을 모두 통째로 발효시키는데,『후청록』에는 작게 자른 것을 제(虀)라 하고, 통째로 한 것을 저(菹)라고 한다. 우리나라 사람들은 침채(沈菜)라고 부른다.(『옹희잡지』)

***엄장채(醃藏菜)**

엄장채에는[135] 건폐옹채방, 저장채방, 엄오향채방, 엄동채방, 조장채방, 엄염구방, 조구법, 엄구화법, 조강밥, 장개방, 조나복방, 수엄나복방, 조과가방, 엄법, 조법, 조채과법, 조가법, 엄과법, 엄와거방, 조산방, 엄조백채방, 조숭법, 엄숭법, 엄장옹소방 등이 있다.

(1) 엄조백채방

배추 술지게미에 절이는 법을 보면[136], 배추는 뿌리와 누렇게 된 늙은 잎을 잘라 낸 뒤 씻어 널어 말린다. 배추 10근 당 소금 10냥에 감초 및 줄기를 써서 깨끗한 옹기에 담아둔다. 소금을 배추 갈라진 사이에 뿌려 넣은 뒤, 항아리 속에 배치하고 시라를 조금 넣고 손으로 채워 눌러 항아리에 반쯤 차게 되면, 다시 감초 몇 뿌리를 넣고 항아리가 가득 차면 돌로 눌러둔다. 3일 뒤에 배추를 거꾸로 하여 소금물을 짜낸 뒤, 마르고 깨끗한 그릇 안에 따로 두되 맹물이 닿지 않게 조심하고, 소금물을 도로 배추 안에 끼얹어둔다. 7일이 되면 앞의 방법으로 다시 거꾸로 한 뒤, 새로 길은 물에 담가서 벽돌로 눌러두면 그 배추의 맛이 좋으며 향기롭고 연하다.

만약 봄이 되어도 다 먹지 못한 것이 있으면 끓는물에 데친 뒤, 볕에 말려 거두어 저장한다. 여름에 배추를 따뜻한 물에 담갔다가 물을 다 짜내고 참기름에 고루 섞어 자기사발에 담아 밥 위에 놓고 찌면 그 맛이 더욱 좋다.(『농상촬요』 인용)

조숭법(糟菘法, 술지게미에 배추 절이는 법)은 먼저 격년으로 술을 눌러 짜낸 뒤 술이 조금도 나오지 않는 술지게미를 술단지에 담아 봉한다. 술지게미 1근 당 소금 4냥을 고루 섞는다. 좋고 잘 자란 화살대 같은 배추를 씻어 잎을 제거하고, 음지에 걸어 볕을 쪼여 물기를 말린다. 배추 2근당 술지게미 1근으로 한 겹은 배추, 한 겹은 술지게미를 쌓되 격일로 한 번씩 뒤집는다. 익으면 술단지에 끌어다 넣고, 그 위에 술지게미와 배추에서 나온 수즙(水汁)을 끼얹는다. 꺼내어 쓰면 맛이 좋다. 엄숭법(醃菘法, 배추 절이는 법)은 잘 자란 배추를 골라 심을 제거하고 씻는다. 배추 100근에 소금 5근을 써서 한 접은 배추, 한 접은 소금을 켜켜이 쌓아

돌로 이틀간 눌러두면 쓸 수 있다.(『패문재광군방보』 인용)

저채(菹菜)에는[137] 나복저방, 나복함저법, 나복담저법, 나복황아저방, 해저법, 무염저법, 숭저방, 호과저방에는 황과담저법, 용인과저법, 가저방에는 동월작가저법, 하월작가저법, 앵유어방에는 앵속이 기록되었다.

***나복저방(蘿蔔菹方)**

나복저방은 무, 오이, 가지, 송이버섯, 생강, 쪽파, 녹각채, 천초, 홍고추에 끓여 식힌 소금물을 부었다가 익으면 먹는 짜지 않은 김치이다.

① 나복함저법(蘿蔔鹹菹法)

나복함저법은 무 짠지 담그는 법으로[138] 첫서리가 내린 후에 무는 뿌리와 잎을 거두어 깨끗이 씻는다. 따로 고추와 고춧잎은 서리가 내릴 때 따서 소금에 절여서 쓴다. 여리고 푸른 오이는 6,7월에 소금에 절였던 것을 물에 담가 소금기를 뺀다.

가을 갓의 줄기와 잎도 이 시기에 앞서 절여 두었던 것을 쓴다. 동아는 껍질을 벗기지 않고 어린아이의 손바닥 크기로 자른다. 천초는 눈을 제거한다. 파는 뿌리를 자른다. 부추 등의 재료를 항아리에 무와 무청을 넣고 준비한 재료를 모두 켜켜이 넣는다. 마늘을 갈아서 즙을 내 그 위에 끼얹어 뿌리고, 감천수에 소금을 타서 옹기에 붓는다. 항아리 주둥이를 봉하여 땅속에 묻어 공기가 새지 않게 하면 봄이 되어도 그대로 있다. 미나리와 여린 가지를 함께 담아도 좋다.(증보산림경제 인용)

② 나복담저법(蘿蔔淡菹法)

나복담저법은 늦가을과 초겨울에 날씨가 추울 때 손가락 2~3개 크기의 어린 무를 껍질과 잎을 떼내고 씻어 항아리에 넣는다. 감천수를 끓여 식혀서 소금을 섞어 맑게 가라앉혀 윗물만 부어 뚜껑을 덮고 볏짚으로 항아리를 싸서 땅에 묻는다. 다시 어린 오이, 연한 가지, 적로근(滴露根, 지상으로 들어 송이), 송이, 껍질 벗긴 생강, 파의 흰 부분, 녹각채(鹿角菜, 우뭇가사리), 눈을 제거한 천초, 고추 등을 갈

라 넣으면 더욱 좋다.(『증보산림경제』 인용)

③ 나복황아저방(蘿葍黃芽菹方)

나복황아저방은 누런 무청 김치 담그는 방법으로 정월에 흙구덩이 속에 저장한 무를 누런 싹을 잘라내고 껍질을 벗겨 파와 만초자(고추)를 넣어 담저(淡菹)를 담가 먹으면 봄기운을 느끼게 한다.(『증보산림경제』 인용)

④ 해저법(醢菹法)

해저법은 젓갈김치 담그는 법으로[139], 서리가 내린 후에 무를 잎이 붙은 채로 누런 잎은 떼내고 다만 어린잎만 사용한다. 깨끗이 씻어 한 뿌리마다 세로로 잘라 서너 조각으로 만들어 깨끗한 동이 안에 넣고 약간의 소금을 뿌린다. 사흘이 지나면 6,7월에 소금에 절였던 오이를 물에 담가 소금기를 빼서 쓴다. 가지는 꼭지를 따 버린다. 동아는 껍질과 속을 제거하고 잘라서 조각으로 썬다. 배추는 겉잎을 떼 내고 갓은 다듬는다. 이러한 재료와 함께 항아리 안에 넣는다.

양념은 조기젓은 비늘, 머리, 꼬리를 자르고 잘게 썬다. 전복살은 날 것을 잘게 편으로 썬다. 소라는 잘게 썰고, 낙지는 1치(3cm) 크기로 자른다. 굴은 생으로 쓴다. 녹각채(우뭇가사리)는 여러 치 길이로 썬다. 생강은 껍질을 벗기고 썬다. 천초는 눈을 제거한다. 고추는 1치(3cm) 길이로 자른다.

한 층은 이것들을 위의 채소와 켜켜이 넣는다. 감천수에 젓갈즙을 타서 간을 맞추어 붓고 기름종이로 밀봉하여 짚으로 싸서 땅 속에 깊이 묻으면 21일이면 익는다.(옹희잡지 인용)

⑤ 무염저법(無鹽菹法)

무염저법은 소금없이 김치 담그는 법으로 무를 씻어 항아리에 가득 채워 맑은 물을 붓고 3~4일이 되어 흰 거품이 일어 넘치면 또 맑은 물을 붓고, 익기를 기다려 쓴다.(삼산방 인용)

무 자체에 있는 효소로 자연 발효해 무가 부드러워진다. 간을 하지 않아 맛은 없지만, 예쁘게 썰어 한 두점 먹으면 속을 편안하게 해준다. 무의 속성을 가장 간결하게 보여주는 김치이다.[140]

***숭저방(菘菹方)**

숭저방은 첫 서리가 내린 후 배추를 거두어 보통 방법으로 담저를 담아 항아리에 담고 뚜껑을 봉하여 땅속에 묻어 공기가 새지 않게 한다. 봄이 되어 열어보면 그 색이 새것과 같으며 맛도 맑고 상쾌하다.(『증보산림경제』 인용)

***호과저방(胡瓜菹方)**

① 황과담저법(黃瓜淡菹法) : 늙은 오이(老瓜)는 꼭지를 따고 씻어 배 부분에 칼집을 내서 고춧가루, 파, 마늘 등을 오이 뱃속에 넣고 항아리에 담는다. 끓는물에 소금을 타서 뜨거운 채로 부어 단단히 주둥이를 봉하면 다음 날 먹을 수 있다.(『증보산림경제』 인용)

② 용인과저법(龍仁瓜菹法) : 오이지 담그는 법으로, 늙지 않은 오이 100개를 따서 꼭지를 떼고 껍질이 상한 것을 가려내고 깨끗이 씻어 항아리에 넣는다. 감천수에 소금을 싱겁게 타서 항아리에 붓는다. 다음 날 위에 있는 오이는 아래로 두고 아래 있는 것은 위로 두며 껍질이 상한 것을 세심하게 가려낸다. 겨울을 날 김치를 담그고자 한다면 보리 베기가 끝나기를 기다렸다가 오이를 심어 7월에 씨를 맺으면 8월에 따다가 소금에 매우 짜게 절여 둔다. 쓸 때가 되면 오이를 세로로 2조각으로 잘라 물에 담가 소금기를 빼고 쓴다.(『증보산림경제』 인용)

***가저방(茄菹方)**

① 동월작가저법(冬月作茄菹法) : 겨울 가지김치 담그는 법으로 가지가 서리를 맞으면 맛이 좋으니 바로 따서 꼭지를 따 버리고 작은 옹기 안에 넣는다. 끓는물에 소금을 타서 간을 맞춘다. 소금물이 식으면 항아리 안에 부어 넣고 수마석(水磨石)을 눌러서 옥수수잎으로 덮고 주둥이를 종이로 덮어 봉하여 땅 속에 묻는다.

납월이 되면 꺼내어 가지를 찢어서 꿀을 찍어 먹으면 맛이 좋다. 색을 붉게 하려면 맨드라미꽃을 넣는다(『증보산림경제』 인용). 또 다른 방법의 가저방(茄菹方)은 토란 줄기를 3치(9cm) 길이로 잘라 소금물에 반나절 절였다. 그 소금물을 버리고 또 소금을 뿌리고 숨을 죽인 후에 다시 소금에 절인다. 가지의 꼭지를 따고 깨끗이 씻어 작은 옹기 속에 넣고 앞에서 절여 저장한 토란 줄기로 덮어 맨드라미꽃을 많이 넣고 물을 넣지 않는다. 그늘에 두었다 겨울이 되면 따뜻한 곳에 두고 익으면 색이 붉고 좋으니 가지를 찢어 꿀에 찍어 먹는다.(『증보산림경제』 인용)

② 하월작가저법(夏月作茄菹法) : 여름 가지김치 담그는 법으로 가지는 꼭지를 따고 항아리에 넣는다. 끓는물에 소금을 타서 약간 싱겁게 하여 식힌다. 여기에 마늘즙을 고루 섞어 부어 물이 가지에 스며들게 한다. 항아리 주둥이를 묶어 며칠이 지나면 먹는다. 혹은 칼로 가지의 배를 세로로 갈라 파, 마늘로 속을 넣으면 가지 물이 두루 배어 나와서 본래의 맛을 잃는다.(『증보산림경제』 인용)

이상으로 『임원십육지』 「정조지」의 엄장채와 저채류를 살펴보았는데, 『옹희잡지』(서유구, 1800년대 초), 『증보산림경제』(유중임, 1766) 등을 제외하면 대부분이 중국문헌이다. 따라서 조리법도 중국풍이 많이 남아있다.

4) 『주식시의』(1800년대)의 김치

『주식시의(酒食是儀)』(1800년대)는[141] 대전 은진(恩津) 송(宋)씨 가문의 책으로, 충청도 지역의 음식문화를 살펴 볼 수 있는 자료이다. 이 책의 출처인 은진 송씨 고택은 현재 대전광역시 대덕구 송천동에 위치하고 있는 보물 제209호인 동춘당이다. 『주식시의(酒食是儀)』에 기록된 침채류로는[142] 장김치, 동치미, 생치김치, 섞박지, 동아섞박지, 동가침채, 용인과 등이 기록되었다.

(1) 장김치

장김치는 어린 오이 속을 긁어내고 잠깐 볶아서 곱게 다져 양념한 소고기로 속을 채우고, 부추나 파로 잘 동여맨다. 여기에 파, 생강, 후춧가루, 고추, 석이, 표고, 전복 등의 꾸미를 많이 넣고 좋은 간장으로 끓여 식혀서 부어 만드는 김치이다. 익으면 얼음과 잣을 넣어 먹는다.

오이김치는 반드시 끓인물로 해야 쓰지 않아 좋고, 간장은 '다된 지렁'에 절여야 좋다고 덧붙이고 있다. 『규합총서(閨閤叢書)』에는 『주식시의(酒食是儀)』에 기록된 방법과 같은 법도 있고, 여름철에 어린 오이와 무, 배추 등을 슬쩍 삶아 청장에 절여 숨이 죽으면 여러 가지 꾸미를 넣어 담그는 두 가지 방법이 기록되어 있다. 부재료로 청각이 들어가고 건합(乾蛤)의 혀를 잘라 넣기도 한다고 하였다. 또 장김치에는 젓이나 젓국을 넣으면 좋지 않다고 덧붙이고 있다.

[그림 4.4]『주식시의』 장김치

[그림 4.5]『주식시의』 섞박지(김문경 제공)

(2) 동치미

동치미는 무와 어린 오이를 절인 후 유자, 배, 파, 생강, 고추 등을 넣고 잘 봉하여 숙성시켜서 먹는 겨울 동치미이다. 동치미는 단독으로 김치로도 이용되지만, 꿩고기를 익혀서 넣으면 꿩고기김치가 되고, 국수를 말고 고명을 얹어 냉면으로도 활용되었다.

(3) 생치김치

생치김치는 잘 담근 동치미에 꿩고기를 백숙으로 고아 국물을 섞고 살코기를 찢어 넣은 것이다. 『주식시의』와 『규합총서』에는 '생치김치', 『부인필지』에는 '명월생치채'라 되어 있었다. 『부인필지』의 출간 시기로 예상되는 1900년대 초 이미 이름난 식당들이 있었고, '생치김치'도 별미로 애용되었음을 짐작할 수 있다.

(4) 섞박지

섞박지는 배추와 무, 오이, 동아를 절여 넓적하게 썰어서 여러 가지 고명에 젓국을 쳐서 한데 버무려 담은 뒤, 조기젓 국물을 약간 부어 익힌 김치이다. 꿩고기, 낙지, 생복, 소라, 생굴 등을 넣고 맛있는 조기젓과 굴젓 국을 많이 넣으라 하였다. 여기에 마늘, 생강, 고추, 파, 미나리, 갓, 청각, 배 등으로 양념을 하였으니 고급김치였다. 『임원십육지』와 『부인필지』에는 기록되어 있지 않았다.

(5) 동아섞박지

동아섞박지는 『규합총서』와 『시의전서』에도 같은 조리법으로 기록되어 있다. 다만, 『주식시의』에서는 "크고 상처가 없는 서리를 맞지 않은 동아를 사용한다."고 하였다. 『규합총서』에서는 "매우 크고 한 곳도 상하지 않은 서리 맞은 분빛 같은 동아를 사용한다." 하였고, 『시의전서』에서는 "크고 싱싱하고 서리 맞은 분빛 같은 동아를 사용한다."하여 차이점이 있었다. 또한 『주식시의』에서는 마늘을 사용하였으나, 『규합총서』와 『시의전서』에서는 마늘 대신 생강을 사용하였다.

(6) 동가침채

동가침채는 겨울철에 먹는 가지김치를 담그는 법이다. 맨드라미꽃을 넣어 숙성된 가지침채의 색이 단사(丹沙)와 같이 붉다고 표현하였다. 먹을 때는 둥글게 쉬거나 또는 길이로 찢거나 임의로 하였다. 꿀을 많이 타면 맛이 기이하지만, 반찬으로는 부적합하다고 덧붙이고 있다.

(7) 용인과지

용인과지는 누런 오이에 희석한 소금뜨물을 부어 담근 오이지로, 우리나라에서 유명하다고 덧붙였다. 용인오이지는 1700~1900년대의 문헌에서 꾸준히 기록되어 그 유명세를 짐작할 수 있다. 『주식시의』에 기록된 용인과지의 오이는 누런 오이, 『임원십육지』에서는 늙지 않은 오이, 『부인필지』에서는 황과(黃瓜)를 사용한다고 하였다. 만드는 방법은 『규합총서』와 『부인필지』의 방법이 동일하였다.

오늘날에는 용인시 남사면 지역이 오이산지로 유명하지만, 당시에는 용인 지역의 오이 생산이나 유통이 많았거나, 특정 가문에서 담그는 오이지 비법이 있었는지 확인할 길이 없어 그 유명세에 대한 근원을 찾을 수가 없다.

조선 후기에 이르면[143], 비로소 오늘날과 같은 화려한 김치 기반이 조성되었다고 본다. 이전에 주로 쓰였던 무, 순무, 가지, 오이 같은 절임용 김치가 후기로 오면서 무가 주로 많이 쓰이고, 전기에 비해 배추가 증가하였다. 그리고 배추와 고추 재배가 가능해져 이들을 첨가한 김치로 바뀌게 되었다. 김치에 젓갈이 다양하게 쓰이면서 맛과 영양의 조화를 이룬다. 김치에 젓갈이 쓰인 것은 『규합총서』(1815년)에서 처음이다.

담금법으로는 섞박지 담금법이 크게 발전하였다. 배추김치가 증가했으며, 채소를 일단 소금에 절였다가 건져 다시 양념을 해서 담그는 2단계 담금법으로 발전하였다. 그러나 이 시기에 이르기까지 배추 통김치는 보이지 않는다. 배추 통김치는 『시의전서』(1800년대 말)에 처음 나온다. 특수한 김치로는 어육김치, 장김치가 처음으로 보인다. 나박김치와 동치미는 여전히 내려오고 있고, 신건지와 짠지형 김치도 계절에 맞추어 전해지고 있다. 소박이나 섞박지, 장아찌도 오늘날 여전히 우리 식생활에서 밑반찬 역할을 하고 있다.[144]

5) 음식법(1854)[145]

음식법은 잔치를 앞두고 따로 담은 침채로, 나박김치가 기록되었다. 얇게 저민 무와 순무, 잎을 모두 떼어 예쁘게 썬 배추줄기와 순무줄기, 얇게 저민 생강과 고추, 배, 유자껍질 등과 함께 섞어 삼삼하게 담는데, 국물은 백청(꿀)을 타서 가라앉힌 다음 웃국물만 붓는다. 하룻밤이면 익는다. 신감초줄기나 잎을 넣었다가 먹기 직전에 건진다.

배추통김치는 좋은 통배추를 절여서 실고추, 흰파, 마늘, 생강, 생률, 배는 모두 채치고, 조기젓은 저며 넣고 청각, 미나리, 소라, 낙지 등을 섞어 넣은 다음 간을 맞춘다. 무와 오이지는 4절로 썰어 켜켜로 넣었다가, 3일 후에 조기젓국을 달여 물에 타서 국물을 부으면 좋다. 북어를 깨끗이 씻어 통으로 켜켜이 담가두었다가 봄에 먹으면 좋다.

미주풀이

1) 식품저널 인터넷식품신문, 2013년 12월 5일자.

2) 유네스코 인류무형문화유산 : 세계유산협약에 따라 유네스코 세계유산위원회가 인류 전체를 위해 보호되어야 할 보편적 가치가 있다고 인정하는 유산. 종묘제례 및 종묘제례악, 판소리, 강릉단오제, 남사당놀이, 강강술래, 처용무, 영산재, 제주칠머리당영등굿, 가곡, 대목장, 매사냥, 택견, 줄타기, 한산모시 짜기, 아리랑, 김장, 한국의 김치를 담그고 나누는 문화(2013.12), 농악, 줄다리기, 제주해녀문화, 씨름, 한국의 전통레슬링 등 20개 보유.

3) 김숙년 선생의 서울김치, 쿠켄, 2002, 11월호, p.86.

4) 연합뉴스 TV, 2019년 11월 14일자.

5) 한식문화 향유 및 융합 실태조사, 2019.2, 한국문화원연합회, pp.85-86.

6) 문화일보, 2020, 1, 31일자, 올 외식트렌드는 '친환경', '편리함', '나', '감성'.

7) 김문경, 소비가치가 시판김치 이용고객의 소비성향과 제품 선택 속성 및 재구매 의도에 미치는 영향－위험지각의 조절역할을 중심으로, 가톨릭관동대학교 일반대학원 박사학위논문, 2020, p.11

8) 세계김치연구소, 김치산업동향, 2017.

9) 2018 식품유통연감(김치편), 정홍주, 2018.

10) 해럴드경제, 2019년 11월 29일자.

11) 문화재청, 2019년 1월 9일 보도, 해명자료 중에서.

12) 윤서석은 우리나라 식생활문화의 역사(신광출판사, 1999, pp.224-226)에서 해(醢)로 보고, 해는 어패류, 수조육류, 채소 또는 이러한 식품들을 섞어서 절인 것 등을 총칭하는 것으로 해석했다. 반면, 이성우는 한국식품문화사(교문사, 1984, p.95)에서 술그릇 갑(醘)은 초 혜(醯)자의 오기(誤記)로 보았다. 그리고 이것이 혜(醯)라면, 『주례』 속의 혜인(醯人)이 오제칠저(五齊七菹, 냉이, 남새 제)를 다스리는 관직이니 이 혜(醯)가 김치무리에 속한다고 하였다. 장지현은 『한국전래 발효식품사 연구』(수학사, 1988, p.79)에서 해(醢)를 젓갈, 식혜로 해석하였다. 특히 간장, 된장, 젓갈류와 같은 식염을 이용하는 발효식품이 일반화되었던 것으로 미루어 채소류를 이용한 김치류가 식용되고 있었을 것이라 믿어진다고 하였다.

13) 윤서석, 식생활문화의 역사, 신광출판사, 1999, p.270.

14) 윤덕인, 우리 전통 발효식품의 기원과 시대적 변천 발달과정에 관한 연구, 식품문화, 한맛 한얼, 한국식품연구원, 2013, p.161.

15) 윤서석, 우리나라 식생활문화의 역사, 신광출판사, 1999, p.390.

16) 기시모토 미오 지음, 노영구 옮김, 동아시아의 근세, 와이즈 플랜, 2018, pp.7-13.

17) 대정봉환 : 1867년 에도막부가 메이지 일왕에게 정권을 반환한 일을 말함.

18) 기시모토 미오 지음, 노영구 옮김, 위의 책, p.12.

19) 조성환, 한국근대의 탄생, 모시는 사람들, 2018, pp.13-15.

20) 문화일보, 2019년 1월 18일자, 다양한 문화 융복합시대 '중세의 재발견에서, 유희수 고려대 사학과 교수는 '낯선 중세'(문학과지성사)에서 교황과 교회, 성직자와 기독교 등 사회종교 등 지배문화

는 물론, 음식과 옷, 가족과 성 등 일상적 삶의 세계를 들여다보면서 중세의 낯선 풍경을 복원해 준다. 중세가 천년을 지속했다는 것은 그만큼 다양하고 이질적인 요소들이 결합된 문화를 이룩했다는 걸 말해준다. 다른 시기와 마찬가지로 중세는 빛과 어둠, 아름다움과 추함이 뒤섞인 복합적인 시대였다. 또 로마적 · 게르만적 다양성을 기독교적 단일성으로 묶어 유럽의식과 문화를 잉태해 유럽을 분만한 자궁이었다. 중세가 없었다면 오늘날 유럽연합(EU)도 불가능했다. 저자는 구체적인 사료와 생생한 예화를 통해 '합리주의적 근대가 지우고 왜곡한 중세의 낯선 풍경으로 안내하며 잃어버린 세계를 되돌아 볼 수 있게 한다'라고 근대를 합리주의 시대라고 규정하였다.

21) 미야자키 마사카츠 지음, 오근영 옮김, 근현대세계사, RHK, 2018, p.9.

22) 한식재단, 근대한식의 풍경, 2014, p.13.

23) 한식재단, 근대한식의 풍경, 2014, pp.21-22.

24) 이 책은 실물이 전해지지 않아 알 수 없으며, 1917년 『조선요리제법』이라는 제목으로 발간되었다. 이후 증보8판을 출판하였다. 1925년부터 2년 동안 사이키영양전문학교에서 일본 유학을 마치고 돌아온 방신영은 1917년 초반부터 시작해서 1943년 『증보개정 조선요리제법』에 음식을 고르게 먹어야 한다는 영양학의 기초개념이 구체화되었다. 이후 1954년 『우리나라 음식 만드는 법』으로 고쳐 다시 출판하였다. 1962년 제34판을 낸 후 그의 작업은 마무리를 짓는다.

25) 조성환, 한국 근대의 탄생, 모시는 사람들, p.17.

26) 한식재단, 근대 한식의 풍경, 2014, pp.210-211.

27) 조경달 지음, 최덕수 옮김, 근대조선과 일본, 열린책들, 2015, p.5.

28) 미야자키 마사카즈 지음, 오근영 옮김, 근현대세계사, RHK, 2001, pp.7-11.

29) 한복진, 우리생활 100년 음식, 현암사, 2000에서 저자는 100년을 제1기는 개화기에서 일제강점기까지, 제2기는 광복부터 1960년대까지로, 이 시기는 광복 후의 정치적 혼란과 한국전쟁 시기의 절대 빈곤기를 지나 식량자급 기반이 마련되기 시작하였다. 경제 전반에 해외원조에 의존할 수밖에 없는 상황에서 원조식량과 함께 들어온 외래 식문화의 영향을 받아 우리 전통식생활 모습이 변한 시기였다. 제3기는 70년대부터 현재까지로 경제발전에 힘입어 우리의 식생활이 충족된 시기이다. 식품의 양보다는 질과 영양을 따지게 되었고, 영양의 과잉섭취, 과다한 음식물쓰레기, 환경문제까지 고려하는 시대이다.

30) 미야자키 카사카츠 지음, 오근영 옮김, 근현대세계사, RHK, 2001, pp.288-290.

31) 미야자키 카사카츠 지음, 오근영 옮김, 위의 책, pp.355-362.

32) 한국민족문화대백과, 김치.

33) 세계김치연구소, 2017.

34) 해(醢)는 식해(食醢), 육장(肉醬)으로, 중국에서는 본래 고기, 누룩, 소금을 넣고 만든 것을 해(醢)라고 하였는데, 우리나라에서는 해(醢)는 젓갈(생선, 소금)을 의미하고, 해(醢)에다 식(食, 밥 식)을 넣어 만든 것을 식해(食醢)라 하였다.

35) 혜(醯)는 식혜, 식초를 의미한다. 혜(醯)는 곡물과 엿기름으로 만든 감주이며, 산미를 더한 감주로 보았다(이성우, 한국식품문화사, 1997, p.140).

36) 이춘자 · 김귀영 · 박혜원, 김치, 대원사, 2003, p.12.

37) 조우균, 한국의 무김치에 관한 역사적 고찰, 「한국식생활문화학회지」, 25(4), 2010, p.429.

38) 한국민족문화대백과, 김치.

39) 권대영 외 3인, 고추이야기, 효일, 2010, p.248.
40) 김상보, 조선시대의 음식문화, 가람기호기, 2006, p.279.
41) 윤서석, 우리나라 식생활문화의 역사, 신광출판사, 1999, pp.399-400.
42) 한복려, 우리가 정말 알아야 할 우리김치 백가지, 현암사.
43) 조재선, 우리음식-한국의 김치, 광주시립민속박물관, 2009, p.192.
44) 윤서석, 우리나라 식생활문화의 역사, 신광출판사, 1999, p.390.
45) 윤서석, 식생활문화의 역사, 신광출판사, 1999, p.270.
46) 장지현, 한국전래발효식품사연구, 수학사, 1989, p.76.
47) 주영하, 김치, 한국인의 먹거리-김치의 문화인류학, 도서출판 공간, 1994, p.41.
48) 이성우, 중·한·일에서의 저채류의 변천과 교류에 관한 연구, 영남대논문집 9, 1975, p.431.
49) 이성우, 한국식품사연구, 교문사, 1984, p.89.
50) 이성우, 위의 책, p.90.
51) 윤서석, 우리나라 식생활문화의 역사, 신광출판사, 1999, pp.224-226를 보면, 해(醢)는 삼국사기에는 그릇 이름 갑으로 한자가 적혀있어 윤서석은 해(醢)로, 이성우는 혜(醯)로 해석하고 있다. 그런데 동서 p.226을 보면, 삼국시대 절임법으로 소금에만 절이는 것, 소금과 밥이나 죽을 섞은 것에 절이는 것, 소금과 메줏가루를 섞은 것에 절이는 것으로 추정되는데, 이러한 절임법으로 어패류, 수조육류, 산나물, 들나물, 밭채소 중에서 염지에 견딜 수 있는 것은 모두 절였을 것이며, 그중에서 어패류를 소금에만 절인 것이 오늘날에 젓갈로 이어져 있고, 어패류에 썰밥을 섞어서 절인 것은 동해안 지역의 생선 식해(食醢)로 이어져 있고, 메줏가루를 섞어서 절인 것은 소멸되었지만, 조선시대까지는 별미장으로 유명한 어육장으로 이어져 있다. 채소를 절인 것은 오늘날의 김치와 장아찌로 이어졌다고 본다.
52) 윤서석, 증보 한국식품사연구, 신광출판사, 1985, pp.77-78.
53) 장지현, 한국전래발효식품사연구, 수학사, 1989, p.76.
54) 장지현, 위의 책, p.78.
55) 장지현, 위의 책, p.79.
56) 이성우, 한국식품문화사, 교문사, 1984, p.94.
57) 이춘자·김귀영·박혜원, 김치, 대원사, 2003, pp.17-19.
58) 주영하, 위의 책, pp.41-42.
59) 주영하, 앞의 책, pp.53-54.
60) 가사협 저, 윤서석·윤숙경·조후종·이효지·안명수·안숙자·서혜경·윤덕인·임희수 옮김, 제민요술, 민음사, 1993, pp.273-294.
61) 윤서석, 우리나라 식생활문화의 역사, 신광출판사, 1999, pp.226-227.
62) 이성우, 한국식품문화사, 교문사, 1984, pp.100-101.
63) 윤덕인, 교류역사 속의 동아시아 음식문화, 지식인, 2018, pp.172-173.
64) 고려사 제60권, 예지 제14권
65) 주영하, 위의 책, pp.54-55.
66) 장지현, 위의 책, p.163.

67) 윤서석, 우리나라 식생활문화의 역사, 신광출판사, 1999, p.390.
68) 이성우, 한국식품문화사, 교문사, pp.99-100.
69) 김상보, 조선시대의 음식문화, 가람기획, 2006, p.279.
70) 조재선, 위의 책, p.194.
71) 박채린, 문헌고찰을 통한 20세기 전반 김치제조연구, 숙명여자대학교 전통문화예술대학원 석사학위논문, 2006, p.4.
72) 윤덕인, 김치가공법에 있어서의 조선 초기와 후기의 비교 고찰, 1979년 중앙대학교 일반대학원 석사학위논문, pp.95-96.
73) 윤서석, 우리나라 식생활 문화의 역사, 신광출판사, 1999, p.392.
74) 윤서석, 우리나라 식생활 문화의 역사, 신광출판사, 1999, pp.390-391.
75) 윤덕인, 위의 책, p.174.
76) 윤서석, 증보개정 한국식품사연구, 신광출판사, 1998, p.221.
77) 전순의 지음, 한복려 엮음, 산가요록, 2007, p.15.
78) 전순의 지음, 한복려 엮음, 위의 책, p.22.
79) 향유(香薷) : 콩잎, 노야기, 꿀풀과의 한해살이 풀, 여름에 홍자색의 꽃이 핌.
80) 전순의 지음, 한복려 옮김, 산가요록, pp.108-109.
81) 전순의 지음, 한복려 옮김, 위의 책, p.110.
82) 전순의 지음, 한복려 옮김, 위의 책, p.112.
83) 전순의 지음, 한복려 옮김, 위의 책, p.109.
84) 전순의 지음, 한복려 옮김, 위의 책, p.112.
85) 한복려, 다시 보고 배우는 산가요록, 궁중음식연구원, 2019, p.111.
86) 한복려, 다시 보고 배우는 산가요록, 궁중음식연구원, 2019, p.112.
87) 윤서석, 위의 책, p.394.
88) 김유 저, 윤숙경 편역, 수운잡방(需雲雜方), 신광출판사, 1998, p.5.
89) 김유 저, 윤숙경 편역, 위의 책, pp.77-88.
90) 김유 저, 윤숙경 편역, 수운잡방(需雲雜方), 신광출판사, 1998, p.77.
91) 김유 저, 윤숙경 편역, 위의 책, p.83.
92) 김유 저, 윤숙경 편역, 위의 책, p.87.
93) 납일 : 음력 12월의 이명.
94) 동자 : 『제민요술』의 누룩 만들기에 '삼곡맥국'을 빚을 때 동자가 물을 길어다 하고, 당일 해가 있을 때 끝내야 한다는 주술적인 내용이 있음.
95) 박채린 · 권용민, 주초침저방, 「한국식생활학회지」, 2017, pp.333-334.
96) 허경진 · 장정룡, 성소부부고, 난설헌출판사, 2018, pp.378-379.
97) 1610년(광해군 2)에 전시(殿試)의 시험을 주관하면서 조카와 사위를 합격시켰다는 탄핵을 받아 전라도 함열(咸悅)로 유배됐다. 그 뒤에 몇 년간은 태인(泰仁)에 은거했다. 이 기간 동안에 책을 저술한 것으로 보인다.

98) 주영하, 김치, 한국인의 먹거리, 도서출판 공간, 1994, p.78.
99) 윤서석, 우리나라 식생활문화의 역사, 1999, p.391.
100) 안동장씨 저, 백두현 해제, 음식지미방, 경북대출판부, 2005, p.114.
101) 안동장씨 저, 백두현 해제, 음식지미방, 경북대출판부, 2005, p.173.
102) 안동장씨 저, 백두현, 위의 책, p.160.
103) 이효지 외 10 편저, 주방문, 2013, p.150.
104) 조우균, 앞의 논문, p.436.
105) 윤서석, 위의 책, pp.221-222.
106) 이춘자 · 김귀영 · 박혜원, 김치, 대원사, 2003, p.25.
107) 김만조, 위의 책, 가을김치.
108) 윤덕인, 위의 책, pp.248-249.
109) 이규태, 우리의 음식이야기, 기린원, 1990, pp.135-136.
110) 권대영 · 정경란 · 양혜정 · 장대자, 고추이야기, 효일, 2010, p.21.
111) 주영하, 음식인문학, 휴머니스트, 2011.3.28. pp.117-118.
112) 권계향, 한국전통김치의 기원과 변천, 2004.12. p.29.
113) 이시필 저, 백승호 · 부유섭 · 장유승 옮김, 소문사설, 조선의 실용지식 연구노트, Humanist, 2011, p.116. 소문사설(謏聞事說)은 숙종의 어의 이시필의 저서로 온돌, 생활도구, 음식, 과학지식 등 실용지식 연구노트이다. 조선 후기의 실학(實學)은 이용후생(利用厚生)과 경세치용(經世致用)을 추구하는 실증적 · 실용적 학풍으로, 국가운영을 책임진 사대부 실학자들은 조선사회가 안고 있는 제도적 문제를 지적하고 개혁방안을 마련하는 데에 힘썼다.
114) 조우균, 위의 논문, p.433.
115) 윤서석, 위의 책, p.304.
116) 전우용(역사학자), 고춧가루, 한겨레칼럼, 2018년 11월 28일자.
117) 한국 의 · 식 · 주 생활사전, 식생활, 박채린, 배추, 국립민속박물관, 2018, p.408.
118) 한국 의 · 식 · 주 생활사전, 식생활, p.408.
119) 주영하, 김치, 한국인의 먹거리, －김치의 문화인류학－, 1994, p.81.
120) 유중임 저 · 이강자 외 13인, 증보 산림경제, 신광출판사, 2003, pp.114-140.
121) 윤서석, 증보 한국식품사연구, 신광출판사, 1985, p.181.
122) 윤서석, 우리나라 식생활문화의 역사, 신광출판사, 1999, pp.395-396.
123) 이춘자 · 김귀영 · 박혜원, 김치, 대원사, 2003, p.25.
124) 윤서석, 증보 한국식품사연구, 신광출판사, 1985, p.181.
125) 빙허각 이씨 저, 정양원 옮김, 규합총서, 보진재, 1986, pp.47-53.
126) 한복려 · 한복진 · 이소영, 음식고전, 현암사, 2016, pp.122-126.
127) 윤서석, 우리나라 식생활문화의 역사, 신광출판사, 1999, p.396.
128) 김유 저, 윤숙경 편역, 위의 책, p.5.
129) 김유 저, 윤숙경 편역, 위의 책, p.164.

130) 김유 저, 윤숙경 편역, 위의 책, p.164.
131) 김유 저, 윤숙경 편역, 위의 책, pp.265-273.
132) 김유 저, 윤숙경 편역, 위의 책, p.269.
133) 서유구 지음, 이효지 외 3편역, 임원십육지, 교문사, 2007, pp.128-135.
134) 서유구 지음, 이효지 외 3편역, 임원십육지, 교문사, 2007, pp.284-285.
135) 서유구 지음, 이효지 · 조신호 · 정낙원 · 차경희 편역, 임원십육지, 정조지, 교문사, 2007, pp.272-274.
136) 풍석문화재단음식연구소 지음, 조선셰프 서유구의 김치이야기, 자연경실, 2018, p.61.
137) 서유구 지음, 이효지 · 조신호 · 정낙원 · 차경희 편역, 임원십육지, 정조지, 교문사, 2007, pp.284-285.
138) 풍석문화재단음식연구소 지음, 조선셰프 서유구의 김치이야기, 자연경실, 2018, p.165.
139) 풍석문화재단음식연구소 지음, 위의 책, p.177.
140) 풍석문화재단음식연구소 지음, 위의 책, p.183.
141) 차경희, 『주식시의』에 기록된 조선 후기음식, 「한국식생활문화학회지」 27(6), 2012, pp.553-554.
142) 차경희, 위의 논문, pp.565-566.
143) 윤서석, 우리나라 식생활문화의 역사, 신광출판사, 1999, p.397.
144) 조우균, 위의 논문, pp.436-437.
145) 윤서석 · 조후종 · 윤덕인 · 임희수, 음식법, 아쉐뜨 아인스미디어, 2008, p.147.

2부

근대의 김치와 김장문화

5장

근대(개화기~해방)의 김치

1. 근대조선의 대외정책과 식생활문화

1.1 근대조선의 대외정책(정치, 경제, 사회적 배경 등 식생활환경)[1]

1) 고종(재위 1864~1907), 대원군의 쇄국정책

일본의 메이지유신(1868)[2]과 거의 동시에, 조선에서도 제26대 국왕 고종(재위 1864~1907)의 즉위와 함께 흥선대원군 정권이 탄생하였다. 안동김씨의 세도정치는 임술민란(壬戌民亂)을 거치면서 점차 붕괴하였다.

임술민란(壬戌民亂)은 1862년(철종 13)에 경상도, 전라도, 충청도 등 삼남지방을 중심으로 일어난 농민전쟁으로, 전국에 걸쳐 70여개 고을에서 일어났다. 주요 원인은 삼정문란(三政紊亂)을 비롯한 봉건정부와 관리의 농민들에 대한 억압과 수탈이었다. 고리대나 소작료를 통해 농민수탈에 앞장섰던 토호양반과 지주부호가 공격을 받았다. 조정에서는 조세문제를 개혁하겠다고 약속하여 항쟁이 수그러졌다가, 시행되질 않자 다시 일어났다. 민(民)이 정치와 행정에 참여하는 정치구조의 변화가 절실히 요청되는 사회모순을 비판하고 자신들의 요구를 제기하기 시작했다. 농민들이 자신들의 처지에서 당시의 조세 수취제도를 비판하고 대안을 제시했던 점은 정치적 주체로서 농민들이 스스로 각성하고 단련해 가는 과정이었다.

이하응은 자신의 차남 명복을 국왕으로 삼으려는 일념으로 안동김씨에 반감을 가진 조대비에 접근하였고, 마침내 지명을 얻어냈다. 이후 흥선대원군(이하응)은 세도정치를 타파하여 왕권을 강화하는 일에 힘썼다.[3]

흥선대원군은 대외정책으로 '쇄국양이(鎖國攘夷)' 정책을 관철했다. 그 시초는 천주교의 탄압이었다. 1831년 로마 교황청은 당시까지 베이징 교구에 속해 있던 조선 교구를 독립시켜 파리 외방선교회에 소속시켰다. 그 때문에 이후 프랑스인 선교사가 조선에 밀입국하여 비밀리에 포교활동을 하였다. 흥선대원군은 일시적으로 남종삼의 건의에 마음이 움직여 프랑스인 선교사 베르누 주교나 다블뤼 주교 등을 만나려 했으나, 천주교도를 탄압하기로 결심하고 1866년 2월부터 탄압을 시작하였다. 프랑스인 선교사 9명이 처형당했고, 조선인 신도도 일설에 의하면 1만 명 가까이 처형되었다고 전한다. 이것이 '병인박해'이다.

2) 병인양요, 신미양요, 조 · 일 수호조약의 체결(강화도조약, 1876), 개항

1876년(고종 13년) 일본은 1853년 미국의 페리 제독(Matthew. C. Perry)에 의해, 일본이 개항(흑선의 충격)했던 것과 똑같은 방식으로 한반도 해안 일대와 강화도에 운요호를 파견하여 무력시위를 일으켜 조선과 최초의 12개 항에 걸친 강화도조약을 체결하였다.

1876년 2월 27일 신헌과 구로다 기요타카 사이에 12조의 조 · 일 수호조약이 체결되었다. ① 조선은 부산과 원산, 인천 항구를 20개월 이내에 개방한다. ② 치외법권을 인정하여 개항장에서 일본인의 범죄가 발생할 경우, 일본인은 일본인의 법률에 의해 처벌된다. ③ 조선의 연안 측량을 자유롭게 한다. ④ 조선과 일본 양국은 수시로 외교사절을 파견하고, 일본 화폐의 통용과 무관세 무역을 인정한다.

이후 조선은 일본을 견제하려는 청나라의 주선으로 미국과도 통상조약을 체결하고(1882), 영국을 비롯한 유럽각국과 우호통상조약을 맺기 시작하였다.

3) 개화기, 수신사 일본 파견(1880), 영선사 청국 파견, 임오군란(1882), 갑신정변(1884)

(1) 신사유람단(1881)

고종 때 개화파 젊은 관리들로 구성되어 일본의 근대문물을 배우기 위해 파견한 사찰단을 신사유람단('여행하는 선비들'이라는 뜻)이라고 부르기도 했지만, 사절단의 취지를 살려 '조사시찰단'으로 명칭을 바꾸어 사용하고 있다. 일본이 빠른 시간 안에 강대국이 된 이유를 알아보기 위한 목적이 있었는데, 조사시찰단은 박정양, 어윤중, 홍영식 등의 개화파들이다.

조사시찰단은 일본에 2개월 반 정도 머물면서 정부의 여러 부처와 육군, 세관, 무기공장, 산업시설, 도서관, 박물관 등을 견학했다. 이를 통해 일본의 근대문물을 보다 자세히 알게 되었고, 개화사상이 더욱 폭넓게 전파되는 계기가 되었다. 조사시찰단이 파견될 당시 조선에서는 일본이나 서양과 교류를 하거나 문물을 받아들이는 것을 반대하는 '위정척사운동'이 한창이었다. 사찰단은 개인자격으로 민간사절단으로 행세하였다. 일본과 강화도조약을 맺은데 이어 일본에 수신사를 파견했고, 개화정책을 추진하기 위해 '통리기무아문'이라는 관청도 설치하였다.

(2) 영선사(嶺選使)

조선 말기 개화기에 중국을 다녀온 사신이다. 중국의 선진문물(무기제조법)을 견학하기 위해 젊은 유학생들을 거느리고 건너가 청나라의 무기제조법을 배워오고, 미국과 수교문제에 관하여 사전조율을 하기 위해서 적극적인 외교를 펼치기도 했다.

통리기무아문에서는 사신의 명칭을 '영선사'로 정했다. 영선사에 김윤식을 임명하고, 중국의 선진 군사기술을 배워오는 일과 연미(聯美) 문제에 대해 사전 협의하는 일을 맡겼다. 유학생은 무기제조술을 배울 대상으로 공도(工徒)라 하여 38명을 선발하였다. 중인 신분의 학생들을 '학도'라 하였고, 이들은 주로 이론학을 학습하였고, 천민 신분의 학생들은 기계기술을 학습했는데, 이들은 '공장(工匠)'이라 하였다. 국내에서 임오군란(1882)이 일어나자, 약간의 무기를 구입하여 조기 귀국하였다. 연미(聯美) 문제를 사전 협의하는 일을 한 결과, 미국과 제물포에서 조미수호통상조약(朝美修好通商條約, 1882년 4월)이 체결되었다.

(3) 임오군란(1882)

1876년에 맺어진 한·일수호조약(일명 강화도조약)으로 인해 대원군이 취한 쇄국정책이 무너지고, 개화파(開化派)와 수구파(守舊派)의 대립이 날카롭게 일어났다. 신식군대를 양성하는 별기군(別技軍)이 급료와 보급에서 좋은 대우를 받는데 비해, 구식 군대인 무위영(武衛營), 장어영(壯禦營)의 군졸들은 13달 동안 봉급미를 받지 못해 불만이 높았다. 그러던 중 1개월의 급료를 받게 되었는데, 말수도 부족하고 쌀에 모래가 섞여 있어 격분한 군졸들이 폭동을 일으켰다. 사태가 위급

함을 느낀 고종은 전권을 대원군에게 맡겨 반란을 수습하려 했다. 왕명으로 정권을 손에 넣은 대원군은 반란을 진정시키고 군제를 개편하는 등 군란의 뒷수습에 나섰지만, 민씨 일파의 요청을 받아들인 청나라가 군대를 재빨리 파견함으로써 대원군의 집권은 단명에 그쳤다.

청나라는 이 난의 책임을 물어 대원군을 톈진(天津)으로 납치했고, 일본은 조선정부에 강력한 위협을 통해 '제물포조약'을 맺었다. 이 난은 결국 대외적으로 청나라와 일본의 조선에 대한 권한을 확대시켜 주는 결과가 되었고, 대내적으로는 개화세력과 보수세력의 갈등을 노출시켜 '갑신정변'의 바탕을 마련해 주었다.

4) 갑오농민전쟁(1894, 동학), 청 · 일전쟁(1894), 아관파천(1896)

1894년에 일본은 쌀, 콩 등 농산물을 매점매석하여 조선정부의 통제를 받지 않고 일본으로 반출하고, 해상운송과 어업을 독점하는 등 갖은 악행으로 방곡령 사건과 동학혁명을 유발시켰다. 그리고 동학교도를 토벌한다는 명분으로 조선에 일방적으로 군대를 파병하였다. 이에 조선과 청나라가 철군을 요구했지만, 일본은 오히려 풍도 앞바다에 정박해 있던 청나라 군함을 공격하여 청 · 일전쟁을 일으켰다. 청 · 일전쟁에서 승리한 일본은 1895년 3월 '시모노세키조약'을 체결하여 조선을 강탈하기 위한 발판을 마련하였다.

1895년 명성황후를 시해하고, 친일내각을 재조직하였다. 이에 고종은 신변의 위협을 느껴 러시아공사관으로 피신하는 '아관파천(1896년)'을 단행했다. 그리고 1897년 2월 25일, 고종은 러시아의 영향에서 벗어나라는 내 · 외의 압력에 따라 러시아공관을 떠나 경복궁이 아닌 경운궁(지금의 덕수궁)으로 환궁하고, 국호를 '대한제국(大韓帝國)', 연호를 '광무(光武)'로 고치고 황제 즉위식을 하여 독립제국임을 내 · 외에 선포하였다.

5) 대한제국의 탄생(1897 대한제국 개칭, 황제) 1899년 8월 공포, 러 · 일전쟁(1905), 대한제국의 멸망, 순종 즉위(1907), 한일합방조약(1910)

1897년 러시아공사관에서 돌아온 고종은 독립국이자 황제국인 '대한제국'을 대내 · 외에 선포하였고, 1903년 고종황제는 영국, 프랑스, 독일, 이탈리아, 덴마크, 청나라 등의 승인 하에 대한제국이 영세중립국가임을 대내 · 외에 선포하였다.

1905년 9월 러 · 일전쟁에 대한 배상문제를 다루는 회담이 미국 포츠머스에서 개최되었는데, 이에 앞서 미국의 루스벨트 대통령은 태프트(W. H. Taft) 육군장관을 일본에 밀파하여 가쓰라 다로(桂太郎)와 ① 일본은 필리핀에 대해 하등의 침략적 의도를 품지 않고 미국의 지배를 승인할 것, ② 극동의 평화를 유지하기 위하여 미 · 영 · 일 3국은 실질적으로 동맹관계를 확립, ③ 러 · 일전쟁의 원인이 된 한국은 일본이 지배하는 것을 승인하는 것을 골자로 하는 '미 · 일 비밀협약'을 체결하였다. 결국 이 밀약으로 인해 대한제국의 운명은 정해졌다.

미국과 영국을 등에 업은 일본은 1905년 11월, 당시 일본 이토 히로부미를 한반도에 파견했다. 한편 고종황제는 1905년 11월 미국에 보낸 전문과 1906년 1월 대한매일신문을 통해 발표한 국서에서 을사늑약이 불법, 무효임을 선언하였다. 그리고 안중근 의사에 의해 저격당한 1대 통감 이토 히로부미, 2대 통감 소네 아라스케(增彌荒助)에 이어, 일본 육군대신 데라우치 마사타케(寺內正毅)가 1910년 7월 23일 3대 통감으로 부임하였다. 그는 황제를 겁박하고 대신들을 감금 협박하여 마침내 1910년 8월 22일 한일합방 조약을 강제로 체결하였다.[4)]

6) 일제강점기(1910~1945)

1910년 8월 국권피탈로 대한제국이 멸망한 이후부터 광복에 이르기까지 일제강점 하의 식민통치 기간이다. 일본은 1860년대의 메이지유신을 전후해서 급격히 근대화의 길을 걸으면서, 종래 조선정부의 대일 외교정책에 순응하여 수동적으로 관계를 유지하던 대(對) 조선의 외교방향을 수정하고, 1876년(고종 19) 강화도조약을 체결함으로써 조선을 침략하고자 하는 의도를 본격적으로 드러내기 시작했다.

1907년 7월에는 헤이그특사 사건을 구실로 고종황제를 강제 퇴위시키고, 정미7조약을 강제하여 통감이 입법 · 사법 · 행정 전반에 걸친 통치권을 진단하도록 하였으며, 한국인 대신 밑에 실권을 장악하게 하는 일본인 차관을 두는 차관정치를 실현하였다. 이어 한국 군대를 해산하고, 한일경찰관을 통합하여 한국 경찰관을 일본 관헌의 지휘감독 하에 두었다.

이완용을 필두로 한 친일내각과 이용구, 송병준 등으로 대표되는 일진회 등 매국노들의 반역행위도 큰 몫을 하였으며, 미국, 영국 등 열강들의 묵인도 일본에게 도움을 주었다. 일본은 한국을 병합한 뒤 종래의 통감부를 폐지하고 조선총독부를 설치하였다.

일제강점기 35년은 1기 무단통치 시기(1910~1919), 2기 문화정치 시기(1919~1931), 3기 병참기지화 및 전시동원 시기(1931~1945)로 구분된다.

1.2 근대조선의 식생활문화

1) 개화기와 일제강점기 식생활

조선 말기에는[5)] 왕실과 일부 상류층의 부패, 사치가 심하여 국력이 극도로 쇠약하였다. 국외적으로는 농업권과 어업권을 박탈당하고, 국내적으로는 천재지변으로 대흉작이 계속되었으며, 콜레라 등 질병이 만연되는 어려운 환경에 처하였다.

청 · 일전쟁(1894)과 러 · 일전쟁(1904)에서 일본이 승리하면서 우리나라는 1910년 일본의 식민지가 되었고, 일본세력이 확대되면서 서민들의 생활은 더욱 어려워지고 곤궁한 식생활은 계속되었다. 외국에서 들어온 문물은 상류층 일부에는 영향을 주었지만, 일반 서민들의 생활에는 변화가 없었다.

1876년 개항 후 점차로 외래의 음식문화가 유입되면서 전통 한국음식이 일본, 중국, 서양음식의 영향을 받아 변화와 공존을 하게 되면서 우리 음식문화는 차츰 고유성을 잃게 되었다. 이 개화기에 들어오기 시작한 외국음식은[6)] 점점 널리 퍼지게 되었다.

우리나라 사람들이 서양음식을 처음으로 접한 것은 1800년대 후반으로, 제물포 앞바다에 온 영국인 홀이 군함에 한국인을 불러 유럽음식과 포도주를 대접하였다. 공식적으로 서양요리를 처음 먹은 사람은 김기수로, 일본에 수신사로 갔다가 그곳에서 먹었고, 1883년 민영익이 초대 주미대사로 파견되었을 때 수행한 유길준, 윤치호 등은 미국에서 서양요리를 먹었을 것으로 여겨진다. 유길준은 서유견문

(1895)에서 서양인들이 먹는 빵과 우유, 버터, 각종 육류 그리고 주스나 커피, 우유에 대해 자세히 소개하고 있고, 러시아공사 부인이 명성황후에게 양과자를 자주 선물했다고도 전한다. 그리고 1890년경 궁중에서 음식관계 책임자로 있던 안순환이 세종로 동아일보사 자리에 '명월관'이라는 고급요정을 차렸고, 이후 장춘관, 국일관, 식도원, 태서관 등의 음식점이 점차 생겨났다.

일제가 강점하면서 '토지조사사업'을 강행하여 조선의 농민들은 토지를 약탈당하며 소작인으로 전락하였고, 이후 전쟁 수행을 위한 산미증산 계획 등에 동원함으로써 대다수의 농민들은 몰락하고 화전민[7]이 급증하였다. 또한 광복 직전인 1937~45년까지는[8] 한반도의 물자수급이 아주 어려웠고, 식료품을 배급받는 민생고에 허덕였다. 농어촌에서는 공출이 애국하는 길이라며 여러 가지 물자를 착취하여 식료품뿐만 아니라 모든 생활물자를 구하기가 어려운 상태였다. 배급식품으로는 쌀과 잡곡, 밀가루, 전분 등 주식의 재료와 소고기, 김, 멸치, 명란젓 등 찬물재료, 설탕, 소금, 식물성기름, 물엿 등 조미식품과 연유와 분유, 우유, 주류, 우뭇가사리 등 중요한 식품 15가지를 통제하였다. 기아를 겨우 면할 정도의 배급으로 제사나 잔치도 할 수 없는 생활이 되었다.

일제강점기에는[9] 공장에서 기계로 국수를 만드는 기술이 도입되어 경성, 대구, 부산, 평양 등지에서 가는 밀국수, 굵은 밀국수, 메밀국수 등을 생산하였다. 당면은 녹두녹말과 감자녹말을 섞어서 만드는데, 1919년 중국인이 사리원에 당면공장을 세워 처음으로 천연동결제법으로 당면을 만들기 시작했고, 경기도의 부천, 인천, 평양, 신의주 등지에서도 만들었다. 개화기에 일본인이 증가하면서 일본식 간장, 된장 공장이 서울, 부산, 대전, 인천, 평양 등지에 많이 생겨났다. 우리나라 사람들도 일본음식 맛에 익숙해지면서 일본식 된장과 간장을 사서 먹게 되었지만, 간장과 된장은 가급적 가정에서 직접 담가 사용하였다.

우리 간장인 '조선간장'과 구별하여 일본 간장을 '왜간장'이라 불렀다. 공장은 대전과 강경에 많이 세워졌고, 1924년에는 일본에 2,400여석을 수출할 정도로 생산량이 많아졌다.

2. 새로운 식품과 근대 식생활문화

2.1 1876년 수신사 김기수의 『일동기유(日東記遊)』에 기록된 서양식 상차림

1876년 일본과 조선은 강화도조약에 따라 '수신사(修信使)'를 교환하게 되었는데, 1차 수신사로 일본에 갔던(고종 12년) 김기수 일행은 20일 동안 일본을 돌아보고, 『일동기유』라는 견문록을 남겼다. 김기수는 우리나라 사람으로는 처음으로 일본에서 철도여행을 경험하였다. 일본에 머무르는 동안 연회에서 대접 받은 것은 일본음식이 아닌 서양음식이었고, 식사방법과 상차림등도 모두 서양식이었다.[10)]

김기수(金綺秀)의 『일동기유』에 의하면, "큰 탁자를 놓고 탁자 둘레에 앉았다. 각 사람의 면전 앞에다 제각기 이름을 쓴 종이며 제공될 음식차림 목록이 적힌 종이가 있었으며, …(중략)… 각 사람의 면전에는 각기 두 개의 자기 접시가 놓여 있다. 하나에는 흰포(白布)를 담아 그 속에 빵을 놓았는데 포로는 방울방울 번지는 것을 받아내어 빵을 먹는데 도움이 된다. 하나에는 깨끗하니 아무것도 없고, 빈 접시의 왼쪽에는 대 · 중 · 소 세 개의 수저가 갖춰있는데, 이빨(포크)로는 들어올릴 수도 있고 찍을 수도 있다. 오른쪽에 있는 칼 두 개 뒤에 두 개의 수저가 있는데 아울러 하나는 크고, 하나는 작았다. 이에 식사를 주는데 부드러운 국(수프)과 고기산적은 불과 조금 뿐이었다. 단단한 것이나 고기산적은 이빨 달린 수저로 다루고, 칼로는 잘라내며 부드러운 것이나 국은 수저로 취할 뿐이었다."

1882년 3차 수신사로 일본에 파견된 박영효 역시 일본으로 가는 배에서 서양요리를 대접받았다. 1882년 8월 9일에 "배는 신통하고 장엄하게 만들어졌다. 선장이 서양요리를 대접하였다."라고 했는데, 일본은 외교사절단에게 일식이 아닌 양식을 대접했다.[11)]

2.2 1882년 조선의 주요수출품과 1898년 주요수입품

『이코노미스트』에서는 1880년대부터 조선의 무역통계 자료를 통해 주요수출품과 수입품을 소개했다. 이것을 보면[12] 표 5.1과 같이 주요수출품은 쌀 그리고 금과 같은 원자재 상품이었고, 주요수입품은 표 5.2와 같이 면제품 등의 직물류, 무기·기계류, 쌀·곡물류, 설탕, 등유 등이었다.

[표 5.1] 조선의 주요수출품(1882년 9월 16일) (단위 : £)

기간	쌀 및 농산물	도자기	금	잡화
1878~1879년	73,800	13,800	7,400	15,000
1879~1880년	110,300	20,600	9,600	22,000
1880년 7월~12월	106,500	27,400	17,000	30,600

[표 5.2] 조선의 주요수입품(1898년 7월 23일)

물품	가격
직물류	79,000,000
무기 · 기계류	31,000,000
쌀 · 곡물류	28,471,000
설탕	20,000,000
등유	8,560,000

조선 말기 내내 조선에는 먹을 것이 부족해 어려움을 겪었다. 가을에 수확한 쌀이 봄에 떨이지기 때문에 춘궁기를 겪고, 보리를 수확하기 전에는 보릿고개를 겪었다. 1970년대에도 '쌀 덜 먹기운동', '쌀 대신 잡곡 많이 먹기운동', '쌀밥을 먹지 말고 국수를 먹자는 분식운동'을 했던 나라이다. 쌀로 만드는 막걸리, 소주 제조를 금지했다. 전통적으로 우리나라는 쌀 부족국가였다. 그런데, 수출품 1위가 쌀이라는 사실과는 아무래도 어울리지 않는 내용이다. 이것은 일본이라는 수입처가 있었기 때문에 가능하였다.

이 당시 일본은 본격적으로 인구가 증가하면서 쌀 수요가 증가했다. 그리고 도시화가 진행되면서 농촌에서 농사를 지을 사람이 부족해졌다. 쌀 부족 사태가 발생하고, 조선에서 쌀을 살 수 있게 되자 일본은 조선의 쌀을 적극적으로 수입하기 시작했다. 조선에 쌀이 부족했다고는 하지만, 쌀을 여유 있게 생산하는 남부지역에는 쌀이 있었다. 또 1년 전체를 기준으로 하면 쌀이 부족하지만, 수확기인 가을에는 쌀이 많았다.[13)]

2.3 1883년 12월 20일자 〈한성순보〉 기사 중 외국음식의 조선 유입과 확산

수입화(收入貨)는[14)] 아래와 같으며, 이 기사를 통해 각종 식재료에서 양념류, 통조림, 과자류, 차와 음료수 등 다양한 외국음식이 수입되었음을 알 수 있다. 1876년 일본과 맺은 '강화도조약'에서는 일본에서 조선에 술을 무관세로 수출하기로 했는데, 1884년 7월 '한일통상조약'에서 술에 관세를 부과하기로 조약을 맺었기 때문에 그해 12월의 이 기사는 관세부여를 알 수 있다.

음식물, 연초류는 값의 100분의 5를 관세로 받는데, 일본음식물, 생빙과(生氷菓), 곡물, 곡분(穀粉), 된장과 간장, 식초이다. 값의 100분의 8을 관세로 받는 것은 소금, 차(茶), 육(肉, 엄육[절인고기]), 어(魚, 엄어[절인생선]) 및 식료 통조림, 국수, 갈분(葛粉), 한천채(寒天菜), 낙화생, 레먼수, 생강수, 소다수 및 각종 음료수, 백·흑당, 밀당(蜜糖), 당수(糖水), 중국, 일본의 주류, 능금주, 별항에 기록되지 않은 일체의 음식물류이다.

값의 100분의 10을 관세로 받는 것은 적·백포도주, 맥주다. 값의 100분의 20을 관세로 받는 것은 형유(炯類) 일체, 값의 100분의 25를 관세로 받은 것은 양주(洋酒), 월뭇(버무드 술), 양주 복이탈(卜爾脫, 보르드 와인), 양주 사(瀉, 사리)이다.

2.4 1906년 경의선 열차 개통과 사리원의 당면(唐麪)공장 설립

당면은 직역하면 '당나라 면'이지만, 당은 중국을 지칭하는 일반 명사로도 쓰이고, 일본에서는 한국이나 중국을 뜻하는 좁은 의미의 '외국'이란 뜻으로 사용된다.

조선 사람들은 '중국에서 온 면'이란 뜻으로 당면, 혹은 '호면(胡麵)'이라 불렀다. 당면의 발상지 중국에서는 당면을 '펀쓰(粉絲)'라 부른다. 펀쓰의 발생지는[15] 산둥성 옌타이 자오위안으로 300년 전에 만들어진 것으로 중국의 자료에는 적고 있다.

녹두녹말을 이용한 요리는 6세기 『제민요술』에 등장할 정도로 오랜 요리법이다. 중국에서 '펀(粉)'은 순수한 녹말을 뜻한다. 순수한 녹두녹말을 작은 구멍에 밀어내어 실처럼 만든 것이 펀쓰이다.

녹말로 만든 당면이 음식문화로 본격화 된 것은 산동성 사람들의 해외진출이 본격화되는 19세기 후반 이후다. 산둥의 룽커우(龍口)는 청나라 말기 중국인의 해외진출시 이용하는 중요한 항구 중 하나이다. 자오위안과 얼마 떨어져 있지 않은 룽커우항을 통해 중국인들은 펀쓰(당면)를 홍콩이나 태국 등으로 수출했다. 19세기 말 조선에 진출한 대부분의 중국인들은 산둥성 출신이었다. 정확한 기록은 없지만, 자장면처럼 펀쓰와 펀쓰를 이용한 요리가 한반도에 유입되었을 것이라 추정된다.

수입해 먹던 당면을 제일 처음 한반도에서 만들어 먹은 것은 1906년, 경의선 열차가 완공되면서 경의선의 종착역인 신의주와 중간 거점인 사리원은 대표적인 신흥도시이다. 황해도의 풍부한 곡물은 사리원을 통해 경성(서울)과 평양 등으로 실려 나갔다.

1920년 사리원에는 사리원의 명물이 되는 당면공장이 설립된다. 평양 출신의 양재하는 사리원에 소두(小豆, 팥)가 많이 나는 것을 보고 당면공장을 세워 큰 성공을 거둔다. 사리원 동리에 있던 '광흥공창'은 중국인 직공만 20명에 달하는 큰 공장이었다. 당시 당면공장에 관한 기사에는 중국인 근로자들이 등장하는데, 단순노동자가 아닌 당면 전문가일 가능성이 높다.[16]

일본산 당면인 하루사메(春雨)는 감자와 고구마 녹말, 옥수수 녹말을 섞어 사용한다. 현재 우리나라에서 당면을 만드는 공장은 몇 곳 남아 있지 않다. 대부분은 당면의 고향인 산둥성에서 수입해 온다.

『조선요리제법』((1924), 방신영)에는 당면을 이용한 잡채(雜菜)가 등장하고, 냉면 면발로 당면을 이용한다는 기록도 있다. 1930년대에는 사리원과 더불어 인천에도 몇 개의 당면공장이 있었다. 보관이 용이하고 여러 재료에 두루 사용하기 좋아 당면은 인기가 높은 식재료였다. 1930년대 신문에는 일본음식인 '스키야키'에 당면을 넣어 먹는 기록도 있다. 현재 우리의 불고기에도 당면이 빠지지 않고 들어가고 있다.

2.5 1930~40년대 평양의 국수와 막국수

1930년대 평양에서는 겉껍질을 제거한 하얀 메밀 속(쌀)으로 만든 것을 '국수'로, 겉껍질이 포함돼 검은 색이 감도는 국수를 '막국수'로 불렀다.('매일신보, 1934년 7월 13일자)

일제강점기에 100만 명이 넘던 화전민들에게 메밀은 중요한 식재료로 막국수를 만들어 먹었다. 강원도의 막국수문화는 1960년대부터 화전민들이 본격적으로 정리되면서 외식으로 등장한다. 하지만 1940년대 시작한 막국수 식당들이 남아있을 정도로 막국수의 외식문화는 오래되었다. 겉껍질을 그대로 사용하는 문화가 강한 영동지방의 막국수와, 하얀 속살만을 이용한 영서지방의 막국수문화로 크게 나뉜다. 육수는 동치미국물을 가장 많이 이용하지만 김칫국물과 간장국물에 소고기 육수 등 다양한 방식이 혼재되어 있다. 1970년대 이후 소양강댐 개발에 참여한 노동자들과 강원도에서 군생활을 한 제대 군인들을 통해 소문이 나면서 강원도를 대표하는 차가운 면음식이 되었다.[17]

3. 근대식 호텔과 서양음식의 확대

3.1 1883년 인천항 개항과 근대식 호텔 '대불호텔', '서울호텔' 그리고 서양음식

1883년 인천항이 개항하면서 많은 외국인들이 들어오게 되었고, 이들을 위한 숙박시설이 필요함에 따라 한국 최초의 근대식 호텔인 '대불호텔'이 인천에 등장하였다. 대불호텔은 일본인 '호리 큐타로'가 운영하였으며, 1885년에 선교사 아펜젤러가 투숙한 경험을 담은 기록에서 "일본의 호텔에서는 유럽식 음식을 먹을 수 있었다."고 한 것으로 보아, 우리나라 최초의 호텔에서부터 서양음식이 마련되었다는 것을 알 수 있다.

당시 일본인들이 조선에 와서 서양음식점을 운영하는 예가 많았는데, 이것은 서양음식의 확산에 적지 않은 영향을 끼쳤다고 판단된다. 또한 〈대한매일신보〉 1909년 11월 3일자를 보면, 음식점뿐만 아니라 기차에서도 서양음식을 먹을 수 있었다.

3.2 궁중의 서양요리 대접과 손탁, 고종의 커피 애용

1) 『윤치호일기』 궁중의 서양요리 대접

윤치호는 『윤치호일기』(1884년)에서 "오후 4시에 미국 공사부인, 영국 공사부인과 같이 입궐하여 열전(列殿)을 뵙다. 6시에 양요리 찬을 내리시고 이어 등불놀이를 보여주시다. …궐내에서 서양요리로 와인을 대접하는 것은 이날부터 비롯되었는데 각양접대가 하나도 흠이 없으니 기쁘고 기쁘다."라고 하여, 윤치호는 궐내에서 서양요리를 대접하기 시작한 것이 1884년 5월 8일부터라고 적고 있다. 이 기록을 통해서 궁중에서 외국공사들에게 서양요리와 와인을 대접했다는 것을 알 수 있다.

2) 손탁, 손탁호텔

개화기에 서양음식이 궁중에 도입되는 과정에서 빼놓을 수 없는 인물이 바로 손탁(Antoinette Sontag)이다. 손탁은 러시아공사 웨베르의 처형으로 1885년 10월 6일 조선에 부임하던 그와 함께 내한했다. 웨베르의 추천으로 손탁은 조선 궁내부(宮內府) 외인접개계 촉탁으로 일하게 되었다. 손탁은 서양요리와 커피를 국왕에게 진상했으며, 내 · 외국인을 위한 각종 연회를 주관하고, 특유의 프랑스요리 솜씨로 국내 · 외 귀빈들의 구미를 사로잡는 등 한국 서양요리 도입의 선구자가 되었다. 또한 1895년 고종 탄신일에 마련되었던 서양식 연회의 책임자로 활약하기도 하였다. 명성황후 시해사건이 일어났고, 1896년 아관파천 기간동안 고종은 손탁으로부터 극진한 대접을 받았다. "고종은 비상히 서양요리를 좋아했다. 유명한 손탁 여사가 여러 가지 서양요리를 만들어 진상했기 때문에 손탁은 러 · 일전쟁 발발까지 고종의 '전속요리인'이 된 것이다.

궁중에서 만연된 서양요리 연회는 민간에도 퍼져 〈독립신문〉 1896년 기사에는 "영어학교 학도들이 서양요리로 손님대접을 하였고, 정2품의 관직이었던 한성부판윤(漢城府判尹)도 외국인들을 자신의 집에서 외국음식으로 접대했다."는 보도를 볼 수가 있다.[18)]

3) 고종의 커피 애용

고종의 커피 애용은 1898년 김홍륙의 '독차음모사건'이 이를 입증해주고 있다. 조선왕조실록에 "음력으로 올해 7월 10일 김홍륙(金鴻陸)이 유배 가는 것에 대한 조칙을 받고 그날로 배소(配所)로 떠나는 길에 잠시 김광식의 집에 머물렀는데, 가지고 가던 손주머니에서 한 냥의 아편을 찾아내어 공홍식에게 주면서 어선(御膳)에 섞어서 올릴 것을 은밀히 사주하였다. 음력 7월 26일 공홍식이 김종화를 만나서 김홍륙에게 사주 받은 내용을 자세히 말하고, 이 약물을 어공(御供)하는 차에 섞어서 올리면 마땅히 1,000원의 은(銀)으로 수고에 보답하겠다."고 하였다.

김종화는 일찍이 보현당(寶賢堂)의 고지기(庫直)로서 어공하는 서양요리를 거행하였는데, 잘 거행하지 못한 탓으로 태거(汰去)된 자였다. 그는 즉시 그 약을 소매 속에 넣고 주방에 들어가 커피 찻주전자에 넣어 끝내 진어(進御)하게 되었던 것이다.(고종 38권 35년, 1898 무술) (대한 광무 2년 9월 12일)[19)]

명월관 등 조선요리옥에서도 서양음식과 주류를 취급[20)]하였으며, 심지어 경의선 기차에서도 서양음식을 맛볼 수 있을 만큼 확산되었다. 특히 1898년에 고종이 애용하던 커피에 독을 넣은 사건이 발생하자 '우리나라 사람들이 먹어서는 안 될 서양요리'를 왕이 먹는 것을 걱정하는 상소가 올려지기도 했다. 또한 민간에 날로 퍼지는 '개화병'을 경계하기도 했다. 그러나 한편으로는 적극적으로 외국음식과 범

절을 준비하고, 외국인을 대상으로 관광산업을 해야 한다는 주장도 있었다.

3.3 외국인이 들여다 본 대한제국의 식생활

1) 1894년 비숍 여사의『한국과 그 이웃나라들』

1894년 한국에 왔던 영국인 지리학자 이사벨라 버드 비숍의『한국과 그 이웃나라들(Korea and Her Neighbors)』에는 1895년 궁에서 왕비를 접견했던 경험을 "노란색 비단이 드리워진 수수한 방으로 안내되어 우리는 곧 커피와 케이크를 정중하게 대접받았다. 저녁식사는 놀랍게도 서양식으로 차려졌다. 수프를 포함해서 생선, 퀘일, 들오리요리와 꿩요리, 속을 채워 만든 소고기요리, 채소, 크림, 설탕에 버무린 호두, 과일, 적포도주와 커피 등등"이었다.

2) 독일인 겐테의『신선한 나라 조선』

최초로 한라산 높이가 1,950cm라고 측정한 지리학자이자 기자인 독일인 겐테가 본『신선한 나라 조선』, 1901년의 기록[21]에서 "장마가 시작되어 …금강산 장안사에 묵으며 수도승들은 참을성 많은 손님처럼 한쪽에 앉아있었고, 동자승들은 부지런히 돌아다니면서 거대한 놋쇠쟁반에 담겨 있는 김이 무럭무럭 나는 밥을 나누어 주었다. 반찬으로 김과 신호박, 오이, 콩조림과 신김치가 있는 밥상을 각자 하나씩 받았으며 그 위에 보자기가 덮여 있었다. …공양을 올리는 스님이 종으로 신호를 하자 모두들 염불을 중얼거리며 엎드리기 시작했다. …각자 옆 사람과 내기라도 하듯 쉬지 않고 꾸준히 먹었다. 간간히 숭늉을 마시면서 오랫동안 먹었다."라고 장안사에 머물며 신김치를 먹으며 체험한 식사 풍경을 적었다.

3) 독일인 신부 노르베르트 베버의 자료－기존 소반 외에 교자상 등장

독일인 신부 노르베르트 베버가 1925년 5월에 두 번째로 조선에 와서 촬영한 동영상에는 대청마루에 교자상을 놓고 온 가족이 둘러앉아 식사하는 장면이 나온다. 이들이 사용하는 교자상은 넓고 큰 정사각형 교자상이다.

1929년 1월 20일자 〈동아일보〉에 실린 아지노모토 광고에도 비슷한 장면이 나온다. 가장과 부인 그리고 딸이 둘러앉아 식사하는 식탁 역시 앞의 교자상과 닮아 있다. 그렇다고 식민지 시기 모든 가정에서 정사각형의 교자상을 사용했다고 보기는 어렵다. 당시에도 여전히 원형의 개다리소반 같은 1인용 소반과 해주반, 나주반, 통영반 간은 직사각형의 2인용 소반이 시중에서 판매되고 있었다. 적어도 1929년 이전에 촬영되었을 것으로 여겨지는 사진 한 장이 이런 사실을 잘 보여준다. 경상남도 하동읍 소반시장의 모습을 담은 사진은 왼쪽에 개다리소반, 오른쪽에는 직사각형의 통영반이 쌓여 있다. 식민지 시절 조선에서는 일식식탁, 교자상, 전래의 소반이 동시에 존재했다.[22)]

3.4 해방 직후 대구, 경북 지역의 낮술과 백반 판매금지, 무육일, 그리고 식량배급과 칡가루 내기-현대

1946년 5월부터 콜레라가 창궐했다. 호열자라고 불렀다. 가을까지 피해자가 속출하여 전국에서 사망자가 3,000명을 넘어섰고, 대구, 경북에서도 많은 인명 피해가 있었다. 게다가 미군정이 콜레라의 확산을 막기 위해 한동안 경북 지역의 교통을 차단한 조치가 고통을 가중시켰다. 시장에서 식량 구하기가 더 힘들어진 까닭이다. 자연스레 가격까지 폭등하기에 이르렀다. 〈영남일보〉 1946년 7월 2일자 기사를 보면[23)], '군중들이 대구부청과 경북도청으로 몰려가 식량을 구해달라고 부르짖었다'고 한다.

식량난에 시달리던 시민들과 합세해 남로당이 주도한 9월 총파업으로 대구에서 철도파업(10 · 1사건)이 일어났다. 10월 1일 경찰 발포로 1명이 사망한 후 시위는 경산, 경주, 청도 등 경북지역까지 확대되었다. 이후로도 식량부족 사태는 몇 년간 지속되었다. 당국은 1949년 5월 15일부터 9월 말까지 '낮술과 백반(흰밥) 판매금지'라는 조치를 내렸다. 이 무렵 경북 농림당국에서는 매주 수요일을 '무육일(無肉日)'로 지정하는 캠페인도 있었다.

해방 직후 한국경제는 일본이 물러가면서 화폐 발행을 남발한 후유증으로 인플레이션에 시달리던 상황이었다. 〈영남일보〉 1949년 6월 1일자를 보면[24], '주간경제물가 동향'이 나와 있는데, 식료품의 파(上) 1관(貫) 250원, 사과(同) 1,300원, 도미 백(百)몸매 120원, 고등어 동(同) 150원, 건명태(乾明太) 1 때 550원, 사탕(白) 1근(斤) 500원, 식염(再鹽) 동(同) 40원이고, 장작 1우차(牛車)의 시세가 250원이고, 장작과 더불어 겨울을 나는 연료 중 하나였던 솔갑(소나무 잔가지) 또한 1우차에 250원이었다.

해방 직후의 식량난은 전쟁 후에도 개선되지 않았다. 1953년 5월 20일자 〈영남일보〉에는[25] '경북도 내 국민학생 16만 명 중 점심을 굶는 아이가 12만 명에 달한다'는 기사가 실렸다. 1957년 〈대구매일신문〉 3월 31일자의 '절량(絶糧)지대 카메라 보고'라는 기사에는 먹을 것이 없어 건조된 칡토막을 방아에 넣고 찧는 장면이 등장한다. 같은 해 〈대구매일신문〉에서는 신천동 난민촌의 경우 주민 1,800명 중 약 3할이 하루 한 끼로 연명한다는 기사도 확인할 수 있었다.

해방 후 상업이 조금씩 발전하면서 대구에는 장작과 숯을 저렴하게 구입할 수 있는 시장이 생긴다. 북문시장(칠성 시장)이 채소와 과일을 싸게 살 수 있는 곳이었다면, 남문시장은 서민을 위한 연료 보급원이었던 것이다. 연탄이 일반화된 것이 1950년대였으니 아직은 장작이나 솔갑이 서민의 겨울을 책임지던 시절이었다.

3.5 한국전쟁과 부산의 밀면

밀면은 한국전쟁이 낳은 남북한 국수문화의 결합체다. 함경도 출신의 실향민이 1950년대 말에 함경도식 국수를 부산의 기후와 재료 특성에 맞춰 변형한 것이다. 함경도에서 국수를 만들 때 사용하던 감자녹말을 구하기 어려운 상황에서 당시 미국 원조로 가장 흔했던 밀가루와 고구마녹말을 7 : 3으로 섞은 냉면이 만들어지자 실향민과 현지인 모두에게서 인기를 얻게 되었다. 초기에는 밀면을 '밀냉면', '경상도냉면', '부산냉면'으로 불렀다.

1960년대 말에서 1970년대 초반에 밀면은 100% 밀가루로 만든 면이 나오고 한약재를 넣은 달달한 국물이 나오면서, 함흥식 냉면에서 탈피해 정체성을 지닌 밀면으로 거듭난다. 1970년대 분식장려운동이 본격화될 무렵, 밀면은 커다란 인기를 얻게 되고 때마침 등장한 밀면 뽑는 기계 덕에 밀면이 대중화될 수 있었다.

3.6 1970년대 분식장려운동과 쫄면의 탄생

쫄면은 분식점 전성시대의 산물이다. 분식장려운동으로 인천 인현동 축현고등학교 사거리에는 20~30곳의 분식점이 성행했다. 1970년대 초반 인천 경동에 있던 광신제면에서 밀가루냉면을 만들다가 우연히 굵은 면이 나온 것을 굵고 쫄깃한 면발 때문에 쫄면이라고 이름을 붙이고, 매콤하고 달콤한 소스와 시원하고 매끈한 면발, 오이, 양배추, 콩나물 등을 넣어 비벼먹게 만들어 학생들에게 폭발적인 인기를 얻게 되었다.[26)]

4. 1876년 개항과 궁중의 연회와 1905년 「황제의 식탁」의 장김치

4.1 개항과 궁중연회

1876년, 일본과 통상조약을 체결하고, 문호를 개방한 조선은 개화의 필요성을 느끼고 서양과 교역하기 시작하였다. 사람과 물자가 드나들자 새로운 문화가 물결처럼 밀려 들어왔다.

조선왕실과 상류층에서는 그들과 교류하기 위하여 급속히 서양음식과 음식문화를 받아들였다. 외국손님을 접대하는 의례를 서양의 법식으로 바꾸고, 점차 조선음식이 아닌 서양음식을 대접하였다. 서양음식 문화의 전파는 주로 조선에 입국한 외국인과의 접촉으로 이루어졌다.

조선은 일본을 시작으로 서양의 여러 나라와 근대적인 조약을 체결하였다. 중국과 일본의 사신으로 제한되던 개항 이전과 달리 서양 외교관이 국빈의 반열에 오르게 되었다. 개항 이후 서양인들과의 만남의 장에서 그들의 기호, 생활방식, 매너, 외교문화 등을 배려한 새로운 형태의 의례와 연회를 마련하게 되었다. 1876년 이후 궁중의 잔치는 '전통식 연향'과 개량 이후 등장된 '근대식 연회'로 양분되었다.[27)]

[그림 5.1] 1883년 조일통상장정체결기념연회도(朝日通商章程締結祈念宴會圖)

1883년 음력 6월 22일에 서울에서 열린 조일통상장정체결기념연회도(朝日通商章程締結紀念宴會圖)를 보면[28)], 좌석 배치는 영미식 규칙을 따랐고, 식탁은 서양식이고 의자는 중국식이다. 식탁에 차려진 주요리와 식기 역시 서양의 것이다.[29)] [30)] 서구식 만찬 문화가 적용되고 있음을 알 수 있다. 서양식 만찬 문화는 개항 직후인 1880년대부터 서양인과 교류하기 위한 연회에 바로 도입되었고 지속되었다. 1883년 조일통상장정체결기념연회도(그림 5.1 참조)에는 여러 인물들이 식탁에 둘러 앉아 각자에게 주어진 서양 음식을 서양식 식기 위에 놓고 먹고 있다. 따라서 서구식 만찬 문화가 이미 1883년에 적용되고 있음을 알 수 있다.[31)]

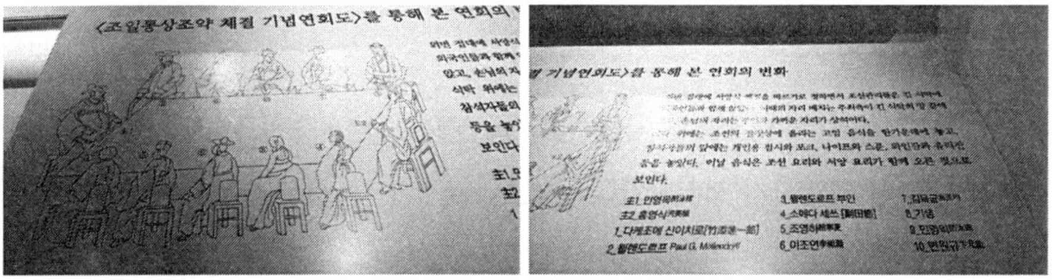

[그림 5.2] 1883년 조일통상장정체결기념연회도의 좌석 배치도

[그림 5.3] 대한제국 대식당의 모습과 식기

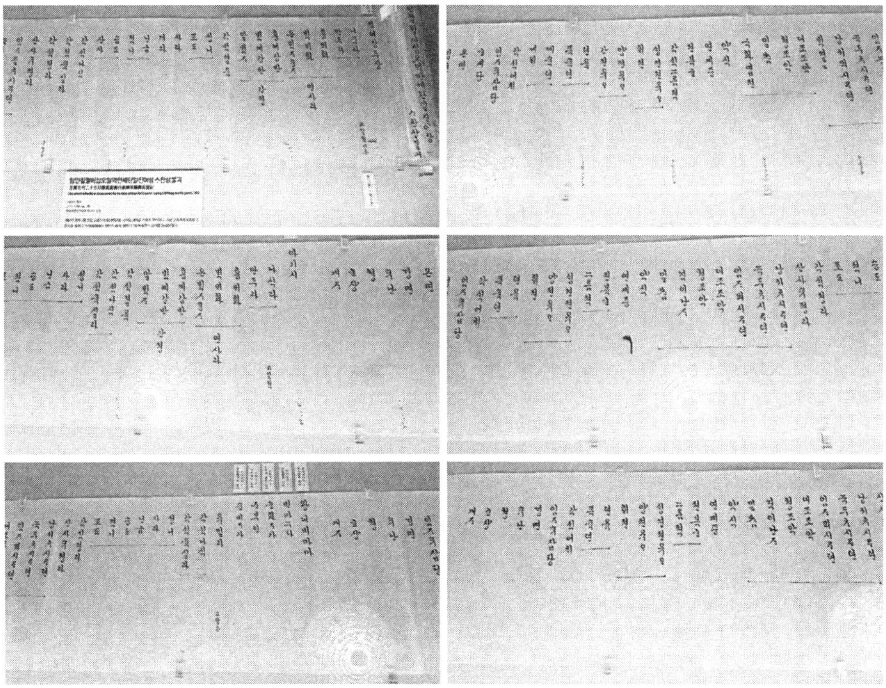

[그림 5.4] 1902년 고종 탄신 생일상차림 발기(음식 50종류)

4.2 고종과 앨리스 루스벨트의 오찬(한식)-황제의 식탁전

대한제국(大韓帝國, 1897년 10월 12일부터 1910년 8월 29일까지) 황제 고종이 한반도를 침탈하려는 일본을 경계하기 위해 초청한 앨리스 루스벨트와 1905년 9월 20일 덕수궁 중명전에서 오찬을 열었다. 앨리스는 시어도어 루스벨트 미국 대통령 딸로 미국의 아시아 순방단 일원으로 방한했다.

2019년 문화재청 궁능유적본부가 공개한 미국 뉴욕 공공도서관 소장 대한제국 황실 오찬 식단에 따르면 당시 메뉴는 모두 20개에 달했다. 신선로에 고기, 해산물 채소를 넣어 함께 끓인 열구자탕, 비빔국수인 골동면, 숭어살과 소고기를 함께 끓인 수어증(숭어찜), 편육, 생선전과 전복초, 각종 재료를 꼬치에 꿰어 만든 화양적, 약밥 … 배추와 무를 간장으로 간을 해 담근 김치와 후식인 정과, 원소병, 배, 밤, 포도, 홍시 같은 과일, 간장에 초를 넣은 초장, 겨자에 식초와 꿀을 더한 개자(겨자), 꿀도 상에 올랐다.(김치의 모습은 장김치다.)

고종이 51세가 된 것을 기념해 1902년 치른 연회와 고종, 순종 생일상에 나온 음식으로 구성한 이날 식단은 대한제국이 외국인에게 서양식 코스요리를 대접했다는 기존 견해를 뒤집는다. 앨리스 루스벨트가 국빈 오찬에서 한식을 먹었다는 사실은 자서전 '혼잡의 시간들'에서도 확인된다. 그는 "우리는 황실 문양으로 장식한 조선 접시와 그릇에 담긴 조선음식(Korean food)을 먹었다. 내가 사용한 물건은 내게 선물로 주었고, 작별인사에서 황제와 황태자는 각각 자신의 사진을 주었다."고 적었다.

궁능유적본부 관계자는 "식단표 뒷면에는 황제가 여성과 공식적으로 한 최초의 식사라는 기록이 있다."며 고종이 대한제국을 선포하면서 내세운 구본신참(舊本新參)의 개혁 방향을 확인할 수 있는 상차림이라고 설명했다.

1905년 식단은 덕수궁이 21일 석조전 대한제국역사관 전시실에서 개막해 11월 24일까지 진행하는 특별전 '대한제국 황제의 식탁'에 전시되었다. 고종 생일상에 올린 음식을 기록한 발기(發記), 독일인 손탁 서명이 들어간 동의서, 황실 연회 초

청장, 앨리스 루스벨트가 고종에게서 받은 사진, 이화문 그릇도 처음으로 선보인다. 전시공간은 개항, 대한제국 선포와 변화의 시작, 황제의 잔칫상, 대한제국 서양식 연회, 대한제국 국빈 연회음식, 황실 연회로의 초대로 나뉜다.[32)]

그러나 1883년 조일통상장정체결기념연회도(朝日通商章程締結祈念宴會圖)를 보면[33)], 여러 인물들이 식탁에 둘러앉아 각자에게 주어진 서양음식을 서양식 식기 위에 놓고 먹고 있어 서구식 만찬문화가 이미 1883년에 적용되고 있음을 알 수 있다. 즉 서양식 만찬문화는 개항 직후인 1880년대부터 서양인과 교류하기 위한 연회에 곧바로 도입되었고 지속되었다.

고종은[34)] 외국에 파견되었던 조선외교관을 본국으로 불러들여 외국의 통치자, 병력, 경제력, 문화 등 국제정세에 대해 적극적으로 질문했는데, 그 중 "연회에는 몇 번이나 참가하였는가?"라고 물으며 연회에 관심을 드러내고, 세계에 관한 정보를 공유하는 외교의 장이라는 연회의 성격도 결부되어 있었을 것이다.

1894년 8월 5일 일본 외교관을 대접하는 연회에서[35)] 서양요리와 조선의 음식을 대접했다는 내용도 있다. 1894년 이사벨라 비숍여사가 궁중에서 초대받았을 때에도 서양의 수프, 생선, 메추라기, 들오리, 꿩요리, 소고기, 야채, 크림, 설탕에 버무린 호두, 과일, 붉은 포도주, 커피 등이 나왔는데 그녀는 이런 음식이 서구스타일이었다고 하였다.

1899년 이토 히로부미를 대접하는 연회에서도 서양요리가 올려졌다고 기록되었다. 1899년, 1900년에는 『황성신문』에서 서양요리책을 광고하기도 하여 서양요리가 일반인에게까지 보급되는 상황을 가늠하게 한다.

1901년 독일 쾰른의 신문사 기자의 신분으로 대한제국을 방문했던 지그프리트 겐테(Sigfried Genthe, 1870~1903)는 샴페인과 트뤼플 요리를 언급하면서 유럽에서도 맛보기 힘든 트뤼플 요리가 올려졌다는 사실에 매우 놀라워했다. 이러한 서양음식은 서양 무역선에서 조리기술을 배운 일본인 주방장, 서양인 손탁(孫澤, 1854~1925) 등에 의해 마련되었다고 한다.

그러나 1905년에 을사늑약을 체결하면서 일본의 한반도 침략이 더욱 거세졌고, 그 후 일본인들이 각종 침략정책과 맞물려 궁궐의 후원에서 빈번하게 연회를 실행하였다. 게다가 1905년 말에 각국 공사관을 추방시켜 세계 각국과 대한제국 사이의 공식적인 외교관계를 단절시켰기 때문에 연회의 중심축은 서양인에서 일본인으로 옮겨졌다. 형식적으로 영사관이 남겨진 상황이었기 때문에 일부 서양인은 연회에 지속적으로 초대되었지만 분위기는 일본인 중심으로 바뀌었다. 그로 인해 연회장에 일본문화가 유입되는 변화가 생겼다.[36)]

1876년, 일본과 통상조약을 체결하고, 문호를 개방한 조선은 개화의 필요성을 느끼고 서양과 교역하기 시작하였다. 사람과 물자가 드나들자 새로운 문화가 물결처럼 밀려 들어왔다. 조선왕실과 상류층에서는 그들과 교류하기 위하여 급속히 서양음식과 음식문화를 받아들였다. 외국 손님을 접대하는 의례를 서양의 법식으로 바꾸고, 점차 조선음식이 아닌 서양음식을 대접하였다. 서양음식 문화의 전파는 주로 조선에 입국한 외국인과의 접촉으로 이루어졌다.

5. 궁중음식 중 김치

5.1 조선조 궁중음식

1) 수라상(水剌床)

고종과 순종 재위 당시 수라상은[37)] 조석 두 차례 올렸는데, 12첩 반상차림으로 수라와 탕을 2가지씩과 기본 찬품과 쟁첩에 담는 12가지 찬물들로 구성된다.

수라는 백반(白飯)과 팥 삶은 물로 지은 찹쌀밥인 붉은 빛의 홍반(紅飯) 2가지를 수라기에 담고, 탕은 미역국(藿湯)과 곰탕 2가지를 모두 탕기에 담아 올리어, 그날에 따라 좋아하는 것을 골라서 먹도록 준비한다. 조치는 토장조치와 젓국조치 2가지이고, 찜 1가지, 전골, 침채 3가지가 기본 음식에 속한다. 침채 3가지는 젓국지, 송송이, 동치미다. 수라상을 받으면 가장 먼저 수저를 들어 동치미국물을 먼저 한 수저 떠마신다. 다음에 수라기의 밥을 한술 떠 들고 나서 탕을 먹는다.

수라는 예로부터 쌀밥과 팥밥 두 그릇을 같이 놓는 것이 궁중 풍속이었다고 한다. 그러나 고종과 순종은 팥수라는 뚜껑도 안 열어보고, 윤비는 팥수라를 좋아하지만 나이가 든 후에는 흰밥만을 먹었다. 수라는 화로에 숯불을 담아놓고 새옹이라는 곱돌솥에 꼭 2그릇씩만 지었다. 이름난 지방의 진상된 쌀로 지어서 밥 끓이는 냄새가 마치 잣죽 끓이는 냄새같이 고소했다. 팥수라는 팥 건더기만 빼고 그 즙만 가지고 물들여 고운 분홍빛이 도는 밥이었다. 팥 건더기를 쓰지 않는 것은 꺼칠꺼칠한 것이 입 안에 닿지 않도록 하기 위한 배려였다.[38)] [39)]

순종은 치아와 위장이 약해 식성이 좋은 편이 아니었다고 한다. 순종은 차돌조리개(차돌배기를 푹 고아서 경단처럼 뭉쳐 조린 것)나 황볶기탕(소고기를 썰어 볶아 끓인 국) 등 무르고 심심한 음식을 즐겼다. 순종이 먹는 깍두기는 무를 삶아서 담는 숙깍두기를 올렸다고 한다.[40)]

탄일이나 명절에는 면상인 장국상을 차려서 손님들을 대접한다. 낮것상으로 차리는 면상이나 잔치 때 당사자에게 올리는 임매상은 주로 국수와 찬물 그리고 약간의 병과류로 간단하게 차리지만, 경사 때 손님상에 차리는 면상에는 여러 가지 음식을 골고루 차린다. 고종은 특히 면을 좋아해 야참으로 냉면을 즐겼다고 한다. 고종은 매운 것을 먹지 못해 냉면의 꾸미는 편육, 배, 잣뿐이었다고 한다. 국물은 육수가 아니고 배를 많이 넣어 담은 시원한 동치미국물이라 무척 달고 시원했다고 한다.[41)]

면상에는 밥상에 오르는 찬물인 장과, 젓갈, 마른찬, 조리개 등은 놓지 않으며, 김치는 국물이 많은 나박김치, 장김치, 동치미 등을 놓는다. 병과류는 떡과 조과(유밀과, 강정, 다식, 정과 등), 생실과, 음청류도 함께 차린다.

2) 명절과 시절식

조선시대 궁중의 식생활 풍습 중 명절과 시절식은 민가처럼 그렇게 크게 치르지는 않았다. 궁중의 사대명절은 왕의 탄일, 정조(正朝), 망월(望月, 정월보름), 동지(冬至)이다.

궁중에서 명절에 준비하는 김치는 다음과 같다.[42)]

정초음식은 흰떡, 떡국, 만둣국, 약식, 약과, 다식, 정과, 강정, 전약, 빈자떡, 편육, 족편, 누름적, 떡찜, 떡볶이, 생치구이, 전복초, 숙실과, 수정과 식혜와 함께 젓국지, 동치미, 장김치 등이다.

초파일 절식으로 녹두찰떡, 쑥편, 화전, 청홍주악, 석이단자, 국수비빔, 양동구리, 해삼전, 양지머리편육, 신선로, 도미찜, 웅어회, 도미회, 미나리강회, 가련수정과, 순채화채, 창면, 제육편육, 생실과, 숙실과, 그리고 햇김치이다. 민가에서는 팥죽을 동짓날에 쑤지만, 궁중에서는[43)] 동지와 복날에 팥죽을 쑤어 먹었다고 한다. 삼복시식은 깨찰떡, 꿀설기, 주악, 규아상(미만두), 편수, 육개장, 깨국탕(荏子水湯), 김칫국 냉면, 영계찜, 어채, 떡수단, 복분자화채, 장김치, 열무김치, 참외, 수박 등이다.

동지는 소명절이라 하여 정월 다음의 큰 명절로 꼽았다. 동지절식은 팥죽, 전약, 식혜, 수정과, 동치미 등이다. 동절에 먹는 냉면은 추운 겨울의 시식으로 꼽힌다. 메밀국수를 무김치와 배추김치에 말고 돼지고기를 썰어 넣은 것이다. 고종은 특히 면을 좋아해 국물은 육수가 아니고 배를 많이 넣어 담은 시원한 동치미국물이라 무척 달고 시원했다고 한다.

궁중에서는 김장으로[44)] 젓국지는 잘 삭은 새우젓국을 넣고 담근 배추김치를 이르고, 섞박지는 무, 배추를 절여서 좋은 부분만을 골라서 먹기 좋은 크기로 썰어서 담는다. 임금께 올릴 김치를 배추의 겉잎과 벌레 먹은 것이나 모양이 나쁜 것은 넣지 않고 모양이 좋은 연한 부분의 좋은 재료만을 골라서 담근다. 보쌈김치는 새우젓과 전복, 소라, 낙지, 배, 표고, 석이, 잣 등 귀한 재료를 많이 넣고 담근다. 장김치는 무, 배추를 잘라서 간장에 절였다가 배, 밤, 표고, 석이, 잣, 미나리 등을 넣고 담은 국물이 넉넉한 김치이다. 동치미(同沈)는 크기가 작은 무를 통째로 담는 물김치로 궁중에서는 배, 유자, 석류 등을 함께 넣어서 담근다.

대회일(大晦日)은 섣달 그믐날로 모든 것을 마무리하고 고요한 마음으로 새해를 맞이한다 하여 제야(除夜)라 한다. 양반들의 집에서는 사당에 배알하고, 연소자들은 친척 어른들을 두루 방문하여 인사한다. 그믐날 절식으로는 골무병, 주악, 잡과병, 떡국, 만두, 각색편, 각색전, 꿀, 정과, 식혜, 장김치, 보쌈김치, 비빔밥 등이다.

5.2 신정왕후 조대비 팔순잔치상의 숭침채(菘沈菜)와 침채(沈菜)

고종(1852~1919, 재위 1863~1907) 24년(1887) 1월의 진찬의궤에는 신정왕후 조대비[45] 팔순잔치상에 차려진 음식으로[46] 면류의 면, 만두(메밀가루, 꿩, 저각, 두부, 숙주나물, 파, 생강, 깐잣, 후춧가루, 숭침채(菘沈菜 = 배추김치), 안심, 참기름)에 배추김치 사용 기록과, 찬물류 탕, 전골, 찜, 초, 편육, 전. 포, 숙편, 적, 회, 채, 수란, 침채 등이다. 이때 사용된 침채(沈菜)의 재료는[47] 무, 파, 고추, 소금으로 기록되었다.

대왕대비전에 올리는 미수(味數, 술안주, 소선(素膳)으로 특별히 준비된 술안주)는 3그릇이었는데, 초미는 소만두과, 골탕, 생복회, 2미는 삼색 매화연사과, 잡탕, 닭찜이었다. 3미는 삼색 한과, 양탕, 숭어찜, 4미는 백요화, 해삼탕, 양고기숙편이었다. 5미는 준시, 저포탕, 얼린 숭어회였으며 각각의 미수에 상화는 2개였다. 대왕대비전에 올리는 소선은 2그릇인데 소고기숙편, 양고기숙편이고 상화는 2개였다. 대선은 2그릇인데 돼지고기숙편, 닭적이고 산화는 2개였다. 그 밖에 염수 1그릇, 금중탕 1그릇, 만두 1그릇, 작설차 1그릇 등이 올려졌다.[48] 여기에서 배추김치가 소로 들어간 만두를 볼 수 있다.

1907년 정월 27일, 영친왕 관례교시 시 진어상은[49] 구자탕, 온면, 찜, 각색병, 약식, 만두과, 다식과, 각색다식, 삼색매화연사과, 사색건정, 사색입모빙사과, 각색숙실과, 각색정과, 각색당, 용안, 예지, 배, 생률, 대추, 준시, 실호도, 잣, 각색절육, 편육, 저육, 족병, 삼색전유어, 화양적, 각색적, 전복초, 전체수, 삼색갑회, 수란, 청포, 원소병, 장침채, 백청, 초장, 겨자 등으로 32그릇에 9촌 높이로 차렸다. 관례시의 잔치음식 내용은 다른 때의 잔치와 차이는 거의 없다.

1924년 안순환은 조선왕조 전선실 사장으로 근무하였고 당시 한식요리집인 식도원을 운영하고 있었는데, 당시 일반인에게는 알려지지 않았던 궁중 김장김치 풍습과 제법을 공개[50]하였다.

당시 일반적으로 담그는 김장김치의 종류를 통김치, 섞박지, 깍두기, 동침이, 짠지 총 5가지라고 하였고, 통김치는 염지(간략한 고명의 '소김치'와 일반 '통김치'), 장지(장으로 담은 장김치), 선해지(젓갈을 넣은 젓국지) 등 3가지가 있다고 하였다.

1924년 11월 6~8일자에 궁중식 쌈김치를 소개했는데, 이는 실제 궁중에서 음식 만드는 책임자에 의해 밝혀진 레시피라는 점에서 의미 있는 자료라 여겨진다. 또 배추 구입에서부터 만드는 김장김치의 종류와 양, 그리고 왕가일족에게 김장김치가 나누어지는 과정까지 상세히 공개하였다. 그리고 전문가적 견지에서 조선요리로 정평이 난 곳은 여러 대가댁(민유식, 윤덕영, 박영효 집)이 있으나, 김치만큼은 전국에서 궁중김치가 단연 으뜸이라고 하였다.

5.3 궁중음식 중 김치–숙깍두기, 나박김치, 동치미, 젓국지

궁중음식은 각 고을에서 진상되는 최고의 재료를 최고의 솜씨로 만들었는데, 식품의 배합이나 양념을 쓰는 방법이 매우 과학적이고 합리적이다. 담그는 법은 서울지방의 보통 김치와 비슷했으나, 맛을 내는 재료들을 풍성하게 쓴 것이 특징이다.

궁중에서 주로 담근 김치로는 섞박지, 동치미, 석류김치, 무 송송이(깍두기), 보김치(보쌈김치), 젓국지(배추김치), 장김치 등이 있다. 섞박지는 무, 배추를 썰어서 담근 김치인데, 모양이 예쁘고 깨끗한 속대만을 사용했다. 젓국지는 조기젓이나 황석어젓을 사용했으며 생새우나 청각 등 신선한 해물을 넣어 담갔다. 동치미는 민가에서 찾아보기 어려운 유자 등을 고명으로 넣어 독특한 맛을 냈으며, 석류김치는 무를 바둑판 모양으로 칼집을 내어 일일이 소를 채워 숙성시켰다.

궁중의 김장은 보통 1천 여 통씩 담갔는데, 워낙 양이 많아 주방 상궁들 외에 침방 상궁이나 수방 상궁들까지 동원되어도 김장을 다 끝내려면 열흘 정도가 걸렸다고 한다.51)

***깍두기의 탄생과 젓무**

'깍두기는 2백여 년 전 정조 때 정조의 사위되는 영명위 홍현주의 부인이 임금님에게 여러 가지 음식을 새로이 만들어 들일 때 처음으로 무를 쓰러 깍두기를 만들어 들였드니 대단히 칭찬하시고 잡수신 일로부터 여염가까지 전파하였다는 것이네, 그때 일흠을 각독기라 하였고, 민간에 전파하기는 그때 대신 중에 일흠은 기록된 곳이 없지만은 공주에 낙향하야 깍두기를 맨들어 먹었던 까닭으로, 깍두기가 공주에서부터 민간으로는 시작된 관계로 오늘날까지 공주깍두기라고 유명한 것이다.'라는 일화가 있다.

그러나 1800년대 말 『시의전서』에서 '젓무'라는 이름으로 제법이 소개되고 있어 오히려 민간에 널리 퍼져있던 깍두기를 반가에 시집갔던 숙선옹주가 거꾸로 궁중문화에 맞게 변형시켜 궐내에 알리게 된 계기가 되었을 것이라고 추정해 볼 수 있다. 조선시대까지 깍두기는 비주류 김치로 양반들은 입도 대지 않았다는 일설도 있으나, 20세기 전반에는 '장김치'와 함께 서울지방에서는 많은 공을 들여 담는 대표김치로 꼽히고 있다.[52)]

『우리가 정말 알아야 할 우리김치 백가지』(한복려, 현암사, 2012), 『우리가 정말 알아야 할 우리음식 백가지』(한복진 · 한복려 · 황혜성, 현암사, 2011) 『조선시대 궁중의 식생활문화』(한복진, 서울대학교출판부, 2006), 『궁중음식과 서울음식』(한복려, 대원사, 2000), 『조선왕조 궁중음식』(황혜성)에 기록된 궁중김치는 다음과 같다.

1) 궁중 김장

1927년 궁중에서도 김장을 했는데, 순종이 서거하여 궁중 상주 인구가 대폭 줄어든 뒤인 초겨울 창덕궁에 김장용으로 들어간 배추(현재의 창신동 일대에서 재배된 방아다리 배추)가 1만 포기쯤 되었으니, 19세기에는 수만 포기씩 했을 것이다. 양반가에서는 동대문 부근에서 재배된 훈련원 배추를, 서민가정에서는 왕십리 배추를 사용했다.

서울시는 지난 2년 여간 7개 권역 성곽마을에 대한 마을의 역사, 도시형태 및 생활문화 자료조사, 주민 인터뷰 등을 실시하고 그 내용을 담은 『성곽마을 생활문화 기록집』을 발간했다. 그 중 '이화 충신권'은 왕실 세도가에 공급되었던 최고의 배추 생산지인 '방아다리 배추밭', 청국에 볼모로 갔던 효종에게 맛있는 동치미를

담가줬던 홍덕이에게 하사했던 '홍덕이밭' 등이 있던 지역이기도 하다.[53]

임오군란(壬午軍亂, 1882년, 고종 19년)[57] 이후 중국인들이 집단이주를 시작하면서 산동지역 배추를 비롯하여 여러 곳의 중국 배추도 함께 들어왔다. 중국에서 들어 온 배추를 '호배추'라고 불렀다. 호배추는 결구가 된다. 호배추가 들어와도 토종배추의 입지는 탄탄했다. 호배추보다 감칠맛이나 씹는 맛이 좋거니와, 익숙한 맛이라 새로운 맛인 호배추가 쉽게 밀고 들어오질 못했다. 포기당 무게 차이도 크게 나기에, 맛을 떠나 일제강점기 조선총독부에서는 수확량이 좋은 호배추를 장려했다. 기온이 갑자기 낮아져 배추가 얼면 호배추는 겉잎을 떼어내면 그만이지만, 토종배추는 통으로 버려야 했다. 토종배추는 수확량과 추위에 약해 점차적으로 호배추에 밀렸다.

『식탁 위의 한국사』(주영하)에 따르면, 토종배추와 호배추가 1970년대까지는 공

토종배추 구억배추

토종배추는[54] 결구(結球, 채소잎이 여러 겹으로 겹쳐서 둥글게 속이 드는 일)를 맺지 않는다. 훈련원이 있던 서울 종로구 창신동, 지금의 종로 5가는 서울에서 가장 맛있는 배추가 나던 동네다. 그 가운데 훈련원이 있던 방아다리 느리골 배추를 최고로 쳤다고 한다.

1920년대 배추와 지금의 배추는 아주 달랐다. 그 당시 최고로 치던 방아다리 배추는 경성배추다. 서울 위로는 개성배추를 재배했다. 둘 다 토종배추다.

경북 의성에서는 배추꼬랑이가 달린 배추를 '의성배추' 혹은 '조선토종배추'라 부르며[55] 집집마다 심고 대대손손 이어져 내려온 조리법대로 음식을 만든다. 내륙에 위치한 의성에서 드물게 강변에 있는 비안면 이두 2리, 낙동강 줄기인 위천을 마주한 이 마을에서는 이 의성배추를 짚으로 엮어 처마 밑에 걸어 말렸다가, 겨울철 손님이 찾아왔을 때 위천에서 잡은 콩조개를 넣고 국을 끓여 대접했다

보쌈김치의 원조 재료이자 우리의 토종자원인 '개성배추'가[56] 60년 만에 우리 식탁에 다시 오를 전망이다. 농촌진흥청은 올해 독일식물유전자원연구소가 보유하고 있었던 '개성배추' 종자를 돌려받아 증식에 성공했다고 한다. 일본에서 기록한 보고서에 의하면, 개성배추는 1900년대 초까지만 해도 한국 최고의 채소로서 전역에서 재배됐다. 그러나 1945년 해방 이후 1대 잡종 배추의 보급과 함께 그 자취를 감추고 말았다.

SBS '폼나게 먹자'에서 소개된 충남 예산에서 토종배추의 일종인 구억배추로 담은 삭힌 김치는 김장김치 담그는 법과 방법은 같지만, 고춧가루를 사용하지 않고 김치를 담가서 5개월 정도 숙성한다. 깨진 독에 김치를 담고 위아래로 잘 숙성되도록 한 다음 이듬해 3월부터 먹는다. 삭힐 때 깨진 틈 사이로 물기가 빠진다. 물기가 고여 있으면 아삭하게 삭지 않고 물러진다.

된장국에 들깻가루를 풀고 삭힌 김치를 넣고 한소끔 끓인다. 삭힌 김치는 '홍어김치'라고도 하지만 홍어 맛은 안 난다. 겉보기에는 물렀을 것 같은데 씹으면 아삭하다. 씹을수록 단맛이 나고 산뜻한 발효향이 난다. 구억배추는 제주도 한경면 구억리의 할머니 한 분이 소중히 보존했던 배추로 현재는 여러 군데에서 소규모로 재배하고 있다. 1920년대 종로통에서 냉면김치로 개성배추나 훈련원 근처에서 재배한 경성배추로 담근 김치가 나왔을 것이다. 아침 해장국으로 먹던 선짓국의 우거지 또한 그 배추였을 것이다. 토종배추는 사라져서는 안 될 맛이다.

존하다가 1980년대 들어서면서 토종배추가 완전히 밀려났다. 1980년대 호배추가 시장을 지배하면서 '호'자를 떼어버리고 '배추'라고 불렸다. 속이 꽉 찬 호배추는 소금물에 절이고, 속이 차지 않은 토종배추는 소금을 뿌리는 방법으로 절였다고 하여 두 배추의 절이는 방법도 달랐다.

2) 궁중김치

(1) 젓국지

젓국지는 궁중에서 담그는 통배추김치로 비린내가 많이 나는 멸치젓이나 갈치젓은 전혀 쓰지 않고 조기젓이나 황석어젓을 주로 쓰며, 생새우나 청각 등 신선한 해물도 넣어 담근다.[58]

(2) 섞박지

섞박지는 무와 배추를 섞어 만든 김치라고 해서 붙은 말로, 배추의 중간 잎과 무의 중간 부분, 각종 해산물을 넣어 담근 김치로 슴슴하면서도 신선하다.[59] 무가 주재료이고 배추와 양념, 젓갈, 해물 등을 넣으며 먹기 쉽게 모지고 넓적하게 썰어 담근다. 양념, 해물이 많이 들어가고 잘라 담그기 때문에 쉽게 익어 통김치가 익기 전의 지레김치로 담근다.

궁중의 섞박지는 무, 배추를 절여서 좋은 부분만을 골라 먹기 좋은 크기로 썰어 담는다. 임금께 올릴 김치를 배추의 겉잎과 벌레 먹은 것이나 모양이 나쁜 것은 넣지 않고, 모양이 좋은 연한 부분의 좋은 재료만을 골라서 담근다.[60] 나머지는 허드레 김치로 담가 궁인들이 먹었다. 궁중에서는 섞박지를 통배추김치보다 더 많이 담가 먹었는데, 조금씩 담가서 알맞은 때 적당히 익은 김치를 먹기 위해서였다. 무나 배추의 겉이나 속대도 아닌 중간 부분이 가장 맛있다 하여 그 부분을 골라서 썼다.[61]

(3) 동치미

동치미는 보통 소금과 무와 물이 기본이지만, 옛날부터 궁중에서는 고명을 더 많이 넣어 향미를 더하였다. 동치미를 담글 무는 잘고 모양이 예쁜 것으로 골라 씻어서 하룻밤 절인 다음 독을 묻고 넣는다. 배는 통째로 껍질을 벗기고, 유자는 통째로, 파는 흰 부분만 넣고, 생강과 마늘은 납작하게 저미고, 파뿌리를 씻어서 무명주머니에 함께 넣는다. 삭힌 고추를 넣고 소금물을 부어 익힌다. 익은 후에 먹을 때는 배와 유자는 썰고 국물에 꿀을 조금 타고 석류와 잣을 흩어 넣으면 맑고 산뜻하다.[62]

고종은 특히 면을 좋아해 야참으로 냉면을 즐겼는데, 국물은 육수가 아니고 배를 많이 넣어 담은 시원한 동치미국물이라 무척 달고 시원했다고 한다.[63] 이를 위해 배를 많이 넣어 담근 냉면용 국물김치를 따로 담갔다고 한다. 또 동치미는 익는 시간이 오래 걸리므로 김장 준비를 할 때 제일 먼저 담근다. 배추김치가 익는 시기와 맞추어야 하므로 통배추 담그기 2~3주 전쯤에 담근다.

(4) 장김치

장김치는 소금이 아닌 간장으로 김치를 담근다. 무, 배추속대를 간장으로 간하여 백항아리에 먹을 만큼만 담가서 먹는 궁중김치로, 설이나 추석에 많이 담가먹는다.

일반 김치가 소금과 채소가 발효되어 익은 맛이라면, 간장국물과 채소가 합해져서 발효된 맛이라 김치 맛이 색다르다. 젓갈이나 소금, 고춧가루를 전혀 쓰지 않고 진간장만으로 간을 하며 배, 밤, 표고버섯, 석이버섯, 잣 등 귀한 재료를 사용하고 양념도 채로 쓰는 것이 특징이다. 모든 재료를 살살 버무려 으깨지지 않게 하며 국물이 걸쭉해지지 않도록 주의하고, 설탕 간을 너무 일찍 하면 국물이 탁해진다. 서늘한 날씨라도 2~3일 후면 먹을 수 있고, 미나리나 잣은 먹을 때 띄우는 것이 더 색이 살아나며, 대추를 붉은색 고명으로 쓰기도 한다.[64]

조선시대 궁중이나 대갓집에서 만들던 김치로 재료가 호화로워 서민적이지 않으나 격식을 차리는 정월 떡국상이나 잔칫상에 올렸다. 잘 익은 장김치는 간장의 색과 향이 조화를 이루어 별미이다.

(5) 송송이(깍두기)

송송이(깍두기) 깍두기를 궁중에서는 '송송이'라고 하는데, 정월 세찬으로는 '감동젓무'라는 깍두기를 청화백자에 담아놓는다. 무에 배추속대도 넣고 버섯이나 밤, 배 등과 해물도 넉넉히 넣은 호화로운 깍두기이다.[65]

(6) 비늘김치

비늘김치는 무에 생선비늘처럼 칼집을 넣어 만든 김치이다. 통배추김치 속처럼 소를 만들어 넣지만 양은 더 적게 쓴다. 오이도 비늘 모양으로 썰어 같이 섞어 담그기도 한다. 오이 비늘김치는 오이가 싸고 맛있는 제철에 많이 사서 아주 짜게 저장했다가 비늘김치를 담글 때 짠맛을 충분히 우려내고 담그는데, 배추김치에 켜켜로 넣든지 무비늘김치와 함께 담그면 산뜻하고 맛있다.[66]

(7) 궁중햇김치

정월이나 이른 봄에는 햇김치를 담그는데, 젓갈은 적게 넣고 생굴을 넉넉히 넣어 맛이 생신하였다(생기 있고 새롭다)고 한다. 김장때와 마찬가지로 좋은 배추나 무를 골라 모양을 반듯하게 썰어 절여서 담근다.

(8) 오이김치

오이로 담근 김치도 여러 가지이다. 오이깍두기는 오이를 자름자름 썰어서 소금에 잠깐 절였다가 다진 새우젓과 양념으로 버무려 2~3일 후에 먹는다. 여름철에는 열무에 오이를 섞어 국물을 넉넉히 부어서 담근 열무김치가 있는데, 젓갈은 전혀 넣지 않는다. 오이 비늘김치는 돌려가면서 칼집을 비늘처럼 어슷하게 넣고 절여서 양념을 채우고 절인 배춧잎으로 싼다. 오이소박이는 오이의 단면이 삼각인 연하고 작은 것을 골라 세 방향에 칼집을 넣어 중심에서 만나게 한다. 민가의 김치처럼 열십자로 칼집을 넣으면 소가 반대편으로 빠져버리기가 쉽지만 이렇게 하면 소가 빠지지 않는다. 소로는 부추를 전혀 넣지 않고 오이꼭지 절인 것과 다진 파, 마늘만 조금씩 채우는 것이 특징이다.

예전에 운현궁에 있는 한 찬모는 부추나 무를 전혀 넣지 않고 양념과 절인 오이를 다져 소로 넣었다. 오이를 토막 내고 남은 짧은 조각을 버리지 않고 오이 토막

과 같이 절였다가 물기를 없애고 곱게 다진 것으로, 부추를 넣었을 때보다 순하고 상큼하다.[67]

(9) 보쌈김치

보쌈김치는 새우젓과 전복, 소라, 낙지, 배, 표고, 석이, 잣 등 귀한 재료를 많이 넣고 담근다. 보김치는 감칠맛이 있고 보기에도 호화로운 김치이다. 배춧잎을 보자기로 해서 소를 쌌다는 의미에서 쌈김치 또는 보김치라고 한다. 새우젓과 전복, 소라, 낙지, 배, 표고, 석이, 잣 등 귀한 재료를 많이 넣고 담근다. 속 재료를 먹기 좋은 크기로 썰어 양념에 버무려서 담그기 때문에, 담글 때는 다소 손이 많이 가지만 상에 낼 때는 썰어야 하는 번거로움 없이 한 끼에 하나씩만 담아내면 되므로 편리하다. 진한 양념을 안 쓰고 어느 정도 국물 속에 잠겨야 잘 익는다.[68][69]

6. 문헌 고찰을 통한 근대 김치의 변천과정

전대의 『음식지미방』(1670)에는 배추의 이용이 나타나지 않았고, 『규합총서』(1815)에는 배추, 고추, 젓갈의 사용이 나타났다. 『시의전서』(1800년대 말)에 침채(沈菜)는 무와 배추를 썰지 않고 통째로 담근다. 숭침채(菘沈菜, 배추김치)라고 하여 실고추, 흰파, 마늘, 생강, 생률, 배를 채치고 조기젓을 저며서 넣고 청각, 미나리, 소라, 낙지 등을 넣은 통배추김치도 등장한다. 통배추김치를 담금 수 있는 현재와 유사한 품종의 배추가 재배되기 시작한 것은 100여 년 전부터이며, 고추가 김치의 양념으로 쓰이게 된 것도 조선중기 이후라고 한다.[70]

반면, 근대 조리서인 『동국세시기』(홍석모, 1849)에서는 김장김치 담기와 통배추김치의 원형이 보이고, 『조선요리제법』(방신영, 1917, (8판)1934)에서는 "그 전에는 켜켜로 담던 방법이 절인 배추를 한 통씩 잡아 헤쳐서 속속들이 벌리고 소를 골고루 뿌려 잎잎이 넣고."라 하여 오늘날의 통배추김치처럼 양념소를 넣는 법이 기록되었다. 이 방법은 『조선무쌍신식요리제법』(1924, (4판)1943)에서도 통배추와 고춧가루, 마늘의 사용이 증가하며, 현재의 김치 담금법과 유사한 고춧가루 양념을 이용한 통배추김치로 발전하였다.

우리나라의 근대는 앞에서도 언급한 바와 같이 1876년 개항과 함께 시작되었으며, 1894년 갑오경장 이후부터 1945년 해방될 때까지 일제에 의한 치욕을 겪으면서 근대화를 이루었다. 즉 개화기에 해당된다.

근대김치를 알 수 있는 문헌으로는 오늘날 통배추김치의 원형이 소개되고, 당시 서울의 김장 모습이 나타난 『동국세시기(東國歲時記)』(1849), 『주식방문』(1800년대 말), 『시의전서』(1800년대 말), 『음식법』(1854), 『반찬등속』(1910), 『부인필지』(1915), 『조선요리제법』(방신영, 1917, (8판)1934 참고), 『조선요리법』(조자호(1912~1976)), 『조선무쌍신식요리제법』(이용기, 1924), 『간편조선요리제법』, 『신영양요리법』, 『조선요리법』(1939), 『우리나라 음식 만드는 법』, 『우리음식』(1948) 등을 고찰하여 살펴보고자 한다.

[그림 5.5] 김장 모습(제이콥 로버트의 『조선에 살다』 중에서[71])

6.1 『동국세시기(東國歲時記)』의 김치

『동국세시기(東國歲時記)』(홍석모, 1849)에는 김장과 장 담그기는 1년의 2대 행사라고 하였다. 오늘날과 같은 통배추김치의 원형도 이 책에 소개되었다. 당시 서울의 김장 모습도 잘 설명하고 있다. 그 내용이 지금과 거의 다를 바 없으며, 특히 새우젓을 젓갈로 사용하여 김치를 담근 예를 보여주고 있어, 김치에 새우젓을 사용하는 서울, 경기 지방의 김치 제법이 당시에 이미 정착되고 있었음을 나타내고 있다. 그전에 비하여 배추가 적극적으로 김치의 주재료로 쓰이기 시작한 사실도 이 책에 나온다.

종전 김치의 주재료는 무였다. 상고시대 절임형 김치는 조선조 중기 이후 한국인의 일상 찬 종류의 하나인 장아찌로 독립되어 밑반찬으로 활용되고 있다. 『동국세시기』에는[72] 침저(沈菹), 잡저(雜菹, 섞박지), 장김치, 침청저(沈菁菹, 무김치)와 숭저(菘菹, 배추김치)가 기록되었다.

- 10월조에 침저(沈菹)는[73] "서울 풍속에 만청(蔓菁, 무), 숭(崧, 배추), 산(蒜, 마늘), 번초(蕃椒, 고추), 소금으로 김치를 만들어 도옹(陶甕, 독)에 김장을 담근다. 여름의 장담기와 겨울의 김장 담기는 인가(人家)의 일년지대계(一年之大計)로 삼는다." 하였다.
- 잡저(雜菹, 섞박지)를 독에 잘 담가두면 겨울에 맵게 먹을 수 있다하여 섞박지는 매운 김치임을 알 수 있다. "새우로 젓을 담가 결이 삭은 뒤 무, 배추, 마늘, 생강, 고추, 청각, 전복, 소라, 굴 · 조개, 조기, 소금으로 막김치를 만들어 독에 넣어 오래두었다가 겨울이 지나 꺼내어 먹으면 몹시 매운 것이 먹을 만하다."고 하였다.
- 장김치는 무, 배추, 미나리, 생강, 고추를 간장에 담근 김치도 있다고 하며, 11월에 냉면(冷麪)을 얘기하면서 "교맥면(蕎麥麪, 메밀국수)을 가지고 침청저(沈菁菹, 무김치)와 숭저(菘菹, 배추김치)를 저육(猪肉)에 화합한 것을 냉면이라고 한다."라고 기록하였다.

- 11월에 냉면(冷f麪)을 애기하면서 "교맥면(蕎麥麪, 메밀국수)을 가지고 침청저(沈菁菹, 무김치)와 숭저(菘菹, 배추김치)를 저육(猪肉)에 화합한 것을 냉면이라고 한다."라고 기록하였다
- 동치미(冬沈)는[74] "무 뿌리가 비교적 작은 것으로 김치를 담근다."고 하였다.

6.2 조지 클레이튼 포크가 남긴 기록(George Foulk Papers, 이하 포크 문서) 중 김치

조지 클레이튼 포크(George Clayton Folk, 1856~1893, 조선어를 구사한 최초 미국인 해군장교) 문서 중 조선의 음식문화[75]에서, 포크는 1884년 9월부터 10월 사이 보름간 그리고 11월에서 12월 사이 약 40여 일간 조선 지방을 순회하는 동안 지방 관아에서 제공받았던 접빈음식, 그리고 여행 과정 중 알게 된 당시 조선 지방의 다양한 음식 관련 정보들, 예를 들면 주막, 지역별 농작물과 특산품, 상점에서 판매되는 식재료 정보와 서민들의 먹거리에 관한 이야기들을 기록하였다.[76] 포크의 기록에 나타난 조선 지방관아 접빈상을 보면[77] 다음과 같다.

충청감사가 대접한 조찬(본식)(1884년 11월 5일)은 면상으로 고기고명을 얹은 국수(골동면), 차가운 소고기편채, 닭볶음, 허파를 얹은 소의 양, 수란, 얇게 썬 배, 밤, 감 등 총 7기(器)이다.

은진현감이 제공한 만찬(본식)(1884년 11월 8일)에는 밥상과 주안상이 2개 들어왔다. 반상의 경우 밥, 국, 김치 외에 어육류 구이, 2종의 회, 전유어, 자반, 수란과 나물까지 총 12기(器)이며, 첩수에 들어가는 음식이 7가지이므로 7첩 반상 규모에 해당한다. 주안상으로는 면상이 차려졌는데 냉면(cold vermicelli), 닭백숙과 2종의 젓갈, 생과일을 포함해 총 7기(器)이며, 연회요리의 최고로 뽑히는 '신선로'는 별도의 상에 들어왔을 것이다.

익산군수 제공 오찬(전식)(1884년 11월 9일)은 면상으로 골동면, 삶은 달걀을 반으로 나누어 물결 모양을 낸 것, 간전, 돼지고기수육, 김치, 밤, 고구마, 감, 떡, 간장, 꿀, 식초, 술 등 총 12기(器)로 구성되어 있는데, 주로 생실과와 정과류 등이다.

전주에서 전라감사가 제공한 조찬(본식)(1884년 11월 11일)에는 그릇수가 17기(器)에 달하며 첩수에 포함되는 찬품이 적어도 10개에 이른다. 콩이 섞인 쌀밥, 무를 썰어 넣은 소고기달걀국, 무를 넣은 오리탕, 불고기(너비아니), 수란, 소고기편육, 생선자반, 소고기육전, 닭백숙, 생선회, 조개젓과 굴젓, 깍두기(알타리무김치), 김치, 달걀지단무나물, 콩나물무침, 간장, 식초, 술 등이다.

전라감사가 제공한 만찬 연회식에서는 여러 개 접시에 쌓인 음식 높이가 30cm 되는 고배상을 받았다. 국수, 각색사탕고임, 톱니모양 떡고임, 약과, 신선로 등 일부메뉴만 기록하였다.

포크의 기록 중 김치는 Kimchi, radish kimchi & red pepper, a dish of kimchi 등으로 기록되었는데, 김치는 배추김치를 의미할 것이다. 그리고 깍두기(알타리무김치) 등이 기록되었다. 또한 1884년(고종 21년) 농무목축시험장에 도입되어 있던 품종은[78] 콩(30품종), 동부(4품종), 옥수수(15품종), 가베지(양배추), 배추(18품종), 비두(肥脰), 셀러리, 고구마(붉은색, 흰색, 자색), 벼(14품종), 조(22품종), 팥(10품종), 목화(3품종), 호박(16품종), 동아, 설탕수수, 우엉, 감자, 땅콩, 담배 등의 작물 344종과 돼지 64수가 기록되었다. 배추의 품종이 18품종이었다.

6.3 『주식방문』 중의 김치

『주식방문』(1800년대 말)은 안동김씨 노가재공댁의 『주식방문』과 국립중앙도서관본 등 두 권이 있다. 안동김씨 노가재공댁의 『주식방문』은[79] 저자미상의 한글필사본으로, 노가재(老稼齋)는[80] 조선 후기 문인이자 화가였던 김창업(金昌業, 1658~1721)의 호이다.

김창업은 조선 후기 유학자이며 '노론'의 실세로 영의정을 지낸 김수항(金壽恒, 1629~1689)의 아들이다. 형 김창집(金昌集, 1648~1722)이 1712년 사은사(謝恩使)로 청나라에 갈 때에 함께 연경(燕京)에 다녀와 쓴 기행문인 '노가재연행일기(老稼齋燕行日記)'는 연행록 중의 백미로 평가되고 있다. 그 영향인지 『주식방문』에는 '북경시시탕', '북경분탕'과 같이 청나라에서 경험한 음식이 기록되어 있다. 따라서 북경에서의 시식 경험을 살려 집으로 돌아와서도 기록하고 즐겨 해먹었던 것으로 생각된다.

『주식방문』의 기록 내용 중 음식물이나 계량도구, 조리 동사와 조리 부사의 어휘적 특성으로 보아 1800년대 말로 추정된다. 과동외지히법, 즉시 쓰는 외김치법, 생치김치법, 청장법 순으로 기록되었는데, 외를 이용한 침채류는 9종이나 되어 당시 저장용 절임음식의 가장 중요한 재료였던 것으로 추정된다.

노가재공댁본 주식방문에는 가지지히, 가지외지법, 물외지이, 산갓김치, 순무김치, 즙지히방문, 별즙지히법, 청과장법, 청지히법 등 9종이 기록되어 있다. 이 중 외를 주재료로 사용한 침채류가 6종, 부재류로 사용된 침채류가 3종으로 외는 당

구한말의 김장시장과 김치재료들, 알타리무

한말 서울에서는 훈련원(을지로 6가)과 연동(연지동, 연건동)의 밭에서 나는 배추가 질이 좋아서 주로 대갓집 차지가 되었다. 서대문 밖 아현동과 신촌 일대에서는 중국인이 채소를 가꾸어 천평 광주리에 담아 메고 다니며, 속이 꽉 들어찬 호배추를 팔아 한국인 배추장사를 위협하였다.
일제강점기에는 녹번동, 제기동, 마장동의 배추들이 있었으나 점차 집들이 들어서면서 더 외곽인 양주군이나 파주, 광주의 김장거리가 올라왔다. 김장철에는 산지에서 직접 사서 손수레, 우마차, 또는 지게로 날라다가 쓰거나 임시로 생기는 김장시장에서 사갔다. 김장시장은 남대문, 동대문의 큰 시장과 낙원동, 공평동, 통인동 등에 섰다.
광복 이후에는 충청도, 전라도에서 키운 김장거리를 열차로 수송하였다.
가난한 사람은 배추밭에서 남은 이삭을 주워다가 막김치를 담가먹었고, 무가 덜 된 것은 아주 헐값이므로 이것으로 알깍두기를 담갔다. 그런데 알깍두기의 인기가 높아져서 일부러 씨를 늦게 뿌려 계획적으로 어린 무를 만들어 김장거리로 쓰게 된 것이 총각김치이다.
(한복진 지음, 우리생활 100년, 음식, 현암사, 2001, pp.93-95)

현재 농가에서도 영하 2~3℃로 내려가면 무를 뽑아 무김장을 먼저 한다. 동그란 무는 동치미, 자잘한 무는 우선 먹을 싱건김치, 알타리무로는 총각김치를 담는다. 나머지 무는 내년 봄까지 두고 먹을 수 있도록 저장한다. 땅속에 움을 파서 잘 묻어둔다. 무 밑동은 바싹 잘라 무청으로 시래기를 엮어 말려 겨우내 먹는다.
기온이 영하 4~5℃가 되면 배추가 언다. 더 추워지기 전에 배추를 뽑아 김장 준비를 한다. 소설(小雪) 무렵이다. 시골은 배추 뽑는 날이 김장하는 날이 된다. 올 여름에는 여름비가 많아 아무리 심고 또 심어도 결국 살아남은 무, 배추가 얼마 안 되었다. 그래서 뒤늦게 심을 수 있는 마지막 김장거리인 알타리무를 한 번 더 심었다. 배추김치가 모자라면 총각김치라도 넉넉히 해놓아야 하기 때문이다.
김장을 하려면 며칠 전부터 차근차근 해야 할 일이 많다. 가을에 거둔 붉은 고추를 깔끔하게 다듬어 방앗간에 가서 빻아오고, 김장항아리를 물에 우려 다시 땅에 파묻어야 한다. 맑고 따신 날을 잡아 김장을 담근다. 시골은 김장을 많이 한다. 겨우내 먹어야지, 따로 깊게 묻어 늦봄까지 먹는다. 이맘때면 집집이 김장이 큰일이라, 김장하고 나면 이웃집과 나눠먹는다.
한 해 농사지어 곳간에 알곡, 장독간에 김장김치, 처마 밑에 장작이 쌓여있다면 겨울이 온다 해도 걱정 없고 오붓하고 훈훈하겠다.
(장영란, 자연달력 제철밥상, 들녘, 2004, pp.200-201)

시 침채류 재료로 가장 일반적으로 사용되었음을 알 수 있었다.[81] 이를 자세히 살펴보면 다음과 같다.

(1) '과동외지히법'은 겨울을 지낼 수 있는 외지히를 담그는 법이다. 늙은 외를 물에 씻지 말고, 행주를 빨아가며 외의 몸에 묻은 것을 씻어 물기운 없이 독에 넣는다. 소금을 물에 짜게 풀어 끓여 독에 부어서 외가 툭툭 터지는 듯하면 돌로 지즐러 둔다. 사나흘이 되면 외를 꺼내고, 소금물에 소금을 더 넣어 다시 끓여 식혀 붓는다. 여나믄 날이 지나면 또 끓여 식혀 붓고 억새를 넣고 돌로 지질러 뜨지 않게 하여 바깥에 두면 상치 않는다. 짜고 싱겁기는 장 담는 것과 같으니 잘 맞추어 한다. 소금이 적으면 무르고 외를 딴지 오랜 것을 하면 쇠여 연하지 않다. 이 법대로 슴슴하게 하여 어린 외로 담갔다가 동치미에도 넣는다. 같은 조리법으로 국립중앙도서관본에서는 '외담는 법'이라는 음식명이 있다.

(2) 즉시 쓰는 '외김치법'의 외는 양쪽 끝을 잘라버린다. 물을 끓여 잠깐 데쳐내어 찬물에 더운 기운이 없이 씻는다. 골 그어 생강, 파, 마늘을 다져서 외 속에 넣는다. 소금물을 끓여 식혀서 삼삼하게 간을 맞추어 담는다. 국립중앙도서관본에서는 '외김치 속히 먹는 법'으로 기록되어 있다.

(3) '생치김치법'은 외와 꿩고기를 썰어 각각 기름을 조금 쳐서 볶아낸다. 속뜨물을 고이 받아 끓이고 꿩고기 볶은 것을 넣고 한소끔 끓인다. 파 흰 대를 찧어 넣어 잠깐 끓여내어 동치미국을 쳐서 맞추면 좋다. 『주식시의(酒食是儀)』(1800년대 말)에서는 꿩고기를 백숙으로 삶아 고기는 찢고, 국물은 기름기 없이 하여 동치미국이란 섞는 것에 비해 꿩고기를 익히는 방법이 달랐다.[82]

(4) '가지외지법'은 어린 가지와 외를 수건으로 씻어 잠깐 데쳐 적당한 항아리에 담고 끓인 물에 소금을 타서 가득 부어 돌로 눌러두면 싱싱하고 봄이 지나도록 좋다고 하였다.

(5) ‘가지지히’는 가을에 하는 것이라고 기록되어 있다. 가지를 씻어 물기를 없앤 후 아래 위를 잘라 양 끝에 소금을 많이 묻혀 항아리에 넣었다가 사흘 만에 냉수를 부어 붉은 물이 우러나면 그 물을 쏟아버리고 다시 냉수를 가득 부어 돌로 눌러두면 한겨울에 써도 좋다고 하였다. 가지외지는 어린 가지를 이용하여 여름철에 담그는 것에 비해 ‘가지지히’는 좀더 자란 단단해진 가지를 이용하여 그보다 늦은 가을철에 담그는 침채였다.

(6) ‘물외지이’는 찬이슬을 맞은 외를 씻어 볕에 널었다가 물기 없을 만하거든 상하지 않게 차곡차곡 넣고, 나뭇가지나 억새로 항아리 부리를 막은 후 물 1동이(소금 1줌으로 끓여서 식힌 소금물)를 가득 붓는다. 더운데 두지 말고, 겨울에 얼리지 않으면 2~3월 되도록 좋다고 하였다. 물외지 조리법에서 물 1동이(소금 1줌이 ‘건건하게’라고 표현된 만큼 ‘짜게 풀어’라고 기록된 과동외지히)의 소금물은 소금의 비율이 더 높을 것으로 추정된다.

(7) ‘산갓김치’는 산갓을 씻어서 뿌리째 항아리에 넣는다. 물은 손을 데지 않을 정도로 데워 항아리에 붓는다. 찬 냉수를 손에 쥐어 뿌려서 더운 방에 묻었다가 익으면 쓴다.

(8) ‘순무김치’는 순무를 매우 큰 것은 1치 길이씩 토막을 내어 열십자로 쪼개고, 적은 것은 그냥 열십자로 잘라 넣는다. 생강을 저며 넣고 간을 하여 잠깐 뒀다가 간이 들면 항아리에 넣는다. 깨소금을 베 헝겊에 싸 항아리 밑에 넣은 후 그 위에 간을 친 무를 넣어 소금국을 알맞게 하여 붓는다. 잘 익으면 맨입에 먹어도 싫지가 않다.

(9) ‘청지히법’은 8월 20일을 전후하여 푸른 외를 따서 소금에 묻듯이 절이고, 외의 소금기를 제물에 흔들어 씻어 항아리에 담고, 그 국물을 가라앉혀 항아리에 붓고 생강을 다져넣어 담는 법이다.

(10) '청과장'은 어린 청외 하나를 2~3등분으로 잘라 베어 열십자로 갈라 끓는 물에 넣어 잠깐 데치고 사이에 부추를 볶아 끼운다. 간장을 게젓국처럼 달여 붓는데, 저민 생강과 천초가루를 함께 넣어도 좋다. 오늘날의 오이소박이와 유사하나, 고춧가루 양념이 아니라 게장을 담듯이 간장을 끓여 붓는 것이 달랐다.

6.4 『시의전서』 중의 김치

저자와 연대를 확실히 알 수 없는 한글 필사본이다. 이 책은 1919년 심환진이 상주군수로 부임하여 그곳의 반가에 소장 중이던 요리책을 빌려서 상주군청의 괘지에 필사한 것이다. 심환진이 필사한 시기는 1919년경이지만, 원본은 1800년 말엽에 편찬된 것으로 여겨진다. 탐구당 홍석우 사장님의 고모인 故 홍정(1903~1955)에게 전해져 소장되어 왔다. 상권에 226, 하권에 196 모두 422가지 음식이 소개되어 있다. 경상도 사투리가 자주 쓰이는 것으로 미루어 보아 당시 유력한 경상도 지역 양반집 음식조리법으로 짐작된다. 이 책은 상차림별 음식 구성과 배치가 자세하게 기재되어 조선 후기 상차림 연구에 유용하다.

또한 『시의전서』는 현존하는 옛날음식 책 중 다양한 음식이 가장 잘 분류되어 정리된 책이다. 이 책은 근대 이후 음식이 변화되기 이전인 조선 말엽의 전통음식을 살펴볼 수 있는 귀중한 사료로 평가된다.[83]

오늘날과 같은 통배추김치의 원형은 1800년 말경에 쓰여진 『시의전서』(1800년대 말)이다. 『시의전서』에 수록된 김치로는[84] 음식방문 상권에 어육침채(魚肉沈菜), 동침이(冬沈伊), 섯박지, 동아섯박지, 상갓침채(香芥沈菜), 배추통김치(菘沈菜), 장김치법(醬沈菜), 외김치, 가지김치, 박김치, 열젓국지, 젓무, 무말랭이 장아찌, 속대장아찌, 외장아찌, 무날장아찌, 무숙장아찌, 장짠지, 음식방문 하권에는[85] 속대짠지, 가지짠지, 굴김치법이 수록되었다.

『시의전서』의 브랜드화
상주시 농업기술센터는 『시의전서』 브랜드 및 CI용역 최종 보고회를 2018년 5월 9일 개최하였다. 농업기술센터 관계자는 "이번 최종보고회를 통해 선정된 『시의전서』 브랜드 및 CI는 우선 지난 3월부터 시범 운영되고 있는 낙동강 주막촌 소재 『시의전서』 전통음식 창업 사업장에 활용될 예정이며, 관내에서 발견된 고조리서인 『시의전서』를 우리 시에서 특화해 지역전통문화 자원으로 자리매김 할 수 있도록 최선을 다하겠다."고 하였다. 상주 지역에서는 고조리서인 『시의전서』를 바탕으로 지역 농산물을 활용하고 『시의전서』 음식을 현대적으로 재해석해서 요리를 하는 회상나루 관광지 주막촌에 '상주 한정식 맛집 백강정'을 열었다.[86] 경북 상주시 사벌면 용마로 560 '상주 시의전서'에서는 시의전서 전통음식연구회가 상주의 옛 지명인 '사벌'의 전통음식을 맛보고 전통 상차림을 직접 체험할 수 있는 프로그램을 운영하고 있다. 전통음식, 전통주 만들기 체험 등이다.[87] 또한 『시의전서』에 나온 '도야지 슌대'는 숙주, 미나리, 무를 데쳐서 배추김치와 같이 다져 두부를 섞어 파, 생강, 마늘을 많이 다져넣고 깨소금, 기름, 고춧가루, 후춧가루 각색 양념을 섞어 피와 함께 주물러 창자에 넣는다고 기록되어 있는데, 서울 대학로에서 '1877 순대집'을 운영하는 육경희 대표는 그대로 만들어 보았지만, 현대인의 입맛에 맞지 않아 현대인 입에 맞게 래시피를 개량하여 '1877 순대'를 개발하였다. '1877 순대'는 선지, 미나리, 숙주, 배추, 무, 두부, 파, 마늘, 생강, 고춧가루, 참깨, 참기름, 산초가루(제피), 새우젓, 조선간장을 넣어 속을 만들었으며, 순대를 주제로 한 책 『순대실록』을 펴냈다.

(1) 어육침채

어육침채를 담을 때 대구, 북어, 민어류를 쓸 때마다 두골(생선 머리뼈)과 껍질을 많이 모아둔다. 서리가 처음으로 내리고 날이 차거든 김장을 하는데, 이때 좋은 무와 연한 배추와 굵은 갓을 깨끗이 씻어 간을 맞추어 절인다. 외와 가지는 법대로 절이고, 아이 주먹만한 호박도 절인다. 고추는 어린 것을 잎이 달린 채로 따서 서리 내리기 전에 미리 골라두는데, 소금에 절이면 질기고 맛이 좋지 못하다. 그러므로 고추를 항아리에 넣고 돌로 누른 후 냉수를 부었다가 쓸 때 꺼내어서 여러 번 깨끗이 씻으면 연하고 좋다.

김치 담기 전 기일(忌日)을 피하여 고기 삶은 물을 두어 동이 사다가 그전에 모아 둔 건어를 많이 넣고 소고기도 넣어 진하게 달인다. 처음 독을 묻은 후 절인 채소에 청각, 마늘, 파, 생강, 고추 등 속을 켜켜로 넣고 마늘은 갈아 넣고, 미나리는 깨끗이 씻어 사이사이에 넣은 다음에 그 위를 두껍게 덮는다. 어육 달인 물이 싱거우면 거기에 무 절인 물을 체에 밭쳐 가득이 붓는다. 그 다음에 항아리를 두껍게 싸고, 항아리 위를 흙으로 덮었다가 세말춘초(歲末春初, 설을 앞 둔 그믐께부터 이른 봄까지)에 어육침채를 먹으면 훈감하고 절미하다. 침채는 무와 배추를 썰지 않고 통째로 담근다.

(2) 동침이(冬沈伊)

잘고 모양이 좋은 무를 깨끗이 껍질 벗겨 간을 맞추어 절인다. 하루가 지난 후 무를 깨끗이 씻고 독을 묻어 무와 어린 외를 함께 절여 넣는다. 배와 유자는 껍질을 벗기고 썰지 않고 통째로 넣는다. 흰 파는 1치 길이씩 잘라 위를 4쪽으로 내고, 생강 얇게 저민 것과 고추 썬 것을 위에 많이 넣는다. 좋은 물에 간을 맞추고 가는 체에 밭쳐서 항아리에 가득히 붓고 항아리를 두껍게 봉하여 익은 뒤에 먹는다. 배와 유자는 먹을 때에 썰고, 국물에 흰 빛깔의 좋은 꿀을 타고 석류와 잣을 띄워서 먹는다.

(3) 셧박지(섞박지)

연하고 좋은 무를 둥글게 썰고, 좋은 배추를 잘 절인다. 진어(眞魚, 준치), 소라, 조기젓, 밴댕이를 물에 담가서 하룻밤을 재운다. 배추와 갓은 적당히 썰어 물에 담근다.

외와 가지는 셧박지를 담그는 물에 넣고, 덜 익은 동아는 과줄(여기서는 약과를 의미 함)만하게 썰어 껍질은 벗기지 말고 속을 긁어 없앤다. 생복, 소라, 낙지는 머리에 골만 뺀다. 독을 묻고 무와 배추를 먼저 넣고 가지와 동아 등을 넣은 다음에 젓을 한 번 깐 후 마늘, 파, 고추 등을 위에 많이 펴고, 채소를 차례로 떡 안치듯 한 뒤에 무껍질을 독 위에 충분히 덮는다. 단단한 나무로 독 속 좌·우를 단단히 지르고 누른다. 좋은 조기젓국에 맛난 굴젓국을 조금 섞어 간을 맞추어 항아리에 가득 부어 익히면 셧박지의 맛이 자별하다(특별하다). 날이 더우면 셧박지가 쉬니 때를 맞추어 하도록 한다. 생복과 낙지는 그때그때 필요한 때에 썬다. 절인 동아는 껍질을 벗겨 넣으면 빛이 옥과 같다.

(4) 동아셧박지(冬瓜沈菜)

크고 싱싱하고 서리 맞은 분빛 같은 동아의 위를 얇게 자르고 속을 모두 긁어 낸 후 좋은 조기젓국을 가득이 붓는다. 청각, 생강, 파, 고추를 함께 섞어 가루가 되도록 곱게 찧어서 동아 속에 넣고, 베어낸 동아의 딱지를 맞추어 덮는다. 그 다음에 종이로 틈 없이 동아를 단단히 발라 덮고 먼지 안 나는 곳에 세워둔다. 겨울에 동아를 열어보면 맑은 국물이 고여 있으니 그것을 깨끗한 항아리에 쏟고 동아를 썰어 국물에 담가두고 먹으면 절미하다.

(5) 상갓침채(香芥沈菜)

입춘날(양력으로 2월 4일) 무를 가늘게 채치고, 무순, 미나리, 순무, 움 신건초를 넣어 백비탕(끓인 물)을 끓여 나박침채를 심심하게 담가 더운 데에 둔다. 이것이 익을 때가 되면 상갓을 뿌리째 깨끗이 씻어 그릇에 담고 끓는물에 상갓이 익지 않을 정도로 3~4번을 넣었다가 뺀다. 그 다음에 물에 상갓을 넣고 입으로 불기를 겨자 개듯 많이 분 다음에, 종이로 두껍게 여러 벌 덮고 솜옷을 눌러 김이 조금도 나지 않게 한다. 이렇게 반시(1시간) 정도 지나서 상갓을 꺼내어 먼저 담았던 침채에 섞어 검은 장을 타서 먹으면 된다. 김이 나면 상갓의 맛이 쓰다. 상갓이 지나치게 자라서 쇠게 되면 잘 쉬고 맛이 좋지 못하다.

(6) 배추통김치(菘沈菜)

북어를 깨끗이 씻어 통으로 켜켜이 담가두었다가 봄에 먹으면 좋다. 좋은 통배추를 절여서 실고추, 흰 파, 마늘, 생강, 생률, 배는 모두 채치고, 조기젓은 저며서 넣고, 청각, 미나리, 소라, 낙지 등을 섞어 넣은 다음에 간을 맞춘다. 무와 외지는 4절로 썰어 켜켜 넣었다가 3일 후에 조기젓국을 달여 물에 타서 국물을 부으면 좋다.

(7) 장김치법(醬沈菜)

좋은 배추를 씻어서 1치(3~4cm) 길이씩 썰고, 무는 껍질을 벗겨 반듯반듯하게 썰고, 배는 무같이 썰어서 좋은 진장에 절인다. 고추, 흰 파, 마늘, 생강, 생률, 석이, 표고는 모두 채로 썬다. 전복, 해삼, 양지머리, 차돌박이는 모두 얇게 저며 넣고 잣을 넣어 버무린다. 절인 지령(청장)을 따라 달인 뒤 물을 타고 간을 맞춘 다음에 흰 빛깔의 좋은 꿀을 타서 장김치에 국물을 부어 익으면 먹는다. 여름철에는 어린 외를 장에 절여 외김치소를 넣는 것처럼 한다.

(8) 외김치(胡瓜沈菜)

어린 외를 소금으로 문지르고 물에 깨끗이 씻은 후 꼭지를 자른다. 외의 가운데를 열십자로 잘라 소금을 뿌려 절이고, 흰 파와 마늘을 다져서 고춧가루와 섞어 절인 외에 소를 넣고 국물은 간을 맞추어 붓는다.

(9) 가지김치

가지는 껍질을 벗기고 꼭지쪽이 붙어 있게 가운데를 열십자로 자른다. 외김치의 소를 넣는 것처럼 넣고, 가지껍질로 어금막게(비스듬히 엇막게) 동여서 실고추와 파를 넣어 익히는데, 여기에 열무를 섞으면 좋다.

(10) 박김치

연한 박의 껍질을 벗기고 속을 다 긁어버린다. 그리고 박을 네모반듯하고 도독하게 썰고, 옆을 열십자로 잘라서 절인다. 절인 박에 외김치 소처럼 소를 하여 넣고, 실고추와 파를 채쳐서 넣고, 국물의 간을 맞추어 부어 익힌다.

(11) 멸젓국지

좋은 무를 네모반듯하고 도독도독하게 썰어 절인다. 배추가 있으면 섞어서 넣고 고추, 흰 파, 마늘, 생강은 채치고, 미나리는 갸름하게 썰어 넣어 버무린다. 김칫국은 좋은 젓국을 조금 쳐서 간을 맞추어 익힌다.

(12) 젓무

외젓무는 외김치처럼 소를 넣고 새우젓은 다지고 고춧가루와 파, 마늘도 다져서 합하여 익힌다. 배추속대는 4절로 썰고, 무는 도독도독 네모반듯하게 썰어 외지(오이지)도 넣는다. 새우젓은 다져서 넣고, 파와 마늘은 절구에 찧어 고춧가루와 섞어 한데 버무려 간을 맞추어 넣는다. 젓무는 위를 많이 덮어야 잘 익고 맛이 좋다.

(13) 속대짠지

좋은 배추속대를 썰지 말고 지령에 절여 고추, 파, 생강, 마늘을 모두 채치고, 깨소금과 기름을 넣어 무친다.

(14) 가지짠지

가지를 쪼개서 반듯하게 자르고 칼집을 넣어 잠깐 데쳤다가 소고기를 다져 재운다. 칼집 사이로 소를 넣고 지령을 조금 쳐서 기름을 둘러 볶아 깨, 소금, 기름을 넣어 버무린다.

(15) 굴김치법

초가을에 좋은 배추를 깨끗하게 씻어 반듯반듯하게 잘라 소금에 살짝 절였다가 실고추, 미나리, 파, 생강, 마늘을 모두 채쳐서 넣어 굴젓을 가려 한데 버무리고, 굴들을 심심하게 익힌다. 쑥갓, 향갓, 배추를 합하여 양념하여 익히면 좋다. 외도 혹 섞는다.(하권의 짠지들은 종전의 짠지 개념보다는 볶은 것들이다.)

6.5 『반찬등속』 중의 김치와 짠지

『반찬등속』(1910년)은[88] 충청북도 청주시에 살았던 사람이 쓴 것으로, 충청도 지역의 식생활문화를 알려주는 문헌이다. 무김치, 깍두기1, 깍두기2, 오이김치1, 오이김치2, 고추김치1, 고추김치2가 기록되었다. 김치의 주재료를 채소로 무, 오이, 고춧잎을 사용한 비율이 높다. 현재처럼 배추를 재료로 이용하는 모습은 보이지 않는다. 무김치의 재료는 무, 소금, 입쌀, 풋고추, 조기이며, 깍두기1의 재료는 무, 소금, 고추, 마늘, 생강, 조기, 깍두기2는 무, 고추, 새우젓, 조기를 사용하였다. 오이김치1은 오이, 소금, 마늘, 고추, 조기, 오이김치2는 오이, 열무, 초, 고추김치1은 고추, 고춧잎, 무, 파, 생강, 조기이며, 고추김치2는 고춧잎, 소금, 무, 후추로 담는다.

김치의 부재료는 소금과 어물이 사용된다. 절인 채소라는 김치의 특성상 부재료로 소금을 사용한 비율이 높고, 어물의 사용이 많다. 무김치, 고추김치, 오이김치, 깍두기에는 조기를, 깍두기2에는 새우젓물과 조기를 넣었다.

짠지는 무, 고춧잎, 배추, 마늘, 북어, 전복 등 다양한 재료를 사용하였다. 짠지, 무짠지, 고춧잎짠지, 배추짠지, 마늘짠지, 파짠지, 박짠지, 콩짠지, 북어짠지, 전복짠지 등 10가지의 짠지 중 6개는 소금이 사용되어 전체적으로 짠맛이 나는 반찬임을 알 수 있으며, 배추짠지와 콩짠지는 간장이나 소금을 사용하지 않은 대신 어물을 많이 넣거나 어물과 함께 조리는 모습이 보이는데, 이는 바닷물의 짠맛이 배어 있는 해산물을 함께 넣으므로 짠 간이 들어 짠맛을 낸 것으로 보인다.

짠지에는 간장을 이용한 모습이 많이 보인다. 간장을 많이 사용할 수 있었던 배경에는 콩의 생산과 소금의 유입이 원활히 이루어졌기 때문일 것이다. 짠지 역시 김치와 마찬가지로 많은 어물이 들어간다. 마늘짠지는 홍합을, 파짠지는 문어, 박짠지는 조기물, 전복짠지는 전복을 넣었다. 배추짠지에는 조기, 문어, 전복을 함께 넣어 조리하였다.[89)]

6.6 『부인필지』 중의 김치

빙허각 이씨가 집필한 『규합총서』를 필사한 것으로, 김치제법에 관한 부분 중 일부가 개정되었다. 『규합총서』에는 섞박지, 어육김치, 동아섞박지, 동치미(냉면 및 생치김치), 동과김치, 동지, 용인오이지, 산갓김치, 장짠지, 전복김치가 기록되었는데, 『부인필지』(1915)에는 어육김치, 동치미(명월관 냉면 및 명월 생치김치), 동지, 용인외지, 장짠지만 기록되어 차이가 있다. 섞박지 2종과 가지, 갓김치, 전복김치가 제외되었다.

6.7 『조선요리제법』 중의 김치

『조선요리제법』(방신영, 1917, (8판)1934)은 결구형 배추를 이용해 만든 송엽내적형(松葉內菹, 배추잎 사이사이에 고명을 넣는 제법) 통김치 제법이 처음 소개된 책으로, 김치 만드는 법(김장김치)에는[90] 통김치, 섞박지, 젓국지, 쌈김치, 짠지, 동침이, 깍두기, 지렴김치, 채김치가 기록되었다.

통김치는 기본양념을 배춧잎 사이에 넣고 소금물을 붓는 방식으로, 양념 삽입법과 김칫국물의 내용도 다르다. 1800년대에 사용되던 젓갈이나 젓국을 통김치에 사용하지 않고 섞박지와 젓국지에만 사용했다.

섞박지와 젓국지는 같은 양념과 제법이지만 삼삼한 것이 섞박지이고, 젓국지는 통김치와 같은 것이라 했다. 간략한 양념으로 소를 만들어 통배춧잎에 넣은 김치를 소김치라 하고, 이 소김치에 젓국이나 생선젓갈을 넣으면 젓국지라 하고, 항아리에 담을 때 소김치와 함께 해산물, 젓갈 등이 들어간 섞박지를 켜켜로 담으면 통김치라 했다. 20세기 전반 김치는 소김치와 통김치로 나누어졌다.

1) 김장 때 김치

(1) 통김치

통김치(통배추김치)의 재료 분량을 보면 배추 100통에 대해 배추 소 재료는 무 채친 것 한 동이, 실고추 세 사발, 마늘 채친 것(굵은 마늘 6톨 가량), 파 채친 것(한 대접 가량), 생강 채친 것(큰 것 세뿔 가량), 배 채친 것(큰 배 열 개), 굵은 밤 한 되 채 친 것, 미나리 썰은 것 다섯 대접, 갓 썰은 것 세 대접, 청각 다섯 줄기, 소금 한 보시기이다. 마늘, 고추의 양이 너무 적다. 이것을 버무려 소로 넣나니 먼저 채친 무에 소금을 뿌리고 실고추를 넣고 오래동안 섞어서 고추물이 무에 빨갛게 들거든 미나리와 갓과 파와 마늘과 배와 밥과 생강과 청각들을 넣고 잘 섞어서 쓰나니라.

『조선요리제법』 1918년 판본에는[91] 배추김치는 1치(약 3cm) 길이로 배추, 미나리, 갓 등을 썰어 넣은 막김치 형태이며, 통김치는 잎사귀를 깊숙이 김칫소로 박아 만든 모양이다. 1937년 판본에는 보통 때 김치와 김장김치로 분류하여 소개하였다. 막김치 형태의 배추김치는 사라지고, 김장김치로 통김치만 나와 있다. 그 외에 무와 같은 크기로 썰어서 양념과 버무려 만든 막김치가 있다. '마구 버무렸다', '막 담갔다'는 뜻에서 붙여진 이름이다. 북한에서는 재료를 이것저것 썰어서 담갔다

하여 써레(기)김치라고 부른다.

(2) 섞박지

무 썰은 것 1동이(무 한 동이에 소금 칠 홉으로 절여서 한 치 길이 팔 푼 넓이 오 푼 두께로 썰라), 배추 썰은 것(반동이, 소금에 절인 배추로 닷 푼 길이로 썰라), 실고추 한 사발, 미나리 세 대접(한 치 길이씩(3cm) 썰은 것), 파 채 썰은 것 한 사발, 마늘 이긴 것 한 종자, 생강 이긴 것 한 종자, 갓 썰은 것 한 대접, 배 채 친 것 한 사발, 밤 채친 것 한 사발, 조기젓 세 마리(조기젓을 물에 갈려서 뼈를 꺼내고, 맨살로만 닷분 길이로 썰 것), 낙지 이십 개(대가리 자르고 껍질 벗기고 잠간 데쳐서 한 치 길이로 자를 것), 전복 한 개(충분히 불려서 얇게 저며 가지고 골패짝 만큼씩 썰은 것)를 다 함께 넣고 잘 섞어서 독에 담는다.

통김치처럼 배추통을 독에 한 켜 넣고, 이 버무린 섞박지를 한 켜 놓고, 이렇게 번갈아가면서 넣고, 잘 절은 시래기로 많이 덮고 무거운 돌로 눌러서 이삼일 두었다가 국물을 붓되, 물 한 동이에 진한 조기젓으로 다섯 사발을 넣고 끓여서 잘 식혀 체에 곱게 밭쳐 붓고, 오래 둘 김치는 국물을 끓을 때 소금을 좀 넣어서 끓여 각 독에 논아 부을 지이다.

(3) 젓국지

젓국지라는 것은 국물을 젓국으로 하는 것을 이름 함이니, 이 우에 통김치 하는 법과 꼭 같이 하여서 독에 담은 후에 국물은 조기젓으로 붓나니, 젓국의 분량과 그 외의 분량은 석박지와 꼭 같이 하면 될지니라.

(4) 쌈김치(보쌈김치)

재료는 배추 큰 통으로 10통, 무 큰 것 5개, 낙지 썰은 것 1사발, 표고 10개, 배 2개, 밤 10톨, 고추 10개, 파 5뿌리, 소금 한 사발, 물 적당히 준비한다.

굵고 좋은 배추통을 잘 절여서 한 치 길이(3cm) 되게 썰어놓고, 잘 절은 무를 6푼 장광과 1푼 두께로 썰어서 놓고, 낙지는 껍질을 벗기고 정히 씻어서 5푼 길이로 썰고, 고추는 곱게 채 치고, 배와 밤과 파를 다 채쳐 놓고, 표고는 물에 정하게 씻어서 잘 불려가지고 물을 꼭 짜서 채치고, 이 재료 외에 북어도 넣으면 특별히 좋으니 마른 북어를 물에 불려서 껍질과 뼈를 다 제하고 오푼 길이, 서푼 넓이로 썰고, 생강은 채치고 잘라놓은 배춧잎에서 넓고 빛 깨끗한 것으로 많이 골라놓아 이렇게 다 준비해 놓은 후에 골라놓았던 배춧잎을 도마 위에 몇 개 펴서 넓게 해놓고 배추 토막 친 것을 올려놓고, 배추 틈틈에 이 우에 준비해 놓은 여러 고명을 곁들여 놓고 맨 우에 북어와 낙지를 얹어놓고 실백을 몇 개 틈틈에 넣고 무를 두어쪽 얹어 넣은 후, 잎으로 잘 싸서 독에 차례로 잘 담은 후 간 맞게 국물을 만들어 붓고 꼭 봉해서 둘지니라. 간은 소금으로만 하거나 또는 젓국으로나 원하는 대로 할지니라.

(5) 짠지

재료는 무 한 섬, 소금 소두 한 말, 물 한 동이, 마늘 반 홉, 파 한 단, 생강 반 홉, 청각 한 홉을 준비한다. 굵고 좋은 무를 정하게 썰어 놓고, 마늘, 파, 생강들은 그대로 얇게만 썰고 고추는 반 늙은 고추로 비슷비슷 굵게 엇썰어서 놓고, 청각은 큰 것을 대강 두 셋에 뜯어놓은 후, 독에 무를 한 켜 넣고 약념을 뿌리고 소금을 무가 보이지 않도록 뿌리고, 다시 무를 한 켜 넣고 또 약념을 얹고 소금을 무가 보이지 않도록 뿌려 이와 같이 한 독을 다 담은 후에, 맨 우에는 좀 더 많이 얹어서 잘 덮어 삼사일 두었다가 절은 후에 열어보아 물이 있거든 그대로 잘 절은 정한 무청이나 배추 우거지로 잘 덮고 무거운 돌로 눌러서 무가 떠오르지 않도록 하고, 만일 국물이 적거든 소금물을 더 부어 무가 잠기도록 붓고 여전히 우거지로 덮고 돌로 눌러서 꼭 봉하여 잘 덮어두었다가 늦은 봄부터 먹기를 시작하느니라.

(6) 동침이

재료는 무 한 동이, 소금 한 되, 고추 반 홉, 생강 네 쪽, 청각 반 홉, 물 한 동이를 준비한다. 동침이 무는 잘고 연하고 몸이 곱고 가늘고 얌전한 것으로 골라서 대가리와 꼬리를 따고 잔털을 다 뜯고 정하게 씻어서 먼저 소금에 저리나니(이 저렸던 소금물로 국물을 할 것이니 정하게 할 것), 무 한 동이에 소금 칠 홉 오작의 비례로 절여놓고(저리는 법은 무 한 켜 놓고 소금 뿌리고, 또 무 한 켜 놓고 소금 뿌리고 할 것) 잘 덮어서 이삼 일간 두었다가 무가 다 절은 후 땅에 묻은 독에 옮겨 담을 지니, 옮겨 담을 때에는 무 한 켜 넣고, 약념을 뿌리고, 또 무 한 켜 넣고 약념을 뿌리고 이렇게 하야 다 담은 후 맨 우에 남은 약념을 넣고 무거운 돌을 정결하게 씻어서 눌러 얹은 후, 무 저렸든 소금물을 가는 체에 여러 번 밭여서 무 독에 붓고 맛보아 삼삼하거든(동침이는 무엇보다 국물을 많이 먹는 것인고로 물을 넉넉히 붓고 또 깨끗이 담을 지라) 꼭 봉하야 두었다가 겨울에 먹나니라. 이 국물에 국수를 말아먹거나 밥을 말아먹으면 훌륭하니라.

(7) 깍뚜기

재료는 썰은 무 한 동이 버무리는데 넣는 약념 분량이다. 무 한 동이(썰은 것), 배추 반 동이(썰은 것), 고추 한 되(무거리 고춧가루), 파 채친 것 한 사발, 미나리 두 사발(썰은 것), 마늘 한 종자(이긴 것), 청각 반 사발, 젓국 한 사발, 생강 한 종자(이긴 것), 갓 한 사발(썰은 것), 소금 두 홉이다.

절은 무를 칠푼 장광에 서푼 두께로 썰고, 배추는 잘 절은 것으로 칠푼 길이 되게 썰어서 놓고, 고추는 무거리 고추로 만들고, 파는 한 치 길이씩 썰어 채치고, 미나리는 한 치 길이로 잘러 놓고, 파, 생강은 곱게 이겨서 놓고, 청각은 대강 뜯어놓은 후 큰 그릇에 무를 담고 고춧가루를 넣고 새우젓 젓국을 넣은 후 두 손으로 오래 섞어서 무에 고추물이 들도록 문질러 섞은 후에 배추 썰은 것과 여러 가지 약념 한 것을 다 넣고 잘 섞어서 독에 담고, 정하게 절은 우거지로 우를 덮고 돌을 눌러 넣은 후 꼭 봉해서 잘 덮어두었다가 겨울에 먹기 시작해야 다음 해 여름까지 먹나니라.

(8) 지럼김치

이것은 김장김치를 위해서 담는 것이니 겨울김치를 익기 전에 먹기 시작하면 맛도 변하고, 여러 가지로 손해가 되는 고로, 겨울김치 헐기 전에 먹을 준비 김치니라. 식구 예산해서 적당히 할 것이다. 법은 대개 같은 법이니라.

(9) 채김치

절은 배추와 절은 무를 잘게 채치고, 실고추와 파를 한 치 길이로 잘러서 채치고, 갓을 같은 길이로 잘러서 채치고, 마늘과 파를 잘 이겨서 다 함께 섞고, 조기젓국을 잘 끓여서 체에 밭쳐 식혀가지고 간 맞도록 부어서 두었다가 겨울에 먹나니, 이것은 노인을 위하야 매우 적당하나니라.

2) 보통 때 김치

『조선요리제법』의 보통 때 김치로는 풋김치, 나백김치, 장김치, 외김치, 외소김치, 외지, 깍두기, 외깍두기, 굴깍두기, 숙깍두기, 닭깍두기, 갓김치, 박김치, 곤쟁이젓김치, 전복김치, 굴김치, 돌나물김치, 열무김치, 멧젓 등이 기록되었다.

(1) 풋김치

이 풋김치는 가을, 봄으로 또는 여름에 캐비지[92]가 있을 때 담으나니. 분량은 배추(혹은 열무) 중 10통, 파 중 2개, 고추 마른 것 3개, 생강 약간, 마늘 반쪽, 소금 한 보시기를 준비한다.

배추나 혹 열무를 잘 다듬어 한 치 길이로 정하게 썰어 채반에 담아놓아 물이 다 빠진 후에 소금으로 잘 절여서 두어 시간 지낸 후 다시 채반에 쏟아 절였든 소금물을 다 빼어버리고, 그릇에 담은 후 고추를 실같이 썰든지, 더 맵고 구수하게 하려면 대강 이겨서 넣고 파, 마늘, 생강들을 다 채쳐서 넣고 잘 섞어서 항아리에 담고 맨 우에 정한 배춧잎을 절였다가 펴서 덮은 후 소금물을 만들어 적당하게 부어서 꼭 덮었다가 먹을 지니, 치운 가을에는 사오일 만에 익고 일기가 더울 때는 하루나 혹 반날 만에도 먹게 되나니라.

(2) 나백김치(나박김치)

나박김치는[93] 봄철 김치의 한가지로 배추, 무를 얄팍하게 썰어 소금에 잠시 절였다가 건져 미나리, 파, 마늘, 고춧가루와 실고추, 갓을 섞어 항아리에 담고 간 맞춘 물을 부은 것이다.

나백김치의 재료는[94] 무 큰 것 두 개, 움파(채 친 것) 한 종자, 미나리(썰은 것) 한보시기, 마늘 반쪽, 생강 조금, 고추(마른 것) 두 개, 양념은 식성에 따라 더 넣어도 좋으니라.

만드는 법은 무를 정하게 썰어가지고 오 푼 장광으로 한 푼 두께로 썰어서 소금에 절여놓고, 미나리를 꼬리와 잎사귀를 자르고 정하게 씻어 한 치 길이로 자르고, 파도 한 치 길이로 잘라서 채치고, 고추도 실고추로 썰고 마늘과 생강도 가늘게 채쳐서 놓은 후, 절인 무를 건져서 여러 가지 양념을 다 넣고 조심히 섞어서 항아리에 담고 무 절인 소금물을 간보아서 간 맞게 하여 붓고 잘 덮는다. 고춧가루를 사용하지 않고 실고추만 사용했다.

(3) 장김치

재료는 배추 큰 통으로 5통, 미나리 썰은 것 한 보시기, 무 큰 것으로 2개, 배 1개, 밤 5개, 파 5개, 갓 썰은 것 한 보시기, 표고 10개, 실백 반 종자, 간장 반 사발, 소금 반 보시기, 생강 약간, 마늘 한 톨, 고추(큰 것) 5개, 석이(큰 것) 5개, 설탕 한 종자를 준비한다.

배추와 무를 정하게 씻어서 배추는 겉대와 잎사귀는 제해버리고 칠푼 길이씩 썰고, 무는 육푼 길이 너푼 길이 한푼 두께쯤 되게 썰어 무와 배추를 각각 간장에 절여 그릇에 건져서 함께 담고 미나리는 한 치 길이로 썰고, 배와 밤은 너 푼 넓이 너푼 길이 한 푼 두께로 썰고 생강, 파, 마늘, 석이, 표고들은 다 곱게 채치고 갓은 한 치 길이로 썰어서 다 함께 넣고 섞은 후 항아리에 담고, 무 절였든 간장물에 물과 간장을 더쳐서 간을 적당하게 맞추어 붓고 설탕을 친 후에 주걱으로 저어서 골고루 섞고 간을 잘 보아서 너무 달지 않도록 하고, 실백을 넣어서 꼭 봉하고 잘 덮어두면 가을에는 4~5일 후에 익나니라. 간장은 진하고 짜지 않은 맛좋은 장으로 하여야 김치가 맛있나니라.

(4) 외김치

외(중) 10개, 소금 한 보시기, 파 4개, 마늘 반쪽, 고추 5개, 물 2사발을 준비한다.

외를 정하게 씻어 쓴 꼭지는 베고, 칠푼 길이로 잘라서 넷으로 쪼개가지고 소금에 절였다가 절은 후 건져서 항아리에 담고 파, 고추, 마늘들을 다 곱게 채쳐서 잘 섞은 후에 외 절였든 소금물을 간 맞혀서 두 사발 가량 부어 잘 덮어서 익히나니라.

(5) 외소김치

재료는 외(잘고 어린 것으로) 20개, 고추 6개, 파 10개, 마늘(큰 것) 한쪽, 소금 반사발, 물 적당히 준비한다.

잘고 연한 외를 정하게 씻어서 꼭지는 잘라버리고, 그 자른 가장자리의 모진 것을 칼로 도려 깎아 모양을 낸 후, 칼로 가운데만 삼면을 쪼개서 속이 서로 통하게 하여 소금에 절인 후 파, 마늘, 고추들을 잘게 이겨서 외 쪼갰든 자리를 벌리고 그 속에 약념 이긴 것을 가득히 넣고 절인배추나 열무나 한 치 길이씩 자른 것을 함께 항아리에 담은 후 파와 채친 것을 넣고 소금으로나 간장으로나 간 맞게 물을 적당히 붓고 잘 덮어 익히나니, 소 넣는 약념은 실같이 채쳐서 넣기도 하나니라.

(6) 외지

재료는 외 네거리(200개, 80전 가량), 소금 석되 반이다. 외를 냉수에 정하게 씻어 채반에 건져놓아 물기 다 빠지거든 항아리에 담을 것이니, 담을 때에 외 한 켜 넣고 소금을 뿌리고(외가 겨우 보이지 않을 만큼씩) 이와 같이 매 켜를 다 넣은 후에 무거운 돌로 단단히 눌러놓고, 소금물을 펄펄 끓여서(물 한 동이에 소금 신승 석 되를 넣어서 펄펄 끓일 것) 더운 그대로 항아리에 붓고 즉시 망사로 봉해서 파리가 못 들어가게 하여 놓아 잘 식은 후 덮개를 덮어서 익히나니, 익는 동안은 짜고 싱거운 것에 따라 관계있으나, 대개 담은 지 십일 가량이면 먹게 되나니라.

(7) 깍두기

깍두기는 세 가지 종류가 있나니, 아무 때나 담는 깍두기와 김장 때 담는 깍두기, 또 김장 때에 담아서 해를 묵히는 소위 묵은 깍두기 이 세 가지이다. 아무 때나 담는 깍두기는 무 한 동이(썰은 것), 파(채 친 것) 한 보시기, 고추 반 사발(이긴 것), 미나리(썰은 것) 반 사발, 마늘 두 쪽(이긴 것), 생강 한 뿔(큰 것으로), 갓(썰은 것) 반 사발, 새우젓(젓국) 한 사발, 물 한 사발을 준비한다.

무를 오 푼 길이로 너푼 넓이 한 푼 두께로 썰어 그릇에 담고 고추 이긴 것, 마늘과 생강 이긴 것과 새우젓(젓국이 적은 때는 새우젓을 도마에 놓고 칼로 잘 이겨서 물에 넣어 체에 밭쳐 쓰나니라)을 넣고 정한 손으로 오래 힘써 문질러 섞고 그 후에 미나리, 파, 갓들을 넣고 다시 섞어서 항아리에 담고 깍두기를 버무린 그릇에 물을 붓고 젓국으로 간을 맛보아 잘 맞추어 가지고 함께 붓고 맨 우에 잘 절은 무 잎사귀로 잘 덮어서 꼭 봉하여 둘지니라.(추울 때는 일주일, 따뜻할 때는 하루나 혹 이틀 만에 먹나니라.)

(8) 외깍두기

재료는 외 10개, 파 2개, 새우젓 반 보시기, 생강 조금, 미나리 반 보시기(썰은 것), 마늘 반쪽(적은 것), 고춧가루 한 종자이다. 외를 칠푼끼리로 썰고, 네쪽에 쪼개서 소금을 약간 치고 절여서 그릇에 담아놓고 고춧가루, 새우젓국(새우젓을 도마에 이기고 물을 조금 쳐서 체에 밭침), 생강 이긴 것과 파 이긴 것, 마늘 이긴 것을 다 넣고 섞은 후 미나리를 넣고 다시 잘 섞어 항아리에 담나니, 배추나 열무나 잘 절여서 함께 섞어 해도 좋으니 항아리에 담은 후 꼭 봉해서 익힐지니라.

(9) 굴깍두기

무 큰 거 3개, 굴 한 보시기, 파 4개, 미나리(썰은 것) 한 보시기, 고초 다섯 개, 생강 조금, 마늘 반쪽, 배추 큰 거 한통, 젓국 적당히 준비한다. 배추를 정하게 씻어 한 치 길이로 잘러서 채치고, 미나리도 정히 다듬어서 깨끗하게 씻어 한 치 길이로 썰고, 무를 채치고 파와 고추를 채쳐 놓고 생강과 마늘은 잘게 이겨서 굴과 함께 이 모든 것을 다 섞고 젓국으로 간을 맞추어 항아리에 담고 잘 절은 우거지로 우를 덮고 꼭 봉해서 익히나니라.

(10) 숙깍두기

무를 삶아서 오 푼 장광으로 두 푼 운두로 썰어서 다른 깍두기에 넣는 약념 법대로 만들어 넣어 섞어서 항아리에 담았다가 익은 후에 먹나니 노인을 위해서 매우 적당하니라.

(11) 닭깍두기

재료는 외 20개, 닭 한 마리(암탉), 생강 반쪽, 고추 6개, 마늘 반쪽, 파 4개이다.

붉은 햇고추를 잘게 이기고, 외깍두기를 만들어서 함께 섞어서 잘 익거든 닭을 삶아서 내장과 껍질을 버리고 맨살만 뜯어 깍두기에 함께 섞어서 그릇에 담아 얼음에 채웠다가 먹나니라.

(12) 갓김치

갓김치 재료는[95] 갓 썰은 것 두 사발, 파 4개, 고추 3개, 소금 적당히, 마늘 반쪽, 미나리 썰은 것 반보시기이다. 갓 줄거리는 껍질을 벗겨 한 치 길이로 썰고, 미나리도 정하게 씻어 한 치 길이로 자르고, 갓 연한 속잎을 넣고 고추, 마늘, 파들도 곱게 채쳐서 함께 넣고 간을 잘 맞추어 익혀 먹는다.

(13) 박김치(음력 칠월에 담을 것)

재료는 보통 김치와 같은 약념으로 꼭 같이 담을 것. 박이 굳기 전에 연한 것으로 따서 껍질을 벗기고 오 푼 장광으로 한 푼 두께로 썰어서 소금에 약간 절였다가 나백김치 담는 법과 꼭 같이 담을 것이오. 햇붉은 고추를 넣으면 참 좋으니라.

(14) 곤쟁이젓김치

재료는 배추 2통(큰 것), 무 2개, 파 5개, 고추 3(큰 것), 마늘 반쪽, 생강 조금, 소금 한 보시기, 젓을 적당히 준비한다.

배추와 무를 정하게 씻어 배추는 칠푼 길이로 자르고, 무는 너푼 장광과 한 푼 두께로 썰어서 소금에 잘 절여가지고, 소금물을 다 딸아 버린 후 고추와 파는 채치고 마늘과 생강은 잘게 이겨서 다 함께 넣고 섞은 후 곤쟁이젓으로 간을 맞추어 싱거울 때는 소금을 좀 넣어서 간을 잘 보아 항아리에 담고 헝겊이나 정한 종이로 꼭 봉해서 잘 덮어 익히나니라.

(15) 전복김치

재료는 전복 5개, 배, 1개, 무 1개, 유자 2개, 생강 조금, 파 2개이다.

전복을 물에 불려서 무르게 하여 가지고 얇게 저며서 주머니처럼 만들고 유자 껍질과 배를 가늘게 채쳐서 그 속에 넣고, 무는 너 푼 장광과 한 푼 운두로 썰고 생강과 파는 실같이 채쳐서 다 함께 항아리에 담고, 물에 소금을 간 맞게 쳐서 끓여가지고 다시 식혀서 적당히 부어 익히나니라.

(16) 굴김치

굴 한 사발, 파 2개, 고초 3개, 물 한 사발, 소금 한 종자이다.

굴을 돌 없이 정하게 골라서 잘 씻어가지고 채반에 담아놓아 물을 다 뺀 후 항아리에 담고 소금, 고추 대강 이긴 것, 파 채 친 것들을 넣고 물을 부은 후 서너 시간 후에 그 물을 가만히 따라서 펄펄 끓여 다시 식혀서 미지근할 때에 다시 붓고 잘 덮어 더운 곳에 두고 보자기로 더웁게 그릇을 덮어 싸서 놓아두면 하루 지낸 후에는 익나니라. 잘 익은 배추와 잘 절은 무를 채 쳐 넣든지 혹은 나박김치처럼 썰어 넣고 담아도 좋으니라.

(17) 돌나물김치

재료는 돌나물 한 사발, 소금 한 종자, 파 2개, 고추 3개, 마늘 반쪽, 밀가루 한 숟가락을 준비한다.

돌나물을 뿌리를 따고 정하게 다듬어서 물에 열 번 씻어 가지고 소금에 약간 절였다가 건져서 그릇에 담고, 파와 고추는 채치고, 마늘은 잘게 이겨서 함께 섞어 항아리에 담고 소금물을 간 맞게 만들고 밀가루를 잘 풀어 넣고 펄펄 끓여서 식혀 가지고 부어서 잘 덮어 익히나니 하루 동안 익나니라.

(18) 열무김치

열무김치 재료는[96] 두 치 길이로 자른 열무 열 사발 가량에, 미나리 넉 단도 같은 크기로 잘라 같이 소금에 절이고, 파 다섯 개는 채치고, 마늘 반쪽, 고추 10개를 이겨서 항아리에 넣고, 소금물을 만들고 밀가루를 한 종자는 덩어리 없이 물에 풀어서 소금물과 함께 끓여서 식혀 김치에 부어 익힌다고 하여 현재와 같은 방법으로 고추를 갈아서 사용한다.

(19) 멧젓(경상도에서 담는 것이니 맛이 유명한 것이라)

재료는 무 열 개, 무청 두 사발(썰어서), 물 한 사발, 고춧가루 한 홉, 메르치젓 한 사발이다. 무를 두푼 가량으로 넓이와 길이는 닷분쯤 되게 썰어 소금에 약간 절이고, 무청도 한 치 길이로 썰어서 정하게 씻어서 소금에 절이고, 메르치 젓국 한 홉에 고춧가루(무거리 가루)를 넣어 놓고 무에 젓국에 넣은 고춧가루를 붓고 오래 문질러서 무에 고추물이 빨갛게 들거든 항아리에 넣고, 무청을 꼭 짜서 그 우에 얹고 그릇을 부시어 붓고 젓국을 부어 이삼일 두었다가 먹나니라.

6.8 『조선무쌍신식요리제법』(이용기(1924), 4판(1943)) 중의 김치

1924년에 출판된 조선에 둘도 없는 최신 요리책이라는 뜻의 『조선무쌍신식요리제법(朝鮮新式無雙料理製法)』(이용기) 책명. 인쇄술의 발달과 함께 필사본 조리서는 점차 줄어들고 한글 신활자로 출판되는 책이 나오기 시작했다. 이용기(李用基, 1870~1933?)는 『임원십육지』의 「정조지」를 바탕으로 전통 조리법에 새로운 조리법을 보태어 쓰고, 음식의 유래나 풍속, 외국인의 관점에서 본 한국음식과 외국음식의 수용 등을 기록했다. 근대로 접어든 우리음식의 변화 양상을 살필 수 있는 조리서이다.

•김치 담그는 법(菹菜, 沈菜)[97]

통김치(筍菹), 동침이(冬菹, 冬沈), 무김치(蘿蔔醎菹), 질엄김치, 얼가리김치(초김치), 열무김치(細菁菹), 젓국지(醢菹), 석박지, 풋김치(靑菹), 나백김치(나복침채蘿蔔淡菹), 장김치(醬菹), 갓김치(芥菹), 굴김치(石花菹), 닭김치(鷄菹), 산겨자김치(山芥菹, 산갓김치), 돌나물김치, 파김치(蔥菹), 외김치(瓜菹), 외소김치(외소박이), 외지(瓜醎漬), 외짠지, 짠지(蘿蔔醎菹), 깍두기(무젓, 젓무, 紅菹), 외깍두기, 굴깍두기, 햇깍두기, 채깍두기, 숙깍두기 등이 기록되었다.

이 책은 전통방법을 고수하고 다소 형식에 치중하는 상류계층을 위한 조리서라고 할 수 있는데, 통김치가 김치제법 중 1순위로 소개되어 있다.

통김치 제법의 특징은, 배추소에 무채를 넣지 않는다는 점이다. 무채와 순주(숙주)를 많이 넣으면 상품이 못된다고 했다. 또 고추 외에 씨를 뺀 천초와 고수를 넣으면 맛이 훨씬 좋다고 했다. 다른 김치에는 늦게 캔 송이, 연어알, 맨드라미, 죽순, 오이지를 첨가한 것도 매우 특이하며 전복, 소라, 낙지, 굴, 대합, 북어, 조기, 굴말린 가루 등의 해산물과 조기젓, 도미젓, 방어젓 등의 젓갈을 사용한 것도 독특하다.

동침이(冬菹, 冬沈)는[98], 무를 잘고 연한 것으로 정하게 씻어서 소금에 절여가지고 항아리에 담되 무 한 켜를 넣고, 고초, 파, 마늘을 대강 숭숭 썰어 넣은 후 또 무 한 켜 넣고 고명 뿌리고, 이와 같이 매 켜에 고명을 다 넣은 후에 무 절였던 소금물을 찌꺼기는 가라앉히고 웃물만 체에 밭쳐 붓고 또 냉수를 무가 잠기도록 부은 후 간을 맞추어 조금 슴슴하게 해가지고 무거운 돌을 눌러놓고 독을 덥혀 익히나니. 생강을 저며 넣느라 처음에는 슴슴해야 먹기가 좋으나 한 그릇에 반만 먹으면 맛이 점점 자지니라.

동치미물에 연어알을 넣었다가 먹으면 맛이 좋으니라. 이 김치는 매일 국물이 맑아야 하는데, 혹 맨드라미꽃을 넣어다가 꺼내면 물빛이 고와서 사랑할 만하다. 또는 김장 후 동지 때 굵은 무를 아래 위를 잘라 다듬어 소금에 굴려 독에 넣을 때 켜켜이 소금을 뿌려 수일 후 반쯤 절거든 퇴렴하여 넣고 고초, 파, 마늘, 생강, 청각 넣고 좋은 냉수를 소금 타지 말고 가득 부어 단단히 봉하야 소라를 덥혀 묻었다가 세 후에 먹으면 맛이 청랭담소하니라.

김치 담글 때 설렁탕이든지 육수를 얻어 넣고 정육과 무슨 말린 생선이든지 대소불게하고 모두 함께 대려서 식히고, 고초, 파, 생강, 청각, 미나리를 켜켜 넣고 마늘 갈아 붓고 어육 대린 물에 무 절인 물을 타서 체에 밭쳐 가득 부어 위를 잘 덮고 흙으로 잘 묻었다가 세말춘초에 먹으면 맛이 절미하니, 이 김치는 무와 배추를 썰지 아니하고 통으로 하나니 죽여(竹茹)[99]를 넣으면 맛이 씩씩하니라. 죽순을 짜게 절였다가 시월쯤에 물에 담가 감을 빼서 넣느니라.

『조선무쌍신식요리제법』의 무김치는[100] 때를 따라 담그되 고명을 다 굵게 하여 넣고 생강을 저며 넣어라. 배를 넣어도 좋으니라. 이 무김치는 조금 짜게 하는 것인데 서리 후에 무를 연한 잎과 함께 씻어 이슬 찰 때 먼저 고추를 붉고 푸른 것과 잎과 연한 줄거리를 먼저 짜게 절였다가 꺼내어 올려놓고, 청각과 어린 외와 호박을 아이 주먹만한 것과 잎사귀와 순에 줄거리를 다 절였다가 넣되, 순에 줄거리는 껍질에 심줄을 벗기고 절여야 하며 갓 세 잎과 줄거리를 넣되 줄거리는 껍질을 벗기고 넣고 먼저 동아를 껍질 채 손벽만큼씩 썰어 절여두었다가 넣을 때에 껍질을 벗기면 빛이 희어서 좋으니 다시 썰어 넣고 천초와 부추들을 함께 담글 때에 큰 마늘을 즙을 냈다가 독에 넣을 때 켜켜로 마늘즙을 넣은 후에 좋은 샘물에 소금을 타 붓고 아구리를 꼭 봉하여 땅에 묻었다가 섣달에 꺼내어 먹되 김치가 김이 아니 나도록 하여야 봄까지 먹나니 처음 담글 때 미나리도 넣고 어린 가지도 절였다가 넣나니라.

보쌈김치는, 소개되지 않았으나 비슷한 형태의 쌈김치가 소개되어 있다. 양념을 넣은 통배추를 썰어 배춧잎을 각각 싸서 먹을 때 싼 것을 헤쳐 먹으라고 했다.

나박김치는, 무를 썰되 번듯번듯하게 썰기도 하고 얇게 썰어 하기도 하나니, 어떻게 하든지 소금에 절인 후에 실파와 움파와 미나리를 길게 잘라 넣고 마늘을 조금 채쳐 넣고 무 절인 물에 맹물을 타 간맞게 하여 많이 붓고 익히라. 무순이 있거든 넣으라. 나중에 실백을 띄우니라.

갓김치는 갓 줄거리 껍질을 벗기고 잎사귀를 연한 것으로 다듬어 씻어 소금에 잠깐 절였다가 고추, 파, 마늘, 미나리 등을 넣고 물을 붓고 익히면 맛이 다른 김치보다 대단히 싱싱하고 좋으니라 하였다. 김치를 담은 지 한 달이면 알맞게 먹을 수 있으며 웃소금을 넉넉히 뿌려두면 봄이나 여름까지도 저장할 수 있다.

닭김치(鷄菹)는[101], 여름철에 외깍두기를 이긴 고춧가루에 담가 익거든 닭은 삶아 내장과 뼈를 버리고 계장 뜨듯이 하여 섞고 깍두기 해 버무려 얼음에 띄워 시원하게 먹는 음식이다. 닭김치라고는 했지만 닭은 김치가 될 수 없으니, 잘 익은 오이김칫국물에 닭 삶은 물과 건지를 넣어 영양을 보충하는 김치라 하겠다.

6.9 『조선요리학』의 김치

『조선요리학』(홍선표, 1935)에는 배추 고르기, 김치의 유래, 각 지방 김치의 특징을 설명한다. 배추김치가 대표적인 김치로 자리 잡은 이유는 배추의 맛과 통김치의 오색영롱한 색 때문이라고 했다.[102]

6.10 『조선요리법』 중의 김치

조자호는 순종의 비인 순정황후 윤씨와 이종사촌 자매간이며, 1953년 호원당을 설립하여 현재까지 운영하고 있다.

『조선요리법』(조자호, 1939)에는[103] 보쌈김치, 배추김치, 짠무김치, 동치미, 배추짠지, 배추통깍두기가 기록되었다. 햇김치와 술안주 김치로는 굴김치, 굴깍두기, 조개깍두기, 오이깍두기, 겨자김치(2), 닭김치, 장김치, 나박김치, 열무김치, 오이김치, 생선김치가 기록되었다.

『조선요리법』의 보쌈김치 재료로는 배추 10통, 무 썰은 것 4대접, 생전복(큰 것) 3개, 낙지 1코, 배 2개, 밤 조금, 굴 조금, 미나리 1대접, 파 채친 것 조금, 마늘 4쪽, 생강 1개, 실고추 조금, 갓 조금, 청각 조금, 소금 쓰는 대로, 조기젓국 쓰는 대로, 표고(큰 것) 10개, 실백 조금을 준비한다.

담그는 법은 배추를 줄거리와 속대만 6~7푼 길이로 넓이 5분가량으로 썰어서 젓국과 소금을 섞어 절이고, 무도 같은 치수로 썰어서 절인다. 생전복을 얄팍하게 저미고 배도 납작납작하게 썰고, 밤은 가로 착착 썬다. 낙지는 소금으로 주물러서 껍질을 벗겨 씻어서 5분 정도 길이로 자르고, 표고도 물에 씻어 담그었다가 골패짝처럼 썰어놓고, 미나리는 줄거리만 7~8푼 길이로 썬다. 갓도 같은 치수로 썰고, 청각은 발대로 따서 씻는다. 굴도 씻어 건져놓아 물을 빼고 파, 마늘, 생강은 곱게 채친다.

준비가 다 되었거든 전부 한데 섞어 양념을 해 버무린다. 간은 소금과 젓국을 섞어서 한다. 실고추를 알맞게 넣고 다 버무렸거든 넓은 배춧잎을 펴놓고 고루고루 놓아서 흩어지지 않게 싸서 실로 동여매서 알맞은 항아리에 담고 그 이튿날 국물을 해서 붓는다. 국물을 조기젓국과 소금으로 간을 맞춘다.

배추 통김치 재료는, 배추 한 접(100포기) 굵고 좋은 것으로, 무채 칠 홉 동이(한 동이의 7/10), 미나리 서너 대접, 청각 한 대접 수북이, 파채 반 대접, 마늘채 반 공기, 생강채 칠 홉 공기(한 공기의 70%), 실고추 한 근(600g)의 2/3 가량, 소금 쓰는 대로, 젓국 쓰는 대로, 밤, 조금, 배 두 개, 낙지 한 코, 굴 조금, 생전복 서너 개, 조기젓(큰 것) 한 뭇(생선 열 마리나 미역 열장의 단위)반, 실백 한 홉을 준비한다.

만드는 법은 속 잘 들고 좋은 배추를 겉대를 대강 젖혀버리고 소금물을 간간하게 타서 절였다가 이튿날 정히 씻어놓고, 미리 양념은 준비해 놓아야 한다. 무를 곱게 채치고, 미나리 잎은 따서 줄거리만 알맞게 썰고, 갓도 같은 치수로 썰고, 청각은 반대서 따서 정히 씻어놓고, 파, 마늘, 생강 전부를 채쳐서 놓은 후 무에다 실고추를 짤막하게 잘라 넣고 비벼서 여러 가지 양념을 섞고, 소금과 젓국은 조금 치고 간을 맞추어 버무려서, 소를 겹겹이 고루 뿌려 넣는다.

조기는 대가리를 자르고 뱃바닥은 잘라내고 된살만 반으로 쪼개서 나붓나붓하게 저며서 새새로 놓는다. 굴, 배, 밤, 나지, 전복 등은 먹을 것에만 한 열 대엿 폭(포기)만 소를 넣어 익혀 먹는다. 오래두면 도리어 맛이 없다. 소를 다 넣었거든 독에다 담는데, 지렴으로 쓸 것과 늦게 쓸 것을 생각하여 꽃소금을 켜켜로 뿌린다.

국물을 대중하여 담고 위를 잘 치고, 사흘 만에 국물을 해 붓는데, 조기젓국과 소금으로 간을 맞추어 붓는다. 분량은 대강 쓰기는 했지만, 소를 많이도 넣고 적게도 넣을 뿐더러 배추도 작고 큰데, 따라서 일정한 분량을 말하기는 곤란하다. 그러므로 참작만 한다. 위를 치는 것은 짚으로 쳐야 좋다. 그 위에는 돌을 무겁게 눌러 놓는다. 국물을 조금 붓는데, 소금물을 짜게 타서 충분히 끓여서 서늘하게 끓여 붓는다. 흥건하게는 붓지 않는다.

배추 짠지는 속 넣고 남은 허드레 배추를 무하고 섞어서 다른 고명은 말고 생강만 다져 넣고 젓국도 치지 말고 소금을 아주 짜게 넣고 막고춧가루를 빛 곱게 섞어서 군물 안 들어가게 항아리에 담고 소금을 많이 얹어서 꼭 봉해두었다가 이듬해 여름에 먹으면 신신하고 좋다.

배추통깍두기는 배추 50통, 무채 조금, 미나리 한 대접, 갓 한 대접, 청각 반 대접, 파채 한 공기, 마늘채 반 공기 못되게, 생강 조금, 고춧가루 쓰는 대로, 실고추 조금, 새우젓 쓰는 대로, 소금 알맞게, 조기젓(큰 것), 다섯 마리를 준비한다.

배추를 다듬어서 소금물을 타서 절였다가 정하게 씻어놓고, 무채는 조금만 채치고, 미나리도 줄거리만 짤막하게 썰고, 갓도 같은 치수로 썰고, 청각은 발대로 잘라 씻고, 조기젓도 대가리를 지르고 뱃바닥을 자르고 반으로 갈라 자잘하게 저며, 무채와 전부 한데 섞어서 실고추는 조금만 넣고 고춧가루를 빨갛게 넣어 버무린다. 간은 새우젓을 곱게 다지고 소금하고 섞어서 한다. 씻어 놓은 배추를 먼저 젓국을 치고 고춧가루를 붉게 넣고 버무려서, 준비해 놓은 소를 조금씩 넣어서 항아리에 담고 국물을 젓국에다가 여러 가지 고명이 남았거든 넣고 고춧가루를 타서 부어 위를 쳐서 두었다가 먹는다.

이외에도 깍두기가 여러 종류고 젓갈도 여러 가지가 있어서 마음대로 담그면 그만이다. 모든 것이 일정한 분량이 없이 하는 이의 식성대로 하면 그게 분량이 되는 것이다.

햇김치로는 굴김치, 굴젓무(굴깍두기), 조개젓무(깍두기), 오이깍두기, 관전자(꿩김치), 겨자김치, 닭김치, 장김치, 나박김치, 열무김치, 오이김치, 겨자김치2, 생선김치, 등이 수록되었다.

열무김치는 열무를 다듬어 정하게 씻고, 어린 배추를 다듬어 씻어서 소금을 조금 치고 살짝 절인다. 열무, 배추는 길이가 짤막한 것이면 잎사귀 끝만 잘라내고 절인다. 파는 채치고 마늘과 생강은 조금만 채치고, 실고추를 가늘게 썰어놓은 뒤 절여 놓은 열무를 정한 찬물에 살살 씻어서 소쿠리에 건져 놓아 물을 빼고 준비해 놓은 고명을 넣고 버무린 후 항아리에 담고, 밀가루를 조금하는 김치에는 두어 숟가락만 풀어서 팔팔 끓여서 체에 밭친 다음 식혀 소금을 조금 쳐서 간을 맞춘다.

6.11 『우리음식』의 김치류

손정규의 『우리음식』(1948)에는[104] 김장준비를 시작으로, 김치류(沈菜類)에는 통김치, 섞박지, 비늘김치, 보김치, 장김치, 나박김치, 박김치, 동치미, 채김치, 풋김치, 오이소박이, 가지김치, 오이지, 짠무김치, 무싱건지, 김치(배추김치), 양배추김치, 깍두기, 무깍두기, 굴깍두기(모려홍저), 오이깍두기, 멸치젓 깍두기, 곤쟁이젓 깍두기, 젓무, 알무깍두기, 무청깍두기, 소금깍두기 등이 소개되었다.

근대 이후 우리 음식문화의 기준을 제시하고 있는 『우리음식』(1948)에서는 조리법뿐만 아니라 우리 고유의 음식문화를 정리하였다.

조선요리를 말할 때는 무엇보다도 김치에 관해서 제일 먼저 말해야 될 것이다. 조선요리는 종류가 퍽 적고 평범하다 하겠으나 김치에 관한 요리법은 매우 발달되었다고 말해도 과언은 아닐 것이다. 원래 조선은 겨울 기후가 한냉하여 채소의 저장이 곤란하므로, 겨울에 들어서 채소류를 맛있게 먹으려 한 것이 김치, 깍두기가 지금같이 발달된 원인의 하나일까 한다.

주장되는 조미료의 구별로는 ① 소금에 담그는 것이 보통이고, ② 장에 담그는 것이고, ③ 된장과 고추장에 담그는 장아찌 등 여러 가지가 있다. 초나 설탕에 담그는 것이 없는 것은 기후관계라고 볼 수 있으며, 마늘장아찌 한 가지는 유일한 진미(珍味)의 것이다. 맛을 구별할 수 있는 종류의 명칭은 단지 싱건지, 젓국지 소금김치, 엇지, 초렴김치, 소박이(소백이), 섞박지(석박지) 등이다.

재료는 주로 배추, 무이며, 고명으로는 미나리, 파, 갓, 마늘, 고추가 중요한 것이고, 그 다음에는 청각, 밤, 석의, 대추, 배, 잣, 어류로는 조기, 새우, 멸치, 굴, 문어, 낙지 등을 넣는다.

김칫국물은 맛을 좋기 위하여 서울지방에서는 조기젓, 삼남지방(三南地方)에서는 멸치젓, 관북지방(關北地方)에서는 명태, 청어 등을 절인 것과, 관서지방(關西地方)에서는 조기 외에 소고기를 쓰는 일도 있다. 깍두기는 국물을 치지 않고 만들며 된장, 고추장에 담그는 장아찌도 국물을 치지 않는다.

김칫국물을 마련하기 위해 겨울김장의 국물은 젓국에 소금을 타는 것이 보통이다. 젓국은 조기젓국을 가라앉혀 체에 밭쳐 따른 후, 그 찌끼에 조기대가리, 뼈, 지느러미, 비늘 등을 함께 물을 부어 한소끔 끓여낸 것을 가라앉혀 따라 쓰면 좋다. 멸치젓은 웃건음과 뼈를 끓는물을 부어 저어 체나 소쿠리에 베보자기를 깔고 밭쳐서 가라 안쳤다가, 웃물만 따르기를 두어 번 하여 싱거운 때는 소금을 가하여 쓰면 좋다.

가장 맛있게 하는 것으로는 육숫국을 쓰는데, 양지머리나 된살 삶은 물을 기름기 하나도 없이 건져서 젓국에 섞는다. 새우젓에 물을 부어 끓여 다른 것을, 조기젓 국물에 타서 쓰면 좋다. 조기젓이나 새우젓은 1~2년 묵혀서 쓰면 감미가 난다. 닭과 꿩을 삶은 국물을 기름기 없이 하여서 많지 않은 김치에 쓰기도 한다.

1) 김장준비

가을철이 되면 김장이란 큰 가정 행사가 있다. 미리 조기젓, 새우젓 준비는 물론이고, 고추 준비가 초가을 가정에 없지 못할 큰 일이다. 고추를 말려서 실고추와 고춧가루, 막 빻은 굵은 고추와 씨를 각기 준비해 두어야 하고, 소금도 미리 준비해야 김장이 시작된 때에 손쉽게 할 일이다.

김장을 마련할 때에는 배추와 무, 미나리, 파, 갓, 생강, 마늘을 한 번에 같이 준비하여, 첫날은 다듬어 절이고, 다음날은 씻고 썰고, 사흗날에는 속 넣고 버무리고 하여 독에 넣게 하고, 나흗날은 우거지 치는 것과 그릇 서름질하고, 닷새날은 국물 붓기로 하는 순서로, 아무리 큰 김장이라도 일의 질서를 정하여 5일에는 끝나도록 해야 한다. 준비와 일의 순서 등이 분명하지 않으면 시간허비도 있고, 재료의 맛을 감하게 하는 점도 있고, 특히 많이 하는 김장에는 세제(洗除)가 부족한 것도 없지 않은 듯하니 유념해야 한다.

다음에 기록한 김치 담그는 법은 조금씩 그때그때에 하는 것이며, 많은 김장에는 양념이 좀 덜 들게 하는 것이 보통이다. 담그는 그릇은 오지독이나 항아리를 쓰는 것이 보통이며, 겨울김장 담그는 시기는 10월 하순 경 입동(入冬) 전후이다.

(1) 통김치(筒沈菜)

재료는 배추 20통(1통 1.5kg 표준), 무 20개(1개 1kg 가량), 미나리 3단(1단 600g), 파 3단(1단 600g), 마늘 3개(1단 150g), 갓 3단(1단 450g), 생강 2개(1개 200g), 고추(실고추 120g, 고춧가루 80g), 소금(호렴 1L, 식염 0.4L), 청각 200g, 미정(味精) 1숟가락, 절인 조기 3마리(1kg), 새우젓 1.3kg, 낙지 3마리, 굴 0.2L이다.

① 배추는 좋은 것일수록 속이 꽉 배어있으므로 겉에 있는 나쁜 잎은 제쳐 다듬고, 배추꽁지 쪽을 쥐고 먼지를 잘 떤 후 소금(호렴)물에다 몸이 다 젖도록 한참(하루) 동안 담가두어서 연해진 뒤, 따로 맑은물을 준비하여 두었다가 서너 번 씻어 물기를 빼둔다. 무, 미나리, 파, 갓 같은 것도 모두 다듬어서 씻어둔다.

② 배춧속 쪽은 소금이 잘 배기 어려운 고로 골고루 소금을 뿌려서 쌓아놓는다. 무는 열 개는 채를 쳐서 고춧가루에 버무려 둔다. 이렇게 하면 무에 고춧물이 빨갛게 잘 밴다. 소금은 뿌리지 않는다. 나머지 무는 서너 점으로 크게 길쭉하게 저며둔다. 미나리와 갓은 4cm 정도의 길이로 자른다. 파는 흰 뿌리 쪽을 4cm 정도의 길이로 잘라서 가늘게 썰어둔다. 파란잎은 잘 씻어두었다가 항아리에 담을 때에 섞어 넣는다. 마늘은 껍질을 얇게 벗기고 한 개씩 채를 치는 게 보통이나 귀찮으면 다져도 좋다. 생강도 껍질을 벗기고 적당히 썰어두며 굴도 물에 헤어서 물기를 빼어 놓는다. 조기는 비늘을 떨고 대가리를 떼고 배래를 다듬어두고 살은 적당히 저며 둔다. 조기 대가리와 기타 소금 기운이 있는 부분은 모두 두었다가 국물을 만들 때 쓴다.

③ 무 채 썬 것과 기타 고명 전부를 한데 버무리고, 소금 대여섯 숟가락을 넣어서 얼버무려 잘 섞어 배추 사이에 고루 나누어 넣고 아물린 후, 한 통씩 독에다 차곡차곡 쌓고 그 사이에는 간간히 크게 저민 무와 파, 청각, 실고추, 소금

등을 뿌려가며 모두 싼 후에는 우거지로 웃덮기를 하고, 뚜껑을 덮어서 2,3일 놓아둔다.

④ 이상과 같이 해서 배추를 넣는 그 이튿날쯤 새우젓과 조기대가리, 뼈, 비늘 등을 물 약 10L을 넣어서 푹 끓인 후 하루쯤 두어서 건더기를 가라앉히고, 웃국물만 따라서 그 위에 물과 소금을 가감하여 국물 간을 맞추고, 배추가 담겨질 만한 양의 국물을 가만히 독에다 붓고 돌로 눌러놓고 뚜껑을 덮는다. 먹기 적당하게 익은 것은 기후와 소금의 다소에 관련하여 다르나, 11월경이면 20일이나 1개월쯤 되면 먹게 된다.

(2) 섞박지(雜沈菜)

재료는 배추 20통, 무 15개, 미나리 3단, 파 3단, 마늘 3통, 갓 3단, 생강 2개, 소금(호렴 0.5리틀, 식염 0.4리틀), 고춧가루 120g, 실고추 40g이다.

국물은 조기, 새우젓을 넣어서 끓인 것을 4.5리틀 가량 마련하고, 통김치 담그던 때와 같은 고명을 준비하여, 배추만을 통째가 아니라 물에 씻어서 4,5cm 가량의 길이로 썰고, 무도 배추만하게 저며서 다른 고명과 버무려 항아리에 넣고 눌러 담는다. 좋지 않은 배추일 때 담그는 것이므로 실고추로 다 굵게 빤 고추에다 생강, 마늘을 다져 섞는 것이 맛은 좋으나, 다만 모양이 좀 거칠어 보인다.

(3) 비늘김치(鱗沈菜)

김치는 배추가 주가 되지만, 무가 안 들어가면 맛이 시원 산뜻하지 않으므로, 무를 세로로 길게 쭉 쪼개서 겉으로부터 엇비슷하게 칼집을 내어 생선비늘과 같이 만들어, 그 사이에다 통김치배추에 넣던 것과 같은 고명을 넣고 배춧잎으로 싸서 독에다 넣는다. 3,4일 후에 국물을 약간 끼얹어서 돌로 눌러둔다.

이 김치는 이것만 담그는 것이 좋기는 하다. 흔치 통김치를 담글 때 틈틈이 한데 담그는 일이 많다.

(4) 보김치(褓沈菜)

재료는 통김치와 같으나 단지 배추는 속대로 좋은 것만 골라서 쓴다. 속 고명에 낙지, 굴, 전복, 밤, 배 등도 넣는다. 배추와 무를 4cm 가량으로 잘라 소금에 절인 것을 여러 가지 고명과 섞으며 소금물을 흠뻑 먹은 배춧잎에다 적당하게(담는 그릇에 한 개가 가득 차도록) 싸서 독에다 넣고 국물도 통김치와 같이 붓는다. 먹기 좋게 익으려면 한 달 가량 걸린다.

(5) 장김치(醬沈菜)

재료는 배추 3개(1개 2kg), 무 2개(1개 800g), 미나리 1단(600g), 파 1단(600g), 갓 1단(400g), 마늘 2통(180g), 생강 1개(180g), 실고추 80g, 배 2개, 대추 6개, 밤 6톨, 잣 2숟가락, 석이 6개, 표고 6개, 장 2리틀, 설탕 4숟가락이다.

배추는 잘 찢어서 겉의 질기고 파란잎을 다듬고, 소 좋은 잎만을 4cm 가량으로 잘라서 장에 절여둔다. 두께 8미리, 길이 4cm, 넓이 2,3cm 가량으로 썰어서 장에 다 담가둔다. 미나리, 파, 갓, 마늘, 생강 등은 통김치 담그던 때와 같이 하며, 배는 껍질을 벗기고 무 썬 것과 비슷하게 저민다. 밤은 까서 채를 치거나 납작납작하게 얇게 저미거나 한다. 대추는 씨를 발리고 세로로 길게 썬다. 잣도 까놓는다. 석이는 끓는물에 튀겨서 손으로 비벼 이끼를 말짱히 씻어버리고, 마른 행주로 물기를 닦고 채를 썰어둔다. 표고는 물에 불려서 채로 썰어둔다.

이상의 재료를 고명과 모두 한데 버무려서 항아리에 넣어 하루쯤 둔 후, 장이 배추에 잘 배거든 국물을 만들어서 붓는다. 국물은 물에다 먼저 절여두었던 장을 따라 진장을 가하여 가며 맛을 보면서 섞은 후, 배추가 충분히 국물에 담가지게 부어둔다. 열흘 가량 지나면 먹게 되며, 여름이면 2,3일에도 먹게 되는 것이나, 재료가 많이 들고 손이 가는 것에 비해 오래 못가 여름에는 잘 만들지 않는다.

(6) 나박김치(片沈菜, 蘿蔔沈菜)

재료는 무 4개(2kg 미만), 미나리 2단, 배추 1개, 파 반단, 생강 1개, 마늘 4쪽, 실고추 80g, 소금 120g이다.

무는 얇고도 3,4cm 가량으로 네모지게 잘라서 소금과 고추를 뿌려둔다. 배추는 무와 같은 정도로 저며서 씻고 소금을 뿌려둔다. 미나리와 파도 4cm 가량으로 잘라서 통김치 때와 같게 썰어둔다. 마늘과 생강은 채를 썰거나 다져둔다.

이상의 여러 가지를 모두 한데 섞어 항아리에 넣고, 반나절쯤 된 후에 물이 흥건할 정도로 부어서 뚜껑을 덮어둔다.

(7) 박김치(瓢沈菜, 표침채)

재료는 박 1개(2kg), 미나리 1단, 파 1단, 마늘 5쪽, 생강 1개, 실고추 40g, 소금 120g이다.

박이 연할 때 따서 굳은 껍질과 속을 빼고, 나박김치 때 무를 저미던 것과 같이 박을 저미며, 담그는 법도 나박김치 때와 같이 한다.

(8) 동치미(冬沈菜)

재료는 무(작은 것) 10개, 소금 120g, 생강 1개, 파 3,4개, 고추(통째) 붉은 것, 파란 것 각 5개이다.

무가 클 때에는 둘이나 셋으로 쪼갠다. 될 수 있으면 작고도 연한 것을 골라 잘 씻어 소금을 뿌려 놓고, 고추와 파도 잘 씻어서 썰지 않고 통째로 넣은 후 하루 지난 뒤에 물을 흥건히 부어둔다. 한 주일 후에 흰설탕을 큰 숟가락으로 세 숟가락을 넣어서 국물을 맛있게 한다. 먹을 때에 무는 가로로 납작하게 저미거나 좀 두껍게 썰면 좋다. 맛도 산뜻하고 담그는 것도 간단하여 겨울이 아닌 때도 담글 수 있다.

(9) 채김치

무를 채 쳐서 소금을 뿌리고 고춧가루와 다진 파를 조금씩 넣어서 저녁상을 치운 후 부뚜막에 두었다가, 이튿날 밥을 지을 때에 냉수를 적당히 부어두었다가 아침상에 놓는다. 무뿐 아니라 신선한 채소를 이런 식으로 하루 반 사이에 담그는 손쉽고 맛이 산뜻한 술적심이다.

(10) 풋김치(菁根沈菜)

재료는 배추(풋 것 또는 온실에서 자란) 5단, 파 7뿌리, 마늘 3쪽, 생강 1개, 소금 150g, 실고추 40g, 고춧가루 반 숟가락이다.

배추와 무를 다듬어서 씻어 정히 소금을 뿌려둔다. 고명을 넣기 전에 저린데 물을 부어서, 다시 헹구면 가장 깨끗하다. 배추 길이가 10cm 이상일 때는 다듬을 때 둘로 잘라둔다. 파, 마늘, 생강 등을 다져 고추와 한 곳에 배추에 섞어서(배추가 상하지 않게 주의하며) 두세 시간 후 간국을 넣어서 뚜껑을 덮어 하루를 재웠다가 먹는다. 이 김치는 이른 봄으로부터 가을 들어설 때까지 언제든지 담글 수 있다.

(11) 오이소박이(胡瓜沈菜)

재료는 오이 15개, 파 1단, 고춧가루 2숟가락, 마늘 4쪽, 생강(小) 1개, 소금 150g 이다.

오이를 씻어서 양쪽 끝을 베고, 세로 세 곳으로 중간에 칼집을 내서 소금으로 비벼둔다. 파대가리 흰 곳은 작게 다지고, 마늘과 생강은 곱게 다져 고춧가루와 섞어 잠시 둔 후 소금 소량으로 간을 한다. 먼저 준비한 오이를 꺼내서 속에다 고명을 넣고 파 잎으로 매서 항아리에 싸 넣고 두어 시간 후에 물을 자작자작하게 부어 이튿날 먹는다.

(12) 가지김치(茄子沈菜)

재료는 가지 15개, 파, 기타는 오이속박이와 같다.

가지 꼭지를 따고 오이와 같이 세로로 길게 칼집을 낸다. 소금에 저린 뒤 파, 기타의 고명을 가지 속에다 넣고 항아리에 담가서 국물을 붓고 하루나 이틀 후에 먹는다.

(13) 오이지(胡瓜鹽沈菜)

재료는 오이 50개, 소금 1.3리틀, 물 3.7리틀이다.

오이를 항아리에다 씻지 않은 채로 넣고 흥건하게 소금물을, 또는 끓인 소금물을 식혀서 부어둔다. 오이빛이 변할 때쯤 오이를 건져서 물에 다 씻어 세로로 쪼개서 적당한 길이로 잘라 먹는다. 항상 돌을 눌러두지 않으면 오이가 물에 뜨므로 주의할 필요가 있다. 소금의 분량은 오이를 오래 둘수록 많이 넣어야 한다.

(14) 짠무김치(無鹽沈菜)

재료는 무 30개, 소금 2.7리틀, 물의 양은 무와 같다.

무를 항아리나 독에다 넣으며 간간히 소금을 뿌려 2,3일 놓아두어 무가 시들은 후에 물을 붓고 동을 눌러둔다. 여름철에 염수(鹽水)에서 건져 물에 헤어 얇게 저며 그릇에 담고, 흥건히 물을 부어서 상에 놓으면 맛이 산뜻하다. 짠무 담근 독에 짚이나 새끼를 덮어두면 무의 빛이 좋다.

(15) 무 싱건지

봄에 먹는 것으로, 짠지보다 싱겁게 담가야 하므로 소금 분량을 반감한다. 먹을 때는 물에다 헤여 얇게 저며서 물에다 띄워 먹는 것은 짠지와 같다. 썬 무를 물에다 띄울 때 파를 가로로 잘게 썬 것과 고춧가루를 좀 넣고 또 초를 치는 것도 좋다.

(16) 김치(배추김치)

재료는 배추 3포기, 파 5뿌리, 고추 30g, 마늘 2쪽, 생강 반개, 소금 1순가락(적게)이다.

배추를 썰어 씻고 소금은 반만 뿌려둔다. 파를 썰고 마늘과 생강을 다져놓는다. 소금이 배추에 잘 밴 뒤에 슬쩍 물에 헤어서 파, 생강, 마늘, 고추 같은 것과 소금을 한데 섞어서 항아리에 넣고, 한참 있은 뒤에 국물이 될 물을 부어서 여름이면 다음날, 봄, 가을이면 이틀 후쯤 먹는다.

(17) 양배추김치(洋白菜沈菜)

재료는 양배추 1개(1,500g), 소금 1.3리틀, 실고추 40g, 마늘 3쪽, 생강 1개, 파 6뿌리이다.

양배추를 적당히 썰어 씻어 소금을 뿌려 저린 후 파, 마늘, 생강, 고추를 섞어 잠깐 두었다가 국물을 부어 하루나 이틀 후에 먹는다.

(18) 깍두기(紅菹菜)

재료는 김치와 같으나 무가 주가 되고, 배추는 아주 넣지 않는 일도 있다. 여름에는 오이로 만들기도 하고 양배추를 쓰기도 한다.

깍두기는 지방에 따라 똑똑이, 젓무, 맷젓이라고도 한다. 만드는 법은 저미는 것을 잘고 도톰하게 하고, 고춧가루를 많이 넣고 국물을 아주 안 넣는 것이 보통이며, 좀 간도 짜고 빛이 빨간 것이다.

(19) 무 깍두기(蕪紅菹)

재료는 무 3개, 소금 60g, 파 5뿌리, 마늘 3쪽, 고춧가루 40g, 새우젓 60g이다.

무를 썬 뒤 고춧가루에 버무려서 한참을 둔다. 먼저부터 소금을 넣으면 물기가 생겨 빨간빛이 빠지므로 넣지 않는다. 파 이외의 고명을 다져 소금과 새우젓과 한데 버무린다. 새우젓은 그냥 넣거나 도마 위에 좀 다져서도 넣는다. 항아리에 담아서 뚜껑을 잘 덮어둔다. 양(兩)일 후에는 먹는다.

(20) 굴 깍두기(牡蠣紅菹, 모려홍저)

재료는 무 3개, 소금 1숟가락, 배추 2통, 새우젓 4숟가락, 미나리 2단, 파 1단, 마늘 1통, 생강 반개, 굴 0.2리틀이다.

재료를 다루는 것이나 양념 만지는 것이나, 모두 무 깍두기와 같이 한다. 다만 굴에 물을 붓지 말고 그대로 굴껍질과 티를 골라낸 후 물에 한 번만 잘 씻어 물기를 빠지게 한 것을 깍두기 버무릴 때에 섞어 넣는다. 굴 깍두기는 신선하고 맛이 좋으나 오래두고 먹지는 못한다.

(21) 오이 깍두기(胡瓜紅菹)

재료는 오이 10개, 고춧가루 2숟가락, 파 1단, 소금 1숟가락, 마늘 2쪽, 새우젓

2숟가락이다.

오이를 씻어서 길이로 둘로 짜개어 3cm 가량으로 송당송당 썰어 소금을 뿌려놓는다. 파, 마늘을 다지고 고춧가루와 새우젓 젓국(새우젓을 짠 것), 파를 저린 오이에 넣어서 버무려두었다가 다음날쯤 먹는다.

(22) 멸치젓 깍두기

재료는 배추 10개, 막고춧가루 0.2리틀, 무 3개, 멸치젓 0.4리틀, 파 2단, 갓 2단, 마늘 3개, 생강 2개, 소금 0.1리틀이다.

배추를 씻어서 소금에 절여둔다. 무는 씻어 큼직큼직하게 저며 소금을 뿌려둔다. 갓은 다듬어 소금국에 넣어둔다. 파는 썰고 마늘, 생강은 절구에 찧어놓는다. 멸치젓에다가 소금, 막고춧가루 찧은 고명을 한데 섞어 버무린 것에 저린 배춧물 뺀 것, 무와 갓물 뺀 것을 통째로 척척 찍어 무쳐서 항아리에 차곡차곡 넣고, 꼭꼭 누른 위에 우거지로 웃덮개를 하여 둔다. 먹을 때는 배추를 알맞게 썰어야 한다. 삼남지방(三南地方)에서는 통깨를 넣기도 한다.

(23) 곤쟁이젓 깍두기

재료는 멧젓 깍두기나 젓무 깍두기나 마찬가지니, 소금과 곤쟁이젓을 넣는 것으로 맛이 좋은 것이다. 다만, 곤쟁이젓이 너무 많으면 깍두기 빛이 검으며 봄이 되면 오래도록 두고 먹지는 못한다.

(24) 젓무

재료는 무(단단하고 큰 것) 10개, 막고춧가루 0.2리틀, 파 1단, 멸치젓 0.2리틀, 마늘 3통, 새우젓 0.2리틀, 생강 2개, 소금 0.1리틀이다.

무 씻은 것을 굵게 쭉쭉 쪼개서 소금을 얹어 절여둔다. 마늘, 생강은 절구에 찧고 파는 다져놓았다가 멸치젓, 새우젓을 고명과 함께 무와 버무려 꼭꼭 항아리에 담아놓고 웃덮개를 잘하여 둔다. 깊은 겨울과 초봄에 먹는다.

(25) 알무 깍두기

어리고 연한 청달린 무를 씻어 소금에 절여 파, 마늘, 생강, 막고춧가루, 소금, 새우젓(또는 멸치젓)에 버무렸다가 먹는 것으로 통무인 만큼 별미가 있다.

(26) 무청 깍두기

연한 무청이 많이 남아있을 때 여러 양념을 함께 버무려 두었다가 깊은 겨울에 먹게 한다. 무청 겉대는 남은 소금국에 넣었다가 김치 깍두기의 웃덮개를 하면 쉬 곯지 않고 좋다.

(27) 소금 깍두기

무만을 소금과 고춧가루 찌끼와 고추씨와 마늘, 파, 생강, 다듬은 찌끼를 함께 짜게 버무려, 꼭 담갔다가 늦은 봄에 무를 꺼내서 물에 헤어 적당히 썰어먹는 것이다. 조기를 다듬고 난 비늘찌끼나 새우젓찌끼 같은 것을 같이 넣어도 좋다.

[표 5.3] 20세기의 김치[105)]

책 이름	발행연도	김치 종류
반찬등속	1910년대	무김치, 깍두기, 고추김치, 오이김치(오이소박이), 고춧잎김치, 젓대기(깍두기), 오이김치, 짠지, 배추짠지(배추김치)
부인필지	1915	동치미1, 2, 명월생치채, 동과김치, 동지, 용인외지법, 장짠지, 김장 후 동지저, 전복김치
간편 조선요리제법	1934년	나박침채, 동침이, 동침이별법, 배추김치, 섞박지, 외김치, 외지, 용인외지, 외소김치, 외찬국, 장김치, 짠지, 장짠지, 젓국지, 전복김치, 닭김치, 깍두기, 고춧잎장아찌, 마늘선, 무장아찌
사계의 조선요리	1935년	김칫국물에 아지노모도를 사용함
조선요리법	1939년	김장김치 : 보쌈김치, 배추김치, 짠무김치, 동치미, 배추짠지, 배추통깍두기 햇김치와 술안주김치 : 굴김치, 굴젓무(깍두기), 조개젓무(깍두기), 오이깍두기, 관전자(꿩김치), 겨자김치1,2, 닭김치, 장김치, 나박김치, 열무김치, 오이김치, 생선김치
조선요리(손정규)	1940년	통김치, 섞박지, 비늘김치, 보김치, 장김치, 나박김치, 박김치, 동치미, 그날동치미, 햇김치, 오이소박이, 가지김치, 오이지, 짠무김치, 무싱거운지, 김치, 양배추김치, 깍두기 *김치 레시피 : 배추 100통, 무한동이, 밤 한 톨, 미나리 한 단 등으로 재래식 계량 단위와 g, 리터 단위를 동시에 사용함, 아지노모도(味精)으로 표기 함

책 이름	발행연도	김치 종류
조선요리제법	1942년	보통 때 김치 : 배추김치, 봄김치1,2, 장김치1,2, 열무김치, 오이김치, 오이소김치, 오이지, 나박김치, 오이깍두기, 닭깍두기, 숙깍두기, 굴깍두기, 갓김치, 나물김치, 굴김치, 전복김치, 곤쟁이김치, 햇무동치미, 생치과전지(꿩김치), 영계과전지(영계김치) 김장김치 : 통김치, 섞박지1,2, 공과섞박지, 젓국지, 쌈김치, 동치미1,2,3,4, 동치미별법, 깍두기, 지령김치, 채김치, 채깍두기, 짠지
조선무쌍신식요리제법	1943년	통김치(사저), 동치미(동저, 동침), 무김치(나복함저), 얼갈이김치(초김치),질엄김치(지레김치), 젓국지(해저), 열무김치(세청저), 섞박지, 풋김치(청저), 나박김치(나복침채, 나복담저), 장김치(장저), 갓김치(개저), 굴김치(석화저), 동아김치(동과저), 닭김치(계저), 박김치(포저), 산겨자김치(간개저), 산갓김치, 파김치(총저), 돌나물김치, 오이소김치(오이소박이), 오이김치(과저), 오이지(과함지), 짠지(나복함저), 오이짠지, 깍두기(무적, 젓무, 홍저), 굴깍두기, 오이깍두기, 햇깍두기, 채깍두기, 숙깍두기
우리음식(손정규)	1948년	김칫국물 마련, 김장준비, 통김치, 섞박지, 비늘김치, 보김치, 장김치, 나박김치, 동치미, 채김치, 풋김치, 오이소박이, 가지김치, 오이지, 짠무김치, 무싱건지, 김치, 앵배추김치, 무깍두기, 굴깍두기, 오이깍두기, 멸치젓깍두기, 곤쟁이젓깍두기, 젓무, 알무깍두기, 무청깍두기, 소금깍두기

자료 : 윤서석 외 6인, 한국음식문화, 우리 삶이 깃든 김치-이효지, 교문사, 2015, p.205.

6장

재외동포들의 김치

6.1 연변 조선족의 김치문화[106)]

우리 민족이 만주 남부에 이주하기 시작한 것은 17~18세기경이다. 본격적인 만주로의 이주는 1880년대에 들어서 진행되었다. 당시 함경도에서 일어난 일련의 대흉작이 발단이 되어 중국 국경 근처에 있는 함경도 사람들이 중국의 연변과 만주로 이주하여 정착하였다. 두 번째 본격적인 만주로의 이주는 일제강점기에 일어났다. 특히 일제의 수탈이 극심했던 1930년대에 이를 피해 가장 많이 이주하였다. 1936년 만주의 조선인 이민 수는 459만 명이나 되었다. 당시 일제의 수탈과 압정은 조국에서의 생활마저 어렵게 만들었다. 1919년 3 · 1운동의 실패로 인해 중국으로 독립운동가들이 많이 이주하였다. 임시정부를 상해에 두고, 만주에는 독립군의 군사학교가 자리 잡았다. 중국의 연변은 독립운동의 기지였다. 1945년 해방 이후 많은 이주민들이 귀국했으나, 이주 지역에서 집단적으로 모여 살고 있다. 1949년 중화인민공화국이 성립된 후 조선족이라는 이름으로 중국 소수민족의 일원이 되었다.

연변 조선족의 구성원은 초기 이주 시기에는 지리적 · 정치적인 상황으로 두만강, 압록강 유역에 살았던 함경도, 평안도 이주민들이었다. 이후 황해도, 경상도, 전라고, 충청도, 강원도 등 한반도 중부, 남부 지역의 이주민들이 정착하게 되었다. 이주 당시에는 교통이 불편하고 언어가 서로 통하지 않아 다른 민족과의 왕래가 적었고, 이러한 환경은 조선족이 한반도에서 가져온 식생활 풍습을 유지시키는데 많은 영향을 미쳤다.

'조선족이 사는 곳엔 김치, 고추장이 꼭 따라 간다'는 이야기가 있다. 입동 무렵이면 김장을 담아 움에 저장하고, 이웃 간에 김치 맛을 비교하며 맛있는 김치 담그기에 정성을 다했다.

향채는 고수라고도 하는데, 조선족은 약 200년간 중국에 살면서 한족의 음식문화를 많이 흡수하였는데, 그중 가장 대표적인 것이 향채를 먹는 것이다. 잘 여문 향채씨를 볶아 가루를 내어 향신료로 쓰거나 김치 양념에 넣어 향채 고유의 향을 즐긴다. 지금도 연변의 시골에 가면 향채씨를 넣어 담근 김치를 흔하게 맛볼 수 있다.

중국연변에 살고 있는 조선족의 김치에 대해 『중국의 우리민족』에는 다음과 같이 기록하고 있다.

“배추김치는 조선족의 음식물 가운데서 겨울철에 반드시 갖추어야 할 민족적 특색을 띤 부식물이다. 배추김치를 담그는 방법은 여러 지방의 습관에 따라 다르나, 지금 유행되고 있는 방법은 10여 가지가 있다. 연변지구에서는 먼저 가을배추 가운데서 속이 잘 앉은 것을 골라서 떡잎을 떼어버리고 깨끗이 씻은 다음, 소금물에 담갔다가 며칠 후에 꺼내어 맑은물로 깨끗이 씻은 다음 배추 속을 헤치고 양념을 고루 바른다.

양념은 소금, 짓찧은 마늘, 생강, 고춧가루와 기타의 향료를 버무려서 만든다. 조건이 허락되면 배추김치 속에다 신선한 해산물, 예컨대 새우, 젓갈, 굴, 명태, 조기 등(비린내가 없거나 적은 어류를 넣는다)을 넣으며, 또 소고기, 배, 사과 등도 넣을 수 있다. 이렇게 양념을 버무린 김치소를 넣은 김치를 큰 독 안에 넣고 꼭 덮은 다음, 약 반 달 동안 두면 먹을 수 있다. 그 밖에 무, 갓, 영채를 주요한 원료로 하여 담근 김치도 있다.”

여기에 소개된 배추김치 담그는 법은 현재 우리나라의 배추김치 담그는 법과 거의 유사하다. 다만, 차이점이 있다면 절이는 시간이 남한의 8시간 정도와 달리 2~3일 이상이 걸린다. 이것은 기온과 소금의 농도, 그리고 배추의 상태와 관련된 문제로 명확히 그 이유를 밝히기는 어렵다. 다만, 기후가 낮으면 소금물의 농도가 낮아야 좋다. 이 때문에 오래도록 절여야 제 맛이 난다.

연변 조선족이 담그는 김치의 주 종류는 통배추김치, 깍두기, 동치미, 갓김치, 차김치, 영채김치 등이 있다. 그 가운데 특색 있는 것이 바로 ‘영채김치’이다. 9월 초에 심어서 10월에 수확하는 산갓을 영채라고 하는데, 그 색깔이 녹색이며 길이는 3cm쯤 된다. 이를 따뜻한 곳에 펴놓고 그 위에 두꺼운 천을 덮어 이틀 가량 두면 노랗게 된다. 그 다음에 이 영채를 씻어서 소금에 절인 뒤 고춧가루, 마늘로 만든 양념에 버무리는데, 작게 썰은 파를 함께 넣어 버무린다. 영채김치는 함경도의 특산물로 길주, 명천 사람들이 주로 많이 담가먹었다. 영채김치는 색이 노르스름한데 매콤하면서 상쾌한 맛을 내는 것이 특징이며, 이주 초기부터 오늘날까지 줄곧 이어져 오고 있다.

철에 따라 바로 담가먹는 김치에는 나박김치, 풋배추김치, 오이김치, 오이소박이, 가지통김치, 미나리김치 등이 있다. 그 중 가지김치는 칼집을 내서 찐 다음에 소금, 간장, 깨기름(참기름), 고춧가루를 넣어 버무린다. 여기에 식초를 넣고 마지막으로 조미료를 넣은 후 완성이 되는데, 담근 지 20~30분 뒤에는 먹을 수 있다.

김치는 위에서 살펴본 바와 같이 배추, 오이, 가지, 무, 갓, 영채 등의 채소를 다양하게 활용하여 만들었다. 그 만드는 방법은 한국과 비슷하나, 다만 재료의 선택에 있어서 약간의 차이를 보인다. 김치 재료 중 소금, 마늘, 고춧가루, 생강, 무는 조선족이나 한국 모두 필수이나 조선족들은 한국과 달리 젓갈을 사용하지 않는다.

1992년 한·중 수교가 이루어지기 전까지 연변사람들은 젓갈이나 액젓이란 단어 자체를 알지 못했다. 간혹 동태살을 으깨거나 발라서 양념에 사용하거나 소고기국을 끓여 그 국물을 양념장에 사용하는 경우가 있었다. 하지만 연변의 배추김치는 젓갈을 사용하지 않기 때문에, 맛이 담백하고 소금과 고춧가루를 적게 써서 김치가 희고 싱거운 것이 특징이다. 다른 지역에 비해 날씨가 상대적으로 추운 지역이기 때문에 김치를 너무 짜게 할 필요가 없었고, 게다가 젓갈을 넣지 않아서 오랜 시간이 지나도 아삭아삭한 질감의 상태를 유지할 수 있었다.

김장김치는 연변의 추운 날씨 때문에 움에 보관한다. 움은 늦가을 집 앞 채소밭에 2m 길이의 네모난 구덩이를 파고 그 위에 큰 나무로 들보를 놓고 짚이나 수숫대를 지붕을 인다. 거기에 흙을 덮고 작은 문을 내면 낮은 봉분 모양의 김치 움이 완성된다. 김치 움의 한 모퉁이에는 무, 감자, 배추, 파 등도 보관하는데, 무나 감자는 모래에 파묻어 둔다. 이러한 김치 움은 여름이 되면 물이 차올라서 쓸 수 없다.

김장은 긴 겨울 내 먹을 반찬을 준비한다는 점에서 조선족들에게 가장 중요한 일이다. 김치는 옛날 배고프던 시절에 '일 년 중의 반년 식량'이라 부를 만큼 겨울철 중요한 음식이었다.

연변 조선족은 김장김치를 입동(立冬) 전에 담근다. 그것은 배추가 얼기 전에 수확하여 김치를 담가야 하기 때문이다. 농촌의 경우는 텃밭에서 키운 배추 등을 가지고 김장을 했지만, 연길시 주민의 경우는 회사에서 직원복리 차원에서 배추를 공급해 주었다. 즉 직원들에게 질 좋은 가을배추를 확보하기 위해 사전에 예약을 하고, 수확기에는 인원과 트럭을 동원하여 직원들의 집까지 배송해 주었다.

1990년대 중반까지만 하더라도 10월 말일이면 가을배추를 실은 차가 연길시내 곳곳을 누비고 다녔으나, 그 후로는 이런 정경을 볼 수가 없다. 그것은 아파트에 생활하면서 김치 움을 짓기가 어렵고, 그때그때 김치를 사먹기 시작했기 때문이다.

조선족의 가장 대표적인 저장음식인 '김치'는 채소를 기본 재료로 사과, 배, 물고기, 젓갈 등을 보조 재료로 넣으며 마늘, 파, 고춧가루, 생강 등을 넣고 삭혀서 만들었다. 김치는 크게 김장김치와 철에 따라 담가먹는 김치로 나눌 수 있다.

김장김치에는 통배추김치, 섞박지, 보쌈김치, 동치미 등이 있고, 철에 따라 담그는 김치에는 나박김치, 풋배추김치, 오이김치, 오이소박이, 가지통김치, 미나리김치 등이 있다. 특히 김장김치는 연변사람들에게 매우 중요하다.

1990년대 연변 지역 농촌인 장재촌을 조사한 보고서에 따르면, 4인 가족 기준으로 배추김치(50포기) 2독, 노배김치(깍두기) 작은독 1개, 채칼김치, 갓김치(10kg), 영채김치(향갓김치), 대두김치(양배추김치), 파김치, 달래김치, 통지김치(알타리동치미) 등 10여종의 김치를 장만했다.

양력 11월에서 12월초 사이에 마련하는 동삼(冬三)김치는 움에 묻어두고 다음해 5월까지 먹었다.

6.2 고려인의 일상음식[107]과 김치문화

고려인들이 평상시에 먹는 일상음식의 기본은 밥과 각종 국, 그리고 짐치를 포함한 다양한 반찬류로 이루어진다. 주식으로는 밥이(밥), 밥이물이(물에 말은 밥)가 있다. 주요 부식으로는 장물이(국)가 있는데, 대표적인 국은 시락장물이(시래기국), 푹쟈이(된장국), 디비쟈이(두부된장국)이다.

고려인들이 국(장물이)을 끓일 때는 반드시 돼지고기를 넣는다. 이슬람교도가 주류를 이루는 중앙아시아 국가에서 종교적인 이유로 돼지고기를 먹지 않는 것과는 큰 대조를 이룬다. 노인이 거주하고 있는 보통 고려인 가정은 밥(밥이, 밥이물이)과 장물이(국) 그리고 짐치가 일상의 기본 식단이지만, 젊은 세대의 경우에는 러시아식과 중앙아시아식의 음식문화도 그들의 일상 식단에 상당 부분을 차지하고 있다. 밥을 큰 그릇에 담아 식탁 가운데에 놓고 각자 퍼서 먹는 경우가 많다. 그러나 손님을 초대했을 경우에는 개인용 밥을 작은 접시나 그릇에 담아서 주기도 한다.

짐치는 그 재료에 따라 크게 배추김치, 양배추김치, 물김치(무로 담근다)로 나눌 수 있다. 대표적인 짐치는 역시 가을에 담그는 배추짐치이다. 배추짐치는 각 가정별로 할머니나 중년의 어머니 세대를 중심으로 담그며, 이때 자녀나 손녀들도 대체로 동참을 한다. 양배추짐치와 물짐치는 배추짐치가 떨어지는 봄과 여름철에 많이 담가서 먹는다. 김치는 한국에 비하여 상당히 단순화되어 있고, 짐치 속으로는 고려인 특유의 '간고치'라는 것을 만들어 사용한다. 짐치를 담글 때 양념은 거의 사용하지 않으며 간을 맞추기 위해 소금을 풀어 만든 국물을 많이 붓는 편이다. 현재까지도 유지되고 있는 고려인 짐치 맛의 특징은 짜고 매운 맛이 강한 편이다. 아무튼 이 짐치는 여전히 세대를 불문하고 고려인들이 가장 선호하는 대표적인 고려음식일 뿐만 아니라, 다양한 민족의 현지인들도 즐겨 먹는 대표적인 '샐러드' 중의 하나이다.

반찬류는 주로 텃밭에서 직접 재배한 채소를 중심으로 만드는데, 마르코피차(당근채), 가지차(가지무침), 질금차(콩나물, 녹두나물), 고사리차(고사리나물), 메기차(미역나물), 감자차, 버섯차 등이 있다.

반찬류 중에는 짐치와 더불어 중앙아시아 현지인들이 가장 선호하는 고려음식은 마르코피차(당근채)이다. 마르코피차는 당근을 잘게 썰어서 소금과 고춧가루, 후춧가루를 섞어 발효를 시킨 음식으로 중앙아시아 고려인이 현지에서 개발한 독특한 고려음식으로 분류할 수 있다.

그리고 특별한 반찬류로는 '헤(생선회무침)'가 있다. 지역에 따라 '젓쿠지', '반차이' 등으로 불리는 헤는 담수어인 농어나 임어, 송어, 기타 여러 종류의 물고기를 잘게 썰어 무와 버무려 발효시켜서 먹는다. 물고기가 비싸 닭고기로 '닭고기헤'를 만들어 먹는 경우도 있다. '헤'를 만들 때는 반드시 식초와 고춧가루가 들어간다.

6.3 김치산업화 촉매, 하와이 이민자

우리나라 첫 공식 이민자는 1902년 12월 인천에서 출발하여 1903년 1월 하와이에 도착한 121명이다. 이후 일제에 의한 일본, 사할린, 만주 등지로 강제이주, 유학, 망명 등 여러 사유로 재외동포들의 숫자는 늘어났다. 이중에서도 하와이에 정착한 동포들이 척박한 조건에서 김치문화를 포기하지 못하고 생겨난 것이 하와이 김치공장이다. 하와이의 환경에 맞추어 생성된 공장들은 김치를 많이 소비하는 한인교회를 대상으로 혹은 명절, 잔치와 같은 대목에 적극적인 판매활동을 벌였다.

1949년 12월 9일 '국민보 호놀룰루 석간보'에는 한인이 하와이에 정착한 이후로 한인만 먹던 김치를 하와이 각국 사람이 보편으로 먹을 뿐더러 하와이에 김치회사가 56처소로, 미주 대륙, 괌, 사이판까지도 김치를 수출하는데 매주 괌, 사이판에 3,000파운드, 호놀룰루 시장에 2,150~3,750파운드를 공급했다. 이때까지 한국에서는 김치를 외국에 수출하지 못하던 때다.

하와이에 정착한 한국인 이민자들은 김치를 타민족에게 전파하고 수출까지 가능케 하는 기술과 경영능력을 확보했던 것이다. 하와이 김치공장들의 활발한 마케팅으로 김치가 한국인 외에도 현지 거주민들의 식문화에 안착하면서 1960년 말까지도 김치공장을 유지했다. 하와이의 김치 산업화와 수출 노하우는 김치 없이 살 수 없었던 타향살이 하는 한국인에게 제공되면서 한국김치의 산업화를 촉발시키게 되었다.[108)]

창립자인 유해나 씨는 평양 출신으로, 다섯 살이던 1902년에 어머니 메리 조 씨를 따라 하와이에 건너왔다. 하와이에 한인 집단이민자들이 들어오기 시작한 것이 1903년이라 그해는 미주 한인이민사의 원년으로 받아들여지지만, 유해나 씨처럼 개별적으로 하와이에 이주한 한인들도 있었다.

유해나 씨는 1949년 빅아일랜드 코할라 시에서 코할라 김치회사를 설립한 후 30여 년간 운영하였고, 사업에 성공하여 매년 한국을 방문해 고아원 등에 기부하였다고 한다. 고향인 평양땅을 밟고 싶어했던 소원을 이루지 못하고 1983년 별세했는데, 외손녀인 전 CNN 앵커 달튼 타노나카(Dalton Tanonaka)가 2003년 북한을 방문할 때 코할라 김치병에 든 외할머니의 무덤 흙과 외증조할머니(매리 조)의 무덤 흙을 가지고 갔다고 한다.

하와이에서 김치가 산업화된 것은 '코할라 김치'가 등장하기 훨씬 이전이었다. 1919년 빅아일랜드의 한 한인교회에서 기금마련 행사의 일환으로 김장을 담근 것이 시초가 되었고, 그 후 10여년이 지난 오아후 칼리히 계곡에서 1930년대에 조 김씨가 'Joe Kim's 김치'를 만들어 팔기 시작했으며, 이후 하와이 시장 해리 김씨의 어머니도 1950년대에 '케이아우 김치'라는 상호로 김치사업을 시작하기도 했다. 또한 1950년대에는 헬렌 함씨가 회계사인 남편의 사무실 뒤에 딸린 작은 주방에서 자신의 성을 딴 'Halm's Kimchee'라는 브랜드로 김치를 만들어 팔기 시작했다. 이렇게 한국식품 산업이 자리를 잡기 시작했는데, 여타 김치회사가 하와이 지역에 한정되어 있었던 반면, 코할라 김치는 뉴욕 등의 미 본토에 수출하여 김치 국제화의 문을 열었다.[109)]

> I'm as local as one spaghetti plate lunch wite side order Kim Chee.
> (Rachel Landan 1996 : 19)

위의 글은 Rachel Landan가 하와이 로컬음식에서 '김치가 차지하는 보편성'을 설명하기 위해 언급한 말이다.

이와 같이 하와이 주 오아후 섬 호놀룰루에서 김치를 접할 기회는 아주 빈번하다. 한인마켓이나 로컬마켓에서 김치상품은 언제나 거리낌 없이 살 수 있는 아이템 중 하나이다. 그렇다면 하와이에서 김치를 이렇게 쉽게 접할 수 있는 것은 무엇 때문일까.

이 질문에 대한 본 연구는, 1903년 공식적인 미국 최초 이민이 하와이 지역에서 시작되었고, 이주한 한인들이 다문화 사회에 적응하면서 김치문화를 잘 지켜왔기 때문이라고 답하려 한다. 하와이에 첫 이민단이 들어온 지 112년(1903~2015)이

지났다. 백여 년의 시간이 흘렀지만, 타국 하와이에서 이주 한인과 그 후손들은 여전히 김치를 먹는다. 또한 가정에서 김치를 담그며 한국의 김치문화를 이어가고 있다. 심지어 로컬 사람들이나 관광객에게도 김치나 김치요리는 자연스럽게 선택하는 메뉴가 되어 그 맛을 즐기고 있다. 이제 하와이에서 한국김치는 '로컬음식'(Rachel Landan 1996 : 1)이 되었다.[110]

6.4 북한 김치

김치에도 남북의 차이가 뚜렷하다. 남한 김치는 저장을 위해 고춧가루를 듬뿍 넣은 양념을 배추에 버무리고 새우젓, 멸치젓 등 젓갈을 사용하는 것이 특징이다. 반면, 북한에서는 추운 날씨로 인해 저장에 크게 신경을 쓸 필요가 없기 때문에 고춧가루를 많이 넣지 않고 대체로 싱거운 편이며, 양념을 하지 않고 시원한 국물맛을 살리는 것이 특징[111]이다. 또한 시원한 국물을 먹기 위해 배추가 잠기도록 물을 붓고, 젓갈 대신 육수를 부어 구수한 맛을 내기도 한다. 김칫국은 동치미가 대표적인데, 동치미국물로 음료수까지 개발할 정도로 김치에 대한 관심과 이해가 높은 편이다. 간은 소금이나 간장, 새우젓을 주로 사용해 맛이 담백하다.

김장용 배추김치를 담을 때 북한에서는 물 한 동이에 소금 한 사발 정도를 푼 소금물에 24~30시간 정도로 오래 절인다. 포기김치, 섞박지, 보쌈김치, 동치미, 백김치 등을 주로 담가먹는데, 섞박지, 보쌈김치는 김치가 익기 전에 먹고, 동치미는 이른 봄까지 먹는다. 특색 있는 김치로는 황해도의 호박김치, 개성의 보쌈김치, 함경도의 콩나물김치 등이 있다.

남새로 만든 김치

'남새'는 '푸새'와 상대되는 말이다. 산과 들에 자생하는 푸성귀를 '푸새'라 하고, 무나 배추처럼 심어서 가꾼 채소를 '남새'라 한다. 채소를 심은 밭은 남새밭이다. 오늘날 '야채(野菜)'와 '채소(菜蔬)' 두 가지 한자말을 같이 쓰고 있어서 혼동을 겪고 있는데, 이 한자말을 '남새'로 갈음하여 쓰면 간단하다.[112]

북한김치는 『자랑스런 민족음식－북한의 요리』를[113] 참조하였다.

(1) 통배추김치

'통배추김치'는 배추와 무에 마늘, 파, 고추 등 양념감과 젓갈을 두고 젖산 발효시킨 남새음식이다. 겨울부터 이른 봄까지의 기간에 담가두고 먹는데, 사람들의 식생활에서 중요한 비타민 C의 공급원천으로 된다.

배추초절임은 물 한 양동이(약 10리터)에 소금 한 사발(약 1kg) 정도 푼 짠 소금물에 배추를 한 포기씩 적시어 짜갠 쪽이 위로 가도록 독에다 차곡차곡 넣는다. 10~15시간이 지난 다음 위의 배추가 밑으로 가도록 엇바꾸어 놓는다. 절이는 시간은 배추의 여문 정도에 따라 24~30시간 정도가 좋다. 배추의 겉잎들은 잘 절여지고 속은 좀 덜 절여진 듯해야 김치 맛이 좋아진다. 배추가 다 절여지면 배추를 꺼내어 물을 갈아가면서 한 포기씩 깨끗하게 씻는다. 씻은 배추는 짜갠 쪽이 위로 가도록 놓고 물기를 뺀다.

김치소는 미리 만들어 놓으면 무채에서 물이 많이 빠져나오므로, 초절임한 배추를 씻어놓고 물기를 빼는 사이에 준비했던 소감들로 소를 버무려야 한다. 무는 전체량의 1/3, 파는 3~4cm로 굵게 채를 친다. 마늘과 생강은 다지고, 고춧가루는 하루 전에 따뜻한 물에 개어놓는다(된장보다 좀 되게 한다). 미나리는 줄거리만 4~5cm 길이로 썬다. 새우젓은 잘게 다져서 고춧가루와 마늘을 넣고 빨갛게 고루 비빈다. 젓국물은 소금물을 타서 달인다. 밤은 나붓나붓하게 썰고, 배는 껍질을 벗겨 굵직하게 채친다.

무채에 고추즙을 버무려 빨갛게 물들여 놓고 양념에 재운 명태, 새우젓, 마늘, 생강, 밤, 배, 미나리, 파, 소금을 차례로 넣어 고루 섞어 소를 만든다.(*당분을 100~200g 정도 넣으면 좋다.) 그리고 배추 줄거리와 잎갈피 마다에 소를 고루 펴 넣는다. 소가 나오지 않도록 맨 겉에 붙은 큰 잎으로 푹 싼다. 짜개지 않은 통배추는 배춧잎으로 아래쪽을 꼭 동여매 놓으면 된다.

독의 맨 밑에 자름자름한 통무를 한 돌기 넣고 소금을 한줌 뿌린 다음, 배추 포기를 짜갠 쪽이 위로 가도록 차곡차곡 빈틈없이 꼭꼭 눌러 담고 또 무를 넣는 방법으로 엇바꾸어 넣는다. 큰 무는 네 쪽, 작은 것은 두 쪽으로 썰어 넣는다.

독아구리에서 약 15~20cm 아래까지 배추포기를 넣은 다음, 소금에 버무린 우거지를 빈틈없이 꼭꼭 다져넣어 공기가 들어가지 않도록 한다. 누름돌을 꼭 지질러놓고(눌러놓고) 독아구리를 두툼한 종이와 비닐보로 싸맨다. 3일 안에 우거지를 다시 빈틈없이 꼭꼭 눌러놓고 김칫국물을 부어 넣는다.

> 김칫독과 누름돌은 미리 끓는물로 여러 번 소독해야 한다. 김칫국물은 달인 젓국이나 물고기, 고기국물, 또는 끓여서 식힌 소금물을 타서 김치우거지와 누름돌이 푹 잠기도록 부어야 한다. 김칫국물이 우거지 위로 올라오지 않으면 잡균이 자라면서 김치의 맛을 나쁘게 한다. 명태 대가리와 뼈를 모아 끓여서 소금으로 간을 하여 식힌 다음 김칫국물을 해도 좋다.
>
> 배추초절임, 김치소, 김칫국물의 간이 다 알맞아야 김치의 맛이 좋다. 만일 배추가 덜 절여졌을 때에는 김치소를 좀 간간하게 만들어야 한다. 빳빳이 일어나는 배춧잎에는 김치소를 넣을 때 깨끗한 소금을 덧뿌린다. 그러나 덧소금을 너무 많이 뿌리면 김치가 씁쓸해질 수 있으므로 배추초절임을 잘해야 한다.

(2) 평양백김치

'평양백김치'는 평양지방에서 많이 만드는 김치의 한 종류이다. 김칫국물이 맑고 배추와 무뿐 아니라 국물이 달고 찡하다. 이 김치는 고추양념이 적게 들어가야 그 특성을 살릴 수 있다. 또한 김치소를 많이 넣지 않으며, 김칫국물은 비교적 많이 붓는다.

배추를 초절임하여 깨끗이 씻은 다음 물기를 찌워놓고, 통무는 배추를 초절임하였던 물에 담가 씻은 다음 맑은물에 씻는다. 무채에 새우젓국에 개인 고추양념을 버무려 붉은 물을 들이고 실고추, 미나리, 밤, 배, 생강, 마늘, 깨끗한 소금을 넣고 고루 버무려서 김치소를 만든다. 그리고 배추 속에 김치소를 군데군데 조금씩 넣고 배추의 겉잎으로 꼭 동여맨다.

김칫독 맨 밑에 통무를 한 돌기 깔고, 소를 넣은 배추포기를 한 돌기 꼭꼭 눌러 넣는다. 이렇게 되풀이 하여 독을 70% 정도 채운 다음, 소금에 버무린 우거지를 덮고 누름돌을 놓는다. 비닐보로 꼭 봉하고 뚜껑을 덮는다. 그리고 3일만에 김칫국물을 해 붓는다. 새우젓국물 남은 것과 깨끗한 소금을 탄 슴슴한(삼삼한) 소금물을 섞어서 김칫국물을 만들어 김치가 푹 잠기도록 넉넉히 붓는다. 국물이 독 안에 20cm 곯게 들어가야 익을 때 넘어나지 않는다.

(3) 보쌈김치

'보쌈김치'는 개성지방에서 많이 만드는 김치로서 맛과 향기가 특별히 좋다. 절인배추의 큰 겉잎들을 따놓고 배추의 갈피마다에 양념소를 넣어 일정하게 썬 다음, 그것을 따놓은 배춧잎에 싸서 단지에 넣어 익힌 것이다.

초절임한 배추 가운데서 속이 잘 든 배추를 골라놓는다. 배추가 너무 크면 좋지 않다. 무도 연한 것으로 골라놓는다. 배추의 큼직한 잎을 뜯어서 보쌈용으로 따로 내놓는다.

무의 일부를 채쳐서 김치소로 쓴다. 배는 사방 2cm 정도 되게 나붓나붓하게 썰고 밤도 얄팍하게 썬다. 파는 3cm 길이로 채치고 마늘, 생강, 돌버섯도 손질하여 가늘게 채친다. 미나리와 갓은 줄거리만 골라서 3~4cm 길이로 썰어 놓는다. 생낙지와 생굴은 손질하여 잘게 썰어서 고춧가루, 마늘, 생강, 소금 등을 두고 재워둔다. 소고기(살코기)는 물에 삶아 건져 길이 2.5~3cm, 너비 1.5cm 정도로 저며 놓고 고기국물을 받아서 맑게 한다. 생명태나 대구를 쓸 때에는 잘 손질하여 껍질을 벗기고 뼈를 발라낸 다음 소고기점 만한 크기로 썬다.

무채, 갓, 미나리, 파, 마늘, 생강, 실고추, 고춧가루를 먼저 섞어 버무린 다음 낙지, 굴 등을 섞는다. 마지막에 젓갈국물로 버무려 간을 잘 맞추어 김치소를 만든다.

배춧잎의 갈피마다 김치소를 골고루 넣고 4~5cm 길이로 토막을 낸다. 대접에 절인 배춧잎을 세 잎 정도 편 다음 실고추, 돌버섯, 잣알을 모양 있게 놓고 그 위에 김치소를 넣은 배추토막을 세워놓는다. 배추줄거리의 갈피갈피에 배, 밤, 소고기 등을 끼워놓고 배춧잎을 마주 덮어서 곱게 싼다. 나박 모양으로 썬 무를 새우젓국에 버무려 놓았다가 보쌈을 쌀 때 배추포기 사이에 끼워놓기도 한다. 보쌈이 풀어지지 않도록 소금에 절인 파 잎으로 잘 매어 김칫독에 차곡차곡 넣는다. 한 돌기 넣은 다음 절반 또는 세 쪽으로 쪼갠 무를 넣고 소금을 뿌린다. 이러한 방법으로 독의 70% 정도까지 채운 다음, 소금에 버무린 배추우거지를 푹 덮는다. 누름돌을 놓고 독의 뚜껑을 덮는다.

1~2일 지나서 젓갈국물이나 고기 삶은 국물로 삼삼한 김칫국물을 만들어 붓는다. 보쌈김치는 동여맨 파잎을 풀고 배춧잎을 젖혀서 김치보시기에 세워 담아낸

다. 또는 보쌈김치의 위쪽만 칼로 네 쪽을 내어 배춧잎을 젖혀서 담아내기도 한다. 보쌈김치는 대체로 1~2월까지 먹는데, 보쌈김치에는 여러 가지 양념재료들이 많이 들어있기 때문에 봄에는 인차(빨리) 시어진다.

(4) 석박김치

'석박김치'는 배추와 무를 일정한 크기로 썬 다음, 젓갈과 여러 가지 양념을 섞어 만든 김치이다. 일명 '석박지(섞박지)'라고도 한다. 석박김치에는 배추로만 만든 것과 배추와 무를 여러 가지 비율로 섞어 만든 것이 있다.

절여서 씻어놓은 배추를 길이 3cm 정도로 썬다. 무는 길이와 너비가 4~5cm, 두께가 0.7cm 정도 되게 썰어서 소금을 약간 뿌려놓는다. 파의 흰 줄거리와 노란 속잎을 길이 4cm 정도로 썰고, 마늘과 생강은 다진다.

배추와 무에 고춧가루 즙을 넣고 비벼서 빨갛게 물들인 다음, 손질한 젓갈을 넣고 고루 섞으면서 소금으로 간을 맞춘다. 그다음 파와 마늘, 실고추, 생강 등을 섞어놓는다. 석박김치 버무린 것을 단지에 넣고 우거지를 덮고 누름돌을 놓는다. 그리고 꼭 봉해두었다가 이튿날 달여서 식힌 젓갈국물을 잘박잘박하게 붓고 다시 봉한다.

> 배를 넣으려면 무쪽보다 좀 작게 썰어야 한다. 석박김치는 19~20℃ 되는 곳에서 1주일이면 익는다. 김장 때뿐만 아니라 봄 · 가을에도 담가먹을 수 있는데, 이때에는 2~3일이면 익는다.

(5) 장김치

'장김치'는 배추와 무에 여러 가지 양념을 섞고 간장으로 간을 맞추어 담근 김치이다. 오래도록 두고 먹으면 군내가 나므로 한꺼번에 많이 담그지 않는다.

배추겉잎을 떼고 흰 줄거리를 깨끗이 씻어 길이 2cm 정도로 썬다. 무는 껍질을 벗기고 배추를 썬 모양대로 사방 2cm, 두께 0.3cm로 썬다. 배는 껍질을 벗겨 무보다 좀 작은 크기로 네모나게 썬다. 파와 미나리는 잎을 떼고 줄거리만 길이 3~4cm로 썬다. 밤은 껍질을 벗겨 나붓나붓하게 썬다. 버섯은 깨끗이 씻어 가늘게 채치며 마늘과 생강은 다지거나 채친다.

먼저 배추와 무에 실고추를 두고 문질러서 붉게 물들인, 다음 간장을 붓고 꼭꼭 누른다. 2시간쯤 지나서 국물을 따라낸다. 그리고 배추와 무에 미나리, 배, 밤, 파, 마늘, 생강, 돌 버섯, 당분(절반량), 소금 등 갖은 양념감을 두고 버무려 단지에 담는다. 그다음 따라놓은 국물의 간을 맞추고 나머지 당분을 타서 김칫국물을 해 붓는다. 하룻밤 지나면 먹을 수 있다.

장김치를 오래도록 두고 먹으려면 약간 익혀서 찬 곳에 보관해 두고 먹어야 한다. 더운 곳에 오래 두면 맛이 나빠진다.

(6) 겨자김치

'겨자김치'는 겨자즙을 넣고 만든 김치이다. 달고 상쾌한 맛이 특징이다.

통배추의 푸른 잎을 다듬어 버리고 흰 줄거리만 사방 2cm 되게 썰어 소금에 약간 절인다. 숨이 죽으면 찬물에 씻어 물기를 짜운다. 미나리는 줄거리만 4~5cm 길이로 썬다. 배는 껍질을 벗기고 길이와 너비가 1.5cm, 두께가 0.5cm 정도 되게 썰어 소금이나 당분을 약간 뿌려 색이 변하지 않도록 한다. 표고버섯은 물에 불려 깨끗이 씻은 후 나붓나붓하게 썬다. 전복도 깨끗이 씻어 길이로 얇게 썬다.

배추, 배, 미나리, 버섯, 전복 등과 양념재료들을 한데 섞고 겨자즙을 넣어 골고루 버무린다. 소금으로 간을 맞춘 다음 항아리에 꼭꼭 눌러 담는다. 2~3시간쯤 지난 다음 소금물을 삼삼하게 타서 잘박잘박하게 붓는다.

(7) 풋배추김치

풋배추김치는 김장김치가 떨어지자 먹게 되는 봄김치이다. 이 김치는 향기롭고 시원하므로 봄철에 입맛을 돋군다. 풋배추김칫국물을 연한 밀가루풀물이나 밥 숭늉물, 세 번째 씻은 쌀뜨물을 끓여 식힌 다음 소금을 타서 부어야 한다. 그래야 젖산발효가 잘 진행되어 김치의 맛이 좋아진다.

풋배추를 다듬어 깨끗이 씻은 다음 소금물에 살짝 절인다. 절인 풋배추를 찬물에 살짝 헹군 다음 물기를 찌워서 다진 파와 마늘, 고춧가루를 두고 버무려 단지에 넣는다. 2~3시간 지난 다음 밀가루를 물에 풀어서 끓여 식힌 물이나 밥숭늉물에 소금을 삼삼하게 타서 김칫국물을 해 붓고 뚜껑을 덮어 익힌다.

좀 큰 풋배추는 절여서 4~5cm 길이로 썰고 다진 파와 마늘, 고춧가루를 두고 버무려 담그거나 애오이를 조금 섞어 담그면 맛이 더욱 좋다.

(8) 동치미

'동치미'는 통무에 소금물로 김칫국을 해 부어 이른 봄까지 먹는 김치이다. 우리 민족의 고유한 민족음식인 김장김치의 한 종류이다. 국물이 맑고 산뜻하며 찡한 것이 특징이다. 무를 밭에서 캐자 인차(곧) 담가야 상쾌한 맛이 더 난다. 또한 동치미를 담근 독은 땅에 묻어서 낮은 온도를 보장해주어야 동치미가 시원하면서도 좋은 맛과 향기를 낸다. 동치미국물은 국수국물로 많이 쓰인다.

자름자름하고 모양이 곱고 연한 무를 골라서 흠집이 나지 않게 다듬어 씻는다. 독에 무 한 돌기를 넣고 소금을 뿌린 다음 또 무를 한 돌기 넣는다. 그 위에 소금을 뿌린다. 이렇게 되풀이하여 무를 초벌 절여서 2~3일 동안 둔다. 파와 청각은 통째로 깨끗이 씻어 물기 없이 한다(파뿌리를 깨끗이 씻어 동치미를 담글 때 쓰면 좋다). 통고추는 꼭지를 따고 물에 씻은 다음 물기를 찌워놓는다. 마늘은 껍질을 벗겨놓는다.

절인 무를 꺼내어 독에 한 돌기 넣고 청각, 통 파, 마늘, 생강, 파뿌리, 통고추 등을 조금씩 얹은 다음, 다시 절인 무를 한 돌기 놓고 양념재료들을 얹는다. 이런 방법으로 독을 70% 정도 채운 다음 절인 무 잎이나 배추우거지를 위에 덮고 누름돌을 놓는다. 무를 절였을 때 생긴 물을 체에 받아서 가라앉혀 맑게 한 다음, 삼삼한 소금물(끓여서 식힌 것)에 섞어서 독의 90% 정도까지 올라오게 붓고 아구리를 꼭 봉한다.

마늘과 생강을 썰어서 넣을 때는 파뿌리와 함께 깨끗한 주머니에 넣어 훌렁하게 감아 매서 독 한가운데쯤 되는 자리에 넣어둔다. 동치미국물은 맑고 달 뿐만 아니라 찡한 맛이 나야 한다. 국물이 짜면 찡한 맛이 덜해지므로 김칫국물을 해 부을 때 간을 삼삼하게 맞추어야 한다.

(9) 깍두기

'깍두기'는 무나 오이 등 남새를 정방형으로 썰어 여러 가지 양념과 젓갈을 넣어 버무려서 국물을 따로 붓지 않고 삭힌 김치를 말한다. 우리민족이 즐기는 김치의 하나이다. 고추물이 빨갛게 물들여져 보기에도 먹음직하다. 김장때 담그는 깍두기는 익는 기간이 오래기 때문에 2~2.5cm의 잎 방향으로 썰어 담근 것이 더 맛있다. 햇깍두기는 빨리 익혀 먹는 것이기 때문에 이보다 작게 썰어 담가야 한다. 국물을 해 붓지 않고 제물에 익힌다. 배추를 섞지 않고 무만 가지고 담가도 된다. 깍두기에 넣는 고춧가루는 조금 성근 고춧가루가 좋다. 무는 단단한 것으로 골라서 다듬어 씻은 다음 사방 2~2.5cm로 모나게 썬다.

절인배추 가운데서 연하고 노란 속대를 추려 깨끗이 씻어 물기를 찌운 다음 3cm 길이로 썬다. 파는 흰 줄거리만 길이 3~4cm 정도 되게 채친다. 새우젓 건더기를 도마에 놓고 다진다. 무와 배추에 고춧가루 즙을 두고 골고루 비벼서 빨갛게 고춧물을 들인 다음 채친 파, 다진 마늘과 생강, 새우젓을 넣고 버무린다. 소금을 두고 간을 맞추어 단지에 꼭꼭 다져넣는다(실고추를 두면 깍두기가 더 먹음직하다). 그 위에 소금에 버무린 우거지를 빈틈없이 덮고 누름돌을 놓은 다음 꼭 봉하여 익힌다.

(10) 나박김치

'나박김치'는 무를 얄팍하고 네모지게 썰어서 국물이 많게 담근 김치이다. 국물이 많고 그 맛이 향기로워 입맛을 돋군다.

무를 길이와 너비가 1.8cm, 두께 0.2cm 정도 되게 나박지 모양으로 썬다. 배는 껍질을 벗겨 사방 1cm 되게 얄팍하게 썬다. 파는 길이 3cm로 채치고 생강과 마늘도 채치든가 나진다. 미나리는 뿌리와 잎을 자르고는 썰어서 소금에 약간 절였다가, 숨이 죽으면 물에 살짝 헹구어 건져 5~6cm 길이로 썬다.

무에 실고추를 섞으면서 비벼 빨갛게 물들인 다음 배와 미나리, 소금을 섞어 단지에 담는다. 1시간쯤 지나서 삼삼한 소금물을 만들어 붓고 채친 파와 마늘, 생강을 두고 익힌다.

나박김치가 익기 시작하면 거품이 올라온다. 이때 단지를 찬 곳에 옮겨놓아야 한다. 실고추 대신 고춧가루를 미지근한 물에 풀어 채에 받아 쓰면 김칫국물이 약간 분홍색이 나서 먹음직하다. 건더기가 동동 떠있어야 하므로 김칫국물을 넉넉히 부어야 한다.

(11) 삶은 무김치

'삶은 무김치'는 삶은 무를 썰어서 양념하여 익힌 김치이다. 노인들이나 어린이들과 같이 굳은 것을 씹기 어려운 사람들이 먹기에 좋다. 이 김치의 무쪽은 생 무로 담근 무쪽보다 신선한 맛이 적고 연하지만 고유한 맛이 있다.

무를 삶거나 찐다. 젓가락이 들어갈 정도로 익으면 꺼내서 식힌 다음 길이 5cm, 너비 4cm, 두께 1~1.5cm 정도의 크기로 썬다. 무에 고춧가루를 먼저 두고 버무린 다음 채친 파, 다진 마늘, 새우젓, 소금을 두고 버무려 단지에 넣는다. 그다음 소금에 버무린 우거지를 덮는다. 1~3일이 지나 끓여 식힌 소금물과 젓국물을 섞어서 간을 맞추어 김칫국물을 붓는다.

무를 너무 물렁물렁하게 삶지 말아야 한다. 그래야 김치 맛이 달다.

(12) 열무김치

'열무김치'는 열무로 담근 김치이다. 풋내가 나지 않도록 하기 위해 날알 물에 소금을 타서 김칫국물을 해 붓는다. 풋절이김치와 별 차이가 없다. 열무를 씻을 때 지나치게 주무르면 김치가 맛있게 익지 않고 군내가 난다. 열무김치에 오이를 섞어 담그면 더 맛있다. 또한 뿌리도 잔뿌리를 긁어버리고 김치를 담근다.

열무의 잎이 상하지 않게 잘 씻은 다음 소금물에 1.5~2시간 동안 절인다. 그동안에 한 번 살짝 뒤집어 놓는다. 절인 열무를 건져서 물에 살짝 헹구어 물기를 찌운 다음 채친 파와 마늘, 고춧가루, 젓국 등을 넣어 살랑살랑 버무려 단지에 넣는다. 1시간쯤 지난 다음 밀가루로 연한 날알 풀물을 만들어 소금을 삼삼하게 타서 만든 김칫국물을 붓는다.

(13) 붉은 봄무김치

'붉은 봄무김치'는 붉은 봄무에 풋배추나 미나리 등 이른 봄에 함께 나는 남새를 섞어서 담그는 김치이다. 갓 나온 연한 붉은 봄무는 겉잎만 제치고 무 밑동에 줄거리가 붙은 채로 다듬어서 하는 것도 좋다. 또한 붉은 봄무로 깍두기를 만들 수도 있으며 소박이를 만들 수도 있다.

붉은 봄무의 잔털과 잎을 떼고 깨끗이 씻는다. 무 잎의 연한 줄거리만 따로 소금물에 1시간 정도 절였다가 건져서 물에 살짝 헹군 다음 3cm 길이로 썬다. 무는 길이로 절반 쪼개어 반달 모양으로 얄팍하게 썰거나 가느다란 것은 그대로 엇비슷이 썬다. 풋배추와 미나리도 다듬어 썰어 놓는다. 무와 풋배추, 미나리에 고춧가루를 두고 버무리다가 무잎 줄거리를 섞고 채친 파와 다진 마늘, 소금을 섞은 다음 단지에 넣는다. 삼삼한 소금물을 김치가 잠길 정도로 붓는다.

(14) 가두배추(양배추)통김치

가두배추를 초절임하여 씻어서 양념을 만들어 넣어 익힌 김치이다. 겨울철 통배추 김치처럼 해먹는 '가두배추통김치'는 볼품도 좋고 별맛이다. 이 김치는 여름에 담그는 통김치이므로 될수록 서늘한 곳에서 천천히 익혀야 맛이 좋아진다. 이 김치는 다른 김치보다 빨리 시어지므로, 맛이 들면 냉장고에 넣거나 온도가 낮은 장소에 보관해야 한다.

(15) 가두배추(양배추)석박김치

가두배추에 오이, 무, 미나리, 배 등을 넣고 담근 김치이다. 이 김치는 맛이 시원하고 달큰한 것이 특징이다.

신선하고 속이 잘 든 가두배추를 골라서 깨끗이 씻는다. 그다음 길이와 너비가 2.5cm 정도 되게 썬다. 무는 겹질을 벗기고 두께가 0.3cm 되게 가두배추와 같은 크기로 썰어 놓는다. 오이는 5cm의 길이로 토막 내고 4~6쪽으로 갈라놓는다. 가두배추와 무, 오이를 한데 두고 소금을 약간 뿌려 재워놓는다. 파는 채치고 풋마늘은 송송 썬다.

소금에 재운 가두배추와 무, 오이에 먼저 고춧가루를 두고 고춧물을 들인다. 다음 파, 풋마늘, 실고추, 배, 생강 등을 두고 소금과 새우젓국물로 간을 한다. 다음 단지에 꼭꼭 눌러 담고 소금을 약간 뿌려둔다. 2~3시간 정도 지나면 소금물을 만들어 김치가 자박자박 할 정도로 붓는다. 2일쯤 지나면 먹을 수 있다.

(16) 가두배추보쌈김치

가두배추로 보쌈김치처럼 담근 김치이다. 시원하고 찡한 맛이 나는 것이 특징이다.

가두배추를 약간 시들려서(가두배추를 약간 시들리면 잎을 부스러지지 않게 쉽게 떼어낼 수 있다.) 한 잎씩 떼어내 줄기를 저며 낸다. 이때 잎이 갈라지지 않게 해야 양념소를 쌀 수 있다. 손질한 가두배춧잎을 2%의 소금물에 담가 약간 절인다.

무는 가늘게 채쳐서 소금을 약간 뿌려놓는다. 미나리는 줄기만 다듬어 3cm의 길이로 썰어 무와 함께 소금에 재운다. 붉은통고추는 씨를 털어내고, 풋마늘은 잘게 송송 썬다. 파는 채치고 마늘은 잘게 썬다. 배는 채쳐서 연한 소금물에 담근다.

채친 무와 미나리에 다진 고추, 채친 파, 풋마늘, 배, 실고추 등을 두고 섞은 다음 소금으로 간을 맞추어 소를 만든다. 절인 가두배춧잎을 펴고 준비해 놓은 소를 100g 정도씩 싸서 단지에 차곡차곡 넣는다. 마지막에 가두배춧잎으로 꼭 덮고 뚜껑을 덮어두었다가 서너 시간 지난 후 소금으로 김칫국물을 맑게 하여 붓는다. 꼭 봉해두면 2~3일 후에 충분히 익는다. 상에 낼 때에는 2~3등분하여 담는다.

(17) 갓짠지

갓을 시들시들하게 말리었다가 소금물에 담가서 익힌 짠김치의 하나이다. 먹을 때 조금씩 꺼내서 물에 헹구어 물기를 꼭 짠 다음 먹기 좋게 썬다. 간장, 고춧가루, 깨소금을 섞은 양념장에 무치거나 양념장을 찍어 먹는다. 또한 무짠지처럼 그대로 먹을 수 있으며, 찬물을 타서 물김치를 만들어 먹으면 향긋하고 시원한 맛이 아주 좋다. 갓짠지 국물에 국수를 말아먹으면 좋다.

(18) 갓김치

갓으로 담근 국물이 있는 김치이다. 김칫국물에 발그레한 색깔이 돌고 향긋한 냄새가 풍기는 갓김치는 맛이 각별히 시원하다. 겨울철부터 이듬해 여름까지 두고 먹어도 물크러지지 않고 맛도 변하지 않는다.

손질한 갓을 소금물에 담가 절였다가 건져서 고춧가루, 다진 마늘 등을 두고 버무린다. 이것을 독에 한 돌기 넣고 가을에 나는 달래는 서너 돌기 넣는다. 이렇게 되풀이하면서 독을 채운 다음 갓을 절였을 때 생긴 소금물에 물을 더 타서 독에 붓고 강냉이 오사리(강냉이껍질)를 한 벌 깐다. 우에 싸리가지를 얼기설기 놓고 누름돌로 꼭 저질러(눌러) 갓김치가 국물에 푹 잠기게 한다. 독아구리를 꼭 봉해서 익힌다.

(19) 오이소박이

'오이소박이'는 오이에 소를 박아서 담근 김치이다. 오이소박이는 보기에 먹음직할 뿐만 아니라 시원하면서도 향기로워 여름철에 입맛을 돋구어주는 김치이다. 오이를 통째로 소금에 절였다가 씻어서 4cm의 길이로 토막을 내어 소를 넣기도 한다. 혹은 7cm 정도의 길이로 썰어 아래 위의 끝을 남기고 가운데 부분만 네 갈래로 내어 소를 넣기도 한다. 오이소박이에 마늘을 너무 많이 넣으면 오이가 물크러지기가 쉽다.

상에 낼 때에는 김치보시기에 오이소박이를 세워 담고, 김칫국물을 오이가 잠기지 않을 정도로 부어서 낸다. 오이소박이가 완전히 잠길 정도로 김칫국물을 부으면, 볼품도 없고 오이소박이를 먹는 맛도 좋지 않다.

(20) 호박김치

김장 때 늙은 호박에 배추와 무 등을 넣고 담그는 김치이다. 그냥 먹는 맛도 좋지만, 된장을 조금 두고 지지개를 지지면 별맛이다. 구수하면서도 달큰한 맛이 나므로 밥반찬으로 하면 좋다.

배추는 김장김치를 담글 때처럼 절였다가 3cm 너비로 썬다. 무는 깨끗이 씻어 두께 0.7cm, 너비와 길이가 3~4cm 되게 썬다. 늙은 호박은 껍질을 벗기고 길이 4cm, 두께 2cm 정도 되게 썬다. 파는 채치고 마늘은 다진다.

배추와 무를 섞고 채친 파와 다진 마늘, 고춧가루를 두고 버무린다. 그다음 새우젓국물과 소금으로 간을 맞춘다. 버무린 호박김치 재료를 항아리에 꼭꼭 눌러 담고 우거지를 빈틈없이 푹 덮은 다음 누름돌을 지질러 놓는다. 2일쯤 지난 다음 소금물을 삼삼하게 풀어서 김치항아리에 붓는다.

(21) 가지소박이

가지에 소를 넣어 만든 김치의 하나이다. 가지소박이는 오이소박이처럼 만든다. 가지소박이를 만들 가지는 살이 연하고 자름자름한 것이 좋다.

(22) 부추김치

부추와 오이, 열무들을 섞어서 담근 김치이다. 부추의 향기가 풍기는 것이 특징이다. 부추는 향채이므로 파를 넣지 않으며 마늘도 적게 넣는다.

오이는 소금으로 문질러 씻은 다음 3~4cm의 길이로 토막을 내서 네 쪽으로 쪼갠다. 다음 소금을 약간 뿌려 숨을 죽인다. 열무는 깨끗이 씻은 다음 4~5cm 길이로 썰어 소금물에 20~30분 동안 절인다.

열무, 오이를 고루 섞은 다음 부추를 썰고 다진 마늘, 고춧가루 등을 넣고 부추가 상하지 않도록 살살 뒤적이면서 양념이 고루 가게 버무려 단지에 넣는다. 30~40분 정도 지나서 끓여 식힌 소금물을 단지에 붓는다.

(23) 두릅김치

데친 두릅을 양념에 버무려 만든 김치이다. '두릅김치'는 비할 데 없이 향기롭고 맛이 좋다.

두릅을 깨끗이 씻어 끓는물에 숨이 죽을 정도로 살짝 데쳐서 식힌다. 물에 헹구지 말고 5~6cm의 길이로 썰어 놓는다. 두릅에 다진 마늘과 송송 썬 파, 소금, 고춧가루를 두고 버무려서 단지에 넣는다. 두릅을 삶아낸 물에 찬물을 더 섞고 소금으로 간을 맞추어 김칫국물을 만든다. 이것을 단지에 붓고 익힌다.

(24) 삽주(닥지나물)싹김치

삽주 싹을 데쳐서 양념을 하여 담근 김치이다. 삽주 싹을 데쳐낸 물을 식혀서 김칫국물로 쓰면 김칫국물이 구수하고 향기롭다. 담가 한나절 지나면 맛있게 익는다.

연한 삽주 싹을 깨끗이 씻는다. 이것을 끓는물에 살짝 데쳐내어 그대로 식힌다. 삽주싹을 데쳐낸 물의 절반량을 소금으로 간을 맞추고 식힌다. 이것을 김칫국물로 쓴다. 삽주싹에 채친 파, 다진 마늘, 소금, 고춧가루를 두고 버무려서 단지에 담고 만들어 놓은 김칫국물을 붓는다.

미주풀이

1) 근대조선의 대외정책은 한국근현대사전, 두산백과, 한국민족문화대백과 등을 참조하였다.
2) 메이지유신(1868) : 1854년 미국의 무력에 굴복하고 문호를 개방하면서 서구의 군사적 위기를 느낀 일본은 하층 무시들이 주동이 되어 에도 막부를 타도하는 존왕운동이 일어났다. 1867년에는 국왕 중심의 새 정권이 성립되고, 이듬해 5개조의 어서문이 발표되면서 개혁이 시작되었는데, 이를 메이지유신(明治維新)이라고 한다. 이로써 700년에 걸친 무인정치가 막을 내리고, 왕권이 회복되어 그 뒤 일본은 중앙집권체제 강화와 산업육성, 군비확충을 위한 부국강병 정책을 폈으며, 헌법이 제정되고 의회가 개설되었다. 그러나 일본의 헌법은 국왕의 신선불가침을 규정하여 의회를 통한 왕권의 견제는 이루어질 수 없었다. 결과적으로 일본의 근대화는 국수주의, 군국주의, 제국주의로 치달았다.
3) 조경달 지음, 최덕수 옮김, 근대조선과 일본, 열린책들, 2015, p.51.
4) 송성표 지음, 우리가 몰랐던 우리역사, 학민사, 2014, p.375.
5) 한복진 지음, 우리생활 100년, 음식, 현암사, 2000, pp.17-20.
6) 한복진, 위의 책, pp.40-42.
7) 화전민 : 우리나라에서 화전농업은 작물의 재배와 더불어 시작되어 매우 오랜 역사를 가지고 있다. 광복과 더불어 화전민은 거의 자취를 감추었으며, 이후 한국전쟁 후에는 식량난으로 다시 증가하였다. 그러나 산림녹화 및 토양보존의 중요성 때문에 1968년 「화전정리법」이 공포되면서 주로 강원도 산간지방에 남아있던 화전민을 다른 지방에 정착시켰으며, 화전은 법령으로 금지되어 있다.
8) 한복진, 위의 책, p.23.
9) 한복진, 위의 책, pp.33-34.
10) 이규진, 개화기(1876~1910) 서양음식에 대한 인식과 수용, 「한국식생활문화학회지」, 2015, p.716.
11) 이규진, 위의 글, p.716.
12) 최성락 지음, 100년 전 영국 언론은 조선을 어떻게 봤을까?-『이코노미스트』가 본 근대조선, 페이퍼 로드, 2019, pp.111-112.
13) 최성락 지음, 앞의 책, pp.114-115.
14) 이규진 위의 글, p.716.
15) 박정배, 중국에서 들어온 가장 한국적인 식재료 당면, 쿠켄, 2013년 12월, p.146.
16) 박정배, 위의 글, p.146.
17) 박정배, 음식의 탄생 스물일곱 번째, 냉국수, 쿠켄, 2015년 8월호, p.108.
18) 이규진, 개화기(1876~1910) 서양음식에 대한 인식과 수용, 「한국식생활문화학회지」, 2015, p.719.
19) 이규진, 위의 글, p.719.
20) 이규진, 위의 글, p.724.
21) 지그프리트 겐테 지음, 권영경 옮김, 신선한 나라 조선, 1901, 책과 함께, 2007, p.168.
22) 주영하, 한국인은 왜 이렇게 먹을까?, Humanist, 2018, pp.112-114.

23) 향토와 문화 93호, DGB대구은행, p.18.
24) 신문, 시대의 거울, 향토와 문화 93호, DGB대구은행, 2020, p.16.
25) 향토와 문화, DGB 대구은행, p.25.
26) 박정배, 쿠켄, 2015년 p.109.
27) 이정희, 근대식 연회의 탄생, 대한제국 근대식 연회의 성립과 공연문화사적 의의, 민속원, 2014, pp.14-15.
28) 이정희, 위의 책, p.110.
29) 주영하, 한국인은 왜 이렇게 먹을까?, Humanist, 2018, p.144.
30) 주영하, 위의 책, p.108.
31) 이정희, 위의 책, p.110 그림 실릴 것.
32) 연합뉴스 2019년 9월 20일자.
33) 이정희, 근대식 연회의 탄생, 민속원, 2014, p.110.
34) 이정희, 위의 책, pp.40-41.
35) 이정희, 위의 책, pp.124-125.
36) 이정희, 위의 책, pp.126-131.
37) 황혜성 · 한복려 · 한복진, 한국음식대관 제6권, 궁중의 식생활, 사찰의 식생활, 한국문화재보호재단, 1997, 21쪽.
38) 김명길(상궁), 낙선재 주변, 중앙일보사, 1977, p.99. p.189.
39) 한복진, 조선시대 궁중의 식생활문화, 서울대학교출판부, 2005, pp.144-146.
40) 한복진, 위의 책, p.152.
41) 한복진 위의 책, p.265.
42) 한복진, 위의 책, pp.257-267.
43) 한복진, 위의 책, p.263.
44) 한복진, 위의 책, pp.265-266.
45) 신정왕후는 본관은 풍양 조씨이며 12세 때 문조의 익종비로 책봉되어 1827년 헌종을 나았다. 1834년 시아버지인 순조가 승하하고 아들 헌종이 왕위에 오르자 왕대비가 되었다. 1857년(철종 8년)시어머니인 순원왕후가 승하하자 대왕대비가 되었다. 1863년 철종이 재위 13년 만에 후사 없이 승하하자, 왕실의 권한은 최고어른인 대왕대비가 쥐게 되었다. 안동김씨 세력을 약화시키기 위하여 신정왕후 대왕대비는 흥선군과 조카인 조성하와 사전 모의하여 흥선군의 둘째아들인 이재황을 익종과 자신의 양자로 입적시켜 왕위에 옹립하였다. 조선의 16대 왕인 고종(高宗)이다. 신정왕후는 고종의 법적인 어머니로서 매전에 옥좌를 마련하고 자신은 그 뒤에서 수렴청정을 하였다. 얼마 되지 않아 고종의 친부로서 대원군에 책봉된 흥선대원군에게 전권을 주고 물러났다.
46) 이효지 · 한복려 · 정길자, 위의 책, p.41.
47) 이효지 · 한복려 · 정길자, 위의 책, p.42.
48) 이효지 · 한복려 · 정길자, 위의 책, p.31.
49) 한복진, 위의 책, pp.273-274.
50) 박채린, 석사학위논문, p.25.

51) 서부승 지음, 김치, 김영사, 2004, p.22.

52) 박채린, 문헌고찰을 통한 20세기 전반 김치제조연구, 석사학위논문, pp.57-58.

53) 김주연, 불교공뉴스, TV, 2017년 2월 19일자.

54) 김진영, 오마이뉴스, 2018년 11월 28일자.

55) 경향신문, 우리 밥상에서 사라진 토종배추의 맛을 찾아, 2014년 12월 10일자.

56) 개성배추, 60년 만에 식탁 오른다, 아시아경제, 2009년 11월 29일자.

57) 임오군란 : 1882년 구식군대가 일으킨 병란. 1876년(고종 13)에 맺어진 한일수호조약(일명 강화도 조약)으로 인해 대원군의 쇄국정책이 무너지고, 개화파와 수구파의 대립이 날카롭게 되었다. 이러한 가운데 왕의 친정으로 정권을 내놓은 대원군은 척족인 민씨 일파를 내치고 다시 집권할 기회를 엿보고 있는 중이었다. 신식군대를 양성하는 별기군이 급료와 보급에 좋은 대우를 받는데 비해, 구식군대인 무위영, 장어영의 군졸들은 13달 동안 봉급을 받지 못해 불만이 높다가 받은 급료가 선혜청 고지기의 농간으로 말수가 턱없이 모자라고 모래가 반 섞인 것을 보고 민경호의 집으로 몰려가 폭동을 일으켰다. 대원군은 반란을 진정시키고 뒷수습에 나섰지만, 민씨 일파의 청원을 받아들인 청나라는 군대를 파견하였다. 그리고 청나라는 이 난의 책임을 물어 대원군을 텐진(天津)으로 납치해 갔으며, 일본은 조선정부에 강력한 위협을 가해 주모자 처벌과 손해배상을 내용으로 하는 제물포조약을 맺게 되었다. 결국 갑신정변의 바탕을 마련해 주었다.

58) 한복려, 우리가 정말 알아야 할 우리김치 백가지, 현암사, 2012, p.41.

59) 한복려, 위의 책, p.104.

60) 한복진, 조선시대 궁중의 식생활문화, 서울대학교출판부, 2006, p.265.

61) 한복려, 위의 책, p.103.

62) 한복려, 위의 책, pp.13-14.

63) 한복진, 위의 책, p.265.

64) 한복려, 앞의 책, pp.196-197.

65) 한복진 · 한복려 · 황혜성, 앞의 책, p.459.

66) 한복려, 앞의 책, p.120.

67) 한복진, 한복려, 황혜성, 앞의 책, pp.459-460, p.463.

68) 한복진, 앞의 책, p.266.

69) 한복려, 앞의 책, p.65.

70) 윤서석, 우리나라 식생활문화의 역사, 1999, pp.390-402.

71) 한식재단, 근대한식의 풍경, 2014, p.151.

72) 홍석모 저 · 이석호 역, 동국세시기, 을유문화사, 1969, p.127.

73) 황혜성, 한국요리대백과사전, 삼중당, 1976. p.592.
홍석모 저 · 이석호 역, 위의 책, p.120.

74) 홍석모 저 · 이석호 역, 위의 책, p.127.

75) 박채린, 조지 포크가 경험한 19세기(1884년) 조선의 음식문화, 한식의 인문학 심포지엄 중 주제발표, 2019년 10월 16일, p.79.

76) 박채린, 위의 논문, p.82.

77) 박채린, 위의 논문, pp.106-113.
78) 박채린, 위 논문, pp.114-115.
79) 이효지 외 7인 편역, 주식방문, 교문사, 2017, p.4.
80) 이효지 외 7인 편역, 위의 책, pp.252-253.
81) 이효지 외 7인 편역, 위의 책, pp.260-261.
82) 이효지 외 7인 편역, 위의 책, p.260.
83) 한복려 외 2인, 옛 책에서 한국음식의 뿌리를 찾다, 현암사.
84) 이효지 외 엮음, 시의전서, 신광출판사, 2004, pp.169-173.
85) 이효지 외 엮음, 위의 책, pp.243-248.
86) 경북 상주시 블로그, 2018.
87) 경상북도 관광마케팅과 경북 나드리 홈페이지, 2015.
88) 권선영, 반찬등속의 식재료 사용을 중심으로 본 1910년대 청주지역의 식문화, 한국식생활문화학회지 25(4), 2010, pp.410-415.
89) 권선영, 앞의 글, p.411.
90) 방신영, 조선요리제법(8판, 1934), 민속원, 1991년 재출간, pp.90-100.
91) 한국의식주생활사전, p.409.
92) 캐베지(양배추)라고 하였으나, 배추를 뜻하는 듯함.
93) 윤서석, 한국의 음식용어, 민음사, 1991, p.254.
94) 방신영, 위의 책, p.103.
95) 방신영, 위의 책, pp.111-112.
96) 방신영, 위의 책, pp.115-116.
97) 이용기, 조선무쌍신식요리제법, 민속원, 1991년 재출간, pp.91-109.
98) 이용기, 조선무쌍 신식요리제법, 민속원, 1991년 재출간, pp.95-96.
99) 죽여 : 참대(왕대)의 속껍질을 말린 것.
100) 이용기, 위의 책, 무김치.
101) 이용기, 위의 책, p.100.
한복려 외 2인, 음식고전 : 옛 책에서 한국음식의 뿌리를 찾다, 현암사, 2016.
102) 이효지, 위의 책, p.206.
103) 조자호 지음 · 정양완 풀어씀, 조선요리법, 책미래, 2014, pp.65-80.
104) 손정규, 우리음식, 서울 삼중당(1949), pp.30-49. 손정규는 1911년 경성여자고등보통학교(현 경기여고) 제1회 졸업생이며, 오랫동안 경기여고 교사를 역임 후 1945년 경성여자사범대학(현 서울대학교 사범대학 전신) 학장 역임.
105) 정연학, 연변 조선족 민족음식문화의 특징 및 변천, 한식의 인문학 심포지엄, 2018, pp.144-146.
106) 주영하, 김치, 한국인의 먹거리, 공간, 1994.6. pp.103-105.
107) 백태현, 중앙아시아 고려인의 민족음식문화, 한식의 인문학심포지엄, 2018, pp.117-118.
108) 윤서석 외, 한국의 음식문화―김치, 이효지, 교문사, 2015. pp.209-210.

109) 네이버 지식백과, 한국민족문화대백과, 한국학중앙연구원.

110) 서리나, 김치에 대한 인지, 정서 그리고 변화, 세계김치연구소, 2015.12.20. pp.243-244.

111) 서부승 지음, 김치, 김영사, 2004, p.25.

112) 박남일, 좋은 문장을 쓰기 위한 우리말 풀이사전, 서해문집, 2004.

113) 최필승, 자랑스런 민족음식－북한의 요리, 한마당, 1989, pp.183-284.

3부

현대의 김치와 김장문화

7장

현대의 김치문화

김장은 대개 입동 전 · 후로 담그게 되는데, 도시에서는[1] 이때가 되면 김장 시장이 선다. 배추는 서울 교외의 방아다리 근처에서 재배하는 것이 가장 좋은 품종이었다. 개성배추는 방아다리 배추보다 허리가 잘록하고 잎이 넓어서 보쌈김치에 적합하다. 보통 가정에서는 김장으로 한두 접(100~200통)씩 담갔으나, 지금은 주거양식이 변하고 비닐하우스에서 재배되는 겨울채소의 보급 등으로 많이 줄었다.

1973년 서울을 중심으로 한 수도권 지역의 가정에서 조사한 유태종 · 정동효 교수의 보고에 따르면, 김장 때 배추김치에 소요되는 배추의 포기 수는 1인당 12~20포기였다. 최근 조사한 일산, 파주, 과천의 식생활 조사[2]에도 1970년 말까지 경기도 지역의 김장김치 종류는 '배추김치', '동치미', '알타리총각김치', '깍두기', '짠지'였다. 이 중 짠지는 소금을 많이 하여 무를 절인 것으로 주로 이듬해 봄에 김장김치가 다 떨어진 후에 먹기 위해 준비하는 것이다. 김장을 하는 시기는 음력 10월에서 11월 사이로, 식구가 보통 일곱에서 열 명 이상일 때 담그는 배추김치의 양은 150~200포기였다.

1970년대 말쯤에는 40~50포기로 배추의 양이 줄어든다. 1965년 이후 비닐하우스에서 배추가 재배되면서 70년대 중반 이후 연중 배추를 구입할 수 있게 되자, 김장행사의 의미가 많이 축소되었다.

1980년 조선일보 10월 21자에 의하면, 5인 가족의 김장김치 양으로 배추를 25~30포기 정도를 추정했다. 젓갈로는 충청도 이북이 고향인 사람들은 새우젓, 그리고 남부 지역 출신들은 멸치젓을 사용했다. 이 시기에 들어와 우리나라 김장김치의 양은 집집마다 차이를 갖지만, 대체로 배추 40포기쯤으로 바뀌었다.

현대의 김치로는 앞에서 알아본 문헌을 통해 살펴본 여러 김치류의 역사적 변천에 온고지신(溫故知新)[3]의 정신으로 권장김치를 포함하여 20여종의 김치를 알아본다.

현대의 문헌으로는 윤서석의 『한국음식－역사와 조리』(수학사, 1987)[4], 강인희의 『한국의 맛』[5], 황혜성의 『한국요리백과사전』[6], 『한국 종가의 내림 발효음식』[7], 김숙년의 『600년 서울음식』[8], 조정강의 『손맛 밴 우리 음식이야기』[9] 등을 참고하고, 『가장 배우고 싶은 김치 담그기 40』(한국의 맛 연구회, 북플리오, 2006)[10]도

'김치의 원형 찾기'의 맥락이 이 책과도 연결되어 있어 알아본다.

7.1 우리 김치의 원형을 반영한 권장김치

조선 전기 조리서(『음식지미방』까지)에 나오는 김치 담금법을 기준으로 분류하면[11] 나박김치, 동치미, 신건지, 짠지, 섞박지, 소박이, 장아찌로 구분할 수 있다.

조선 중기는 『산림경제』, 『증보산림경제』 등을, 조선 후기에는 『규합총서』, 『임원십육지』, 『정조지』 등을 참고로 하여 김치 원형을 찾고자 하였다.

우리 김치의 원형 제시 기본은 근대 조리서인 『조선요리제법』, 『우리음식』 등의 김치 만드는 법을 먼저 제시하고, 전·후 현대 조리서들을 적당하게 예를 들어 비교하였다. 김치 담금법의 발현(發顯) 순서대로 가급적 설명하였다.

1) 오이지(瓜鹹菹)

'오이지'는 소금물에 절여 삭힌 오이를 썰어 헹구어 물에 띄워 냉국으로 먹거나 갖은 양념으로 무쳐 먹는 김치[12]이다. 신건지는 김장철에 동치미보다는 짜고 짠지보다는 싱겁게 절여 이듬해 봄에 먹도록 한 것이다. 여름철의 오이지는 신건지 계열이다.

『증보산림경제』(1766)에 "오이지는 날오이 한 켜에 생강, 마늘, 고추, 부추, 흰파 등의 양념을 한 켜씩 담고 짠 소금물을 부어 익힌 것"이라고 하였다.

『우리음식』(1948)의 '오이지(胡瓜鹽沈菜)' 재료는 오이 50개, 소금 1.3리틀, 물 3.7리틀을 준비한다.

오이를 항아리에다 씻지 않은 채로 넣고 흥건하게 소금물을, 또는 끓인 소금물을 식혀 부어둔다. 오이 빛이 변할 때쯤 오이를 건져서 물에 다 씻어 세로로 쪼개어 적당한 길이로 잘라 먹는다. 항상 돌을 눌러두지 않으면 오이가 물에 뜨므로 주의할 필요가 있다. 소금의 분량은 오이를 오래 둘수록 많이 넣어야 한다. 오이를 씻지 않고 그대로 오이지를 담그라 하고 있다.

『600년 서울음식』(김숙년, 2001)의 오이지는[13] 오이가 한창일 때 5~6월 오이를 접으로 사서 한 독 가득 오이지를 담는다. 재료는 오이 100개, 물 1.8리터 3병, 소금 5컵을 준비한다.

오이는 몸통이 고르고 표면에 오톨도톨한 돌기가 많은 싱싱한 것으로 준비하여 깨끗이 씻는다. 냄비에 물과 소금을 넣고 팔팔 끓인 뒤 오이를 집게로 집어넣고 돌려가며 하나씩 데친다. 항아리에 데친 오이를 차곡차곡 넣고 무거운 돌로 꼭 누른다. 데친 물을 다시 한 번 끓여 오이 담은 항아리에 붓고 완전히 식힌 뒤 뚜껑을 덮는다. 보름 정도 그대로 두어 절였다가 꺼내어 먹는다. 오이를 소금물에 하나씩 데쳐서 넣도록 하여 색이 고운 오이지가 만들어진다.

2) 갓김치

'산갓김치(山芥菹)'는 『도문대작(屠門大爵)』(1611)에 처음으로 기록되었는데, 함경남도와 회양, 평강 등지에서 나는데 맵고도 산뜻하다고 하였다. 『음식지미방』(1670)에는 "산갓김치를 익힐 때 너무 더워서 산갓을 데워도 좋지 못하고, 덜 더워 일지 않아도 좋지 못하니, 구들이 너무 뜨거우면 단지를 옷가지로 싸서 익히고, 뜨겁지 않거든 솥에 중탕하여 익히라."고 하였다. 산갓김치가 숙성되면서 매운 향미가 잘 발현될 수 있는 온도유지를 강조한 것이다.

『한국의 음식용어』에서 갓김치는[14] 싱싱한 갓을 소금에 절였다가 고춧가루, 멸치젓국, 파, 마늘, 생강 다진 것을 넣고 소금으로 간을 맞추어 버무린 것에 소금간을 한 국물을 부은 것이다. 강원도에서는[15] 키가 크지 않은 토종갓을 짜게 소금에 절였다가 퇴렴하여 무쳐서 메밀만두, 메밀전병의 소로 넣기도 하고, 메밀 막국수를 먹을 때도 같이 먹는다. 일년 내내 갓김치를 저장해 두고 먹는다.

『시의전서』(1800년대 말)에서 동갓채는 어린 갓의 줄기를 껍질을 벗겨 가늘게 채쳐서 소금과 꿀로 간을 맞추어 담은 김치라고 하였다. 근대 이전의 조리서인 『도문대작』, 『음식지미방』에는 산갓김치가 기록되었는데, 근대 조리서인 『조선요리법』과 『우리음식』에는 갓김치가 수록되지 않았다.

3) 동치미

'동치미'는 주로 겨울김치이다. 무를 통으로 짜지 않게 소금에 2~3일 절였다가 양념과 소금물을 부어 익혀 국물과 함께 먹도록 담근 것이다. 배추만으로 또는 배추에 무를 조금 섞어서 배추 동치미로도 한다. 여름에 오이나 무를 썰어 동치미로 담그기도 한다.

『산가요록』(1450년)의 동치미(凍沈, 순무동치미)는[16] 겨울 순무를 껍질을 벗겨서 그릇에 담아두었다가 아주 잘 얼었으면 항아리에 담고 냉수를 붓고 입구를 봉하여 따뜻한 방에 두어 익기를 기다린다. 맛을 보아서 먹을 만하면 수저로 뜰 수 있을 만큼 찢어서 물에 담그고, 소금을 조금 넣으면 매우 맛이 좋다. 『산가요록』의 침백채(沈白菜, 배추김치)는[17] 깨끗이 씻은 배추 한 동이에 소금 3홉을 고루 뿌려 넣고 하룻밤 지낸다. 다시 씻어서 먼저처럼 소금을 뿌리면서 항아리에 담고 물을 붓는다. 다른 침채법과 같다.

『600년 서울음식』의 동치미는[18] 무 10개(4kg), 굵은 소금 2컵, 삭힌 고추 100g, 쪽파 100g, 마늘 2통, 청각 50g, 마른고추 5개, 생강 1톨, 파뿌리 적당량, 소금물(물 6리터, 소금 $1\frac{1}{2}$컵)을 준비한다.

동치미 무는 너무 크지 않고 아래 위 굵기가 비슷한 것, 무청이 싱싱하고 잔털이 적은 조선무가 좋다. 무와 무청 사이를 손질한 뒤 잔뿌리를 떼고 수세미로 깨끗이 씻는다. 바닥에 굵은 소금을 깔고 무를 통째로 굴려 항아리에 담은 뒤 하루 동안 절인다. 무껍질은 벗기지 않는다. 분량의 물과 소금을 팔팔 끓이고 면보에 받아 맑은 소금물을 만든 뒤 식힌다. 쪽파는 다듬어 무를 절이고 남은 소금물에 슬쩍 절여 숨이 죽으면 씻어 두세 가닥씩 말아 묶는다. 청각은 씻어 물기를 빼고, 마른 고추는 듬성듬성 썬다. 생강과 마늘은 얇게 저민다.

항아리에 무를 담고 쪽파, 청각, 생강, 마늘, 마른고추, 파뿌리, 삭힌 고추를 넣은 뒤 맑은 소금물을 붓고 간을 보아 익힌다. 배나 석류를 넣으면 신선한 맛을 낼 수 있다. 상에 낼 때는 무를 반 잘라 적당한 두께로 썬 뒤 삭힌 고추와 파를 곁들이면 모양도 좋고 시원해 보인다.

『한국민속종합조사보고서』 강원도의 동치미 재료로는[19] 조선무 20개, 삭힌 푸른 고추, 생강, 마늘, 실파, 소금이다.

무는 잘고 몸이 곱고 얌전한 것으로 골라 머리와 꼬리를 따고 잔털을 다 뜯고 정히 씻어 건진다. 껍질은 벗기면 안 된다. 독에다 무 한 켜를 놓고 소금을 뿌리고, 무 한 켜를 놓고 소금을 뿌리기를 반복하여 절여서 2~3일 물이 흥건할 때까지 덮어둔다. 2~3일 후에 땅에 묻은 독에 절인 무 한 켜, 실파와 마늘, 생강 얇게 저민 것을 뿌리고 다시 무 한 켜, 양념 한 켜 하여 담은 후 대잎으로 덮고 무거운 돌로 누른다. 무를 절였던 소금물에 물을 더 보태서 넣고 소금으로 삼삼하게 간을 맞춘 후 체에 밭쳐서 동치미 항아리에 가득되게 붓고 꼭 봉하여 익힌다.

강원도는 다른 고장보다 김장을 일찍 하고 배추보다는 무를 많이 재배하기 때문에, 무 김장을 많이 담는다. 영동지방은 김치에 해물을 생것을 많이 넣고 여러 가지 젓갈, 즉 꽁치젓, 잡어젓 등 김치용 젓갈을 집에서 많이 담가 준비한다.

종가의 내림음식 중 나주 밀양 박씨 박경중 종가 남파고택 반동치미는[20] 통배추김치에 새우젓 국물을 부어 동치미와 유사한 형태로 만드는 나주 밀양 박씨 종가의 내림김치로, 파와 마늘, 홍갓, 실고추, 밤, 배 등을 양념하여 배추와 칼집 낸 무 사이에 채워 넣고 짚으로 동여맨다. 다진 마늘, 생강, 굴, 조기살을 각각 면주머니에 담아 3일간 함께 숙성시킨 후 새우젓 국물과 소금물을 부은 것이다.

일반적인 통배추김치를 담근 후 3일째에 새우젓 국물을 부어 동치미와 유사한 형태로 만드는 김치이다. 동지절식인 팥죽과 함께 이 반동치미를 먹는다.

19세기 서울·경기식 통배추김치가 전라도 지역으로 전해지는 과정에서 처음 만들어 먹기 시작한 것으로 추정되며, 나주 밀양 박씨 종가에서는 주로 동지 무렵에 반동치미를 먹거나 절식인 동지죽과 함께 제사상에 올리기도 하였다.

김장 가운데 가정 먼저 먹는 반동치미는 배추를 십자로 자르고 그 안에 갖은 채소와 과일을 고춧가루에 버무린 소를 넣은 다음 3일 뒤 새우젓 국물을 붓는다. 나주에서는 흔한 배를 이용해 단맛을 내고 싱싱한 조기를 손질해 살을 발라 넣는 것이 주요 비법이다.

전라도 지역에서 전해지는 배추 동치미 또는 전라 반지와 유사하지만, 현존하는 고조리서나 문헌에서는 찾아볼 수 없는 음식명이다. 종가에서는 전해지는 기록은 없으나 통배추김치와 동치미의 중간이라고 해서 반동치미가 아닐까 추측한다. 또한 겨울의 절반쯤이 지난 즈음에 먹는다 하여 반동치미라는 설과 오랜 세월 만들었던 반가(班家)의 동치미라는 의미의 반동치미라는 이야기도 전해진다.[21)]

1935년 11월 12일자 동아일보에 따르면, 경성의 배추김치가 전라도에서 배추 동치미라는 이름으로 즐겨 먹는 김치가 되었다고 소개하고 있다. 북어와 낙지 등 다양한 재료가 들어가는 배추동치미는 전라도 지역의 양반가를 중심으로 만들어졌는데, 이는 서울 · 경기식 통배추김치가 왕실과 종가, 근기(近畿) 지역 양반가들의 교류를 통해 유입된 흔적으로 평가된다.[22)]

반지는[23)] 김장할 때 주로 담가서 겨울에 먹는 전라도 지역 향토김치이다. 갖은 속 양념이 듬뿍 들어간 고급 김치다. 반지란, 국물이 많은 동치미도 아니고, 그렇다고 젓국과 고춧가루를 많이 넣지도 않은 중간 정도의 김치라는 뜻이다. 국물이 하얀 김치라고 하여 '백지'라고도 하고, 전라도 지역에서 담가 먹는다하여 '전라반지'라고도 한다.

반지는 김칫국을 먹는 백김치나 동치미와 달리 국물을 자박자박하게 부어 담갔다. 백김치처럼 배추를 주재료로 하고 국물이 자박자박한 점은 같지만, 백김치와 달리 고춧가루를 사용한 붉은 김치라는 점이 다르다.

반지와 유사한 김치로, '사연지'는 경북 안동의 향토음식이며 제사음식으로 쓰인다. 설까지 먹을 수 있는 김치로 실고추와 해산물로 맛을 내고 연분홍의 김칫국물과 시원한 맛이 특징이다. 다양한 김치 속을 배춧잎에 싸서 넣은 것에서 유래되었다고 추측한다. 소금에 절여 물기를 뺀 배추를 양념(새우 삶은 물, 실고추, 멸치액젓, 다진 마늘 · 생강, 통깨, 후춧가루)으로 버무린 다음 각각 채 썬 무, 밤, 석이버섯, 마늘, 생강과 미나리, 청각, 양념한 새우, 실고추를 섞어 만든 김치 속을 배춧잎 사이사이에 넣고, 납작하게 썰어 양념(멸치액젓, 다진 마늘 · 생강, 실고추, 통깨)한 무를 같이 넣어 담근 김치이다. 조기, 낙지, 전복, 굴을 넣기도 한다.[24)]

4) 나박김치

'나박김치'는 봄철의 햇김치로서 국물이 많고 건더기와 국물을 함께 먹는 것으로 침채형 김치는 나박김치형에서 시작되었다고 본다. 무, 배추를 썰어서 미나리, 양념(파, 마늘, 생강, 실고추)과 함께 삼삼한 소금물에 담가 1~3일 익혀 국물과 함께 먹을 수 있도록 한 것이다. 옛날에는 미나리, 갓만으로 담근 것도 있었다.

『산가요록』(나박), 『조선요리제법』(나박김치), 『조선무쌍신식요리제법』(나복담저 : 蘿蔔淡菹)로 소개되어 있다.

앞에서 살펴 본 『산가요록』(1450)의 나박(蘿薄)김치는 "무를 깨끗이 씻어서 껍질을 벗기고 다시 씻지는 말고, 하나하나 작고 납작하게 썰어 바로 항아리에 담는다. 바람을 들지 않게 하여 담그는 것이 더 좋다."라고 하여 무만을 사용하여 김치를 담았다.

『600년 서울음식』의 나박김치[25] 재료는 무 1개(800g), 배추속대 300g, 실파 30g, 미나리 30g, 실고추 약간을 준비하고, 무 양념으로는 고운 고춧가루 1/2큰술, 소금 1큰술을, 김칫국물 재료는 물 5컵, 소금 2큰술, 설탕 $1\frac{1}{2}$큰술, 마늘즙 1큰술, 생강즙 1/2큰술, 고운 고춧가루 1/2큰술을 준비한다.

나박김치 무는 국물 맛이 시원하도록 윗부분이 파랗지 않고 모양이 쭉 고르며 무청이 달린 것으로 골라, 무청을 떼어내고 깨끗이 손질한 다음 3×2.5cm 크기, 0.4cm 두께로 나박썰기 한다. 여기에 고운 고춧가루를 조금 넣어 붉은 색이 배도록 버무린 다음 소금을 슬쩍 뿌려둔다. 배추속대는 줄기만 준비하여 무와 같은 크기로 썰고 무와 함께 고루 섞는다. 미나리는 줄기가 짧고 통통하며 뿌리가 적은 부드러운 것을 골라 잎과 뿌리를 떼어 내고 실파와 함께 3cm 길이로 썬다. 냄비에 물, 소금, 설탕을 넣고 한소끔 끓여 살짝 식힌 후 마늘즙과 생강즙, 고운 고춧가루를 섞고 고운 체에 걸러 깨끗한 김칫국물을 만든다. 미지근하게 준비한다. 무와 배추속대에 실파와 실고추를 섞어 항아리에 차곡차곡 담는다. 김칫국물을 부어 따뜻한 곳에서 하루 정도 익힌 다음, 미나리를 넣고 저어 시원한 곳에 두고 먹는다.

5) 깍두기

18세기 『소문사설』에는[26] "깍두기는 집집마다 있지만, 맛이 짠 것이 많고 색깔이 깨끗하지 않은 것도 있다. 어떤 집에서는 오랫동안 묵혀 색깔이 누렇게 된 새우젓을 물에 넣어 삶은 뒤 고운체로 찌꺼기를 걸러내고, 따로 생무를 큼직하게 썰어 새우젓을 삶은 물에 담가 놓는다. 또 고춧가루를 많이 섞어놓으면 오래되어도 맛이 있고 그다지 짜지도 않다."라고 하여 집집마다 일반적으로 담아먹는 김치임을 알 수 있도록 기록되었다.

이후 20세기 근대조리서인 『조선요리제법』(방신영, 1934년(8판))의 김장용 각뚜기(깍두기)를 보면, 보통 깍두기는 무로만 담는 것으로 여겨지나, 조선요리제법의 경우처럼 무 : 배추의 비율이 1 : 0.5 동이다. 각뚜기(깍두기)의 재료는 무 한 동이(썰은 것), 배추 반 동이(썰은 것), 고추 한 되(무거리 고춧가루), 파 채친 것 한 사발, 미나리 두 사발(썰은 것), 마늘 한 종자(이긴 것), 청각 반 사발, 젓국 한 사발, 생강 한 종자(이긴 것), 갓 한 사발(썰은 것), 소금 두 홉을 준비한다.

절인 무를 칠푼 장광에 서푼 두께로 썰은 배추는 잘 절인 것으로 칠푼 길이 되게 썰어서 놓고, 고추는 무거리 고추로 만들고, 파는 한 치 길이씩 썰어 채치고, 미나리는 한 치 길이로 잘라놓고, 파, 생강은 곱게 이겨서 놓고, 청각은 대강 뜯어 놓은 후 큰 그릇에 무를 담고, 고춧가루를 넣고 새우젓 젓국을 넣은 후 두 손으로 오래 섞어서 무에 고춧물이 들도록 문질러 섞은 후에 배추 썰은 것과 여러 가지 양념 한 것을 다 넣고 잘 섞어서 독에 담고 정하게 절은 우거지로 위를 덮고 돌을 눌러 넣은 후 꼭 봉해서 잘 덮어두었다가 겨울에 먹기 시작해야 다음 해 여름까지 먹는다. 절일 때는 무 한 동이에 소금 신관 승(升, 되)으로 칠홉(合)의 비례로 절이고, 새우젓은 잘 이겨서 물을 조금 붓고 잘 풀어서 고운체에 밭여서 국물을 부으며, 분량은 각 집에 따라 다르니, 각각 할 만큼 하고 버무리는 분량만 여기에 기록한 것이니 한 동이의 무에 넣는 양념 분량이다.

『한국의 맛』에 "깍두기는[27] 무 450g, 미나리 1/2단, 고춧가루 5큰술, 새우젓 2큰술, 다진 마늘 큰술 $1\frac{1}{2}$큰술, 골파 200g, 다진 생강 1작은술, 소금 2작은술, 설탕 1큰술로 무만을 사용하고 있다. 무 절인 물은 무가 맛이 있는 철에는 사용하나, 무가 맛이 없는 여름철에는 섞지 않고 버린다."고 하였다. 또한 강인희의 조리법을 그대로 적용하는 '한국의 맛 연구회'에서도 『가장 배우고 싶은 김치 담그기 40』에서는[28] 재료로 무 500g, 소금(절임용) 10g, 미나리 50g, 쪽파 100g, 고춧가루 35g,

마늘 12g, 생강 2g, 새우젓 35g, 설탕 9g, 소금 10g 등으로 주재료는 무만을 사용하고 깍둑썰기한 무를 절여서 만들었다.

6) 장김치

(1) 장김치

'장김치'는[29] 무와 배추를 미나리, 갓 등과 함께 간장에 절여 담그는 김치를 말하는데, 조선 후기 문헌에서는 장저(醬菹), 장침채(醬沈菜) 등으로 기록되어 있다. 고려 후기 문신인 이색(李穡, 1328~1396)의 『목은고(牧隱藁)』를 보면, 병상에 있는 목은에게 지인의 부인이 쌀과 함께 장과(醬瓜)를 보낸 것을 감사한 마음을 담은 시(詩)가 전해진다. 양반가에서 선물로 보내는 김치라면, 이 장과는 장아찌라기보다는 장김치일 듯하다.

이규보가 지은 『동국이상국집』 가포육영(家圃六詠)에 "청(菁)은 장에 담그면 여름철에 먹기 좋고, 소금에 절이면 긴 겨울을 능히 견딜 수 있다."고 적혀 있다. 여기서 청은 무를 가리키며, 무를 장에 담가 만든 여름철 김치라는 점에서 장김치의 형태라고 할 수 있다. 『부인필지』(1908)에는 '장짠지'라는 이름으로 여름철 장김치 담그는 법을 소개하고 있다. 재료를 보면 전복이 들어있으나, 대체로 논산 파평윤씨 종가의 장김치와 유사하다.

『통김치, 탄생의 역사』라는 책을 보면, 1950년대까지 각종 조리서에 소개된 장김치의 재료들이 정리되어 있다. 일반적으로 장김치의 재료는 배추와 무, 파, 마늘, 생강, 미나리, 갓, 배, 밤, 잣, 석이버섯, 표고버섯이고 나박김치처럼 담근 뒤 간장으로 간을 한다. 더러 고추나 실고추가 추가되기도 하고 드물게 호두, 대추, 유자 등의 과실류나 해삼 등의 해산물이 들어가는 경우도 조사되었다.[30]

『우리음식』(손정규, 1948)의 장김치는[31] "배추는 잘 찢어서 겉의 질기고 파란 잎을 다듬고, 소 좋은 잎만을 4cm 가량으로 잘라서 장에 저려둔다. 무는 두께 8mm, 길이 4cm, 넓이 2.3cm 가량으로 썰어서 장에다 담가둔다."라고 하여 간장에 절였다가 김치를 담그고 있으며, "김치 담그는데 손이 많이 가는 것에 비해 오래 가지 못하므로 여름철에는 잘 만들지 않는다."고 하여 다른 이견을 보인다. 『시의전서』(장침채 : 醬沈菜), 『조선요리제법』(장김치), 『조선무쌍신식요리제법』(장김치, 장저 : 醬菹)에 소개되어 있다.

논산 파평윤씨 종가의 명재고택에는[32] 수백 개의 장독이 늘어서 있는 정겨운 장독대 풍경과, 전통의 맛이 사라지는 것이 안타까워 시작한 장 사업은 1년에 담그는 300독의 간장인 '교동전독간장'을 상품화하였다.

장김치는 무와 알배추에 미나리와 밤, 배, 풋마늘을 썰어 넣고, 교동전독간장으로 간을 맞춘 국물을 부어 담근다. 이 종가에는 주변에 밤나무가 많아 장김치의 부재료로 생밤을 꼭 넣었고, 시원한 맛을 위해 배를 함께 넣어 만들었다. 그리고 홍고추와 고춧가루를 넣는 것도 이 종가 장김치의 특징이다.

재료는 무 315g, 알배추 80g, 미나리 110g, 밤 45g, 배 210g, 대파 20g, 풋마늘 30g, 마늘 10g, 생강 5g, 홍고추(간 것) 210g, 고춧가루 15g, 교동전독간장 115g, 설탕 20g, 물 1,715g을 준비한다.

무는 껍질을 벗기고 3cm×3cm×0.2cm 크기로 썬다. 알배추는 반으로 가른 후 무와 같은 크기로 썬다. 미나리도 3cm 길이로 썬다. 밤은 가늘게 채 썬다. 배는 껍질을 벗기고 무와 같은 크기로 썬다. 대파는 3cm 크기로 잘라 곱게 채 썬다. 풋마늘도 같은 크기로 썰어 채 썬다. 마늘과 생강은 얇게 저며 곱게 채 썬다. 홍고추 간 것에 고춧가루를 섞어 절구에 빻은 후 교동전독간장과 설탕을 넣어 간을 맞춘다. 그릇에 물을 담고 고추 간 것을 체에 담아 양념이 우러나오도록 내린다. 빛깔을 봐가면서 홍고추 간 것과 고춧가루의 양을 가감한다. 여기에 무, 배추, 미나리, 배, 밤, 대파, 풋마늘, 마늘, 생강 순서대로 넣고 섞어 항아리에 담는다.

(2) 씨도리장김치

'씨도리장김치'는[33] 노란 속대가 적은 조금은 억센 배추로 김장철에 담가 초여름까지 먹는 막김치이다.

재료는 씨도리배추 5kg, 소금물 4리터, 굵은 소금 2컵, 무청 적당량, 굵은 고춧가루 1/2컵, 굵은 소금 적당량, 양념장(진간장 $1\frac{1}{2}$컵, 청장 $1\frac{1}{2}$컵, 물 $1\frac{1}{2}$컵, 실고추 1컵, 마늘채 1/2컵, 생강채 1/3컵)을 준비한다.

씨도리배추는 밑동에 칼집을 넣어 반으로 쪼갠 뒤 소금물에 하룻밤 푹 절인다. 서너 번 헹구고 채반에 얹어 물기를 뺀다. 무청은 깨끗이 다듬고 씻어 배추 절인 소금물에 숨이 죽도록 절인 후 말간물이 나오도록 씻어 물기를 뺀다. 마늘과 생강은 손질하여 곱게 채 썬다. 냄비에 진간장, 청장, 물을 붓고 뚜껑을 열고 한소끔 팔팔 끓인 뒤 불에서 내리고 한 김 식혀 실고추, 마늘과 생강채를 섞어 칼칼한 양념장을 만든다. 이 양념장에 배추를 넣고 짭짤한 양념물이 고루 배도록 적시면서 배춧잎 사이에 생강과 마늘채, 실고추를 대충 집어넣고 굵은 고춧가루를 뿌린다. 항아리에 배추를 차곡차곡 담고 물기 꼭 짠 무청우거지를 덮은 뒤 돌맹이로 꼭 눌러두어 익힌다.

7) 섞박지

'섞박지'는 배추, 무를 썰어서 갖은 양념(파, 마늘, 생강, 고춧가루, 미나리 등)과 젓갈, 소금을 버무려 담가 익힌다. 사계절 언제나 담는다.

『조선요리법』의 석박지(섞박지)는 무 썰은 것 1동이(무 한 동이에 소금 칠 홉으로 저려서 한 치 길이 팔 푼 넓이 오푼 두께로 썬다), 배추 썰은 것(반동이, 소금에 절인 배추로 닷분 길이로 썰라), 실고추 한 사발, 미나리 세 대접(한 치 길이씩(3cm) 썰은 것), 파 채 썰은 것 한 사발, 마늘 이긴 것 한 종자, 생강 이긴 것 한 종자, 갓 썰은 것 한 대접, 배 채친 것 한 사발, 밤 채친 것 한 사발, 조기젓 세 마리(조기젓을 물에 갈려서 뼈를 꺼내고, 맨살로만 닷분 길이로 썰 것), 낙지 이십 개(대가리 자르고 껍질 벗기고 잠간 데쳐서 한 치 길이로 자를 것), 전복 한 개(충분히 불려서 얇게 저며 가지고 골패짝 만큼씩 썰 것)를 다 함께 넣고 잘 섞어서 독에 담는다.

통김치처럼 배추통을 독에 한 켜 넣고 버무린 섞박지를 한 켜 놓고 이렇게 번갈아가면서 넣고 잘 절은 시래기로 많이 덮고 무거운 돌로 눌러서 2~3일 두었다가 국물을 붓되, 물 한 동이에 진한 조기젓으로 다섯 사발을 넣고 끓여서 잘 식혀 체에 곱게 받쳐 붓고, 오래 둘 김치는 국물이 끓을 때 소금을 좀 넣어서 끓여 각 독에 나누어 부을지니, 배추 백통(한 접)에 대한 고명의 분량을 다시 말하면 다음과 같다.

배추 한 접(100통), 무(큰 것으로) 60개(반은 채쳐서 소 재료로 하고 반은 저려서 석박지 감으로 썰 것), 고추(굵고 잘 마른 것) 한 말(신승으로), 마늘(굵은 것) 25개, 파(굵은 것) 석단, 생강(큰 것) 6뿔, 배 10개, 밤 한 되, 조기젓 13개, 미나리 열 단, 갓 다섯 단, 청각 다섯 줄기, 소금 한 말 서되(배추 절이는데 들어가는 것), 낙지 20개, 전복 한 개, 조기젓국 다섯 사발(김칫국 부을 것)을 준비한다. 고명을 준비하는데, 참고 재료로 각색 고명 중량의 비교를 기록해 놓았다.(이 부분은 생략 함)

윤서석의 『한국음식』 역사와 조리법에 섞박지의 재료 및 분량은[34] 배추(중간 것) 1통, 무(작은 것) 1개, 파 2대, 마늘 1통, 생강 조금, 미나리 1/2단, 고춧가루 1/4컵, 실고추 조금, 호렴 1/2컵, 정제염 1/3컵, 새우젓국 1/3컵을 준비한다.

배추는 겉대를 떼고 길이 5cm 정도로 잘라 썰고, 넓은 줄기는 너비를 반으로 썰어 씻어 소금에 4~5시간 절였다가 헹구어 건진다. 무를 3~4cm의 네모로 얄팍하게 썰고, 미나리를 5cm 길이로 썰고, 파도 5cm 길이로 굵직하게 채로 썬다. 마늘, 생강은 각각 찧고 다진다. 먼저 배추와 무에 생강, 마늘을 넣고 고춧가루로 버무린 다음 실고추, 새우젓국, 소금, 파, 미나리를 넣고 함께 버무려 항아리에 꼭 눌러 담는다. 국물은 깨끗하게 훑부셔 넣고 우거지를 덮어 시원하게 익힌다.

봄배추로 섞박지를 하면 봄철 김치다운 새로운 맛이 있어야 한다. 이때에는 배추를 6~7cm 길이로 써는 것이 좋다.

8) 백김치

고춧가루를 쓰지 않고 끓여 식힌 김칫국물을 부어 깨끗하게 담근 김치로, 좋은 재료를 많이 써 개운한 맛을 낸 고급김치이다.

재료는 배추(중) 5포기, 굵은 소금(절임용) 3컵, 소금물(소금 2컵, 물 1.8리터 4병), 배추소는 잣 1/2컵, 배 1개, 갓 1단, 미나리 1단, 쪽파 1/2단, 석이버섯 약간, 마늘 3통, 생강 20g, 실고추 적당량, 청각 적당량, 밤 8개, 마른 고추 5개, 대추 10개, 김칫국물(물 4리터, 소금 1컵)을 준비한다.

배추는 통배추김치와 같은 방법으로 손질하여 절인 뒤 헹궈 물기를 뺀다. 미나리는 잎을 떼어 줄기만 손질하여 함께 씻은 후 3cm 길이로 썬다. 배는 껍질을 벗겨 2×3cm 크기로 납작하게 썰고, 밤은 껍질을 벗겨 곱게 채 썬다. 마늘과 생강은 손질하여 곱게 채 썰고, 마른 고추는 1cm 길이로 자른다. 청각은 손질하여 씻고, 대추는 씨를 빼 곱게 채 썬다. 석이는 따뜻한 물에 불려 비벼 씻은 뒤 곱게 채 썬다.

냄비에 분량의 재료를 넣고 끓여 김칫국물을 만든 뒤 식힌다. 볼에 손질한 재료와 잣을 넣고 고루 버무려 김치소를 만든다. 물기 뺀 배춧잎 사이사이에 소를 고르게 집어넣고 파란 겉잎으로 동그랗게 전체를 싼다. 항아리에 차곡차곡 담고 우거지를 절여 물기를 짜 덮고, 돌로 누른 다음 준비한 김칫국물을 부어 익힌다.

유정임 김치명인의 백김치 만들기를 보면[35], 4kg 분량일 때 주재료로는 배추 2.5kg (1포기), 무 300g(1/4개), 배추절임 천일염(1 $\frac{1}{2}$ 컵), 물(7 $\frac{1}{2}$ 컵), 무와 당근절임, 고운소금 1작은술을 준비한다.

김치소로는 당근 1/5개, 청피망 1/3개, 홍피망 1/3개, 미나리 2줄기, 쪽파 3줄기, 배 1/10개, 대추 2개, 밤 1개, 석이버섯 3장, 잣 1/2큰술를 준비하고, 양념으로는 마늘즙 3큰술, 생강즙 1/2작은술, 배즙 1큰술, 국물생수 10컵, 배즙 6큰술, 마늘즙 3큰술, 생강즙 1작은술, 소금 2큰술, 멸치액젓 1작은술을 준비한다.

양념을 모두 즙으로 넣는 점과, 멸치액젓 등을 넣는 점, 그리고 마른 붉은 고추 대신 홍피망을 쓰는 점 등이 특이하다.

- 배추 절이기 : 분량의 물에 천일염을 녹인 후 겉잎을 떼어낸 배추를 넣어 절인다. 10~12시간 정도 절인 다음 건져 헹궈 물기를 뺀다.
- 김치소 준비하기 : 무와 당근은 채 썰어 분량의 소금에 10분 정도 절인 후 뒤적여 소쿠리에 건져 물기를 뺀다. 피망은 꼭지와 밑동을 잘라내고 반으로 갈라 씨를 뺀 다름 곱게 채 썬다. 미나리와 쪽파는 3cm 길이로 썬다. 배는 껍질을 벗겨 채 썰고, 대추는 돌려깎아 채 썬다. 밤과 불린 석이버섯도 채 썬다.
- 김치소 만들기 : 무채와 당근채에 마늘즙, 생강즙, 배즙을 넣어 버무리다가 피망, 미나리, 쪽파, 배, 대추, 밤, 석이버섯, 잣을 넣고 버무린다. 마지막에 멸치액젓을 넣고 버무린 후 맛을 보아 싱거우면 소금으로 간한다.

- 김치소 넣기 : 물을 뺀 절인 배추를 겉잎이 위로 가도록 놓은 후 버무린 김치소를 켜켜이 넣고 겉잎으로 감싼다.
- 국물 만들기 : 분량의 물에 소금을 넣어 녹인 후 배즙, 마늘즙, 생강즙을 섞어 백김치 국물을 만든다.
- 국물 붓고 익히기 : 완성된 백김치를 통에 차곡차곡 담고 손으로 꼭꼭 눌러 공기가 통하지 않도록 한 후 준비한 국물을 넉넉하게 붓는다. 하룻밤 상온에 두었다가 냉장고에 넣어 보관한다.

9) 열무김치

『우리음식』의 열무김치는 배추[36](열무의 오기인 듯함) 10단, 오이 5개, 미나리 1단, 고추갈, 파, 마늘, 생강, 밀가루, 소금은 조금씩 준비한다.

만드는 법은 열무와 미나리는 다듬어서 약 한 치 길이로 썰어서 소금에 절인다. 오이는 연하고 어린 것을 골라서 '오이소백이'와 같은 모양으로 오이를 칼로 잘라 속을 넣고 항아리에 열무 절인 것을 양념에 버무려서 열무 한 켜 넣고 오이를 한 켜 넣는다. 이와 같이 열무와 오이를 항아리에 전부 넣으면 돌로 눌러놓고 소금물을 풀어 밀가루 끓인 것을 섞고 체에 걸러서 김치항아리에 붓고 꼭 봉한다.

『한국요리백과사전』 궁중음식(황혜성, 1976)에, 열무김치의 재료는[37] 열무 1kg, 소금 1컵, 다홍고추 10개, 파 5큰술, 마늘 2큰술, 생강 1큰술, 밀가루 2큰술, 오이 5개를 준비한다.

열무를 4~5cm 길이로 썰고, 오이도 길쭉길쭉 썰어서 절인다. 다홍고추는 씨를 빼고 절구에 찧는다. 절인열무를 건져내어 겉물이 다 빠지면 버무린다. 찬밥이 안 되면 밀가루풀을 멀겋게 쑤어 소금국과 타서 간을 맞추어 아주 흥건하게 부어 익힌다. 열무 김칫국이 없게 버무리면 시원한 맛이 난다.

찬밥이나 밀가루풀을 넣도록 하며, 열무김치에 오이를 섞고 있다. 김칫국물에 감자 대신에 밀가루나 찹쌀가루로 풀을 쑤어 넣으면 더욱 맛있다. 대체로 봄여름 김치에는 밀가루풀을 사용하고 가을, 겨울 김치에는 찹쌀풀을 사용한다.

10) 통배추김치

현대에 들어서 가장 일반적인 통배추김치 만드는 법을 보면, 손정규의 『우리음식』에서는 통김치((筒沈菜)라고 하였으며, 실고추 120g에 고춧가루 80g을 사용하고 있어 실고추의 이용이 많았으며, 마늘은 채를 치는 것이 일반적이나 귀찮으면 다져도 좋다고 하였다. 조미료(미정, 한 숟가락)를 넣는 것이 특징적으로 보였다.

(1) 통김치(筒沈菜)

재료는 배추 20통(1통 1.5kg 표준), 무 20개(1개 1kg 가량), 미나리 3단(1단 600g), 파 3단(1단 600g), 마늘 3개(1단 150g), 갓 3단(1단 450g), 생강 2개(1개 200g), 고추(실고추 120g, 고춧가루 80g), 소금(호렴 1L, 식염 0.4L), 청각 200g, 미정(味精) 1숟가락, 절인조기 3마리(1kg), 새우젓 1.3kg, 낙지 3마리, 굴 0.2L를 준비한다.

① 배추는 좋은 것일수록 속이 꽉 배어있으므로 겉에 있는 나쁜 잎은 제쳐 다듬고, 배추꽁지 쪽을 쥐고 먼지를 잘 떤 후 소금(호렴)물에다 몸이 다 젓도록 한참(하루)동안 담가두어서 연해진 뒤, 따로 맑은물을 준비하여 두었다가 서너 번 씻어 물기를 빼어둔다. 무, 미나리, 파, 갓 같은 것도 모두 다듬어서 씻어둔다.

② 배춧속 쪽은 소금이 잘 배기 어려우므로 골고루 소금을 뿌려서 쌓아놓는다. 무는 열 개는 채를 쳐서 고춧가루에 버무려 둔다. 이렇게 하면 무에 고춧물이 빨갛게 잘 밴다. 소금은 뿌리지 않는다. 나머지 무는 서너 점으로 크게 길쭉하게 저며 둔다. 미나리와 갓은 4cm 정도의 길이로 자른다. 파는 흰뿌리 쪽을 4cm 정도의 길이로 잘라서 가늘게 썰어 둔다. 파란잎은 잘 씻어두었다가 항아리에 담을 때에 섞어 넣는다. 마늘은 껍질을 얇게 벗기고 한 개씩 채를 치는 게 보통이나, 귀찮으면 다져도 좋다. 생강도 껍질을 벗기고 적당히 썰어 두며 굴도 물에 헤어서 물기를 빼어 놓는다. 조기는 비늘을 떨고 대가리를 떼고 배래를 다듬어 두고, 살은 적당히 저며 둔다. 조기대가리와 기타 소금 기운이 있는 부분은 모두 두었다가 국물 만들 때에 쓴다.

③ 무 채 썬 것과 기타 고명 전부를 한데 버무리고, 소금 대여섯 숟가락을 넣어서 얼버무려 잘 섞어 배추 사이에 고루 나누어 넣고 아물린 후, 한 통씩 독에다 차곡차곡 쌓고 그 사이에는 간간히 크게 저민 무와 파, 청각, 실고추, 소금 등을 뿌려가며 모두 싼 후에는 우거지로 웃덮기를 하고, 뚜껑을 덮어서 2~3일 놓아둔다.

④ 이상과 같이 해서 배추를 넣는 그 이튿날쯤 새우젓과 조기대가리, 뼈, 비늘 등을 물 약 10리터를 넣어서 푹 끓인 후 하루쯤 두어서 건더기를 가라앉히고, 웃국물만 따라서 그 위에 물과 소금을 가감하여 국물 간을 맞추고, 배추가 담겨질 만한 양의 국물을 가만히 독에다 붓고 돌로 눌러놓고 뚜껑을 덮는다. 먹기 적당하게 익은 것은 기후와 소금의 다소에 관련하여 다르나, 11월경이면 20일이나 1개월쯤 되면 먹게 된다. 젓국 내는 것은 젓갈붙이면 무엇이나 물에 끓여 국물을 따른 후, 그 찌끼를 또 한 번 뜨거운 물을 부어 잘 섞어서 가라앉히었다가 국물을 더 따르는 것도 경제적으로 좋다.

⑤ 상에다 놓을 때는 배추 한 통을 꺼내서 도마에 놓고 4.5cm의 길이로 가로 자르며, 굵은 통이면 세로 둘이나 넷으로 쪼개 썰어서 그릇에 담아 국물을 끼얹어 놓는다. 무도 크게 저며 담근 것을 먹기 좋게 썰어 배추 한 옆에 놓는다.

(2) 배추통김치[38]

재료 및 분량은 배추(약 3kg) 10통, 무(약 500g) 5개, 대파 7뿌리, 마늘 10통, 생강(중간 것) 2톨, 미나리 1단, 갓 1단, 새우젓 1컵, 멸치젓국이나 조기젓국 1컵, 호렴 6컵, 정제염 2컵, 고춧가루 3컵, 실고추 1/2컵, 생굴 2컵, 조기젓이나 생명태 3마리, 배 1개를 준비한다.

만드는 법은 배추를 다듬어 길이로 반을 쪼갠다. 큰 그릇에 호렴 3컵을 물 7컵에 풀어 배추를 적셔 그릇에 담고, 소금을 조금씩 뿌리면서 절인다. 10여 시간 절여야 하며(배추가 많을 때는 하루쯤 절인다) 절이는 동안 위아래의 것을 바꾸어 놓고 고르게 절이도록 한다. 무는 채로 썰고 일부는 큼직하게 저며서 항아리에 담을 때 김치 포기 사이사이에 끼운다. 소금을 조금 뿌린 파, 갓을 모두 5~6cm 길이로 굵직하게 썰고, 미나리는 자른다. 마늘과 생강은 따로 곱게 찧는다. 새우젓도 다진다. 생굴을 깨끗하게 씻어 물기를 빼고, 조기젓을 자그마하게 저민다. 생명태는 도톰하게 저며 썰어, 소금을 조금 뿌린다. 배는 굵직하게 채 썬다.

무채에 먼저 고춧가루를 넣고 버무려 빨갛게 물이 들면 마늘, 생강을 넣어 버무리고 파, 미나리, 갓, 실고추, 새우젓, 소금을 넣고 함께 버무리고 젓국도 섞어서 일부 배추속이 촉촉하게 되도록 한다. 배추를 가족 수에 맞추어 쪼개서 포기의 크기를 조절한 후 준비한 속과 생굴, 조기젓, 생명태, 배 등을 켜켜에 고루 가도록 넣는다. 속을 한 폭 한 폭 넣는 대로 잎을 줄기 쪽으로 접어 잎으로 싼다.

한 포기 한 포기 젖혀 놓으면서 담고 중간중간에 무 저민 것을 넣고 포개어 항아리에 8부 정도 담는다. 그 위에 우거지를 덮고 소금을 뿌린 뒤 뚜껑을 덮는다. 깨끗한 파뿌리를 우거지에 섞어 덮어도 좋다. 김치를 담근 후 3일째 되는 날에 국물을 3컵 가량 준비하여 붓고, 돌로 꾹 누른 다음 시원한 곳에서 익힌다. 실고추의 양이 1/2컵으로 줄었으며, 고춧가루의 양이 전시대에 비해 늘어나기 시작했다.

(3) 통배추김치[39]

재료 및 분량은 배추(중) 10포기(20kg), 굵은 소금(절임용) 5컵, 소금물 20리터를 준비한다. 배추소는 무 4개(4kg), 갓 1단, 미나리 2단, 쪽파 1단, 대파 4대, 마늘 1컵, 생강 1/4컵, 굴 1/3컵, 생새우 2컵, 황석어액젓 1컵, 새우젓 1컵, 고춧가루 3컵, 실고추 1컵이다. 김칫국물은 물 4리터, 액젓 1/2컵, 소금 1컵이다.

만드는 법은, 배추는 밑동에 칼집을 넣고 손으로 쪼갠 뒤 다시 10~15cm 정도로 칼집을 넣는다. 분량대로 소금물을 만들어 배추를 적신 뒤 차곡차곡 포개 놓으면서 뿌리 쪽부터 굵은 소금을 뿌리고 배추를 적셨던 소금물을 고루 끼얹는다. 중간중간 위아래를 바꿔가며 7~8시간 정도 절인 다음 흐르는 물에 여러 번 씻고 소쿠리에 건져 물기를 뺀다.

무는 싱싱한 무청이 붙어있고 잔털이 적은 것으로 준비하여, 무청은 배추 절인 물에 숨이 죽도록 절이고, 무는 껍질째 깨끗이 씻어 길이 6cm, 너비 0.3cm로 패를 썬다. 미나리는 잎을 떼어 손질하고, 갓과 쪽파도 손질하여 4~5cm 길이로 썬다.

대파는 어슷하게 썰고, 마늘과 생강은 손질하여 곱게 채 썬다. 굴과 생새우는 싱싱한 것으로 준비하여 연한 소금물에 두 번 정도 헹군 뒤 물기를 뺀다. 새우젓은 자근자근 다진다.

넓은 그릇에 무채를 넣고 고춧가루를 고루 뿌려 빨갛게 버무린 뒤 미나리, 갓, 쪽파, 대파, 마늘과 생강, 실고추, 새우젓, 생새우, 황석어액젓 등을 넣고 다시 한 번 고르게 버무리다가 굴을 섞어 간을 확인한다. 소쿠리에 건져 물기를 뺀 배춧잎을 속대를 손으로 잡고 배춧잎 사이사이에 버무려 놓은 소를 고르게 펴 놓고 배추 겉잎으로 감싼 뒤, 항아리에 차곡차곡 넣어 손으로 꾹꾹 누른다. 절여놓았던 무청을 씻어 물기를 꼭 짜 배추 위를 덮고 큰 돌로 눌러준다. 준비한 분량의 액젓과 물, 소금을 한데 끓여 김칫국물을 만든 뒤 식혀 이틀 뒤에 김치에 붓는다.

(4) 포기김치

재료는[40] 배추 2통(4kg 정도), 소금물(물 6 : 소금 1), 굵은 소금, 청각, 소의 재료는 무 1개(1kg), 배 1/4개, 갓 1/4단, 미나리 1/4단, 쪽파 1/4단, 대파 1뿌리, 양파 1/2개이며, 젓갈 양념으로는 감자 찹쌀풀 1컵, 멸치액젓 1/2컵, 새우젓 1/4컵, 생새우 1/2컵, 고춧가루 2컵, 양파즙 1/2컵, 다진 마늘 1/2컵, 다진 생강 1/4컵, 설탕 2큰술(또는 인공감미료 1/2작은술), 소금 적당량이다.

만드는 법은, 배추는 2쪽으로 쪼개어 소금물에 담가 6시간 정도 나른하게 절인 후 깨끗이 헹구어 건져 물기를 뺀다. 배추가 다 절여지면 찬물에 3~4회 깨끗이 헹구어 소쿠리에 엎어서 물기를 뺀다.

무는 껍질 채 깨끗이 씻고 채 썬다. 끄트머리 남은 부분은 큼직하게 썰어서 소금을 뿌려둔다. 배도 껍질을 벗겨 무와 같은 굵기로 채 썬다. 대파는 흰 부분만 4cm 길이로 채 썰고 갓, 미나리, 쪽파는 깨끗이 손질하여 4cm 길이로 썬다. 멸치액젓에 고춧가루를 넣고 잘 갠 다음 감자 찹쌀풀을 넣고 고루 섞어 고운 색이 나도록 잠시 둔다.

큰 그릇에 채 썬 무를 담고 ⑤에서 불린 고춧가루와 소금, 설탕을 넣어 쓱쓱 문지르듯 고루 버무린다. 무채가 빨갛게 물이 들면 미나리, 갓, 대파, 쪽파, 배, 양파채 썬 것을 넣고 마늘, 생강, 새우젓 등 양념과 젓갈을 넣어 골고루 섞이도록 버무린 다음 마지막에 생새우를 넣고 섞는다.

절인 배추는 양념으로 쓱쓱 한 번 문지른 후 배춧잎 사이사이에 무채 소를 골고루 바르고 겉잎으로 잘 아무려 싼다. 남은 양념에 섞박지도 넣어 버무린다. 항아리 맨 밑바닥에 섞박지를 깔고 김치와 섞박지를 켜켜이 차곡차곡 담은 뒤(이때 김치의 속대 쪽이 위로 보이게 담아야 양념이 흐르지 않는다) 맨 위에 떨어진 배추 겉잎과 청각을 깨끗이 씻어 위에 얹고 준비한 돌을 눌러둔다.(배추 100통에 실고추 3세발과, 배추 2통에 고춧가루 2컵) 실고추의 사용은 보이지 않고, 섞박지를 항아리 밑에 담고 그 위에 통배추김치를 담는 방법이 특이하며, 음식점을 하는 집인 만큼 조미료의 사용이 보인다.

(5) 윤미월 김치명인 김치비법과 통배추김치[41)]

대대로 내려온 김치 명인의 김치 레시피 비밀은 황석어젓의 사용이다. 황석어젓은 살을 발라 양념에도 넣고 분리한 뼈와 머리는 달여서 나중에 국물로 부어 발효과정에 이용한다.

숨이 잘 죽은 절인배추에 황석어젓이 들어간 양념을 골고루 버무려 항아리에 담고 그다음엔 양념에 버무린 무를 담는다. 그 위에 다시 김장배추와 무를 차례로 쌓는 것이 비법이다. 잘 쌓은 김장독 위는 절인배추 겉잎으로 덮어 4일간 숙성시킨 뒤 뚜껑을 열어 미리 준비해 둔 황석어젓 뼈를 달인 국물을 붓고 다시 잘 닫아 100일이 지나면 먹음직스러운 통배추김치가 완성된다.

숭침채(통배추김치)의 재료는 배추 5통, 무 · 배 1개씩, 전복 3개, 낙지 1마리(혹은 문어), 대파 2대, 청각 · 미나리 한 줌씩, 황석어젓 · 마늘 간 것 100g씩, 밤 50g, 생강 간 것 30g, 고춧가루 160g, 소금 500g, 물 400ml이다.

배추는 사이사이에 소금을 뿌려 6시간 정도 절인 뒤 깨끗이 씻어 물기를 뺀다. 무는 큼직하게 썬다. 배는 껍질을 벗겨 채 썰고, 대파는 흰 부분만 준비하여 어슷 썬다. 청각은 한 입 크기로 먹기 좋게 썰고, 미나리는 잎을 떼어내고 3cm 길이로 썰고, 밤은 채 썬다. 황석어젓은 살을 바르고 뼈와 머리를 따로 모아둔다. 냄비에 황석어젓 뼈와 머리를 넣고 물 400ml를 붓고 달인 다음 국물만 걸러서 식힌다. 전복은 내장을 떼고 깨끗이 씻어서 먹기 좋게 저민 다음, 하루 전날 소금을 가볍게 뿌려 냉장고에서 24시간 숙성시킨다. 낙지는 소금물에 씻은 뒤 먹기 좋게 저며 냉장고에서 24시간 숙성시킨다.

볼에 황석어젓 살과 전복, 낙지, 배와 대파, 청각과 미나리, 밤, 마늘 간 것, 생강 간 것, 고춧가루를 넣고 양념을 만든다. 절인 배추와 무에 모든 양념을 버무린 뒤 항아리에 배추 한 켜, 무 한 켜를 번갈아가며 차례로 쌓는다. 항아리가 꽉 차면 절인배추 겉잎으로 잘 덮어 상온에 둔다.

4일 후 배추가 숨이 죽어 가라앉으면 배추 겉잎 뚜껑을 열어 황석어젓 뼈와 머리를 넣고 달인 국물을 붓는다. 다시 배추 겉잎을 덮고 비닐로 항아리를 싼 다음, 항아리 뚜껑을 닫아두고 100일 후에 먹는다. 항아리에 배추 한 켜, 무 한 켜를 번갈아 가며 차례로 쌓는 방법은 전통적인 담금법이다.

11) 보쌈김치

『우리음식』의 보김치(褓沈菜)는, 재료는 통김치와 같으나 단지 배추는 속대로 좋은 것만 골라서 쓴다. 속 고명에 낙지 굴, 전복, 밤, 배 등도 넣는다. 배추와 무를 4cm 가량으로 잘라 소금에 절인 것을 여러 가지 고명과 섞으며 소금물을 흠뻑 먹은 배춧잎에다 적당하게(담는 그릇에 한 개가 가득 차도록) 싸서 독에다 넣고 국물도 통김치와 같이 붓는다. 먹기 좋게 익으면 한 달 가량 걸린다고 하였다.

김숙년의 『600년 서울음식』의 보쌈김치 재료는[42] 배추(중) 2포기, 소금물(소금 1컵), 물 1.8리터 2병, 굵은 소금(절임용) 1컵, 무(중)3개, 배 1개, 갓 1/2~1단, 표고버섯 3개, 석이버섯 적당량, 미나리 1/2단, 마늘 2통, 생강 2톨, 쪽파 50g, 대파 2대, 낙지 2마리, 굴 1컵, 밤 8개, 잣 3큰술, 새우젓국물 1컵, 고춧가루 1컵, 실고추 1/2컵

김칫국물은 물 2리터, 소금 1/2컵, 액젓 2큰술을 준비한다.

만드는 법은, 배추는 통배추김치와 같은 방법으로 절이고, 무는 2.5×3cm 크기로 나박썰기 하여 배추절인 물에 슬쩍 절였다가 헹궈 물기를 뺀다. 배도 무와 같은 크기로 썰고, 밤도 껍질을 까고 납작하게 썬다. 미나리 줄기와 갓, 실파는 손질해

3cm 길이로 썬다. 마늘과 생강은 곱게 채 썰고, 석이와 표고는 미지근한 물에 불려 물기를 짜고 채 썬다. 대파는 어슷 썬다. 굴은 소금물에 씻고, 낙지는 소금으로 주물러 씻은 뒤 끓는물에 데쳐 3cm 길이로 썬다. 절인 배추는 줄기를 3cm 길이로 썰고, 잎은 따로 둔다. 김칫국물은 끓여 식힌다. 새우젓국물과 고추사구를 섞고 배추를 뺀 나머지 재료와 실고추를 넣어 버무린다.

김치보시기에 배춧잎 2장을 마주보게 펴 얹고, 줄기를 세워 소를 채워 넣는다. 잣을 몇 개 얹고 배춧잎으로 동그랗게 감싸 항아리에 차곡차곡 담은 뒤 김칫국물을 붓고 돌로 눌러 익힌다.

12) 소박이

소박이는 오이, 가지, 배추 등을 절이고 갖은 양념(파, 마늘, 생강, 고춧가루)과 젓갈(생략할 수 있다), 소금으로 소를 버무려 켜켜이 넣어 익힌 김치이다. 오이소박이, 가지소박이, 배추소박이 등이 있다. 배추소박이를 만들 때에는 무, 미나리, 갓, 파, 마늘, 생강, 고춧가루와 젓갈, 소금 외에 배, 사과, 잣, 어패류 등을 소로 한다.

『조선요리제법』의 외소김치 재료는 외(잘고 어린 것으로) 20개, 고추 6개, 파 10개, 마늘(큰 것) 한쪽, 소금 반 사발, 물 적당히 준비한다. "잘고 연한 외를 정하게 씻어서 꼭지는 잘라버리고, 그 자른 가장자리의 모진 것을 칼로 도려 깎아 모양을 낸 후, 칼로 가운데만 3면을 쪼개서 속이 서로 통하게 하여 소금에 절인 후 파, 마늘, 고추들을 잘게 이겨서 외 쪼개든 자리를 벌리고 그 속에 양념 이긴 것을 가득히 넣고 절인 배추나 열무나 한 치 길이씩 자른 것을 함께 항아리에 담은 후 파와 채친 것을 넣고 소금이나 간장이나 간에 맞게 물을 적당히 붓고 잘 덮어 익힌다. 소 넣는 양념은 실같이 채 쳐서 넣기도 하나니라."라고 하여 배추나 열무김치와 함께 오이소박이를 같이 담는 법을 설명하고 있다.

『한국음식』 역사와 조리법의 오이소박이는[43], 오이가 가늘고 연하며 씨 없는 것으로 고른다. 또 오이가 소금에 잘 절고 잘 눌러서 물기가 알맞게 빠져야 오돌오돌 씹히고 연한 소박이김치가 될 수 있다.

재료는 가는 오이 20개, 파 3뿌리, 마늘 3통, 새우젓 1/3컵, 고춧가루 1/3컵, 소금

1/2컵을 준비한다. 절여 누르기는 오이를 길이로 반 내지 3등분하여 골이 패인대로 길이 1/3쯤 칼집을 넣고 소금으로 비벼 절인다. 푸른색이 짙어지고, 단면에서 보아 소금이 배어들었을 때 맹물에 살짝 헹구고, 보에 싸서 무거운 것으로 눌러 4~5시간 둔다. 눌렀던 것이 수분이 빠져 약간 오므라들 듯이 되었을 때 꺼낸다.

속 넣기는 파의 푸른잎을 자르고, 흰 부분만 잘게 썰어 다진다. 마늘도 곱게 다진다. 파, 마늘 다진 것에 새우젓 다진 것, 소금, 고춧가루를 함께 넣고 되직하게 무친다. 준비한 오이에 속을 넣고 항아리에 담고 속 버무린 그릇에 물 2/3컵과 소금 1큰술을 넣어 섞은 국물을 붓는다. 오이의 위를 배춧잎이나 깻잎(약간 절인 것) 등으로 덮고 돌로 눌러 시원하게 익힌다. 여름배추나 봄배추, 열무로 섞박지를 버무려 국물을 촉촉이 부은 김치에 오이소박이를 섞어 넣고 담그면 오이만으로 담았을 때보다 더 좋은 맛이 든다.

열무김치 등에 오이소박이를 섞어 담는 방법은 『조선요리제법』 방법과 같다. 『가장 배우고 싶은 김치 담그기 40』의 오이소박이의 재료는[44] 오이 10개(1.7kg), 소금 90g, 부추 100g, 대파 25g, 마늘 12g, 생강 5g, 고춧가루 25g, 설탕 3g, 새우젓 50g을 준비한다.

오이는 소금으로 껍질 부분을 문질러 씻어 6cm 길이로 자른 후, 양끝을 1cm 정도 붙인 채 한가운데에 십자 모양으로 칼집을 넣는다. 10%의 소금물에 절인다. 오이가 충분히 절여졌으면 씻어 건져 행주에 싸서 누르면서 물기를 뺀다. 파, 마늘, 생강은 손질하여 씻고 다진다. 부추는 다듬어서 1cm 길이로 썬다. 부추에 다진 양념과 고춧가루, 새우젓, 설탕, 소금을 넣고 골고루 버무려 소를 만든다.

오이의 칼집 사이에 소를 채워 넣는다. 항아리에 차곡차곡 담고 위에 심심한 소금물로 양념 그릇을 헹구어 가장자리에 조심스럽게 붓는다.

오이를 토막 내지 않고 길게 십자로 칼집을 낸 후, 그 안에 소를 채워 오이 모양 그대로 김치를 담근다. 접시에 낼 때 먹기 좋게 길이로 썰어 내면 좋다. 또 오이를 끓는 소금물에 데쳐서 오이소박이를 하면 빨리 물러지지 않는다. 오이소박이를 담을 때 열무김치도 한 켜 같이 담그는 법대로 해보면, 오이만으로 담을 때보다 훨씬 더 시원한 맛을 느낄 수 있다.

13) 햇김치

『우리음식』의 햇김치는[45] 배추 10단, 무 2개, 미나리 2단, 실고추, 고춧가루, 소금, 생강, 파, 마늘, 설탕, 밀가루 조금씩 준비한다. 배추를 다듬어서 정하게 씻어 절여놓고, 무를 반듯반듯하게 썰어서 함께 섞고 파, 생강, 미나리, 마늘, 설탕, 고춧가루를 넣고 버무려서 항아리에 담고 눌러놓고 밀가루를 끓여서 물을 섞고 소금으로 간을 맞추어 체에 걸러서 김치항아리에 붓고 꼭 봉한다고 하였다.

『가장 배우고 싶은 김치 담그기 40』의 햇배추김치의 재료는[46] 햇배추 1.4kg, 절임 소금물(물 2리터, 소금 200g), 무 400g, 소금(절임용) 10g, 붉은 고추 20g, 미나리 100g, 쪽파 100g, 마늘 25g, 생강 10g, 고춧가루 20g, 설탕 15g, 액젓 20g, 배즙 100g, 밀가루풀(밀가루 25g, 생수 150ml), 김칫국물(소금 15g, 생수 1리터)이다.

햇배추(얼갈이배추)는 주의해서 다듬어 씻은 후 소금물에 10분 정도 절인다. 절인 배추는 헹군 뒤 5cm 길이로 썬다. 무는 가로 5cm, 세로 3cm, 두께 0.3cm 크기로 반듯반듯하게 썰고 소금으로 살짝 절인다. 미나리는 줄기만 다듬어서 씻는다. 다른 재료들도 손질해 둔다. 밀가루에 생수를 부어 풀을 쑨다. 붉은 고추는 3cm 길이로 채 썬다. 미나리, 쪽파도 5cm 길이로 썰고, 마늘, 생강은 곱게 다진다.

무에 고춧가루와 액젓을 넣고 버무린 후 배추와 설탕 등 갖은 양념을 넣어 버무린다. 이것을 항아리에 담고 밀가루풀과 김칫국물, 배즙과 섞어 항아리에 붓고 꼭꼭 눌러 숙성시킨다. 햇배추로 담근 김치는 상큼한 맛이 특징이며, 담가서 바로 먹을 수 있다.

14) 총각김치

『우리음식』의 알무깍두기가 지금의 총각김치이다. 담그는 법을 보면, 어리고 연한 청달린 무를 정히 씻어 소금에 절여 파, 마늘, 생강, 막고춧가루, 소금, 새우젓(또는 멸치젓)에 버무렸다가 먹는 것으로 통무인 만큼 신신한 별미가 있는 것이다.

근대 조리서인 『조선요리제법』, 『조선무쌍신식요리제법』, 『조선요리법』 등에는 언급되지 않은 김치이다. 이것은 앞에서도 언급한 '알타리무' 재배가 시대적으로 늦기 때문이라고 본다.

김장 때는 배추김치보다 미리 담가서 먼저 먹기 시작하는 김치이다. 재료를 보면[47] 총각무 1.5kg, 굵은 소금 100g, 쪽파 100g, 마늘 20g, 생강 5g, 고춧가루 70g, 멸치액젓 100g, 설탕 5g, 찹쌀풀(찹쌀가루 15g, 생수 200ml), 김칫국물(생수 250g, 소금 15g, 고춧가루 5g)을 준비한다.

총각무는 손질하여 총각무가 잠길 정도의 물에 소금을 넣고 무쪽이 아래로 무청이 위로 가게 하여 1시간 정도 절인다. 두세 번 헹궈 소쿠리에 담아 물기를 뺀다. 쪽파는 손질하여 씻어 4cm 길이로 썬다. 찹쌀가루에 생수를 붓고 찹쌀풀을 쑨 뒤 식혀 고춧가루를 넣어 불린다. 마늘과 생강은 손질하여 다진다. 불린 고춧가루에 멸치액젓을 넣고 쪽파, 다진 마늘, 생강, 찹쌀풀, 설탕 등 준비한 양념을 모두 넣어 버무린다.

준비한 양념을 총각무에 넣어 잘 버무린다. 이때 서너 줄기씩 들고 양념을 바르면 잎이 엉키지 않고 가지런하다. 골고루 섞이도록 버무린 후 무청을 이용하여 2~3개씩 묶어서 항아리에 담고 김칫국물을 만들어 붓는다.

15) 기타

(1) 파김치(쪽파김치)

김장철 뿌리가 굵고 길이가 짧은 재래종 쪽파를 담가 오래 두고 묵힐수록 깊은 맛이 나는 별미김치다. 재료는[48] 쪽파 1단(500g), 멸치액젓 1/2컵, 통깨 1/3컵, 고춧가루 1컵, 찹쌀풀(물 2컵, 찹쌀가루 1/2컵)을 준비한다.

쪽파는 흰색 줄기가 많고 잎이 짧으며 억세지 않은 것으로 준비해, 흐르는 물에 가볍게 씻고 소쿠리에 건져 물기를 뺀다. 찹쌀가루에 물을 조금 부어 덩어리 없이 갠 뒤 냄비에 담아 물을 마저 붓고 찹쌀풀을 부어 식힌다. 액젓과 고춧가루를 고루 섞어 불린 뒤 식힌 찹쌀풀에 빛깔이 곱게 들도록 섞고 통깨를 넣는다. 쪽파를 양념에 버무려 5~6개씩 묶고 돌돌 만 뒤 항아리에 꼭꼭 눌러 담는다. 공기가 들어가지 않도록 비닐로 항아리 입구를 꼭 싼다.

(2) 부추김치

부추는 옛날부터 김치에 많이 이용된 채소이다. 『세종실록』에 구저(韮菹), 『증보산림경제』에는 엄구채법(淹韮菜法), 『고사이십집(攷事二十集)』에는 구초침채(韮草沈菜)라는 기록들이 있다.

고서에 의하면, 부추를 잠깐 말렸다가 소금을 켜켜로 뿌려 담근 김치이다. 그러나 오늘날에는 멸치젓국과 고춧가루로 버무려 담그는 것이 일반적이다. 부추김치는 전국적으로 담아먹으나, 특히 경상도 지역, 제주도 지역에서 많이 먹는다. 재료는[49] 부추 1단(500g), 풋고추 10개, 붉은 고추 7~8개, 통깨 적당량, 양념은 고춧가루 1/2컵, 멸치액젓 1컵을 준비한다. 볼에 멸치액젓과 고춧가루를 넣어 잘 섞은 뒤 어슷 썬 고추와 통깨를 넣는다. 이 양념에 부추를 넣고 가볍게 뒤적여 항아리에 차곡차곡 눌러 담는다.

(3) 깻잎김치

넓은 깻잎에다 날 것 그대로 파, 마늘 다진 것에 고춧가루, 젓국(달인 것), 간장, 참기름 한 방울, 설탕 조금으로 갈쭉하게 무쳐 만든 속을 조금씩 얹으면서 포개어 담아 시원한 곳에 두면 하루나 이틀 후에는 깻잎 특유의 맛에 양념이 배여 매우 향긋하면서도 씹히는 맛이 있는 별미김치이다.

(4) 고들빼기김치

고들빼기(씀바귀)를 물에 담가 돌로 눌러서 삭혀 쓴맛이 가시도록 한다. 이때 자주 물을 갈아주고 물에 잘 잠겨있도록 돌로 눌러 공기에 접촉되지 않도록 한다. 물에 떠오르면 물러서 상하고 못쓰게 된다.

전라도 고들빼기김치 재료는[50] 고들빼기(2kg)(굵은 소금, 물), 무 1/2개(소금 1큰술, 야채즙 1작은술, 설탕 1작은술), 쪽파 300g, 양념은 찹쌀풀 1컵, 고춧가루 $1\frac{1}{2}$컵, 멸치젓 3/4컵, 갈치속젓 1/2컵, 다진 마늘 4큰술, 다진 생강 1큰술, 통깨 1큰술, 설탕 1큰술, 소금 적당량을 준비한다.

고들빼기는 심심한 소금물에 2일 정도 담가(중간에 물을 새로 갈아준다) 쓴물을 빼고 헹구어 물기를 뺀다. 무는 껍질째 씻은 후, 1cm×1cm×4cm 크기로 썰어 소금과 야채즙, 설탕에 살짝 절인다. 쪽파도 씻어 건진다. 찹쌀풀에 고춧가루를 넣어 불린 뒤 멸치젓과 갈치속젓을 곱게 다져넣고 다진 마늘, 생강, 통깨, 설탕, 소금을 섞어 양념을 만든다.

절인 무는 채반에 건져놓아 물기를 쪽 뺀 후 가지런히 놓고, 양념한 무를 켜켜이 얹듯이 버무려 항아리에 꼭꼭 눌러 담아 익힌다.

7.2 향토음식으로서의 김치

1) 소금과 간장으로 간을 한 김치51)

(1) 갈치내장김치

곱게 다진 갈치 내장과 깍둑썰기 해 소금에 절인 무, 송송 썬 붉은 고추·풋고추에 양념(고춧가루, 다진 마늘, 통깨)을 넣고 버무려 숙성시킨 김치로 갈치순태 김치라고도 한다. –〈경남〉

(2) 검들김치

무청을 자르지 않고 소금에 절인 무에 연한 소금물을 붓고 대파채, 마늘채, 생강채를 담은 삼베주머니를 넣어 익힌 김치이다. 김장 전에 지레김치로 담그는 동치미이며 검들지라고도 한다. –〈전북〉

(3) 고구마줄기김치

소금물에 절여 껍질을 벗긴 고구마줄기와, 잘게 다진 풋고추를 섞어 다진 마늘과 소금에 버무려 만든 김치이다. 경남에서는 고구마줄기를 소금물에 데치거나 절여서 담그기도 하며, 양념으로 고춧가루, 다진 마늘·생강, 검은깨, 소금, 설탕으로 담그며, 초피가루를 넣기도 한다. 경남 통영의 제례음식이며 딸이 시집갈 때 이바지 음식으로 이용하였다. 경남에서는 고구마순 김치라고도 한다. –〈서울·경기, 경남〉

(4) 곤달비김치

곤달비잎을 양념(간장, 멸치장국국물, 고춧가루, 다진 파·마늘, 깨소금)으로 버무려 담근 김치이다. 양념한 곤달비를 찜통에 살짝 찌기도 한다. 곤달비는 국화과 다년초 식물로 참곤달취〈영남〉, 곤데스리라 불리고 있으며, 깊은 산 습한 곳에 살며 달콤하고 쌉싸래한 감칠맛을 가지고 있다.

(5) 꺼먹김치

김장철에 무청을 소금에 절여놓은 것을 여름철에 꺼내 물로 헹군 다음, 썰어서 들기름을 두른 냄비에 볶다가 물을 부어 끓인 후 다진 마늘, 깨소금으로 양념한 것이다. –〈충남〉

(6) 꼴뚜기무김치

소금에 절여 잘게 썬 꼴뚜기와 나박썰기를 해서 소금에 절인 무를 고춧가루로 버무리고 채 썬 양파·풋고추·붉은 고추, 다진 파·마늘, 통깨, 실고추를 넣어 잘 버무려 3~4일간 숙성시킨 김치이다. 고록 무김치라고도 한다. –〈전남〉

(7) 나박김치

나박나박 하게 썬 무와 배추에 실고추를 넣고 버무려 붉은 물을 들인 다음, 다진 마늘·생강을 깨끗한 헝겊에 싸 넣고 고춧가루물을 들인 소금물을 붓고 오이와 실파, 미나리를 넣어 익힌 것이다.

(8) 돌나물물김치

끓여 식힌 밀가루풀에 소금 간을 하여 살짝 절였다가 헹궈 물기를 뺀 돌나물, 붉은 고추, 다진 마늘을 넣고 숙성시킨 김치이다. 고춧가루를 넣어 색을 내기도 하고, 양파, 풋고추를 넣기도 한다. 밀가루 대신 쌀뜨물을 이용하기도 하고, 쌀밥이나 누룽지 끓인 물을 이용하기도 한다. 돌나물을 소금에 절이지 않고 김치를 담그기도 한다. 돈나물 물김치, 돈나물 물김치라고도 한다. –〈경남〉

(9) 더덕물김치

고춧가루(또는 통째로 곱게 간 붉은 고추)를 푼 물에 껍질을 벗겨 반으로 갈라 방망이로 두들겨 펴서 썬 더덕, 나박썰기 한 배춧잎, 배, 편으로 썬 밤, 채 썬 마늘, 생강을 넣고 소금으로 간하여 만든 김치이다. 충남에서는 나박썰기 한 무, 미나리, 실파를 더 넣는다. -〈충청도〉

(10) 멍게김치

멍게살과 쪽파, 붉은 고추를 양념(고춧가루, 다진 마늘, 통깨, 소금)하여 담근 김치이다. 멍게김치는 2~3일 내에 먹어야 한다. -〈경남〉

(11) 무잎김치

항아리에 무청을 길게 담아 켜켜로 소금을 뿌려 절여지면 다진 마늘·생강을 넣은 연한 소금물을 항아리에 붓고 양파와 고추를 넣은 후 위를 돌로 눌러 숙성시킨 김치이다. 진잎김치라고도 한다. -〈충북〉

(12) 열무감자물김치

절인 열무, 양파, 붉은 고추에 고춧가루를 버무린 다음, 삶은 감자와 붉은 고추에 물을 넣고 갈아 소금 간을 한 것을 부어 숙성시킨 김치이다. -〈경북〉

(13) 알타리무김치

무청이 달린 상태로 절인 알타리무를 찹쌀풀에 간 풋고추, 다진마늘·생강, 설탕, 통깨를 섞은 양념으로 버무려 익힌 김치이다. -〈전남〉

(14) 장김치

간장국물을 부어 익힌 물김치이다. 나박썰기 한 배추와 무를 손질하여 썰어 간장에 절여 잣, 미나리, 갓, 쪽파, 표고버섯, 석이버섯, 단감, 밤, 배, 대추 등을 썰어 잘 버무려 하루쯤 두었다가 물에 간장을 섞어 간을 맞춘 국물을 부어 익힌다. -

〈서울·경기〉

(15) 전복김치

얇게 저민 전복에 채 썬 유자껍질·배를 놓고 말아 꼬치에 꿰어 담고 대파채, 생강채, 나박썰기 하여 소금에 절인 무를 얹어 소금물을 부어 익힌 김치이다.－〈경남〉

(16) 열무물김치

열무를 소금에 절였다가 물에 씻어 물기를 뺀 다음 실파, 풋고추, 붉은 고추, 다진 마늘·생강을 넣어 소금으로 간하고 밀가루풀 또는 밥을 으깨어 넣고 식으면 물을 부어 소금으로 간을 맞춘 김치이다. 전남에서는 물 대신 다시마를 끓인 국물을 차게 식혀 부어 익힌다.－〈충북, 전남〉

(17) 콩잎물김치

밀가루풀에 된장을 걸러서 넣고 풋고추, 양파를 고루 섞은 것을 20장 정도씩 묶은 콩잎에 부어 시원한 곳에서 익힌다.－〈경북〉 또는 밀가루를 푼 물을 끓여 식혀 소금 간하여 20장씩 묶은 콩잎과 채 썬 마늘·생강, 어슷하게 썬 풋고추·붉은 고추를 넣어 담근다.－〈경남〉

(18) 풋고추열무김치

소금에 절인 열무무청을 양파, 마늘, 밥을 한데 섞어 곱게 간 것과 다진 풋고추, 통깨로 버무린 후 물을 자작하게 붓고 소금으로 간을 맞춘 다음 국간장으로 색을 낸 김치이다.－〈전남〉

(19) 고추무김치

소금물에 담가 삭힌 풋고추를 양 끝을 조금 남기고 세로로 칼집을 넣은 다음 무채에 고춧가루, 실파를 넣고 버무린 양념을 채워 넣은 김치이다.－〈충남〉

(20) 굴젓김치

숟가락으로 긁어 소금에 절인 무에 고춧가루 물을 들인 다음, 굴과 실파를 넣고 양념(다진 파 · 마늘 · 생강, 소금, 설탕)으로 버무린 김치이다. 풋마늘을 이용하기도 하고, 무를 나박썰기 하여 굴깍두기를 담그기도 한다. －〈경남〉

(21) 꿩김치

삶은 꿩살을 넣은 물김치로 물에 꿩, 대파, 양파, 생강, 마늘, 통후추를 넣고 푹 삶은 후 꿩살을 발라낸 다음, 국물은 체에 걸러 차게 식혀 기름기를 걷어내고 동치미국물과 섞어서 간을 맞춰 동치미 무 썬 것과 꿩고기를 넣고 잣을 띄운다. －〈서울 · 경기〉

(22) 닭김치

열무김치에 닭고기를 넣고 닭육수를 부어 만든 김치이다. 고추장, 깨소금, 다진 파로 양념한 다진 소고기를 영계 배 속에 넣어 삶은 후, 닭고기 살을 찢어 열무김치 건더기와 닭살을 한 켜씩 번갈아 항아리에 담고 닭육수에 간장, 식초, 설탕, 깨소금으로 간하여 만든 국물을 부어 익혀 차게 먹는다. －〈서울 · 경기〉

(23) 박김치

껍질과 씨를 제거한 어린 박을 썰어서 소금에 절인 후 물에 씻어서 얇게 썬 배, 파채, 마늘채, 생강채, 설탕, 실고추로 버무려 항아리에 담고 연한 소금물을 부어 만든 김치이다. 박이 여물기 전인 여름철에 주로 담가 먹는다. －〈충북〉

(24) 백김치

배추를 반으로 갈라 식용의 소금에 절인 후 무채, 미나리, 새우젓, 배채, 밤채, 대추채, 표고버섯채, 석이버섯채, 마늘채, 생강채, 잣 등을 버무려 만든 소를 배춧잎 사이사이에 넣어 항아리에 담고 소금물을 자작하게 부어 익힌 것이다. 서울 · 경기에서는 양지머리육수나 물에 찹쌀풀을 섞고 식용의 소금 간을 하여 숙성시킨다.

(25) 열무김치

소금에 살짝 절인 열무에 갈아놓은 마늘 · 생강 · 붉은 고추, 풋고추채, 파채, 밀가루풀, 소금을 넣어 버무린 것이다. 전남에서는 밀가루풀 대신 밥 또는 찹쌀풀을 넣는다.

(26) 초롱무김치

통째로 소금에 절인 초롱무와 쪽파를 항아리에 차곡차곡 담고 양파, 풋고추, 붉은 고추, 배, 사과, 마늘, 생강을 썰어 담은 면주머니를 넣은 뒤 찰보리를 삶은 물에 소금 간한 국물을 자작하게 부어 익힌 김치이다. –〈전남〉

2) 젓갈을 넣어 담근 김치[52]

(1) 갈치김치

갈치, 무, 미나리, 갓, 청각을 양념(찹쌀풀, 불린 고춧가루, 멸치젓, 다진 마늘 · 생강, 소금)으로 섞어 버무려 만든 김치속을 절인 배춧잎 사이사이에 넣고 담근 김치다. –〈경북〉

(2) 갈치섞박지

납작하게 썰어 소금에 절인 무, 쪽파, 어슷하게 썬 대파, 갈치젓에 양념(고춧가루, 멸치액젓, 다진 마늘 · 생강, 설탕, 소금)을 넣고 버무려 담근 김치이다. 갈치젓은 비늘을 긁어내고 내장을 뺀 다음, 소금을 뿌려 3~4개월 삭혀서 만든다. –〈경남〉 갈치젓을 쓰는 지역은 많지 않지만, 잘 삭힌 생선살을 무와 같이 먹는 맛이 독특하다. 경상도 해변 지역에서 많이 담가 먹는다.[53]

(3) 강화순무밴댕이김치

순무김치는 강화도에서 주로 담그는 김치이다. 강화도는 바다로 둘러싸인 섬인데, 기온이 온난다습하고 연교차가 크지 않아서 특이한 식물이 많이 자란다. 강화순무김치는 천하일미로 알려졌으며, 조선시대에는 임금에게 진상했다는 기록도 있다. 『동의보감』에 "오장에 이로우며 이뇨와 소화에 좋고 종기를 치료한다."고 하였다.[54] 순무를 4등분하여 납작하게 썰어 고춧가루물을 들인 후 양념(쪽파, 대파, 다진 마늘, 생강즙, 새우젓, 밴댕이젓, 설탕, 고춧가루)에 버무려 항아리에 담은 것이다. 순무김치라고도 한다. 밴댕이젓은 청어과의 바닷물고기인 밴댕이로 담근 젓갈이다. －〈서울 · 경기〉

(4) 고추김치

가운데 칼집을 넣어 씨를 뺀 풋고추 · 붉은 고추에 고춧가루, 다진 마늘, 설탕으로 양념한 꼴뚜기젓, 부추, 당근, 사과로 만든 소를 넣어 담근 김치이다. 고추를 멸치액젓에 삭힌 다음 건져 고춧가루, 다진 파 · 마늘에 무치기도 한다. －〈경남〉

(5) 감동젓무김치

절인 배추를 썰어 오이, 무, 배, 미나리, 실파, 낙지, 전복, 북어를 썰어 섞은 후 고춧가루와 감동젓, 다진 마늘 · 생강을 넣어 버무리고, 마지막으로 생굴, 실고추, 밤채, 잣을 넣고 소금 간하여 담근 김치이다. 감동젓은 푹 삭힌 곤쟁이젓, 자하젓을 말하며 2~3월에 잡히는 보라색을 띤 작고 연한 자하 혹은 곤쟁이라는 새우류로 만든 젓갈로 건더기가 없을 정도로 푹 삭힌 것이다. －〈서울 · 경기〉

(6) 감김치

고춧가루로 물들인 무채, 대파, 미나리, 실파에 양념(멸치젓, 다진 마늘 · 생강, 소금, 설탕, 생굴, 생새우)을 넣고 버무린 다음 썰어 말렸다가, 소금물에 씻은 단감을 넣고 잘 버무려 1주일 정도 숙성시킨 김치이다. 경남에서는 땡감에 여뀌대를 삶아 식힌 물과 소금을 넣고 짚과 여뀌대를 덮어 담근다. －〈경상도〉

(7) 깻잎김치

채 썬 무 · 밤, 실파, 미나리, 멸치젓, 고춧가루를 버무려 양념을 만든 후 소금물에 절인 깻잎을 서너 장씩 겹쳐 양념을 넣고 돌돌 말아 항아리에 담은 것이다.

(8) 감태김치

감태(가시파래)를 송송 썬 풋고추, 멸치액젓으로 갠 고춧가루, 다진마늘 · 생강으로 버무린 후 소금물을 넣고 2~3일 정도 익힌 후 색이 노랗게 변할 때 먹는 김치이다. 전남에서는 감태를 감태지라고도 부르는데, 정확한 명칭은 가시파래이며 내만(內灣) 또는 민물의 유입으로 영양이 풍부하고 오염원이 없는 강어귀 등지에서 서식하며, 주로 바위 위나 죽은 나뭇가지 위 또는 다른 해조에 붙어 자란다. –〈전남〉

(9) 갓물김치

소금에 절인 붉은 갓 · 실파를 한 가닥씩 추려 반으로 접어서 묶어 항아리에 담고 중간중간에 납작하게 썬 무 · 배, 생강편, 마늘편을 넣고 묽은 찹쌀풀을 부어 위에 새우젓을 뿌려 익힌 김치이다. 붉은 국물은 빛깔이 고우며 갓이 익으면서 나온 맵고 알싸한 향과 맛이 일품이다. 갓말욱김치라고도 하며, 말욱은 국물의 사투리이다. –〈전남〉

(10) 게국지김치

무청과 배추에 각종 해산물을 넣어 담근 김치이다. 소금물로 해감한 능쟁이의 딱지는 떼고, 집게발은 날카로운 부분을 잘라내어 2등분 해놓고, 살짝 절인 배춧잎은 물에 헹궈 물기를 뺀 다음, 늙은 호박과 무는 얇게 썰고 모든 재료(마른 고추, 대파, 마늘, 생강, 액젓)를 갈아 만든 양념에 버무려 배춧잎으로 돌돌 말아 싸서 한 달 정도 숙성시킨 후 생으로 먹거나 찌개를 끓여 먹는다. 충남 서산 지역의 대표적인 향토음식이며 (호박)게국지, 겟국지라고도 한다. 능쟁이는 표준어로 참게라고 하며, 갯벌에 사는 회색의 조그만 게를 말한다. –〈충남〉

(11) 구강태김치

구강태에 멸치젓국을 섞어 1~2일 삭힌 후 간장으로 간을 하고 다진 마늘, 고춧가루, 통깨를 넣고 버무린 것이다. 구강태는 파래보다 더 가늘며 고운 해조류로 향취가 매우 좋다. 전남 강진 지역에 많이 나며 멸치젓에 담가 간장으로 간하여

김치를 담가 먹거나 나물을 해 먹는다. -〈전남〉

(12) 고들빼기김치

'고채(苦菜)'라고도 하는 고들빼기는 가지가 많고 줄기는 붉은 자줏빛을 띤다. 우리나라 산이나 들, 밭에 흔히 나는데 어린잎으로는 나물을 하고 뿌리째 뽑아서 김치도 담근다. 김치를 담그려면 먼저 삭혀야 한다. 잔뿌리를 잘라내고 누런 잎을 따버린 다음, 씻어서 열흘쯤 묽은 소금물에 담가 삭혔다가 물에 헹구어 소쿠리에 건진다. 큰 줄기는 길이로 두세 번 가른다. 멸치젓에 물을 넣고 끓여서 체에 받아 멸치젓국을 만들어 두거나 시중에 있는 맑은 멸치액젓을 이용해도 된다. 미리 고춧가루를 멸치젓국에 풀어 넣어 불리고 다진파, 마늘, 생강, 통깨를 넣고 고루 버무린다. 이때 무말랭이를 씻어서 물기를 꼭 짜서 넣어도 좋고, 마른 북어를 불려서 가시를 떼어내고 작게 토막 내어 넣어도 별미이다.[55)]

(13) 고들빼기갈치김치

연한 소금물에 5일 정도 절인 고들빼기에 토막 낸 갈치, 쪽파, 멸치젓, 고춧가루, 설탕을 넣고 버무린 김치이다. 쌉쌀한 맛과 향이 독특한 고들빼기김치는 김장철에 따로 담가두었다가 음력설 이후까지 별미로 먹곤 했으며, 갈치와 멸치가 들어가 맛이 좋고 영양가가 풍부하다. 고들빼기는 씬나물이라고도 하는데, 산과 들이나 밭 근처에서 자라며 농가에서 재배하기도 한다. 어린잎과 뿌리는 김치를 담그거나 나물로 먹으며, 민간에서는 풀 전체를 약재로 쓰기도 한다. -〈충남〉

(14) 고추김치

가운데 칼집을 넣어 씨를 뺀 풋고추·붉은 고추에 고춧가루, 다진 마늘, 설탕으로 양념한 꼴뚜기젓, 부추, 당근, 사과로 만든 소를 넣어 담근 김치이다. 고추를 멸치액젓에 삭힌 다음 건져 고춧가루, 다진 파·마늘에 무치기도 한다. -〈경남〉

경상도 지방에서는 고춧잎과 함께 잘 삭은 풋고추에 멸치젓과 갈치젓을 많이 넣고 재운 고추김치를 잘 담근다. 풋고추 꼭지를 떼지 말고 대꼬챙이로 드문드문

구멍을 뚫어서 심심한 소금물에 하룻밤 절였다가 행주에 싸서 무거운 돌로 눌러 물기를 뺀다. 절인 고추에 실파와 멸치젓과 간장(진간장)을 섞어 새우젓, 다진 마늘, 생강을 넣고 고루 섞어 단지에 담아 누름돌로 눌러두었다가 한 달 후에 먹는다. 잘 익으면 맵싸하면서도 달며, 보관을 잘 하면 다음 해 여름까지 먹을 수 있다. 전라도 지방의 고추김치는 풋고추를 갈라서 양념한 무채를 소로 채워 넣은 소박이 김치이다.[56)]

(15) 고추무김치

소금물에 담가 삭힌 풋고추를 양 끝을 조금 남기고 세로로 칼집을 넣은 다음 무채에 고춧가루, 실파를 넣고 버무린 양념을 채워 넣은 김치이다. -〈충남〉

(16) 고춧잎김치

소금물에 삭힌 고춧잎을 양념(찹쌀풀, 고춧가루, 까나리액젓 또는 멸치젓, 고추씨 간 것, 다진 마늘 · 생강, 물엿, 통깨 등)에 버무려 익힌 김치이다. 전북에서는 나박썰기 하여 소금에 절여 물기를 뺀 무를 넣어 담그며, 경남에서는 고춧잎을 쪄서 말려 김치를 담그기도 한다. 서울 · 경기에서는 고추잎석 김치, 전북에서는 고춧잎지라고도 한다. -〈서울 · 경기, 전북, 경남〉

(17) 늙은호박김치

납작하게 썰어 소금에 절인 늙은 호박을 양념(고춧가루, 멸치젓, 다진 마늘 · 생강, 통깨)으로 버무려 익힌 김치이다. 배추 우거지, 무청을 넣기도 하고, 익힌 늙은 호박김치는 찌개를 끓일 때 넣는다. 누렁호박김치라고도 한다. -〈경북〉

(18) 다슬기김치

다슬기와 무로 담근 김치이다. 밀가루로 씻은 다슬기살, 소금에 절여 물기를 뺀 무와 풋마늘에, 더운물에 갠 고춧가루를 넣고 양념(멸치액젓, 다진 마늘 · 생강, 설탕, 소금)으로 버무려 통깨를 뿌린다. 고둥김치라고도 한다. -〈경남〉

(19) 막김치

절인 배추를 양념(고춧가루, 다진 마늘 · 생강, 멸치젓)으로 버무려 담근 김치이다. -〈제주도〉

(20) 달래김치

소금에 절인 달래를 양념(고춧가루, 젓갈, 다진 파 · 마늘 · 생강, 설탕)으로 버무린 김치이다. 충북에서는 새우젓, 제주도에서는 멸치액젓을 넣는다. 제주도에서는 달래를 '꿩마농', '드릇마농'이라고도 하였고, 이는 '들의 마늘'을 뜻하며 꿩마농짐치라고도 한다. 달래는 마늘과 비슷한 냄새가 나므로 '들판에서 나는 마늘'이란 뜻의 '야산'이라고도 한다. -〈충북, 제주도〉

(21) 명란채김치

소금에 절인 명란을 고춧가루에 굴리고 소금에 절인 무채, 양파채, 부추, 쪽파, 고춧가루, 새우젓, 멸치액젓, 다진 파 · 마늘 · 생강, 찹쌀풀, 명란과 함께 넣고 버무려 항아리에 담아 12시간 정도 삭힌 것이다. -〈강원도〉

(22) 돌산갓김치

소금에 절인 돌산갓을 찹쌀가루와 들깻가루로 쑨 죽에 멸치젓, 새우젓, 마른 고추, 양파, 마늘, 생강을 간 것으로 버무린 다음 당근채, 밤채, 송송 썬 실파, 실고추를 고명으로 섞은 김치이다. 갓 특유의 매운맛과 젓갈의 잘 삭은 맛이 입맛을 돋워주며, 가을에 담가먹는 별미김치이다. 돌산갓은 전남 여수시 돌산 지역에서 많이 나는 특산물로 잎이 넓적하고 섬유질이 적어서 재래종에 비해 연하며 잎줄기에 가시가 없다. 특유의 매운맛 성분과 향기가 있다. -〈전남〉

(23) 동김치

배추와 무를 통째로 넣고 갓, 깐 밤, 대파를 넣어 소금과 젓국으로 간을 한 김칫국물을 부어 대나무잎을 덮고 눌러 익힌 김치이다. 동치미라고도 한다. -〈전북〉

(24) 머위김치

소금에 절인 다음 씻어서 물기를 뺀 머위와 쪽파에 양념(고춧가루, 다진 마늘 · 생강, 통깨, 멸치액젓)을 넣고 버무려 담근 김치이다. −〈경남〉

(25) 볼락무김치

소금에 절인 무와 볼락을 씻어 물기를 빼고 양념(갈치젓, 찹쌀풀, 소금, 고춧가루, 다진 마늘 · 생강, 통깨)을 넣고 버무려 담근 김치이다. −〈경남〉

(26) 민들레김치

민들레를 소금물에 3개월 정도 삭힌 다음 끓는물에 데쳐 물기를 빼고 양념(간장, 물엿, 다진 마늘, 고춧가루, 통깨)을 넣어 버무리며 간장 대신 멸치액젓을 이용하기도 한다. −〈경북〉 또 민들레에 찹쌀풀, 감초물, 들깨즙, 소금, 간 붉은 고추와 생강으로 만든 양념을 넣고 무르지 않게 버무려 담그며 통깨를 뿌린다. −〈경남〉

(27) 배추꽃대김치

절인 배추꽃대를 양념(고춧가루, 보리 삶은 물, 멸치젓, 다진마늘 · 생강)으로 버무려 담근 김치이다. 동지짐치, 동지김치라고도 한다. 제주도의 따뜻한 날씨로 인해 집 주변의 텃밭에 심은 겨울을 넘긴 배추에서 봄에 꽃대가 올라오기 전의 연한 노란꽃을 동지나물(꽃대)이라 하는데, 제주에서만 찾아볼 수 있는 독특한 음식이다. −〈제주도〉

(28) 사연지

소금에 절여 물기를 뺀 배추를 양념(새우 삶은 물, 실고추, 멸치액젓, 다진 마늘 · 생강, 통깨, 후춧가루)으로 버무린 다음 각각 채 썬 무, 밤, 석이버섯, 마늘, 생강과 미나리, 청각, 양념한 새우, 실고추를 섞어 만든 김칫속을 배춧잎 사이사이에 넣고, 납작하게 썰어 양념(멸치액젓, 다진 마늘 · 생강, 실고추, 통깨)한 무를 같이 넣어 담근 김치이다. 경북 안동의 향토음식이며 제사음식으로 쓰인다. 설까지 먹을 수 있는 김치로 실고추와 해산물로 맛을 내고 연분홍의 김칫국물과 시원한 맛이 특징이다. 다양한 김칫속을 배춧잎에 싸서 넣은 것에서 유래되었다고 추측하며, 조기, 낙지, 전복, 굴을 넣기도 한다.[57)]

(29) 생태나박김치

소금에 절여 물기를 뺀 무를 양념(고춧가루, 다진 마늘 · 생강)한 다음 다진 생태살, 실파, 실고추, 통깨, 멸치액젓으로 버무려 담근 김치이다. －〈경북〉

(30) 봄동김치

절인 봄동을 굴, 미나리, 실파와 함께 양념(고춧가루, 설탕물, 멸치젓, 다진 마늘 · 생강)으로 버무려 담근 김치이다. 이른 봄에 봄동이 연할 때 김치를 담그면 독특한 맛을 즐길 수 있다. －〈제주도〉

(31) 순무밴댕이김치

얇게 원형으로 썬 순무를 밴댕이젓과 양념에 버무려 만든 김치이다. －〈충북〉

(32) 부추김치

멸치젓국에 절인 부추를 고춧가루, 다진 파 · 마늘 · 생강으로 버무려 담은 것이다. 부추를 소금에 오래 절이면 질겨지므로 멸치젓국에 절인다. 설탕을 넣기도 한다. 경북에서는 정구지김치, 전구지김치라고도 하며 제주도에서는 쉐우리짐치, 새우리김치라고도 한다. 전국적이나 특히 경상도, 제주도에서 즐겨 먹었다.

(33) 비늘김치

무에 비늘 모양으로 칼집을 넣어 사이에 소를 채운 김치이다. 다진 새우젓과 고춧가루를 채 썬 무, 미나리, 갓, 다진 마늘 · 생강과 함께 골고루 버무려 소금 간하여 무의 비늘 사이를 채운 후 배춧잎으로 싸서 배추김치 사이에 켜켜이 넣어 익힌다. 양념에 찹쌀풀을 넣기도 한다. －〈서울 · 경기〉

(34) 석류김치

바둑판 모양으로 칼집을 넣은 무에 칼집 사이에 소를 채워 담근 김치이다. 무를 원형으로 썰어 바둑판 모양으로 칼집을 낸 후 배춧잎과 절여 채반에 올려 물기를 뺀 다음 무채, 밤채, 배채, 마늘채, 생강채, 미나리, 실파, 석이버섯채에 새우젓, 소금, 설탕, 실고추로 간을 맞춘 소를 만들어 칼집 사이에 채운 후 배추로 싸서 담근다. 김치의 모양이 익은 석류알이 벌어진 것과 닮아서 석류김치라고 부르는데, 서울 지방에서 많이 담그는 백김치이다. 김치의 매운맛이 없고 담백하여 어린이나 노인, 환자들에게 좋은 음식이다. –〈서울 · 경기〉

(35) 얼갈이김치

절인 얼갈이배추에 양파, 마른 고추, 밥, 새우젓, 마늘, 생강을 갈아서 대파와 섞어 소금 간한 양념을 넣고 버무린 다음 통깨를 뿌린 김치이다. –〈전북〉

(36) 얼갈이반김치

끓여 식힌 밀가루풀에 양념(고춧가루, 멸치젓, 다진 마늘 · 생강, 설탕)을 잘 섞어 절인 얼갈이배추에 버무린 다음, 다시마장국 국물을 부어 담근 김치이다. 얼갈이김치라고도 한다. –〈경남〉

(37) 오이소배추김치

오이지를 물에 이틀 정도 담가 짠맛을 뺀 다음 햇볕에 3~5시간 건조시켜 열십자로 칼집을 넣어 김치 양념으로 속을 채우고, 소금에 절인 배추도 김치 양념으로 버무려 항아리에 배추김치와 오이지를 담고 돌로 눌러 숙성시킨 김치이다. 늦가을에 만들어 놓은 오이지를 김장 담글 때 꺼내어 배추김치 양념을 넣고 담는 방법이다. –〈충북〉

(38) 숙김치

절인 배추, 삶은 무, 배, 실파, 미나리, 굴에 양념(고춧가루, 새우젓, 다진 파 · 마늘 · 생강, 실고추, 소금)을 넣어 버무려 담근 것이다. 예로부터 이가 약한 노인들을 위해 만들어 온 전통김치로서 가을 김장철에 많이 담근다. 서울 · 경기에서 삶은 김치, 경북에서는 술김치라고도 한다. －〈서울 · 경기, 경북〉

(39) 시금치국물김치

연한 소금물에 절인 시금치와 미나리에 다진 마늘, 액젓, 설탕, 소금과 삶은 국수를 분쇄기에 갈아 죽처럼 만든 것을 넣고 버무린 김치이다. 예전에 배추가 귀한 철에 주로 담갔으나, 요즈음은 산뜻한 맛을 내는 별미김치로 사철 내내 먹는다. －〈충남〉

(40) 시금치김치

시금치에 고춧가루, 멸치젓국, 다진 파 · 마늘 · 생강을 넣어 버무린 김치이다. 김칫거리가 귀하고 시금치가 끝물인 초봄에 억센 시금치를 이용하여 담근 것으로 아주 익은 것보다 덜 익었을 때 맛있다. －〈충북〉

(41) 쪽파김치

소금에 절인 쪽파를 찹쌀풀에 멸치젓, 다진 마늘 · 생강, 고춧가루를 섞어 만든 양념으로 버무린 후 채 썬 양파와 붉은 고추채를 섞어 만든 김치이다. －〈충북〉

(42) 우엉김치

우엉을 식촛물에 데쳐 찹쌀풀, 멸치액젓, 마늘, 생강, 쪽파, 통깨, 소금으로 버무려 담근 김치이다. 끓는물에 식초를 넣고 데쳐 물기를 뺀 우엉을 양념(멸치액젓, 다진 마늘, 고춧가루, 물엿)으로 버무려 익히며 소금에 절인 우엉을 이용하기도 한다. 또 쌀뜨물 또는 식촛물에 살짝 삶은 우엉과 실파에, 물을 붓고 달여 식혀 거른 멸치젓과 양념(찹쌀풀, 고춧가루, 다진 파 · 마늘 · 생강, 소금, 통깨)을 넣고 섞어 버무려 익히며 우엉을 데치지 않고 사용하기도 한다. －〈경상도〉

(43) 채김치

굵게 채 썬 무 · 배추 · 명태살에 고춧가루, 미나리, 갓, 새우젓, 다진파 · 마늘 · 생강을 넣고 버무려 숙성시킨 김치이다. 채를 썰어 만든 김치이므로 오래도록 두고 먹지 않는다. —〈강원도〉

(44) 청각김치

불린 청각과 당근채, 붉은 고추채에 고춧가루, 젓갈, 다진 마늘을 섞어 만든 양념을 버무려 담근 김치이다. 녹조류인 청각은 얕은 바닷속 바위에 붙어 살며 진한 초록색의 사슴뿔 모양이라 하여 '청각채' 또는 '녹각채'라고도 한다. 주로 생것으로는 김장김치에 시원한 맛을 주고 말린 것은 불려서 나물을 해먹는다. —〈전남〉

(45) 이천게걸무김치

여주, 이천 지역의 특산품이라는 게걸무는 맛이 좋아 '게걸스럽게 먹는다' 해서 붙여진 독특한 이름에 걸맞게 생김새도 보통 무와는 다른 특별한 모양을 가졌다. 작지만 단단하고 야물진 이 무는 다른 무들보다 더 매콤한 맛이 매력이다.[58)]

게걸무는 경기도 이천의 목화밭이나 콩밭 사이에서 재배되어 온 이천의 토종무로 껍질이 두껍고 매운맛이 나며 장아찌, 김치 등으로 이용한다. 단단하여 소금에 절여 땅에 묻었다가 겨울이 지난 후에 먹을 수 있는데, 겨울이 지난 후에 꺼내 먹으면 맛이 시원하고 상큼하다. 멸치젓국과 고춧가루, 찹쌀풀을 고루 섞은 후 다진 파 · 마늘 · 생강, 새우젓, 설탕을 넣은 걸쭉한 양념으로 절인 게걸무와 갓, 실파를 버무리고 게걸무에 갓, 실파로 한두 가닥씩 모아 말아 항아리에 담은 것이다. 게거리김치라고도 한다. 게걸무김치는 김장을 끝낸 뒤 담그는데, 익은 뒤에는 김치라기보다는 장아찌처럼 오래두고 이용한다. —〈서울 · 경기〉

(46) 이천게걸무깍두기

깍둑썰기 한 게걸무를 고춧가루로 물들이고 다진 마늘 · 생강, 새우젓 또는 생태아가미젓으로 양념하여 쪽파, 갓, 미나리를 넣어 버무린 것이다. —〈서울 · 경기〉

(47) 인삼김치

인삼을 소금에 절여 고춧가루 양념으로 버무린 김치이다. 소금에 살짝 절인 인삼에 실파, 고춧가루, 멸치액젓, 찹쌀풀을 넣어 버무린 다음 끓여서 식힌 물을 김칫국물로 부어 하루쯤 두었다가 먹는다. –〈충남〉 또 열십자로 칼집을 넣어 소금에 절인 인삼에 부추, 미나리, 양념(고춧가루, 통깨, 다진 마늘, 실고추, 멸치액젓)을 섞어 만든 김칫속을 채우고 남은 양념으로 버무린다. –〈경북〉

(48) 정선갓김치

갓을 소금에 절여 여러 번 씻어 갓물을 뺀 다음 쪽파, 부추, 양파채, 대파채에 새우젓과 멸치액젓, 고춧가루 양념을 넣은 찹쌀풀을 넣어 버무리고 마지막에 참기름을 넣은 것이다. –〈강원도〉

(49) 해수배추김치

배추를 바닷물로 절여 명태살, 무, 갓, 쪽파를 넣고 찹쌀풀에 고춧가루, 새우젓과 다진 파·마늘 등의 양념으로 버무려 항아리에 담아 숙성시킨 김치이다. –〈강원도〉

(50) 콩잎김치

경상도 내륙에서는 콩잎으로 김치를 담가 먹었다. 이 지역 농부들은 밭도 귀해 모내기철이면 긴 논두렁을 따라 콩을 심었다. 모가 자라면 콩포기도 함께 자란다. 추석 무렵, 콩잎이 누릇누릇 익으면 그 잎을 따서 한 장 한 장 포개, 백여 장이 되게 해 짚으로 묶는다. 장독에 물을 붓고 이 속에서 콩잎 다발을 보름에서 한 달 정도 삭힌다. 콩잎 특유의 강한 냄새도 사라지고 알맞게 삭는다. 콩잎이 삭을 무렵이면 대략 김장철, 잘 삭힌 콩잎을 깨끗이 씻어 고춧가루, 마늘, 참깨, 간장, 물엿, 멸치젓갈로 갖은양념을 해 한 장 한 장 바른 것이 콩잎김치이다. 완전히 가시지 않은 콩잎 향, 그리고 거친 맛. 겨우내 경상도 촌부들의 좋은 밑반찬이었다.[59]

(51) 콩잎물김치

밀가루풀에 된장을 걸러 넣고 풋고추, 양파를 고루 섞은 것을 20장 정도씩 묶은 콩잎에 부어 시원한 곳에서 익힌다. -〈경북〉 또 밀가루를 푼 물을 끓여 식혀 소금 간하여 20장씩 묶은 콩잎과 채 썬 마늘·생강, 어슷하게 썬 풋고추·붉은 고추를 넣어 담근다. -〈경남〉

(52) 퍼데기김치

손으로 뜯어서 절인 퍼데기 배추를 다진 멸치젓을 넣고 끓여 고춧가루, 다진 마늘·생강, 깨소금, 소금을 넣어 만든 양념으로 버무려 담근다. 또 통째 절인 퍼데기 배추를 좁쌀죽에 고춧가루, 멸치젓, 다진 마늘·생강을 넣어 만든 양념으로 버무려 담근다. '퍼데기짐치'라고도 한다. 제주도의 퍼데기 배추는 요즈음의 개량배추와는 달리 집 울타리 또는 노지에서 추위를 이겨낸 것으로 요즈음 배추보다 질기며 색도 진한 초록색이다. -〈제주도〉

(53) 해물김치

무를 큼직하게 나박썰기 하여 고춧가루를 넣고 곱게 물들인 후 손질하여 썬 도루묵·생태, 오징어, 갓, 미나리, 대파, 다진 마늘·생강 및 멸치젓국과 소금을 넣고 간을 한 후 버무려 항아리에 담고 우거지를 덮어 돌로 눌러 익힌 김치이다. -〈강원도〉

(54) 호박김치

손질하여 절인 늙은 호박, 우거지, 무청을 물기 제거 후 고춧가루, 새우젓, 다진 마늘·생강으로 양념을 하여 버무려서 담은 김치이다. -〈서울·경기, 강원〉

(55) 배추김치

배추를 통째로 갈라서 절여 잎 사이에 무채 양념을 채운 포기김치로, 우리나라 김치 중 가장 대표적인 것으로 겨울철 김장김치로 주로 많이 담근다. 지방에 따라서 소에 넣는 젓갈의 종류와 양념이 조금씩 다르다. 남쪽 지방은 멸치젓을 많이 쓰고 맵고 짜게 하는 편이고, 추운 북쪽 지방은 젓갈과 고춧가루를 많이 쓰지 않아서 담백하고 매운 맛이 덜하다. 소에 배, 밤 등의 과실을 넣기도 한다. 서울 · 경기식 김치는 새우젓이나 조기젓, 황석어젓을 많이 쓰기 때문에 시원하면서 담백한 맛이 특징이며, 지역에 따라 부재료로 굴, 새우 등의 해물을 넣기도 한다. 제주도에서는 차조죽을 쑤어 김치를 담근다. 황석어젓은 참조기로 만든 젓갈이다.

(56) 가지김치

토막 낸 가지에 열십자(+)로 칼집을 넣어 소금물에 절여 물기를 뺀 다음 양념(송송 썬 쪽파, 고춧가루, 새우젓국, 다진 마늘 · 생강, 소금)을 가지의 칼집 사이에 넣어 숙성시킨 김치이다. 충북에서는 가지를 통째로 살짝 데쳐 하루 정도 햇볕에 말린 후 다진 파 · 마늘, 실고추, 소금을 섞은 양념을 칼집 낸 가지에 채워 넣고 간장을 부어 익힌다. 늦가을에 담가 겨울까지 두고 먹는 것으로, 간장국물을 따라내어 끓여 붓기를 세 번 정도 하면 변질되지 않고 먹을 수 있다. −〈충북, 전북〉

(57) 갓쌈김치

찹쌀풀에 멸치액젓, 고춧가루, 실파, 실고추, 마늘편, 다진 생강, 통깨, 설탕을 섞어 만든 양념을 갓 잎에 바르고 그 위에 밤채, 대추채, 은행, 잣을 뿌려 차곡차곡 쌓아 항아리에 담아 익힌 김치이며, 개미김치라고도 한다. −〈전남〉

(58) 갓김치

갓에 실파를 섞어서 고춧가루와 멸치젓을 많이 넣은 전라도식 김치이다. 또 소금에 절인 갓 · 실파를 멸치액젓, 고춧가루, 다진 마늘 · 생강, 설탕, 통깨를 섞어 걸쭉하게 만든 양념으로 버무려 익힌 김치이다.

(59) 무김치

절인 무를 양념(멸치액젓, 고춧가루, 다진 마늘 · 생강, 쪽파)으로 버무려 담근 김치이다. '남삐짐치'라고도 한다. 『산가요록』(무염침채), 『수운잡방』(침나복: 沈蘿葍), 『조선무쌍신식요리제법』(나복함저: 蘿葍醎葅)에 소개되어 있다. -〈제주〉

(60) 무청김치

절인 무청을 액젓, 고춧가루 찹쌀가루, 다진 마늘 · 생강, 고추씨, 멸치가루를 섞은 양념에 버무린 것이다. '잎새김치'라고도 한다. -〈서울 · 경기〉

(61) 상추김치

상추대와 상추잎을 양념(멸치액젓, 고춧가루, 다진 마늘, 생강즙)으로 버무린 김치이다. -〈경북〉

(62) 보쌈김치

절인 배춧잎에 채소와 해물을 넣고 싸서 담근 김치이다. 나박썰어 절인 무와 배추에 미나리, 갓, 쪽파, 배, 밤, 석이버섯, 표고버섯, 낙지, 전복, 대추, 잣 등의 부재료와 양념(고춧가루, 조기젓, 액젓, 다진 마늘 · 생강, 소금 등)을 버무려 소를 만든 다음, 넓은 보시기에 절인 배춧잎을 2~3장 깔고 소를 넣어 오므려 싸서 항아리에 담아 조기젓국을 부어 익힌다. 개성지방의 향토음식으로 '개성보쌈김치'라고도 하며, 개성배추가 길이가 길고 허리가 잘록하면서 잎이 넓어 보쌈김치에 적합하기 때문이다. -〈서울 · 경기〉

(63) 장지김치

소금에 절여 씻어 물기를 뺀 무를 양념(고춧가루, 장지젓, 대구알, 다진 파 · 마늘 · 생강, 통깨)으로 버무려 담근 김치이다. 꼴뚜기젓(호루래기젓)을 이용하기도 한다. '장제김치'라고도 한다. 장지젓은 대구의 내장으로 담근 젓갈이다. -〈경남〉

(64) 죽순김치

소금에 절여 씻어 물기를 뺀 배추와 삶은 죽순, 실파에 양념(고춧가루, 멸치젓

국, 다진 마늘 · 생강)을 넣고 버무려 담근 김치이다. —〈경남〉

(65) 콩나물김치

살짝 데친 콩나물과 굵게 채 썰어 절인 무 · 배춧잎, 마늘채, 생강채, 멸치젓국, 실고추를 섞어 버무린 다음, 소금물을 부어 익힌 김치이다. 빛깔이 곱고 맛이 산뜻하여 사철 내내 담가 먹는다. '콩나물지'라고도 한다. —〈전북〉

(66) 풋마늘김치

10cm 길이로 썰어 간장에 재운 풋마늘대를 달여서 식힌 멸치장국 국물에 새우젓, 고춧가루를 섞어 만든 양념으로 버무린 김치이다. —〈전남〉

(67) 나주반지

나주의 대표적인 양반가의 김치 반지는 초가을에 끝이 빨갛게 약이 오른 풋고추를 처마 밑에 말려서 학독에 거칠게 갈아 토하젓을 넣어 담는다. 마늘을 많이 넣고, 생강과 새우젓을 함께 갈아 찹쌀풀과 섞는다. 절인 배추에 양념을 비벼 굵직하게 썬 무를 함께 항아리에 넣고, 그 위에 잔새우를 끓여 받친 젓국을 뿌린 다음, 매실주를 넣으면 향이 나며 이물질이 끼지 않는다. 국물을 흥건히 붓는 것이 특이했고, 김치를 국물과 함께 떠먹는다. —〈전남〉[60]

7.3 사찰김치

사찰에서 담그는 김치는[61] 육식과 자극성이 강한 양념을 사용하지 않는 것이 특징이다. 김치를 만드는 일은 물론 먹는 것까지도 수행의 한 과정으로 여겨, 불살계의 원칙에 따라 동물성 재료와 자극성이 강한 오신채(파, 마늘, 달래, 부추, 흥거)를 사용하지 않는다. 젓갈은 물론 인공 감미료를 사용하지 않는 대신에 각종 산나물과 들나물, 재배채소, 엉기는 역할과 영양을 보완하는 젓갈 대용의 잣즙, 들깨즙, 땅콩즙, 호박죽, 보리밥, 밀가루죽, 감자 삶은 물 등을 사용해 맛이 비교적 담백하다. 양념으로는 소금이나 간장, 고춧가루, 생강, 통깨 등을 주로 쓰고 산초를 넣기도 한다.

대표적인 사찰김치로는 국물 맛이 시원한 열무(물)김치가 있으며, 금산사 고들빼기김치, 대흥사 동치미, 석남사 미나리김치, 봉은사 깍두기 등이 유명하다.

사찰의 김치는 고춧가루를 많이 쓰지 않는 것도 특징이다. 그리고 장김치를 담거나 국물이 자작하게 담아 공양 시에 김칫국물을 떠먹으며 소화를 다스렸다. 그래서 사찰의 김장김치는 일반김치에 비해 빨갛지 않고 국물이 많은 편이다. 김칫국물은 채수를 내어 만들고 일반김치에서 사용되는 젓갈의 역할은 죽염과 간장이 한다. 갓김치를 담글 때는 된장을 사용하지만, 김장김치에는 소금과 간장을 사용한다. 채수는 넉넉히 준비하고 표고, 무, 다시마, 가죽순, 가시오가피 등을 넣어 오랫동안 우려낸다. 가죽순과 오가피 등의 재료는 지역마다 달리 사용되어 황칠나무, 유근피 등 지역마다 특색 있는 비법들이 전해진다. 채수를 활용하여 찹쌀풀을 쑨다. 찹쌀풀과 채수, 간장, 소금, 고춧가루를 넣고 양념을 만들어 절인 배추에 골고루 무쳐 준 다음 항아리에 담는다. 고추는 건고추를 갈아서 사용하는 경우도 많다. 김치 보관 시에는 소금에 절인 토종갓을 덮어서 보관한다.[62]

오신채는 대부분 자극이 강하고 냄새가 많은 것이 특징이다. 흥거는 백합과의 식물로 한국과 일본, 중국에서는 구할 수 없는 식물이며, 한국에서는 양파를 금지하고 있다. 오신채를 금지하는 이유는 성질이 맵고 향이 강하기 때문에 마음을 흩뜨려 수행에 방해가 되기 때문이라고 한다. 사찰음식에서는 이들 식물을 대신하기 위해 다시마, 들깨, 방앗잎, 버섯 등을 사용한다.[63]

정관 스님의 김치에는 연잎 달인 물이 들어간다. 연잎은 음식이 쉬 상하는 걸 막는 천연 방부제로 연잎밥 등 사찰음식에 애용된다. 여기에 쌀눈을 제거하지 않은 찹쌀풀, 불린 좁쌀, 불려서 삶은 뒤 갈아낸 검정콩을 넣어 고춧가루와 잘 섞는다. 스님은 "곡물의 영양을 담아 김치만으로도 든든함을 주고 싶었다."고 설명했다. 또 붉은 피망, 토마토, 무도 갈아 넣는다. 토마토는 시원한 맛을 내고, 붉은 피망은 따뜻한 기운을 북돋운다. 매운맛을 더하는 재료로 쫑쫑 썬 갓이 들어간다. 그래서 스님은 갓을 '양념'이라고 불렀다. 개운한 맛을 위해 청각도 넣는다. 주로 7~9월 바닷가 바위 주변에서 채취하는 청각은 말린 것을 구해 물에 불린 뒤 다져 넣는다. 잎채소인 배추, 뿌리채소인 무, 거기에 태양열을 듬뿍 받은 고춧가루, 삼면이 바다인 나라답게 해조류를 넣어 만드는 김장은 맛을 뛰어넘는 조화를 이룬다.

감칠맛을 내는 역할은 집간장(조선간장)이 담당한다. 화룡점정처럼 5년 된 집간장과 함초청이 더해졌다. 젓갈을 넣지 않은 사찰김치는 최근 채식(비건)김치 레시피로도 각광받고 있다.

무를 두툼하게 썰어 양념에 버무린 섞박지, 매실 과육이 그대로 살아있는 매실청을 더해 버무린 깍두기, 양념으로 쓰고 남은 갓을 버무린 갓김치도 만든다. 고춧가루를 넣지 않는 백김치 양념에는 청양고추와 풋고추를 갈아 넣는다. 매콤하고 짭짤하게 담근 백김치는 항아리에 담은 뒤 웃소금을 살살 뿌려서 저장했다가 해를 넘겨 봄부터 여름까지 시원한 맛으로 먹는다.[64)]

사찰김치는 파, 마늘, 젓갈을 일체 사용하지 않지만 계절과 재료에 맞게 찹쌀, 감자, 호박, 보리, 조 등을 이용하여 풀을 쑤고 청장, 된장, 재핏가루, 콩가루 등을 사용해서 영양과 맛을 낸다. 재료도 무, 배추, 열무 외에 고들빼기, 파래, 미역, 상추대궁, 연근, 더덕, 우엉 등 다양하다.

(1) 가죽순김치

가죽순은 부각으로 만들거나 장아찌로 담그지만 빨리 상할 수 있어서 오래 저장해서 먹으려면 김치를 담는다. 가죽순에서는 재료 특유의 향이 나는데, 첫맛을 시골에서 바람 불 때 느껴지는 '흙먼지 맛'이라고 표현할 수 있다. 식물이지만 씹으면 소고기의 구수한 맛이 난다.[65)]

(2) 고수김치

고수김치는 황해도와 평안도, 특히 절에서 즐겨 담가 먹는 김치이다. 고수는 향이 진한 풀로, 중국에서는 어느 음식에나 양념으로 다양하게 쓰이며 '향채'라고도 한다. 가는 뿌리에 연한 줄기가 여러 개 붙어 포기를 만들고 잎도 듬성하며 연하다. 겉절이처럼 살짝 버무리며, 풋배추와 무를 섞어 담그는 김치에 넣기도 한다.[66)]

(3) 과일물김치

사과와 배를 나박나박 썰고 무와 배추도 같은 모양으로 썰어 소금에 살짝 절인다. 밀가루와 콩가루를 섞어 풀을 쑤고 생강을 넣어 간다. 다시마물이나 과일즙으로 국물을 잡고 고춧물을 맑게 들여 익힌다. 마지막 간은 소금으로 해주고, 짧게 자른 미나리와 실고추를 띄워 냉장 보관한다.[67]

(4) 더덕물김치

궁중에서도 귀한 음식인 더덕은 인삼과 비슷하게 생겼다. 특유의 향과 약효를 지니고 있어 '사삼(四蔘)'이라 불리며, 섬유질이 풍부하고 탄탄한 줄기에서 씹히는 맛은 '산에서 나는 고기'에 비유된다. 더덕에는 사포닌과 인, 비타민, 칼슘, 당류 등 많은 성분이 함유되어 있다. 사찰에서는 오랫동안 더덕을 이용해 각종 요리를 만드는데, 아산 백련암 더덕물김치는 더덕과 다양한 채소를 혼합해 미각과 식감을 더욱 즐겁게 한다. 배는 믹서에 갈아 즙을 내고 더덕과 피망은 자른다. 청고추는 송송 썰고, 생강은 다진다. 더덕과 배즙, 식초, 생강, 피망, 청고추 등을 넣고 물을 부은 다음, 소금으로 간을 조절한다.[68]

(5) 된장갓김치

선재 스님은 "항생제 내성으로부터 우리 몸을 보호할 방법은 바로 면역력을 높이는 음식을 섭취하는 것"이라 하였다. 면역력 높여주는 천연항생제 '된장갓김치'는 갓을 소금물(소금 1 : 물 10)에 2시간 절이고, 다시마 찹쌀죽에 된장, 고춧가루, 홍시, 굵은 소금을 넣고 섞는다. 이 양념에 절인 갓을 버무리면 완성된다.[69] 된장갓김치는 발효되면 된장이 젓갈처럼 맛깔스러운 풍미를 낸다.[70]

(6) 사찰봄김치

이천 감은사 주지 우관 스님은 "겨우내 잃었던 입맛을 돋워주는 돈나물 물김치, 과일장김치, 양배추말이 물김치, 빨강무 연근물김치, 돼지감자 깍두기, 봄동김치 등 여러 가지 봄김치가 있다."고 하였다. 우관스님은 "사찰 봄김치는 비타민과 무기질이 많아 겨우내 부족했던 영양소를 보충해 준다."면서 "더불어 아삭한 식감과 상큼한 향이 소화기능을 도와 잃었던 입맛을 돋워주고 나른한 몸과 마음을 일깨워 준다."고 했다.71)

(7) 상추김치

잎이 연한 상추김치는 오래도록 두면 쓴맛이 나오므로, 김칫거리가 마땅치 않거나 김칫거리를 구하기 어려운 산중에서 많이 해먹는다. 김치로 담글 때는 연한 쌈용보다는 대가 굵고 억센 것이 적당하다. 감자 삶은 물을 넣어 담근 구수한 국물김치로, 여러 날 두고 먹을 수 없고 하루 이틀 사이에 먹는다. 절에서는 마늘, 파를 넣지 않고 담그며 감자물 대신 옅은 찹쌀풀국이나 밀가루풀국으로도 담근다.72)

(8) 수박물김치

수박은 믹서에 갈아서 즙을 받아놓고 마른고추, 홍고추, 생강을 믹서에 갈아 수박즙에 섞는다. 수박의 흰껍질 부분을 나박 썰고 배추도 나박 썰어 준비한다. 미나리는 줄기 부분을 조금 준비한다. 모든 재료를 넣고 소금으로 간한다.73)

(9) 여러 사찰김치

경남 양산 통도사의 경우 가죽김치가 자랑거리며, 합천 해인사는 상추불뚝김치가 유명하다. 순천 송광사의 경우 연근물김치, 죽순김치, 해남 대흥사의 경우 동치미, 김제 금산사의 경우 돌미나리김치, 강원도 설악산 신흥사의 경우 참나물김치 등이 유명세를 타고 있다.74)

(10) 참외깍두기

참외는 갈증을 멎게 하며 천연 변비약으로 알려져 있다. 찬 음식이라 너무 많이 먹으면 설사가 올 수 있는데, 참외를 먹으면 배가 살짝 아픈 사람은 씨를 빼고 먹는 것이 좋다. 참외를 깨끗이 씻어 반 가른 후 숟가락으로 속을 긁어내고 깍두기 모양으로 썰어 소금 간을 해둔다. 현미풀을 쑤어 마른고추와 생강, 청장, 고춧가루

를 넣어 믹서기에 갈아서 잘 버무린다.[75]

(11) 홍시배추김치

한국 사찰음식이 영국에서도 호평을 받았다. 런던 르꼬르동블루 요리학교에서 학생 및 교수들을 대상으로 사찰음식 특강을 진행했는데, 시연 음식으로 홍시배추김치를 선택하였다. 마늘과 젓갈이 들어가지 않은 홍시배추김치에 찬사를 보냈다.[76]

사찰김치는 주 양념이 생강과 소금으로, 젓갈을 사용하지 않는 대신, 전통 발효식품인 간장과 된장을 넣어 개운한 감칠맛을 낸 게 특징이다. 조선간장과 잘 익은 홍시로 맛을 낸 홍시배추김치는 설탕이 들어가지 않으면서도 깔끔한 감칠맛과 단맛이 난다.[77] [78]

(12) 선재 스님의 재핏(초피)가루와 배추김치

재핏가루는 고춧가루가 들어오기 전 김치에 넣어 매콤한 맛을 냈던 대표적인 양념이다. 재피는 제피(경상도), 젠피(전라도), 조피(이북), 지피, 남추, 진초, 초피(학명; zanthoxylum piperitum)의 다른 말인데, 산초와는 다른 식물이다.

재피(초피)는 열매껍질을 사용하고, 잎으로 장아찌를 담는다. 산초는 열매를 사용한다. 초피는 남쪽 지방에 분포하고 중부 내륙에서는 보기가 힘들다. 잎이 쪼글쪼글하고 가시는 마주나기 때문에 쉽게 구별할 수 있으며, 꽃은 봄에 피우기 때문에 산초(잎은 매끈매끈하고 가시가 어긋나기)와 구별된다. 초피나무는 톡 쏘는 매운 맛과 상쾌하고 시원한 맛 때문에 향신료로 이용하며 추어탕, 민물고기 요리에는 비린내 제거를 위해 초핏가루가 필수적으로 들어간다.

김치 담글 때 넣거나 된장찌개나 된장국, 김치찌개 등에 넣으면 재핏가루의 독특한 향과 매콤한 맛을 즐길 수 있다. 특히 김치에 넣으면 김치가 빨리 시는 것을 막아주는 천연방부제 역할을 한다.

***재피배추김치**

재료는 배추 1통, 물 5컵, 굵은 소금 1컵, 무 100g, 찹쌀 1/4컵, 다시마(10cm)

1장, 마른 고추 간 것 1컵, 집간장 1큰술, 소금 약간, 다진 생강 1작은술, 재핏가루 2작은술을 준비한다.

배추는 반으로 잘라놓고, 물 5컵에 굵은 소금 1컵을 녹인 후 배추를 절인다. 무는 채 썬다. 물에 다시마와 찹쌀을 넣고 찹쌀이 푹 퍼질 때까지 익혀 찹쌀풀을 만든다. 찹쌀풀에 채썬 무, 고추 간 것을 섞고 집간장, 소금으로 간한 후 다진 생강과 재핏가루를 넣는다. 배추 켜켜이 소를 넣어 항아리에 담는다.

젓갈, 파, 마늘을 사용하지 않는 사찰김치는 생강과 소금을 기본양념으로 하여 젓갈 대신 간장이나 된장으로 맛을 낸다. 특히 갓김치를 담글 때 젓갈 대신 된장을 넣으면 맛이 비리지 않는데, 찹쌀풀이 식기 전에 거른 된장을 넣고 고춧가루와 소금으로 간을 한 후 김치를 담그면 된다.

(13) 대안 스님의 사찰김치

유럽권 중 김치문화에 수요가 높은 영국에서 우리 김치를 선보였다. 세계김치연구소는[79] 2019년 9월 12일과 14일 이틀간 영국 런던에서 '한국의 채식, 김치와 발효음식'이라는 주제로 김치 전시 및 시식회를 개최했다. 김치는 한국 채식문화의 다양성을 담고 있으며, 사찰음식은 심신수행을 위해 가장 엄격한 단계인 비건(vegan, 채식주의자) 음식을 고수하고 있다는 점에서 '사찰김치'는 영국인들의 관심을 끌기에 충분했다.

12일 주영국 대한민국 대사관에서 열린 김치 전시 및 시식회에서 사찰음식 전문점 '발우공양'의 총책임자를 지낸 사찰김치 전문가 대안 스님이 직접 김치 담그는 모습을 보여 주었다. 세계김치연구소는 스님이 직접 김치를 담그는 국내 사찰들을 대상으로 계절별 김장 현황, 사용 재료, 조리 및 저장방법 등 사찰김치가 갖는 특징에 대해 조사 연구한 결과를 반영해 채식주의자도 먹을 수 있도록 만들었다. 시식행사에서는 채식 배추김치와 기존에 젓갈을 넣고 만든 일반 배추김치의 맛을 비교하는 등 다양한 김치를 맛볼 수 있도록 하였다. 소개된 김치 종류로는 배추김치, 통배백김치, 갓김치, 김오이김치, 총각무김치, 열무김치, 깍두기, 깻잎김치 등 총 11가지였다.

14일 킹스턴시 코리안 페스티벌에서 열린 김치 행사에는 한국 교민들과 킹스턴 시민들이 함께 모여 김장문화를 매개로 서로 깊은 정서적 교감을 나눌 수 있도록 전시는 물론 시식, 김치조리 시연 등 다양한 콘텐츠를 선보였다. 한국 교민들과 현지인들이 함께 김치와 음식을 나누며 한국문화를 체험할 수 있다는 점에서 한국의 김장문화 정신을 이어가고 있다.

관람객들을 위한 시식으로 채식 배추김치와 양배추김치, 채식김치전, 김치부르스케타(구운 빵 위에 다진 김치를 올려 발사믹소스와 파마산치즈를 곁들인 음식)를 선보였다. 이날 참석한 외국관광객들에게도 큰 호응을 얻었다.

산초나무(분지나무), 열매껍질은 천초
산초나무(학명; Zanthoxylum schinifplium)는 운향과에 속하는 낙엽관목(분지나무, 분디나무라고도 함)으로 산초열매의 껍질을 천초라고도 한다. 높이가 3~4m에 달하고 줄기와 가지에 탁엽이 변해서 된 가지가 불규칙하게 나 있고 잎은 13~21개 정도의 잔잎으로 이루어진 겹입 형태로 이루어져 있으며, 잎에서 특유의 향기가 나고 잎 가장자리에는 톱니형태의 돌기가 10개쯤 있다. 분디나무는 가시가 하나씩 어긋나 있다(초피나무는 두 개씩 마주 나있다). 향신료로는 덜 익은 파란 열매를 따서 쓰기도 하지만, 약용은 열매가 익어 갈라질 무렵에 채취한다. 산초나무는 암수 한 나무로서 어떤 나무에도 열매가 달릴 수 있다. 열매는 초록빛이 도는 갈색이나 익으면 벌어져 검은색 씨들이 밖으로 나오며 성숙은 9월 중순부터 10월 하순까지 이루어진다. 산초나무가 열매를 만들 수 있는 횟수가 10년이라고 알려져 있고, 10년 이상이 되면 나무가 경제성이 없어지고 열매도 맺지 않음은 물론 더 이상의 년수가 되면 고사한다고 알려져 있다. 산초의 매운맛을 내는 성분 산시올(sanshol) 성분에는 국소 마취작용이 있어 살충효과가 겸하며 생선독에 중독되었을 때 해독제로 이용된다. 산초유를 장기간 복용하면 해수기침에 특효가 있다고 기록되어 있으며, 구충작용과 살균작용이 탁월함은 물론 독특한 향기와 가을에 까맣게 익는 열매를 보기 위해 정원이나 공원에 심기도 한다. 산초나무는 반 그늘진 곳에서 잘 자라고 추위에도 잘 견디나 뿌리는 깊게 내리지 않는다. 봄에 새 잎을 국에 넣어 먹기도 하며, 씨를 빻아서 추어탕 등 민물고기국의 향미료로 쓴다.

[그림 7.1] 진관사 김치광 외부(2018, 김문경 제공)

[그림 7.2] 진관사 김치광 내부(2018, 김문경 제공)

7.4 다양한 개발김치

세계적인 식품박람회 '시알인디아 2019(SIAL India 2019)'에서 혁신제품상을 받은 푸드컬쳐랩의 '김치 시즈닝'은 제품에 뿌려먹는 김치맛 만능 파우더 제품이다. 향신료의 나라인 인도에서 한국 기술력으로 개발된 시즈닝 제품이 수상한 것은 이례적이다. 이는 김치 시즈닝이 비건(엄격한 채식주의자)도 섭취 가능하고 글루텐-프리(gluten-free)이면서 유전자 조작 농산물을 사용하지 않은 Non-GMO 제품이기 때문이다. 이러한 우수성을 인정받아 푸드컬쳐랩의 김치 시즈닝은 인도를 비롯한 아시아와 프랑스 등 유럽 내 유통채널에 납품되었다.

푸드컬쳐랩의 '김치 시즈닝'은 김치를 만드는 용도에서 나아가 감자튀김, 치킨, 피자 등 여러 음식에 뿌려 먹을 수 있고, 통에 담겨있어 재사용이 가능한 것이 장점이다. 예컨대 양꼬치를 쯔란(孜然)[80] 대신 '김치 시즈닝'에 찍어 먹을 수도 있고, 소금이나 후추 대용으로 간을 맞출 때 '김치 시즈닝'을 사용할 수도 있다. 외국인들이 젓갈과 마늘냄새를 싫어한다는 것을 파악하고 이를 감안해 '김치 시즈닝'은 어떠한 냄새도 나지 않아 외국인들이 편하게 먹을 수 있고, 종교 또는 건강 등의 이유로 김치를 못먹는 사람들도 먹을 수가 있다.[81]

(1) 감귤김치

풀국 재료는 고구마가루 3큰술, 찹쌀가루 5큰술, 물 4컵으로 준비하고, 무와 배추는 납작 썰어 준비한다. 홍고추와 청고추는 어슷 썰고 쪽파도 적당히 썬다. 물에 다시마육수, 풀국(고구마가루, 찹쌀가루, 물), 마늘, 고춧가루를 넣어 잘 혼합한 후 거르고 무와 배추, 고추, 쪽파 등 모든 재료를 섞어 간을 맞춘다. 대추와 슬라이스한 감귤을 넣는다.[82]

(2) 고구마보쌈김치

통배추는 4등분하여 소금에 절인다. 고구마, 무, 당근, 양파는 곱게 채 썰고 실파는 길이로 썰고, 마늘은 다진다. 새우젓, 멸치젓, 굴을 넣고 고춧가루, 깨소금,

참기름을 넣고 소금으로 간한다. 소금에 절인 배추를 깨끗이 씻어 물기를 빼고 준비된 양념을 함께 담아낸다.[83]

(3) 검정무

검정무는 겉이 특이한 검정색을 띤 무이다. 뿌리 모양은 둥근 것과 길게 쭉 빠진 것으로 구분된다. 최근 들어 검정색을 띤 먹을거리 채소들의 요구도가 높아지고 있다. 겉만 자르면 안쪽은 백색이다. 유럽에서는 오래 전부터 채소보다는 약용으로 많이 이용되는 무이다. 길게 뿌리가 자라나는 것은 20~30cm 정도이다. 맛은 육질이 부드럽고 향기롭다. 절임, 물김치, 무생채로 이용된다.[84]

(4) 고구마김치

원주 이색김치인 고구마김치는 빨리 부패하는 성질이 있으므로, 익은 후 바로 먹어야 제 맛을 느낄 수 있다. 배추는 소금에 절여 놓는다. 고구마 한 개는 쪄서 풀을 쑤고 몇 개는 가늘게 채 썰어 전분기를 완전히 뺀 후 소금을 뿌려놓는다. 고춧가루, 썰은 대파, 다진 마늘과 생강, 쪽파, 홍고추 다진 것, 멸치액젓, 소금, 설탕 등을 골고루 넣고 양념을 준비한다. 고구마풀과 전분기를 제거한 고구마를 넣고 속을 버무린다. 절인 배추를 씻어 물기를 빼고 준비된 속을 배추 사이에 넣고 숙성시킨 후 먹는다.[85]

(5) 고추김치

풋고추와 붉은 고추, 고춧잎을 소금물에 담가 약 일주일 동안 삭힌 다음 씻어 건진다. 멸치젓 반 컵을 약간 넣고 달인 후 체에 걸러 고춧가루를 넣고 갠다. 실파는 다듬어 씻어서 자르고 마늘과 생강은 곱게 다진다. 젓국에다 고춧가루를 개고 다진 마늘, 생강, 실파 썬 것, 갈치젓을 넣어 양념을 만든다. 물기를 뺀 고추와 고춧잎에 양념을 넣고 잘 버무려 통깨를 뿌린 다음 항아리에 꼭꼭 담는다.[86]

(6) 곰취김치

곰취는 향이 뛰어나며 특히 혈액순환 촉진과 항암작용에도 탁월한 효과가 있다. 양구 특색김치인 곰취김치는 그릇에 간장, 액젓, 물, 마늘, 생각, 파, 실고추, 고춧가루를 넣고 섞은 뒤 곰취를 적셔 항아리에 눕혀 담고 서늘한 곳에 2~3일 정도 숙성시킨다.[87]

(7) 구기자물김치

구기자는 가볍게 씻어 물에 하루정도 담갔다가 살짝 끓여 면보에 받치고, 구기자 열매는 따로 둔다. 무, 배추는 깨끗이 씻어 나박썰기 하여 소금을 뿌려 살짝 절인다. 청양고추는 송송 썰고 실파는 길이로 썰고 마늘, 생강은 채 썬다. 고춧가루를 면 보에 싸서 구기자 우린 물에 넣고 흔들어 붉은 빛이 우러나도록 짜서 소금으로 간한다. 무, 배추가 절여지면 구기자, 고추, 마늘, 생강, 실파를 넣고 가볍게 섞어 김칫통에 담고 국물을 붓는다.

(8) 긴병꽃풀김치

긴병꽃풀은 금전화로 황달을 고치고 몸이 붓는 것을 낫게 하는 작용을 한다. 홍천의 특색김치인 긴병꽃풀김치는 긴병꽃풀을 소금물에 담가 절인 후 건져 씻어 물기를 빼고 쪽파는 씻어서 5cm로 썰어놓고 마늘, 생강은 곱게 다진다. 고춧가루와 파, 마늘, 생강, 멸치젓, 찹쌀풀, 통깨를 넣어 섞어 양념을 만들어 긴병꽃풀과 함께 넣어 버무린다.[88]

(9) 꼬시래기김치

여수시 바다에서는 7월 초부터 8월 초까지가 제철인 청각과 꼬시래기가 많이 생산된다. 청각을 담뿍 넣어 만든 시원한 청각냉국과 꼬시래기와 홍합을 넣어 씹는 맛이 일품인 꼬시래기김치를 만들어 먹는다.[89]

(10) 꽁치살갓김치

평창의 꽁치살갓김치는 고춧가루와 젓갈을 넣어 매콤하면서도 쌉쌀한 맛으로 식욕을 돋운다. 꽁치젓은 뼈와 살을 분리해 헹궈 소금에 절이고 찹쌀가루와 물은 끓여서 찹쌀풀을 만든다. 고춧가루에 찹쌀풀을 넣은 후 갓, 꽁치살, 다진 마늘, 생강, 통깨, 소금을 넣고 버무린다.[90]

(11) 다시마김치

다양한 해산물을 품고 있는 전라남도 완도에서는 여름에도 김장을 했다고 한다. 모내기 할 시기, 일하는 사람들을 먹이기 위해 내려온 전통이라고 한다. 다시마를 이용해 여름 김치를 선보인다. 독특한 식감의 새콤한 다시마김치는 이곳에서만 먹을 수 있는 대표적인 여름 김치이다.[91]

(12) 단델리온(식용민들레)

어린잎이나 꽃을 식용으로 하는데 은은한 쓴맛이 특징이다. 채소로 재배하는 것은 길거리에 피어나는 민들레보다 잎이 두텁고, 빨리 자라는 서양 개량종이 주를 이룬다. 서양에서는 주로 샐러드로 이용되지만, 국내의 경우 어린잎을 떼어내 소량씩 생채로 쌈에 이용한다. 식용부분은 어린싹, 어린잎, 꽃, 뿌리이지만 쌈 채로 이용할 때 꽃이 되기 전의 어린잎이 쓴맛이 적다. 어린잎을 국거리로 쓰고 나물로도 무쳐 먹는다. 뿌리를 장아찌로도 먹고 김치를 담가서도 먹는다.[92]

(13) 닭배추김치, 닭물김치

김장이 떨어지고 산천이 풍요로워지는 4월 이후 한여름까지 다양한 여름 김치를 즐겨왔는데, 통배추김치를 담글 때처럼 복잡한 양념을 준비하지 않아도 제철 자연의 재료로 뚝딱 만들어낼 수 있는 여름 김치는 별미 중의 별미다.[93] 닭김치는 예로부터 여름에 즐겼던 보양 김치이다. 3개월 조금 더 된 닭을 잡아 푹 끓여 고기와 육수를 준비한다.

닭배추김치는 닭고기와 배추에 간단한 양념만 넣어 겉절이처럼 버무리는 김치이다. 닭물김치는 여름에 나는 신선한 재료와 뼈까지 우려낸 닭육수를 넣고 얼음을 띄워 시원하게 맛을 낸 김치이다.[94)]

(14) 더덕소박이

더덕을 통으로 하여 칼집을 넣고 소를 넣어 담근 향이 좋은 김치이다. 더덕은 다른 채소에 비해 수분이 적고 섬유소가 질긴 편이라 촉촉한 상태로 보관해야 잘 익는다. 또 두들겨서 담가야 쉽게 익고 먹을 때도 편하다. 오이처럼 절여서 쉽게 칼집이 벌어지지 않으니 윗부분에서 가르는 식으로 칼집을 넣는다. 절에서는 젓갈을 넣지 않고 담근다.[95)]

(15) 덤부렁김치

덤부렁김치는 고춧가루를 많이 쓰지 않고 양념소를 물에 타서 덤벙덤벙 담갔다 빼며 만들어 붙여진 이름이다.[96)]

(16) 문어김치

김장을 할 때 마른 문어를 방아에 찧어서 가루로 만든 뒤 김치 양념에 넣는다. 또 말린 문어를 통째로 넣기도 하는데, 김장할 때 김치 포기 사이에 넣어두면 김칫국물이 배어들면서 촉촉해진다. 문어는 방망이로 두드려서 숯불에 은근히 구워 김치에 넣는다. 굽는 이유는 생것은 비리고, 삶은 것은 쉽게 물러지기 때문이다. 문어는 김치를 먹을 때 꺼내서 잘라 먹는다. 김치 속의 문어는 겨울에 다 먹어야 하는데 날이 따뜻해지면 벌레가 생길 수 있기 때문이다.[97)]

(17) 백년초 동치미

선인장 백년초와 제주 월동무로 만든 김치로, 깨끗하고 시원한 맛이 일품이다. 백년초는 다이어트와 항암·항산화에 효과가 뛰어난 것으로 알려졌다.[98)]

(18) 복숭아깍두기

온 주변이 푸른 산으로 둘러싸인 순천의 한 마을에선 옛날부터 산등성에 복숭아를 키워왔다. 높은 고도에서 자라 달콤한 맛이 더 강하다는 마을의 복숭아이다.[99] 복숭아를 네모나게 썰어 김치 양념을 넣고 버무리면, 아삭한 식감이 일품인 복숭아깍두기가 된다.[100]

(19) 뽕잎김치

여린 뽕잎으로 따서 물에 깨끗하게 씻어 가지런하게 정돈한다. 생수에 굵은 소금을 풀어 녹인 후에 뽕잎을 담가 30분 정도 절인다. 뽕잎을 10장씩 짝지어 물에서 건진 후 물기를 자근자근 눌러 짠다. 약간 되직하게 쑨 찹쌀풀에 생수를 풀어 갠다. 까나리액젓과 토하젓, 고춧가루, 마늘, 생강을 넣고 잘 섞어 소금으로 간을 한다. 쪽파는 다듬어 씻어 길이로 썬다.

뽕잎 10장씩 짝지은 것을 볼에 펼쳐 양념을 바르고 쪽파를 얹어 가지런하게 밀폐용기에 담는다. 뽕잎에 양념이 다 발라지면 양념그릇에 물을 조금 부어 헹궈 뽕잎 위에 뿌리고, 랩으로 단단하게 덮어 밀봉해서 하루 정도 냉장고에서 숙성시켜 먹는다. 잘 익힌 뽕잎김치는 돼지고기 수육 또는 구운 삼겹살과 함께 먹으면 별미이다. 이때 찹쌀풀로 김치를 담그면 뽕잎이 빨리 삭아서 오래 보존이 어렵기 때문에 현미죽으로 변경한다.[101]

(20) 씀바귀김치

감기를 예방하는 비타민 A의 보고이다. 뿌리째 뽑아서 나물이나 국을 끓여 먹는 대표적인 산에서 나는 채소이지만, 일반 밭에서 재배해서 손바닥 크기 정도로 자라면 어린잎을 떼어 내서 쌈채로 이용한다. 맛은 쓰지만 해가 없어 약용을 겸한 식용으로 이용된다. 고들빼기처럼 김치를 담가먹기도 하고 묵나물로도 이용한다.[102]

(21) 양파깻잎김치

양파는 2등분으로 썰어 뿌리 부분을 도려낸 다음 가늘게 채쳐 고춧가루, 젓국,

파, 마늘, 생강, 깨소금을 넣고 버무려 놓는다. 부추는 길이로 썰어 버무려 놓은 양파와 함께 혼합하여 버무려 양파가 절여지도록 한다. 깻잎은 씻어 물기 없도록 하여 김칫통에 깻잎 2장 위에 절여진 양파양념을 놓고 켜켜로 쌓아 양파깻잎김치를 만들어 담아 낸다.[103)]

(22) 오가피동치미

가시오가피는 신경통과 관절염 등에 효과가 있다. 정선 특색김치인 오가피동치미는 동치미 무를 씻어서 하루정도 절여놓고, 오가피 열매를 씻어 물에 담가 오가피 물을 만들어 놓는다. 항아리에 절인 무를 넣고 망사에 마늘, 생강, 쪽파, 갓, 홍고추, 배, 삭힌 고추를 넣는다. 2~3일 후 심심한 오가피 소금물을 항아리에 붓고 돌로 눌러둔다.[104)]

(23) 용설채

잎의 모양과 잎 면에 나타나는 잎맥의 붉은 색깔이 용의 혓바닥을 닮았다고 '용설채'라 부른다. 왕고들빼기의 한 종류로 잎의 부드럽고 잎 끝에 결각이 없어 먹기에도 좋다. 강원도 지방에서 재배되고 있는 방가지[105)]와 비슷한 것으로, 추위를 견뎌내는 힘이 강하다. 은은한 향이 풍기는 잎은 30~40cm 정도까지 자란다. 늦봄에서 여름 내내까지 잎이나 어린 순을 따서 생채나 나물로 이용한다. 더위로 입맛을 잃었을 때 애용한다. 뿌리를 다듬어 소주(알코올 25%) : 용설채 뿌리 : 흑설탕을 5 : 3 : 2의 비율로 하여 최소 1개월 이상 숙성시켜 건강주를 만들어 마시면 건위, 소화에 좋으며 뿌리를 썰어서 녹즙기로 즙을 내어 설탕을 넣고 물에 타서 마시면 좋다. 늦가을에는 포기째 김치를 담근다. 김치에 잎을 넣어 담그면 고들빼기를 넣었을 때보다 맛이 뛰어나다.[106)]

(24) 자리젓갈김치

제주의 대표적인 특산물을 재료로 활용한 특화김치이다. 자리젓갈 김치는 제주 바다에서 잡히는 대표 해산물인 자리돔 젓갈을 뼈째 갈아 김치와 결합시켰다. 칼

슘이 풍부한 자리돔이 온전히 김치에 담긴 만큼 영양만점이다.[107]

(25) 질경이황태김치

험준한 산세를 이루고 있는 강원도 인제는 예부터 여름마다 특별한 김치로 허기를 달랬다. 잡초처럼 지천에서 자라는 '질경이'와 겨울철 말린 '황태'를 꺼내 김치를 만들어 먹는다.[108] 황태를 김치에 넣으면 명태보다 비린 맛이 덜하고 개운하다. 황태는 껍질을 벗겨 뼈를 제거하고 알맞은 크기로 잘라 멸치젓국과 고춧가루에 버무려 놓고 무는 채 썰어 고춧가루를 조금 덜어 빨갛게 물들인다. 소금으로 간하여 김치소를 만들어 배추에 넣어 버무린다.[109]

(26) 참외백김치

배추는 4등분하여 소금에 절인다. 참외는 채 썰고 미나리는 자른다. 대추는 돌려 깎아 채 썰고, 밤은 껍질을 까서 채 썰고, 석이는 손질하여 채 썬다. 소금물은 청양고추, 생강을 넣고 끓여 식힌 다음 참외즙을 넣는다. 배추 속에 참외, 미나리, 석이, 밤, 대추를 넣고 참외소금물을 붓는다.[110]

(27) 토마토소박이

화천의 토마토소박이는 김치 양념을 넣어 소박이로 담가 간식 등으로 활용할 수 있다. 토마토는 깨끗이 씻어 위에서 아래로 약 3분의2 깊이까지 십자형 칼집을 넣어 양념 넣을 자리를 마련하고, 이때 꼭지 잎은 그대로 둔다. 무, 당근을 채 썰어 소금으로 숨을 죽이고 짠 뒤 소금물은 받아둔다. 넓은 그릇에 쌀가루죽, 액젓, 채 썬 마늘, 생강, 고춧가루, 설탕을 넣고 고루 섞은 후 준비된 당근, 무, 파, 양파, 밤, 실고추를 넣고 고루 버무린 다음 간을 한다. 토마토에 양념을 1~2 작은술씩 넣고 항아리에 담은 후 우거지로 양념그릇을 닦아 위에 덮고 받아둔 소금물로 양념 그릇을 헹궈 붓는다.[111]

(28) 통오징어김치

강원도 통오징어김치는 많은 사람들에게 생소한 음식 중 하나다. 강원도 통오징어 김치는 강원도 특산물인 오징어 몸통 안에 김치 양념재료를 가득 넣어 만드는 것이 포인트이다. 통오징어김치는 오징어 몸통 속에 갖은 양념을 채워 삭혀서 저장성이 뛰어나고 해산물과 양념이 어우러져 동해안 지역의 별미김치로 손꼽히고 있다. 오징어의 머리와 꼬리를 잘라내고 별도로 절이고 몸통은 껍질을 벗긴 후 약간의 소금을 안팎으로 뿌리며 문질러 찬물로 헹군다. 절여둔 머리와 꼬리를 찬물로 헹궈 물기를 빼 다지고 양념장에는 고춧가루, 다진 마늘, 파 등 일반적인 김치 양념 외에 배즙과 풀국, 매실, 생강 등을 첨가하면 좋다. 매실은 채소의 풋내를 제거하며 생강은 살균작용을 한다. 오징어 몸통에 다 만든 양념장을 가득 넣고 이쑤시개로 몸통을 꾀어 마무리하면 통오징어김치가 완성된다.[112) 113)]

(29) 평창황태백김치

백두대간의 웅장한 산세를 마주할 수 있는 아흔아홉 구비가 이어진 높은 고개가 대관령이다. 먹을 게 부족했던 환경이었지만 평창 사람들은 지혜를 모아 새로운 양식을 이 땅에 뿌리내렸다. 그리하여 평창의 보물이 된 고랭지배추는 다른 지역보다 30일 정도 수확이 빨라 상대적으로 크기가 작지만 배춧속은 옹골지다. 기온이 내려가면 배추가 영양분을 더 단단히 잡아두기 때문에 단맛이 뛰어나고 아삭해진다. 추위가 빠른 평창은 가을이 끝나기 전에 서둘러 김장 준비를 한다. 고추가 귀했던 강원도는 고춧가루를 사용하지 않는 백김치를 그들 방식대로 자주 해먹었다. 찹쌀풀을 대신한 으깬 감자와, 단맛을 내는 햇옥수수 삶은 물을 넣어 백김치를 만든다.[114)]

(30) 푸른콩잎물김치

부드러운 푸른 콩잎을 따서 깨끗이 씻는다. 쌀뜨물이나 찹쌀풀에 된장을 곱게 풀고, 소금, 다진 마늘로 간을 맞춰 둔다. 콩잎을 쌀뜨물에 담가 무거운 것으로 꼭 눌러두고 2~3일 정도 지나 적당히 익으면 물기를 슬쩍 짜내고, 쌈을 싸먹는다.[115)]

(31) 황칠돼지고기김치

보길도의 푸른 나무들 중에서도 으뜸은 황칠나무다. 황금빛 귀한 수액 때문에 이름 붙여진 황칠나무는 수액은 물론 잎, 열매, 뿌리까지 버리는 게 하나도 없다. 황칠나무액에 돼지고기를 재워 잡내를 뺀 뒤 김장김치에 같이 넣어 담가먹는 보길도의 향토음식, 황칠돼지고기김치는 오래 전부터 이곳 섬의 별미김치이다. 익은 김치를 그대로 끓여먹으면 깊은 맛이 아주 일품이다.[116)]

7.5 특허받은 김치

(1) 건조배추

농촌진흥청은 배추를 저온에 건조시키는 기술을 개발해 특허를 출원했다. 배추는 우리 식탁에서 빠질 수 없는 식재료지만, 날씨에 민감해 해마다 생산량과 가격 변화가 크고, 보관 기간도 짧아 말리거나 소금에 절여둬야만 오래도록 먹을 수 있다. 농진청이 개발한 기술은 40도의 바람(송풍)에 말리는 방법이다. 소금에 절이지 않고 원래의 색과 아삭한 식감을 유지한다는 점에서 시래기나 우거지와 구별된다. 신선배추 수준의 영양성분을 지키면서 김치로 만들었을 때 절인 배추보다 염도가 낮아 나트륨 섭취량도 줄일 수 있다.[117)]

(2) 기능성김치 3종

경상남도 농업기술원이 향토적인 지역특산물을 이용하고 지역경제에 도움을 주기 위해 특허를 획득한 김치 3종은 어린이부터 청소년, 노년층에 이르는 세대별 취향에 맞는 기능성김치로, 지난 2010년도 개발된 노인층을 위한 '총명탕을 이용한 건강장수 물김치', 어린이를 위한 '파프리카를 이용한 어린이 김치', 청소년을 위한 '해물을 이용한 성장기 청소년 김치' 등이다. 이는 세대별 기능성 김치 모두 지역 특산물을 이용해 균형 잡힌 식생활 유도와 건강을 유지하는데 도움이 되게끔 개발했기 때문에 좋은 평가를 얻고 있다.[118)]

(3) 기능성황칠김치

순천 소재 농업회사법인 ㈜다원은 황칠잎을 볶아 분말화한 후 천일염 염수에 혼합해 그 물로 배추를 절이고 양념해 김치를 만드는 방식의 특허기술이 있다. 김치 특유의 자극적 냄새를 줄이고 황칠 특유의 풍미를 추가해 김치의 기호도를 개선했다는 평가를 받고 있다.[119]

(4) 깻잎양배추말이김치 외 3종

최근 소비자들 사이에서 저나트륨에 대한 관심이 커지고 있다. 한성식품은 국내 식품시장의 저염도 트렌드를 반영하여 특허김치를 개발, 확대해 나가고 있다.

깻잎양배추말이김치(특허 제0338567호)는 흰색의 양배추와 붉은색 계열의 적채(양배추), 청록색의 깻잎이 어우러져 보랏빛이 감도는 특허김치다. 2003년 '싱가폴국제발명전'에서 금상을 수상한 이력도 가지고 있다. 미니롤보쌈김치(특허 제0359472호)는 한입 크기의 김치로 밤과 잣 등 견과류를 넣어 아삭한 김치의 식감에 고소함을 더했다. 미역김치(특허 제10-1175317호)는 미역과 갓 잎을 비롯한 다양한 채소를 넣어 말은 김치로 일반 배추김치, 깍두기와는 다른 특별한 맛을 경험할 수 있다. 또한 치자미역말이김치(특허 제10-1336812호)는 노란 치자물을 들인 무와 미역을 말아 만든 특허김치로, 매운 김치를 먹지 못하는 어린아이나 외국인들에게 특히 인기가 높다.[120]

(5) 대박 백김치

강릉에 짬뽕 순두부로 유명한 동화가든에서 만든 특허 백김치이다. 두부 만들 때 나오는 노란물인 춧물을 이용하는 김치인데, 그 농도를 잘 맞춰야 하고 상하기 쉬우므로 재빨리 냉각시켜 김칫국물로 사용한다. 국물의 맛 때문에 설탕을 넣지 않고 매실액을 이용한다. 또 춧물에 간이 있어서 소금을 넣지 않고 부족한 간은 액젓 한 가지로 해주며, 홍고추를 갈아 넣을 때는 매운맛과 보통맛을 2 : 8 비율로 넣어준다고 한다. 발효 속도가 굉장히 빠르고 청량감이 있다. 물은 희석하지 않고 꼭 춧물만 넣는다고 한다.[121]

(6) 돌산갓김치

전남 여수시는 기능성 돌산갓김치 제조기술 특허 3건을 민간에 이전하였다. 특허기술은 나노칼슘 콜로이드 농축액, 갓과 브로콜리, 갓과 두릅을 이용한 갓김치 제조방법 등으로 여수시가 2011년 개발하여 특허를 받았다. 기능성 칼슘 돌산갓김치는 순도 높은 수용성 나노칼슘액을 돌산갓김치에 첨가해 신선도와 갓김치 고유의 맛이 살아있다.[122)]

(7) 매실홍화 백김치

광양시의 생활개선 광양시연합회 회원인 오정숙 씨가 만들어 출원한 '백김치와 백김치용 양념장'이 특허등록을 했다. 오씨의 백김치는 광주김치문화축제 김치마스터 콘테스트에서 '매실홍화 백김치'가 우수상을 수상하면서 그 가치를 인정받기 시작하여 특허에 이르게 된 것이다. 오씨의 매실 백김치는 매실액과 고추씨, 매실절임, 홍화꽃이 첨가된 양념장으로 버무려 만든다.[123)]

(8) 브로콜리김치

김치 제조기업인 한성식품은 저염도 식품의 트렌드를 반영, 낮은 염도로 브로콜리를 절여 만든 샐러드 개념의 '브로콜리김치' 특허를 획득했다. 브로콜리는 유럽과 미국 등에서 많이 소비되는 채소로 비타민, 카로틴, 철분 등 영양이 풍부하며, 셀레늄 성분으로 인한 항암효과가 있는 식품이다.[124)]

(9) 브로콜리순김치

괴산군 농업기술센터는 세계 10대 슈퍼푸드 중 하나인 브로콜리순을 이용해 만든 김치를 괴산의 대표김치로 특화 · 육성하였다. 브로콜리의 열매만 음식 재료로 사용됐지만, 브로콜리순에도 열매 못지않게 영양분이 많이 들어있다는 것이 확인되면서 최근에는 브로콜리순만 따로 먹는 사람들이 늘고 있다. 브로콜리순은 항암효과가 있는 베타카로틴, 셀레늄 등을 함유하고 있고, 섬유질도 풍부해 다이어트와 성인병 예방에도 좋다고 알려져 있다. 특히, 칼슘 함량이 높아 한 두 장의 잎으로도 하루 필요 칼슘량의 30%를 채울 수 있어 다양한 형태의 음식으로 만들어 먹으면서 다량의 영양소를 섭취할 수 있다. 많은 영양분을 함유하고 있음에도 대부분 버려지는 브로콜리순을 음식으로 살려내 '여수 하면 갓김치'가 떠오르듯 '괴산 하면 브로콜리순김치'가 생각날 수 있도록 활성화시키려 2011년 브로콜리순김치를 특허 출원한 바 있다.[125)]

(10) 사과김치

장수사과가 김치 속으로 들어갔다. 전북 장수군에 둥지를 튼 농업회사법인 움채(주)가 장수군의 특산품인 사과를 접목한 '사과김치'를 특허 출원했다. 국내 김치시장에서 변별력이 없으면 성공할 수 없다는 생각에 장수군 특산품인 사과와 오미자를 연계한 김치를 계획했다. 김치에 장수사과를 갈아 넣어 상큼한 맛을 낸 것이 특징이다. 장수 오미자를 활용한 '오미자백김치'의 특허 출원도 계획하고 있다.[126)]

(11) 상황버섯 추출물김치

1992년 설립된 풍산김치의 특징은 특허 받은 상황버섯 추출물 제조법으로 맛이 깔끔하다는 것이다. 양념에 첨가한 상황버섯 추출물이 유해균을 잡아줘 김치의 발효가 더뎌진다. 갓 담근 김치의 맛이 오랫동안 유지되는 것이다.[127)]

(12) 저염 · 자생식물김치

경북 울진군에서 자생식물을 활용한 김치 제조업체는 우리 주변에서 쉽게 볼 수 있는 일년봉(개망초), 갈대뿌리 등 자생식물을 활용해 김치제조 특허기술을 취득하고, 다양한 유산균 저염김치 등 혁신적인 가공제품을 선보이며 농촌융복합산업화에 성공했다. 소비자의 건강한 먹거리 개발을 위해 '유산균 저염김치', '유산균 어린이김치'는 자생식물의 식물성 유산균 저염발효 특허기술을 접목해 소금을 쓰지 않고, 고칼륨 식품인 야생초를 분말화해 김치소로 이용한다.[128)]

지역에 산재한 야생초인 민들레 · 개똥쑥 · 엉겅퀴 등을 분말로 만들어 김치양념과 혼합해 만든 '아사한 착한 김치'는 나트륨함량이 낮은 저염도 기능성 김치로,

고협압 · 당뇨 환자들에게 인기가 있다.[129]

(13) 황태김치(나트륨 배출 김치)

평창 꽃순이 김치는 2014년에 나트륨 조절용 김치를 개발해 특허를 받았다. 보통 김치는 나트륨이 많아 적게 먹거나 꺼리는 경우가 많다. 평창 꽃순이 황태김치는 고칼륨 재료인 감자를 풀로 만들어 김치 양념에 첨가, 나트륨을 줄이면서도 김치의 식감을 살렸다.[130]

(14) 흑마늘김치

수출을 위해 강한 마늘향을 줄이기 위해 개발한 것이 바로 흑마늘김치이다. 흑마늘은 한 번 더 발효한 것으로 향이 독하지 않아 외국인들에게 거부감 없으면서도 한국 전통 고유의 김치 맛을 낼 수 있어 수출하기에 접합하다. ㈜대일이 2015년 9월에 흑마늘 김치제조 방법을 특허 등록하였다.[131]

계절별 맛있는 김치의 종류

봄	게쌈김치, 나박김치, 더덕물김치, 햇도라지김치, 더덕김치, 통마늘 짠지, 무말랭이김치, 뽕잎김치, 생두릅김치, 미나리김치, 부추젓김치, 통배추봄김치, 쪽파젓김치, 홍어섞박지, 우엉김치
여름	열무김치, 수삼나박지, 오이소박이, 양배추백김치, 풋배추김치, 깻잎김치, 근대김치, 오이나박김치, 오이깍두기, 오이쌈김치, 오이짠지, 풋고추김치, 깻잎말이김치, 풋콩잎김치
가을	총각무동치미, 통배추젓김치, 가을배추겉절이, 섞박겉절이, 통배추가을김치, 비늘무젓김치, 총각무소박이, 백깍두기, 무청젓버무리, 무채김치, 호박김치, 고구마줄기김치, 고춧잎김치, 가을콩잎절임, 무청젓김치, 짠지무, 생굴김치, 콩잎김치
겨울	배추통김치, 섞박동치미, 통배추동치미, 동치미, 동태식해, 동태섞박지, 오징어섞박지, 낙지섞박지, 고들빼기김치, 통무 소박이, 쌈김치
사계절	통배추김치, 백김치, 총각김치, 풋배추겉절이, 배추막김치, 당근깍두기, 깍두기, 양배추동치미, 양배추깻잎물김치, 양배추겉절이, 양배추쌈김치

김치 담그기 40

대한민국 네티즌 1,000명이 뽑은 김치 담그기 중 40위까지를 한국의 맛 연구회에서 선정하여 '김치 담그기 40'[132]으로 제시한 결과를 보면,

1위 배추통김치, 2위 오이소박이, 3위 총각김치, 4위 동치미, 5위 열무물김치, 6위 백김치, 7위 쌈김치, 8위 나박김치, 9위 섞박지, 10위 깍두기, 11위 양배추김치, 12위 햇배추김치, 13위 콩나물김치, 14위 톳김치, 15위 죽순김치, 16위 전복김치, 17위 유채김치, 18위 오징어무말랭이김치, 19위 열무김치, 20위 양배추깻잎물김치, 21위 총각무동치미, 22위 닭김치, 23위 미나리물김치, 24위 숙깍두기, 25위, 수삼나박지, 26위 봄동김치, 27위 배추겉절이, 28위 말이김치, 29위 돌산갓김치, 30위 파김치, 31위 부추김치, 32위 석류김치, 33위 고들빼기김치, 34위 깻잎김치, 35위 무비늘김치, 36위 무채굴김치, 37위 오이깍두기, 38위 오이물김치, 39위 도라지김치, 40위 가지김치 등이다.

8장

국내 김치산업과 새로운 김치문화

8.1 국내 김치산업의 탄생 배경

오늘날 식품산업과 식생활 양상은[133] 빠르게 변하고 있다. 이는 우리 사회 전반의 급격한 변화와 범세계적인 경향으로 일어나는 자연스런 일이다. 최근 우리나라에서 나타나고 있는 인구의 도시편중, 소득증대, 여성의 사회참여 확대, 여가생활의 증대, 고령화 및 특수계층화 등등의 사회 특성이 식품, 식생활의 식품산업을 크게 변화시키고 있다. 따라서 이러한 추세에 적응하며 전통적인 것을 오늘의 것으로 계승 발전시켜 나가는 것은 바람직한 일이라 할 수 있다.

최근에는 김치 상품의 고급화에 이어 종류의 다양화가 시도되고 있다. 김치업체의 대부분이 주로 '맛김치'와 '통배추김치'를 생산하고 있다. 김치의 독특한 맛은 사용하는 여러 가지 재료와 발효에 의해서 형성된다. 그러므로 소비자 맛의 선호 경향을 시장조사와 관능검사를 통해 파악하여 이에 따라 김치제품을 다양화하는 노력이 계속되고 있다.

김치를 재료별, 숙성별, 기능별 등에 따라 제품화하여 소비자의 요구에 의해 선택할 수 있도록 만들고 있고, 한 업체에서 전문화된 맛과 품질이 우수한 제품의 상품화가 시도되고 있는 것이다. 김치 상품에서도 한방 약재를 첨가한 김치, 기능성을 강조한 김치, 해조류 및 기호특수재료를 첨가한 김치 등이 등장하고 있다.

따라서 오랜 역사를 지닌 전통김치는 오늘날에 이르러 크게 변하고 있다. 즉 품질의 고급화, 영양과 기능성 지향, 제품의 다양화, 간편성 등의 새로운 방향으로 발전되고 있다. 현대인의 식생활 변화에 상응하는 새로운 김치문화가 등장하고 있다고 말할 수 있다.[134]

김치는 이미 세계적인 상품으로 각광받고 있으며 미국이나 일본 등지에서의 김치 수요도 점차 늘어가고 있다. 최근에 소득수준 향상, 여성의 사회참여 증대, 식생활의 변화 등으로 김치를 구매하여 소비하는 경향이 크게 증가하고 있다.

상품 김치를 구입해서 먹는 이유는 집에서 담그는 것이 번거롭기 때문이라는 응답이 가장 많았으며(35.8%), 김치를 담글 시간이 없어서(33.2%), 사먹는 것이 경제적이어서(9.8%) 등으로 조사되었다.[135]

주부들이 김치를 구매할 때 가장 중요한 기준은 영양가(빈도 33.9%), 맛(29.4%), 기호성(13.9%)이었다. 이러한 기준에 따라 김치 상품을 소비자에게 만족시키는 수준에까지 계속 품질을 향상시키려고 노력하고 있다. 따라서 기술개발, 좋은 원료의 확보, 시설장비의 개선 및 위생관리 등을 통해 김치 상품의 고급화에 노력하고 있다. 그리고 상품 김치가 시장에서 호응을 얻어 소비량이 증가되면서 시판되는 김치의 품질이 현저하게 향상되었다.[136]

1) 전통김치의 과학화와 산업화

1인 가족과 소가족이 증가하면서 김치의 소비습관이 변한 것도 영향을 주고 있다. 김치를 적게 자주 소비하는 생활습관이 영향을 미친 것이다. 과거에는 대가족이 김장을 대량으로 해 겨우내 반찬으로 해결했다면, 요즘은 소가족이 그때그때 김치를 사서 먹는 형식으로 변화하고 있는 것이다.[137]

전통발효식품이자 긴 역사를 지닌 김치는 대부분 가정 단위에서 직접 제조하여 가정 내에서 소비되었다. 김치가 산업적으로 대량 생산되어 상품화되기 시작한 역사는 길지 않다. 가정에서 담그던 가정용 김치가 군 급식용으로 대량으로 생산하기 시작한 것은 국군창설 이후였고, 특히 6·25 동란이 일어난 이후였다. 그러나 군 급식용 김치 담금은 가정에서 담가내던 것이 규모가 확대되었을 뿐이지, 생산공정이 달라진 것은 아니었다. 그리고 1960년대 월남파병 국군장병에게 김치 통조림을 납품하여 군 급식용으로 이용했으나, 통조림 공정 외에는 가정에서 담갔을 때와 같은 방식으로 제조되었다.

김치가 기업적으로 처음 생산된 것은 1970년대로 산업체의 단체급식용으로 대량 공급되었다. 그 이후 1980년대에는 중동 파견 근로자들을 위한 납품용으로 생산되기 시작했으며, 서울올림픽 이후 중동 외에도 일본 지역 등에 수출용 김치제품이 생산되기 시작하였다. 특히 1990년대에 들어와 경제성장에 따른 국민 소득수준의 향상으로 국내 일반 소비자들을 위한 본격적인 김치상품이 시장에 출하되기 시작하였고, 일본으로의 수출도 점차적으로 활기를 띠기 시작했다.

한편, 1994년부터 대기업의 김치산업 참여가 시작되어 생산 활동에 변화가 일어나 김치상품의 품질 관리는 체계적인 과정으로 접어들었으며 많은 발전이 이루어지고 있다. 그리고 김치 자체가 지니는 속성, 즉 원료의 다양성, 발효의 지속성, 저장성, 포장과 유통의 한계성에 대한 연구와 개발이 활발하게 진행되고 있으며 김치의 품질관리 및 품질 향상에 박차를 가하고 있다.[138]

오늘날 상품화되고 있는 김치 종류는 여러 가지가 있으나 통배추김치, 배추맛김치, 깍두기, 총각김치, 갓김치 등이 인기가 있다. 이들은 플라스틱 포장, 유연필름 포장, 병 포장되어 소비자에게 공급되고 있다.[139]

대상은 포장김치 브랜드 '종가집'을 생산, 판매 중이다. 매년 김장철을 앞두고 시장조사 차원에서 김장관련 설문을 진행 중인데, 2019년 약 3,000명의 주부들을 대상으로 김장계획을 물었는데, 응답자의 54.9%가 올해 김장을 하지 않을 것이라 했다.[140]

이렇듯 눈에 띄는 것은 김장을 포기하고 대신 포장김치 구매의사가 높아지고 있다는 것이다. 매년 구매의사 증가를 보이면서 2019년에는 58%로 크게 높아졌다. 수년 전만 하더라도 대부분의 김포족(김장포기족)들이 가족이나 지인에게 김치를 얻겠다고 하였지만, 이제는 김치를 사먹겠다는 사람들이 더 많아졌다는 것이다. 따라서 업체들도 김포족들을 겨냥해 다양한 포장김치 상품을 내놓는 등 적극적인 행보를 펼치고 있다.

김포족이 늘어나는 원인은 다양하다. 1인 가구 증가와 식품 포장 생산기술의 발전 등도 영향을 미쳤지만, 가장 주된 배경으로 소비트렌드의 변화를 꼽는다. 소비자들은 자신의 삶의 질 개선과 행복 추구를 위해 돈을 아끼지 않는다. 빨래와 청소 등을 대신해 주는 홈케어 업체들이 인기를 끄는 것처럼, 김치도 간편하게 사먹는 것으로 인식이 전환되고 있다는 반증이다. 포장김치 구매는 김장에 들어가는 시간을 사는 것이나 마찬가지라며, 김장할 시간에 자신이 좋아하는 취미활동이나 여가를 즐기기 위해 김포족이 늘어나는 것으로 볼 수 있다.

2) 김치 소비실태

전통적으로 김치의 소비는 가정에서 손수 담가먹는 것이 일반적이었으나, 식품산업의 발달과 규모의 변화, 1인 또는 2인 가구의 증가 등 사회적인 현상으로 인해 김치를 공급받는 방식이 직접 담가먹는 것에서 김치를 구매하는 것으로 다양해지고 있다. 우리 국민에게 중요한 식품 중 하나인 김치는 보건복지부 국민건강영향조사에 따르면, 1인당 연간 김치소비량은 2005년 33kg에서 2015년 25.3kg으로 지속적으로 감소하고 있다.[141)]

3) 김치의 영양지식 기반

(1) 김치의 재료

김치에 쓰이는 다양한 재료에는[142)] 여러 영양소가 들어 있다. 또 마늘과 고추와 배추에는 영양소는 아니지만, 중요한 식이섬유소가 들어 있다. 이 물질은 위에서나 장에서 음식의 소화효소가 잘 섞이도록 도와준다. 또 연동작용을 원활히 하도록 하여 소화 흡수를 증진시키고 변비를 예방하기도 한다. 그 밖에 혈관 내의 각종 질환이나 독성물질을 제거하고 암을 예방하는 역할을 한다. 향신료에는 향과 맛을 내는 특성 외에 몸에 좋은 역할을 하는 성분이 많이 들어 있다.

• 배추

원산지는 중국 북부이고, 약 95% 정도의 수분을 함유하고 있으며 칼로리가 낮다. 저온에서 재배되는 식물로 늦은 가을과 이른 봄에 잘 자란다. 결구한 연백부에는 비타민 A가 거의 없으므로 녹색잎을 너무 많이 제거하면 안 된다. 녹색잎이 많이 붙은 배추는 김치를 담가도 비타민을 상당량 보존하고 있다.

좋은 배추는 푸른잎이 많고 껍질이 얇으며, 잎이 단단하게 밀착되어 겉잎을 버릴 게 별로 없는 것, 깨끗하고 신선해 보이는 것이 좋다. 햇배추는 클수록 좋으며, 가을배추는 중간 정도인 것으로 결구가 잘되어 중량이 무거운 것이 좋다.

배추는 비타민이나 미네랄이 많을 뿐 아니라 약리작용을 하는 여러 성분을 함유하고 있다. 배추에 있는 메칠메치오닌(methylmethionine)은 메티오닌의 생물학적 활성형으로 동맥경화증 치료에 효과가 있고, 메칠시스테인 설폭사이드(methyl systein sulfoxid)는 콜레스테롤 강화 효과가 있다.

• 무

겨잣과에 속하는 1~2년생 재배 초본으로 근채류에 속한다. 원산지는 중앙아시아로 온대아시아, 유럽 등에 많은 변종과 품종이 재배되고 있다. 알칼리성 식품으로 체액을 알칼리성으로 유지시켜 주는 역할을 한다. 성분은 대부분 수분이다. 비타민 C가 많고 소화효소인 디아스타제(diastase)를 함유하고 있어 생식하면 소화를 도와준다. 비타민 C는 속보다 껍질에 두 배나 더 들어 있으므로 껍질을 벗겨내지 말고 깨끗이 씻어서 먹는 것이 좋다.

좋은 무는 크고 고르며 흠이 없어야 한다. 또 신선하고 윤이 나며 육질이 단단하면서도 연하고 매운맛이 적고 단것이 좋다.

• 고추

원산지는 남아메리카이며, 가짓과에 속하는 1년생 초본으로 고온 건조한 기후에서 잘 자란다. 저장성이 좋아 연중 시장에 출하되며, 풋고추는 연중, 홍고추는 6월 중순, 마른 고추는 7월 하순에 첫물이 난다.

고추의 매운 맛 성분은 캡사이신(capsaicin) 때문이며, 풋고추에는 카로틴(carotene)이 포함되어 있다. 붉은 고추는 매운 맛 성분이 많아 건조시켜 분말로 만들어 양념으로 사용한다. 고추에는 카로티노이드와 비타민 C 외에 여러 성분이 다양하게 함유되어 있다. 김장에 쓸 고춧가루는 햇볕에 말려 빛깔이 곱고 선명하며 두껍고 윤기 나는 태양초를 쓰는 것이 좋다.

• 마늘

마늘은 중앙아시아가 원산지로 추정되며, 백합(나리)과에 속하는 파류로 땅 밑에 마늘통이 있다. 일반적인 재래품종은 만생종인 소인편종(육족마늘), 다인편종(여러 쪽 마늘)과 장손마늘이다. 이 가운데 매운 맛이 강한 다인편종을 김장용으로 많이 쓰며, 마늘장아찌나 잎을 이용하는 경우에는 장손마늘을 사용한다.

• 파

파는 내한성, 내서성이 강하여 시베리아 열대지방까지 분포되어 있다. 중국에서는 옛날부터 재배해 왔으며, 우리나라는 중국을 거쳐 고려 이전에 들어 온 듯하다. 일반 채소가 알칼리성인데 비해, 파는 유황이 많아 산성식품에 속한다. 파의 녹색부분은 비타민 A와 C가 많다. 칼슘, 임, 철분과 비타민이 풍부하다. 파의 자극성분은 황함유 알릴화합물 때문이므로 살균, 살충 효과가 있다.

• 생강

생강과에 속하는 다년생 초본으로 수분은 80% 정도이며, 무기질이 많다. 매운맛은 진저론이란 성분 때문이며, 건위발한에 특효가 있고 다이어트에도 좋다.

• 청각

얕은 바닷가의 바위에 붙어서 사는 녹조류로, 전체가 진한 초록색을 띠고 촉감이 매끄러우며 칼슘과 인의 함량비가 좋다. 김장용김치 등에 이용한다.

• 소금

소금은 형태에 따라 천일염, 호염, 정제염, 암염 등으로 나뉜다. 배추와 무를 절일 때는 지나치게 검지 않은 호염을, 간을 할 때는 하얀 재염을 사용한다.

• 젓갈

저장발효식품으로 저장기간 동안 단백질이 아미노산으로 분해되어 고유의 맛과 향기를 낸다. 생선의 뼈는 분해되어 흡수하기 쉬운 칼슘상태로 변하고, 지방은 휘발성 지방산으로 변해 젓갈 특유의 맛과 향기를 내게 된다. 양질의 단백질과 칼슘, 지방질의 공급원이기도 한 젓갈은, 칼슘 함량이 높은 알칼리성 식품으로 체액을 중화시키는 중요한 역할을 한다.

가장 많이 사용하는 새우젓은 지방이 적어 담백하며, 멸치젓은 지방, 필수아미노산 함량과 열량이 가장 높다. 멸치젓, 갈치젓, 새우젓, 조기젓 등이 사용된다.

(2) 김치의 영양과 효능

김치는 비타민 A, B, C 등 다양한 비타민과 무기질이 풍부하며 치즈나 요구르트의 발효식품에 들어 있는 유산균이 풍부하여 정장작용에 효과가 있으며, 저칼로리 식품이면서 고추의 캡사이신 특수성분으로 신진대사 작용으로 지방을 연소시켜 체중조절에도 효과가 있는 것으로 의학계에서 연구하고 발표하고 있다. 뿐만 아니라 암세포를 억제시켜 항암효과와 풍부한 항산화 성분으로 노화를 억제하고 면역력을 증강시키는 결과로 인하여 세계를 긴장시켰던 '사스'의 예방에도 기여한다는 보고에 따라 과학적으로 증명되어 세계적인 건강식품으로 세계인들에게 인정받게 되었다.[143]

① 김치의 주재료인 배추의 영양 및 효능

배추는 수분함량이 약 95%로 매우 높아 원활한 이뇨작용을 도와주며, 열량은 낮고 식이섬유 함유량은 많아 장의 활동을 촉진해 변비와 대장암 예방에도 효과적이다. 다만, 배추는 찬성질을 갖고 있기 때문에 만성 대장질환이 있는 경우에는 익혀서 섭취하는 것이 좋다.

또한 칼슘, 칼륨, 인 등의 무기질과 비타민 C가 풍부해 감기예방과 치료에도 효과적이다. 배추의 비타민 C는 열 및 나트륨에 의한 손실률이 낮기 때문에 배추로 국을 끓이거나 김치를 담갔을 때도 비타민 C를 섭취할 수 있다. 특히 배추의 푸른 잎에는 비타민 A의 전구체인 베타카로틴이 많이 함유되어 있어 면역력 강화에 도움을 준다. 특히 배추에는 식이섬유소가 많이 함유되어 있어 장의 운동을 도와서 배변을 원활하게 해준다. 또 내장의 열을 내리고 소화를 돕고 침의 분비를 원활히 한다.

배추 100g 당 영양성분으로는 열량 16kcal, 수분 94.3%, 단백질 1.3g, 지질 0.2g, 당질 2.4g, 섬유 0.7g, 회분 0.6g, 칼슘 51g, 인 29g, 철분 0.3mg, 나트륨 5mg, 칼륨 230mg, 비타민 A 7R.E, 비타민 B 10.05mg, 비타민 B_2 0.06mg, 니아신 0.3mg, 비타민 C 46mg을 함유하고 있다.[144]

배추는 겉잎이 짙은 녹색을 띠는 것이 좋고, 반으로 갈랐을 때 속잎은 노란색을 띠는 것이 좋다. 배추 뿌리는 크기가 작고 뿌리 주변이 단단한 것이 좋으며 줄기는 너무 두껍지 않아야 한다. 뿌리에 검은 테가 있는 것은 줄기가 썩은 것이므로 피해야 하며, 배추를 들어 양손으로 눌러봤을 때 단단한 느낌이 있는 것을 고른다. 잎과 줄기의 비율은 대략 2 : 1 정도 되는 것이 좋은 편이다. 일반적으로 배추 1통의 무게는 3~4kg 정도가 적당한데, 무게가 덜 나가거나 크기에 비해 너무 가벼운 것은 피하는 것이 좋다. 잘려 있는 배추를 고를 때는 자른 단면이 하얗고 심 부분이 부풀어오르지 않으며 속이 꽉 찬 것을 고른다.[145)]

『동의보감』에서 배추를 '숭채'라고도 하는데, 이는 추운 겨울에도 시들지 않고 푸르러 소나무처럼 절개가 드높다 하여 붙은 이름이다. 배추는 맛이 달고, 성질이 차며 독이 없다. 비타민 C가 많이 들어있으며 식물성 섬유도 풍부하다. 또한 칼슘, 철분의 함유량이 높고 녹색 부분에는 카로틴이 풍부하게 들어 있다.

겨울철 배추는 비타민이 풍부해 감기예방에 좋다. 특히 배추 속에 들어 있는 비타만 C는 열을 가하거나 소금에 절여도 잘 파괴되지 않기 때문에, 배추김치나 배춧국으로 먹어도 그대로 섭취할 수 있다. 또 비위와 장을 잘 소통시키기 때문에 가슴이 답답한 느낌을 없애주고, 식물성 섬유가 많아 변을 부드럽게 한다. 이런 정장작용은 변비에 좋고 대장암을 예방해 주는 효과가 있다. 특히 배추의 인돌 성분은 발암물질로부터 몸을 보호해 준다. 배추의 약효는 감기, 변비, 대장암예방, 항암효과가 크다.[146)]

② 김치는 채소를 재료로 한 발효식품이므로 재료인 채소가 가지는 조절영양소로서의 비타민, 식이섬유, 무기질의 보고이며 발효과정 중 생성되는 그 밖의 생리활성 물질을 함유하는 중요한 영양 및 건강식품이다. 뿐만 아니라 저열량 식품으로 당과 지방함량이 적으며, 식이섬유소와 발효과정에서 생성된 유산균 및 유기산은 정장작용, 변비 예방과 대장암 예방에 효과가 크다. 또한 김치는 당과 콜레스테롤의 흡수를 저하시켜 당뇨 및 혈관 질환과 관련된 성인병 예방에도 크게 효과가 있다.[147)]

③ 김치는 2006년 세계 5대 건강식품(헬스지)에 선정되어 세계인이 주시하는 식품으로 인정받고 있으며, 다양한 채소류를 소재로 식이섬유소가 많아 장내 유익

미생물의 생육을 촉진해 암 발생률을 낮춰주며 항산화 성분이 함유되어 노화를 예방하는 효능을 가지고 있다.[148)]

[표 8.1] 김치의 영양성분[149)]

영양성분	김치 100g 함량	영양성분(단위)	김치 100g 함량
열량	33.00kal	칼슘	45.00g
수분	88.40g	인	28.00g
단백질	2.00g	비타민 A	492.00IU
지방	0.60g	비타민 B_1	0.03mg
당분	1.30g	비타민 B_2	0.06mg
섬유질	1.20g	니아신	210mg
탄산	0.50g	비타민 C	21.00mg

[표 8.2] 김치의 효능[150)]

구 분	효 능
식욕증진	김치는 맛(Teste), 색깔(Color), 향기(Flavor) 등에 의해 식욕을 돋우는 특성을 갖는다. 익은 김치는 유기산, 에스텔, 알코올을 생산하여 유산균 발효식품으로 채소류의 신선한 맛, 젖산발효에 의한 상쾌한 맛, 고춧가루를 비롯한 향신료의 독특한 맛, 젓갈류 등의 감칠맛 등이 어우러져 식욕을 증진시킨다.
소화촉진	채소류의 즙과 소금 등의 복합작용으로 장을 깨끗하게 해준다. 위장 내의 단백질 분해효소인 펩신(Pepsin) 분비를 촉진시키며 소화, 흡수를 돕고 장내 미생물 분포를 정상화시킨다.
면역력 향상	김치는 항암효과가 뛰어나 대장암을 예방하고 면역력을 향상시켜준다.
정장작용	채소에 풍부한 섬유소를 섭취하여 변비를 예방하고 장염, 결장염 등의 질병을 억제한다.
항균작용	김치가 익어감에 따라 나오는 젖산균은 해로운 세균을 억제하여 새콤한 맛을 낼 뿐만 아니라 창자 속의 다른 균을 억제하여 이상발효를 막아주고 병원균을 억제한다.
약리작용	재료의 대부분이 마늘, 생강, 고추 등 약용식물이다.
다이어트효과	김치의 섭취는 고지방식이를 하여도 감량효과를 나타내는 다이어트 효과를 갖는다. 고추에 함유된 캡사이신 성분은 인체의 신진대사 작용을 향상시켜 지방을 더 빠르게 연소시킴으로써 다이어트에 좋으며 특히 익었을 때 다이어트효과가 더 커진다.
동맥경화 및 심장질환 예방	김치를 꾸준히 섭취할 때 콜레스테롤 수치를 낮춰주면서 심장질환이나 동맥경화를 예방 및 치료하는 효능이 있다.
항산화 및 항노화작용	김치는 비타민, 페놀 화합물, 베타카로틴, 클로로필 등의 기능성 성분에 의해 항산화작용을 거치므로 노화를 억제하며, 특히 피부노화를 억제시켜주는 효과가 있다.
항암효과	김치유산균들은 대장까지 내려가 정장작용을 하므로 대장암 예방에 중요한 역할을 한다. 김치의 주재료로 이용되는 배추나 무 등의 채소는 대장암의 예방효과가 있고, 마늘은 위암을 예방하는 효과가 있다. 특히, 김치가 적당히 익었을 때 암 예방효과가 가장 크다.

4) 변화하는 김치 문화-포장김치

우리 생활에 중요한 채소절임-김장김치가 어느 때부터 시작되었을까? 기록은 없으나 문헌을 살펴보면, 주나라 문왕 때 처음 창포김치를 만들어 먹기 시작하였는데, 지금도 중국 사천지방에서는 특별한 잔치에 창포로 김치를 만들어 먹는다고 한다.[151]

우리의 일반 문화는 대부분 중국으로부터 수입된 까닭에 김치도 중국으로부터 들어왔다고 할 수밖에 없다. 그러므로 김치의 원시적 시초는 처음에 야채를 그대로 먹다가, 오래두면 썩어서 먹을 수 없기 때문에 부패되는 것을 막으려고 소금에 절여두는 데서 시작되었다. 이것이 점점 발전되어 이것저것 섞어 조미하기 시작했는데, 그 중 배추는 다른 채소보다 기르기 쉽고 연하고 독이 없어서 김치를 만들기 시작하였다.[152]

김치는 배추, 무, 오이, 박, 열무, 가지, 콩나물, 돗나물, 상갓(산갓) 등의 김치가 있으나, 배추김치가 가장 맛있어서 배추김치를 많이 만들어 먹게 되었다. 김치는 밥반찬 중에서 첫째가는 음식이고, 그 중 가장 많이 섭취하는 음식이라 속담에 '김장을 반양식'이라고 하기도 한다. 또한 어떤 음식이던 김치는 빠지지 않고, 빈부귀천은 물론 어떤 사람이라도 밥 먹는 사람에게 김치 없는 상은 없다. 그 중 겨울에 썰어놓은 통김치의 향기로운 냄새, 오색영롱한 색, 특별한 맛은 아무리 입맛이 없던 사람에게도 식욕을 증진시킨다. 그 정도로 김치는 반찬 중에 왕이다.[153]

김치는 너무 흔하여 가볍게 보이기도 한 반찬이지만 매우 중요하며, 가정살림과 음식 면에서 매우 큰 비중이 있어 경제적이나 시간적 문제로 김치를 담그지 못하면 고통을 당한다. 예전에는 나라에서도 김장철에는 한 달 동안 다른 일을 뒤로 미루어 놓았고, 방앗다리 배추밭에는 국가용, 곧 궁궐용 배추이므로 민간에서 쓰지 못한다는 목패를 세워 둘 정도로 궁중에서는 김장철에 기미 담그는 일로 한 달 동안 다른 일을 미뤄두고 분주했던 것이다.

김장철이 되면 김장과 관련이 없는 다른 상점은 흥정이 끊겨서 곤란할 지경에 이르렀다. 이로 볼 때도 사람들이 김장에 얼마나 힘을 쓰고 관심을 갖고 있는지 알 수 있다. 또한 사람들도 가을에 무슨 일을 하고자 할 때 으레 김장이나 지내고 하겠다는 말을 하고, 김장때에는 아홉 방 부녀가 다 나온다는 말이 있는데, 좀처럼 나오지 않는 규중처녀도 김장 때에는 나온다는 말이다. 김장의 중요성을 짐작할 수 있는 말들이다.[154]

김치는 반찬에 불과하지만, 쌀이나 나무와 달리 한꺼번에 많은 양을 담가야 하므로 한꺼번에 많은 돈이 필요하여 영세민의 금융을 좌우한다. 겨울에 물이 얼어붙으면 교통이 두절되어, 소고기나 콩나물 외에는 다른 것을 먹어보지 못하게 되었다. 그래서 겨울에 먹을 반찬으로 다른 것이 없어서 김치, 깍두기 아니고는 습관상 밥을 못 먹을 지경에 이르렀다. 그래서 김장때가 되면 가가호호 모든 일을 제치고 김치 담그기에 바빴다.

지금은 교통이 좋아져서 아무리 추운 겨울이라도 반찬이 남아도는 관계로 김치 시장도 점점 줄어들고 있다. 과학적으로도 채소가 육류보다 사람에게 더 좋다고 하며, 그래서 다른 나라 사람들도 우리 김치를 칭찬하고 있다. 그러므로 김치를 연구하고 개량하여 세계적으로 이름이 나게 하기를 바란다.[155]

5) 김치 산업화의 시작

(1) 김치냉장고의 개발

세계유일의 가전제품, 김치냉장고 탄생은[156] 김치 담금에 큰 변화를 가져왔다. 1995년 세상에 없던 새로운 가전제품이 나왔다. 우리나라 독자기술로 개발된 '토종 가전 1호', 김치냉장고 '딤채'이다. 상용차 및 기차에 들어가는 차량용 에어컨과 가정용 에어컨을 생산하던 만도기계가 냉동 공조기술을 이용해 내놓은 신(新) 가전제품이다.

프랑스의 와인 냉장고, 일본의 생선 냉장고처럼 우리의 전통문화와 기술이 접목된 토종가전의 첫 사례이다. 김치냉장고는 우리나라 전통 김장독의 김치 숙성 및 보관 원리를 현대기술로 구현한 제품이다. 겨울철 땅속에 묻힌 김장독이 냉기 유출을 차단하고, 외부 공기접촉을 최소화하면서 김장독 내 온도를 0℃에서 영하 1℃ 사이에서 유지해 김치를 보관하는 원리를 저장실 자체를 냉각시키는 '직접 냉각방식'이라는 전혀 새로운 기술로 구현해 냈다. 기존 일반냉장고의 경우 서양의 건조음식 보관에 맞춰 냉기를 순환시키는 '간접 냉각방식'으로 설계됐기 때문에 내부의 온도 편차가 10℃를 넘나들어 김치나 탕, 찌개처럼 국물 음식이 많은 한국형 음식문화에는 적합하지 못했다.

이에 위니아 '딤채'는 기존 일반냉장고를 개량하는 방식이 아닌 전혀 새로운 기술로 '토종 가전 1호' '딤채'를 세상에 내놓았다. 딤채에 대한 반응은 폭발적이었다. 출시 첫해 4,000대가 팔린데 이어 이듬해 2만대가 팔리는 등 매해 눈부신 성장을 거듭했다. 김치냉장고는 1990년대 후반 주부들이 갖고 싶은 가전제품 순위에서 늘 1위를 자리 잡을 만큼 인기를 끌었고, 주부들 사이에서는 '딤채계'가 유행하기도 했다. 그러면서 딤채는 김치냉장고의 대명사 또는 동의어로 자리 잡게 되었다.

위니아 딤채의 '딤채'에 이어 삼성전자, LG전자 등 대형 가전회사들과 20여 개의 중소기업들이 가세, 김치냉장고는 1990년대 후반기 이후 우리나라에서 가장 역동적인 시장 아이템이 되었다. 2001년에는 연간 국내 판매량이 120만대에 이를 정도로 확대되었다. 2002년에 이르러 가구당 보급률도 30%를 넘어서기 시작했고, 2002년에는 단일품목으로 시장 규모가 연간 1조원을 넘어서면서 '1품(品)1조(兆)시장'을 열었다.

딤채의 이같은 성공은 가전업계에 쌀저장 냉장고, 반찬 냉장고, 화장품 냉장고 등과 같이 우리 식생활이나 라이프스타일에 뿌리를 둔 기능성 가전의 붐을 형성하기도 했다. 아울러 김치냉장고가 대중화되면서 사시사철 김치를 담그고 보관할 수 있게 되면서 11월 떠들썩한 김장철 풍경이 점차 사라지는 등 김장 풍속도에도 변화를 가져왔다.

위니아 딤채는 국내 최초로 LCD디스플레이가 부착된 사물인터넷(IoT) 기반의 김치냉장고 딤채를 출시하며 기술력에 편의성까지 더한 제품을 내놨다. 주방에서의 요리시간이 보다 즐거울 수 있도록 엔터테인먼트 기능도 갖추고 있다. 유튜브 어플로 음악 감상 및 동영상 시청이 가능하며 인터넷 라디오도 들을 수 있다. 일상생활 정보도 LCD 디스플레이를 통해 확인할 수 있다. 위니아 딤채 대표이사는 변화하는 소비자 사용 환경에 맞춰 김치냉장고를 단순한 김치 저장고에서 주방의 허브 디바이스로 지위를 높이는 모델로 주부들의 니즈에 맞추었다. 김치를 평소 보관하는 장소에 대한 질문에 김치냉장고는 전체의 78.2%로 가장 많았고, 그 다음으로 일반냉장고로 64.8%였다.[157]

현재 보유한 김치냉장고 대수는 1대가 55.7%로 가장 많았고, 2대 12.1%, 3대 0.5%로 나타났다. 김치냉장고를 가지고 있지 않은 가구의 비율은 31.7%였다.[158]

8.2 김치공장의 현황

(1) 최초의 김치공장 '한성식품'

한성식품은 1986년에 창업하여 86 아시안게임, 88 서울올림픽, 2002 부산아시안게임, 2014 인천아시안게임, 2018 평창올림픽 등 국제적인 행사에 한성김치를 공급하였으며 현재 28개 전 세계에 김치를 수출하고 있는 김치 중견업체이다. 국내산 100% 우리농산물만을 사용하고 있으며 전 공장의 HACCP 인증과 ISO 22000 인증을 받아 '생산−제조−유통'의 전 과정에서 과학적이고 체계적으로 식품 안전시스템을 운영하고 국내 · 외 25건의 김치특허 등록을 하였다.[159]

한성식품은 스마트공장 구축 기업에 참여하게 되면서 한성식품의 서산공장과 정선공장은 '상생형 스마트공장'으로 준비하고 있다. 상생형 스마트공장은 다가오는 제4차 산업혁명에 대비해 중소기업벤처부와 삼성전자의 공동 지원으로 만들어진 사업으로, 정부와 대기업이 중소 제조업체를 지원해 구축된다.

한성식품은 추후에 구축될 한성식품 스마트공장의 김치들을 이번 행사에서 미리 선보였다. 전통김치를 비롯한 특허김치 등 다양한 제품을 전시했으며, 한성식품의 포기김치, 갓김치, 미니롤보쌈김치, 치자미역말이김치 등 전통김치와 특허김치를 직접 맛볼 수 있는 시식코너도 운영했다.

'2019 스마트비즈엑스포'는 중소기업벤처기업부에서 주최하는 행사로, 삼성전자, 중소기업중앙회, 한국무역협회 등의 기관과 함께 스마트공장을 구축한 기업의 국내 · 외 판로개척을 위해 개최하고 있다.[160]

(2) 올림픽과 함께하는 '종가집'

산업화 이전까지는 김치를 돈을 주고 구입해 먹는다는 건 상상도 할 수 없었다. 김치는 지역마다, 집집마다 담그는 방법이 다를 뿐만 아니라, 어머니 손맛까지 더해져야 완성되는 한 집안의 족보 같은 것이었다. 그럼에도 불구하고 정부는 88 서울올림픽을 계기로 김치를 세계에 알리고자 상품화를 추진했지만, 그 당시에는 웬만한 식품회사의 기술력으로는 김치 상품화가 쉽지 않았다. 언제, 어디서 먹어도 표준화된 김치의 맛, 장시간의 운반 과정을 거칠 때도 변하지 않는 김치 맛을 구현할 기술이 필요했다.

㈜대상은 1988년 국가중요무형문화재 제38호이자 조선 궁중음식 전수자인 고(故)황혜성 씨를 고문으로 표준화된 김치 제조법을 개발하기 시작했다. 효과적인 포장을 위해 각계 전문가로부터 의견을 수렴했고, 마침내 김치를 제품화하는데 성공했다. 브랜드 네임은 "대대로 전해 내려온 손맛을 표준화한다."는 의미로 '종가집'으로 정하고, 로고에 기와지붕을 그려 넣었다.

김치를 제품화 할 때 가장 중요하게 요구되는 기술은 '포장'이다. 김치는 발효과정에서 탄산가스가 발생한다. 김치를 담아둔 통은 기온이 높은 곳에 조금만 있으면 가스가 차 부풀어 오른다. 비닐봉투에 넣어두면 봉투가 부풀다 터지기도 한다. 이에 종가집은 1989년 탄산가스를 붙잡아두는 '가스흡수제'를 포장김치 내부에 부착하는 형태의 기술개발에 성공했다. 이것은 김치 고유의 맛과 품질에 아무런 영향을 끼치지 않으면서도 유통과정에서 파손도 막을 수 있는 새로운 기술이었다. 이 기술로 1990년 종가집은 특허를 얻을 수 있었고, 그 이듬해에는 업계 최초로 KS마크를 획득했으며, 1995년에는 전통식품 품질인증마크를 취득해 세계일류화 상품으로 선정되었다.

2001년부터 김치유산균을 분리하고 배양하는 연구를 꾸준히 진행하여 종가집은 2005년 '류코노스톡DRC0211'[161]이라는 김치유산균 배양에 성공했다. 보통 집에서 담가 땅속에 묻어 숙성시키는 겨울 김장김치는 시원하고 깊은 맛을 내는데, '류코노스톡DRC0211' 유산균이 일정시간이 지나면 갑자기 줄어들면 김치 맛이 급격히 시어진다는 것을 알고, 가장 맛이 좋은 김치에서 500여 종의 유산균을 분리했고,

좋은 맛을 내면서도 빨리 시지 않는 유산균을 찾아내는데 성공했다. 이후 '류코노스톡DRC0211' 유산균을 종가집 김치에 접목하여 제품화하기 시작했다.162)

종가집은 체계화된 김치 생산시스템으로 위생 · 품질 · 관리, 감독을 강화하였다. 2011년에는 배추를 발효시켜 만든 '식물성 유산균 발효액 ENT' 개발에 성공했다. 해당 김치유산균은 위해 미생물에 대한 강력한 항균효과, 위해 미생물이 만드는 물질로부터 보호하는 효과가 좋아 유통기한을 최소 50% 이상 연장시켰다. 또한, 합성 첨가료를 대체하는 역할도 했다. 특허등록 이후 김치류, 두부류, 반찬류 등 신선식품뿐 아니라 음료, 제과, 건강기능식품, 화장품의 유통기한을 연장하는데도 쓰이고 있다. 2017년에는 농림축산식품부와 공동으로 김치유산균을 탐색, 선별하는 연구를 진행한 끝에 맛 좋고 발효 능력이 뛰어난 김치발효종균 DRC1506을 개발했다. 이를 "류코노스톡 메센테로이데스 종가집김치아이"로 명명하고 특허등록을 마쳤다. 해당 종균은 국제 미생물계통 분류학 분야의 저명 학술지인 국제미생물계통분류학회지(IJSEM)에도 게재되었다. 2017년 2월부터 생산되는 종가집 김치에는 모두 해당 김치발효종균이 들어가고 있다.

국산 포장김치는 해외로 뻗어나가고 있다. 국내 포장김치 점유율 1위 브랜드인 종가집은 현재 미국을 포함하여 유럽과 대만, 홍콩 등 전 세계 40여 개국에 김치를 수출 중이다. 일본 수출 물량의 90%, 홍콩 · 대만 · 싱가포르 등 아시아권 수출 물량의 80% 점유율을 보이고 있다.163)

(3) 농협 '아름찬'

'아름찬'이란 브랜드는 한아름 가득찬, 정갈한 찬거리의 합성어로 아름답고 풍성하다는 의미를 가지며 김치, 김, 두부 등 국산 농산물을 사용하여 가공상품 개발 및 판매 중인 농협식품 대표 브랜드이다. 1994년 12월 농협식품전문점 체인사업 개시로 2008년 1월 NH식품분사로 출범하였다.164)

'김치'는 찌개부터 전, 볶음 등 다양한 요리의 재료가 되는 것은 물론, 그 자체만으로도 훌륭한 반찬이 되고 있는, 우리 밥상에서 빠질 수 없는 음식이다. 한 해 동안 먹을 김치를 위해 본격적인 김장준비에 돌입해야 할 때, 최근에는 간편한 김장을 도와주는 절임배추가 인기를 누리고 있다. 물론 1인 가구와 신혼부부를 중심으로 쉽고 간편하게 김치를 먹기 위해 제조된 김치를 구입하여 먹는 것을 선호하는 소비자들도 동시에 늘어나는 추세다. 둘 중 어느 경우든 보다 편하게, 믿고 먹을 수 있는 김치를 원하는 것은 소비자들의 공통된 요구사항이다.

이러한 소비자들의 니즈를 충족시켜주는 김치 브랜드로 '오색소반김치'가 호평을 얻고 있다. 오색소반김치는 계절별로 주산지에서 생산되는 우수품종을 엄선한 배추, 무 등의 중요한 원료를 사용하며, 청결 고춧가루, 자연 숙성된 젓갈 등을 사용해 오직 우리 농산물만으로 제조된다. 또한 위생과 품질 또한 엄격하게 관리되며 김치가 생산되는 모든 공장은 HACCP 인증 시설이다. 재료 또한 잔류농약검사를 완료하고 표준 배합비에 따라 생산된다. 전체공정 과정의 냉장화를 통해 연중 균일한 품질로 제조되는 것도 특징이다.

유통 과정에는 최적의 신선도와 최상의 숙성된 맛을 유지할 수 있는 콜드체인 시스템을 적용해 소비자에게 전달하고 있으며, 전국물류센터와 연계된 시스템으로 산지에서 가정까지 안전하게 유통된다. 이와 함께 소비자들에게 높은 신뢰도를 구축하고 있는 농협의 김치 브랜드라는 점에서 더욱 믿을 수 있는 브랜드로 평가된다.

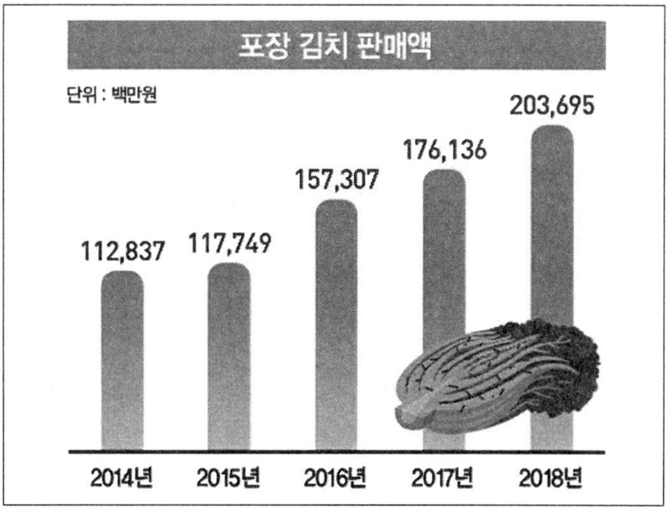

자료 : 한국농수산식품유통공사(aT)

농협 통합김치 브랜드인 '아름찬 절임배추'라는 이름으로 만나볼 수 있으며, 오색소반 홈페이지에서는 절임배추는 물론, 절임배추와 포기김치 양념으로 구성된 김장세트도 구매 가능하다. 수도권 주요 하나로마트 매장에서는 절임배추를 즉시 구매할 수 있다.

8.3 김치의 수출현황과 수입현황

1) 국내 김치산업의 발전 배경

김치가 상품화된 최초의 기록은 1945년경 하와이 재미동포를 위한 통조림 제품이었다. 국내에서 상품화된 시초는 해방 후 국군이 창설되어 부대에 납품하면서부터인데, 가정에서 김치가 자가제조되어 소비되는 형태를 벗어나 군납을 위해 상품화 된 김치가 만들어지고, 이에 따라 김치산업이 형성되기 시작하였다.[165] 또한 1980년대에 들어오면서 도시로의 인구 집중, 아파트로의 주거형태 변화, 여성의 사회 참여, 핵가족화 등으로 인스턴트식품, 레토르트(Retort) 식품과 같은 편의 식품의 기호가 증가하면서 시판김치를 이용하는 가정이 증가하면서 시판김치를 이용하는 가정이 늘어났다.[166]

(1) 김치시장의 분류[167]

구분	세부분류		설 명
자체 생산 공급	일반가정 직접제조		가정에서 직접 제조하여 소비되는 김치
	요(급)식업체 생산		급식업체 및 음식점 등의 업체에서 직접 제조 생산되어 고객에게 제공되어 소비되는 김치
시판 김치	공장 김치	포장 김치	공장에서 대량으로 생산 가공된 완성품의 김치로서 파우치 또는 용기와 같은 포장용품에 일정한 중량으로 규격 포장되어 유통 및 판매되는 김치
시판 김치	공장 김치	즉석 김치	공장에서 대량으로 생산 가공되는 김치로 포장 김치와는 다르게 반 가공된 상태인 절임 배추(소금에 절인 주재료)와 김치 양념을 공장으로부터 공급받아 판매하는 매장에서 즉석으로 양념을 버무려 포장 · 판매되는 김치. 또는 공장에서 대량으로 생산 가공된 완성품의 김치를 매장으로 공급받아 고객의 요구에 따른 중량으로 매장에서 즉석 포장되어 판매되는 김치
수입 김치			외국에서 생산 및 가공된 김치를 자국 세관을 통과하여 국내에 유통 및 판매되는 김치

(2) 김치 제조업체의 현황

김치 제조업체의 생산 현황은 식품의약품안전처의 '식품 및 식품첨가물 생산실적'에 의하면, 2016년의 김치류 제조업체 수는 979개소, 종업원 수는 1만 4,720명으로 전년에 비하여 업체 수는 2.4%. 종업원 수는 3.0% 증가하였다.[168)]

김치를 직접 담가먹는 주된 이유(가중평균)는 직접 담근 김치가 맛이 있어서(가족의 입맛에 맞아서, 맛이 균일해서)가 39.3%로 가장 많았으며, 원료 및 품질에 대한 믿음이 가서(원료 원산지를 알 수 있고 품질을 믿을 수 있어서)가 20.3%로 그 뒤를 이었다.

1인당 김치 소비량을 가늠해 볼 수 있는 보건복지부의 '국민건강영양조사'이다. 자료에 의하면, 1인 1일 배추김치 섭취량은 2010년에 71.4kg에서 2016년 62.4g으로 연평균 2.2% 감소하는 추세를 보이고 있다. 배추김치 섭취량 감소는 쌀밥 중심 식단에 대한 의존도가 낮아지고 있기 때문이라고 풀이된다. 1인 1일 쌀 소비량은 2010년에 199.6g에서 2016년 169.6g 으로 연평균 2.7% 감소하는 추세를 보이고 있다.[169)]

국내 시판김치의 시장규모를 살펴보면, 2013년 12,173억, 2014년 12,236억, 2015년 12,300억 2016년 12,724억, 2017년 13,983억으로 꾸준한 증가세를 보이며, 점차 커져가는 시판김치 시장은 대량 생산으로 기존의 비위생적인 인식을 기계화와 자동화를 통하여 소비자들 요구 및 불만을 해결해 나가며 김치 기반의 쿠킹 클래스, 대규모의 김장 나눔행사 등을 적극 진행하면서 마케팅 활동도 지속적으로 하면서 소비자들의 호응을 더 받고 있음을 알 수 있다.[170)]

(3) 김치시장의 성장

김치시장의 성장 추세는 가정 소비자들이 김치를 직접 담가먹거나 친지로부터 도움을 받다가 상품김치를 구입하는 쪽으로 김치조달 방법을 바꾸고 있기 때문이다. 다른 한편으로는 식품서비스업(외식 및 급식)의 성장에 따라 이들 업소에서 구입하여 제공하는 김치의 양도 함께 증가하고 있기 때문이다.

소비자들이 담금에서 구입으로 김치조달 방법을 전환하고 있는 것은 동거가족

수 감소, 쌀밥 섭취량 감소 등에 따라 과거와 같이 주기적으로 많은 양의 김치를 담그고 장기 저장하는 대신, 수시로 시장에서 소량의 김치를 구입하는 것이 더 경제적이고 편리하기 때문이다. 여성의 사회활동 시간 증가, 김치담금 능력의 감퇴 등에 따라 이러한 트렌드는 앞으로 더욱 가속화될 것으로 보인다.[171)]

김치시장은 경쟁력에서 살아남기 위해 다양한 차별화 전략으로 소비자의 입맛을 공략해야만 할 것이다. 김치시장에 무작정 뛰어드는 것이 아니라, 질적인 고급화로 새로운 길을 개척하는 김치산업들이 지속적으로 늘어나고 있다. 전통적인 방식으로 고집하기보다는 소비자들에게 색다른 맛으로 승부하거나, 아삭아삭하게 먹을 수 있는 다양한 김치의 종류를 개발해 글로벌 시장을 공략하기도 한다. 특히 청정지역 고랭지 배추 등 원재료로 3무(무색소, 무화학조미료, 무방부제)의 친환경 방식으로 생산하는 김치 제조업들이 점점 늘어나고 있다.[172)]

(4) 잘못된 중국산 김치 유통시장

김치업계가 관세당국에 중국산 수입김치 저가신고 문제를 제기하며 감독 강화를 촉구하였다. 중국 김치업체가 높은 가격으로 수출 신고해 중국 정부로부터 보조금을 과도하게 수령하고 있는 문제를 제기했다. 이에 더해 중국의 김치 수출업체와 국내 중국산 김치 수입업체가 결탁해 중국시장 내 정상 가격보다 현저히 낮은 가격으로 수입 신고를 해 관세 부담도 회피하고 있다는 의혹을 지적했다. 이에 중국 당국과 긴밀한 협조를 통해 불법 김치 수출업체의 단속을 강화하고 중국 김치 수입 시 중국의 수출신고서를 추가 징수 및 확인해 수입통관을 할 것을 요청했다.

대한민국김치협회[173)]는 중국의 수출 보조금이 신선 채소는 수출가의 3% 수준이지만, 가열 등의 조리과정을 거치면 보조금이 18%로 오른다. 이를 이용한 중국 업체들이 허위로 삶은 김치로 둔갑, 제조원가인 3~5배 높은 가격으로 수출 신고를 해 보조금을 더 받는다고 설명했다. 반면 국내에서 수입 신고를 할 땐 다시 낮은 가격으로 수입 신고를 해 관세를 낮춘다. 이런 제도적 맹점으로 저가의 중국산 김치가 국내에 유통되어 국내 김치 시장을 교란하고 있다고 문제를 지적했다.[174)]

2) 수출현황

(1) 김치 수출국의 중국시장

최근 몇 년간 중국에서 가공 생산한 한국식 김치가 일본과 한국시장에서 호황을 누리고 있는데, 사스(SARS) 사태 이후 김치가 사스 예방효과가 있다는 속설이 중국 내에 퍼지면서 한국김치에 대한 인기가 높아졌다.[175]

김치에 대한 다각적인 연구 결과로서 성인병 예방, 항암작용 등의 효능이 거론되고 선진국형의 경제사회 구조의 변화에 따라 식생활의 편의성 추구, 주거 형태에 있어서 아파트 확대, 핵가족화와 맞벌이 부부 및 독신자 층의 증가 등 가족구조의 변화와 소형화에 따라 김치를 직접 담가먹는 형태에서 제품김치를 사먹는 가정이 점점 증가하고 있다.

그러나 2003년부터 값싼 중국산 김치의 수입이 크게 늘어나면서 김치 생산업체들의 매출이 큰 폭으로 줄어 생산을 포기할 업체가 속출하고 있다. 김치 생산업체들이 도산하게 되면 배추, 무, 고추 등 많은 농산물들이 판로를 잃게 되어 농산물 값이 폭락하고, 급기야는 농가경제의 파탄으로 이어질 것이다. 이러한 사태를 방지하려면, 중국산 김치의 수입을 최대한 억제해야 하지만 궁극적으로는 한국 김치의 경쟁력을 키워야 한다.[176]

(2) 한국김치의 수출 통계

최근 3년간(2016~2018년) 한국산 김치의 글로벌 수출량 및 수출액은 지속적인 성장세로 2018년에 한국김치의 글로벌 수출량은 약 2만 8천톤, 수출액은 약 1억 달러로 전년 대비 각각 16%, 19.7% 증가하였다.[177]

[표 8.3] 한국 對글로벌 김치수출 통계

구분	2013	2014	2015	2016	2017	2018
중량 (연 증감률)	25,6313.3 (▲7.3)	24,745.5 (▲3.5)	23,111.2 (▲6.6)	23,490.4 (1.6)	24,311.0 (3.5)	28,197.0 (16.0)
금액 (연 증감률)	89,277.4 (▲16.3)	84,032.7 (▲5.9)	73,542.7 (▲12.5)	78,900.1 (7.3)	81,393.3 (3.2)	97,455.5 (19.7)

자료 : KATI농식품수출정보(wwww.kati.net)

작년 국산 김치 수출이 전년 대비 20% 증가한 9,750만 달러를 달성하며 김치수출 통계 작성 이후 최대치를 기록한 것으로 나타났다. 일본, 미국, 대만 등 국가에서 전년보다 10% 이상 증가하며 수출상승을 주도했는데, 김치의 건강기능성에 대한 세계적인 인지도 제고가 주효한 것으로 파악된다.

농림축산부에 따르면, 김치 수출액은 2015년 7,300만 달러, 2016년 7,900만 달러, 2017년 8,100만 달러, 2018년 9,750만 달러로 나타났다. 수출국도 2017년 63개국에서 작년 68개 국가로 늘었으며, 특히 일본은 전년 대비 23% 증가한 5,600만 달러로 전체 수출 증가를 견인했다.[178]

농림축산식품부는 김치 수출 증가요인으로 김치 건강기능성에 대한 세계적인 인지도 제고와 정부의 다양한 홍보 및 지원 정책이 긍정적인 영향을 미친 것으로 분석하고 있다.

실제 우리 김치는 작년 1월 영국 '가디언'에서 렌틸콩, 나또 올리브유, 요구르트와 함께 '세계 5대 건강식품'으로 소개했으며, 작년 11월 열린 '코리아김치페스티벌'에선 한국김치의 건강기능성에 대한 내용이 일본 NHK를 통해 소개된 바 있다.

아울러 정부는 프랑스 '시알박람회' 등 해외 식품박람회에서 '수출상품화 지원' 등 정책활동으로 김치수출을 뒷받침했고, 김치업체들도 일본 김치 바이어를 대상으로 설명회를 개최하는 등 김치 수출을 위해 다양한 노력을 기울였다.

국산 포장김치는 해외로 뻗어나가고 있다. 국내 포장김치 점유율 1위 브랜드인 종가집은 현재 미국을 포함해 유럽과 대만, 홍콩 등 전 세계 40여 개국에 김치를 수출 중이다. 일본 수출 물량의 90%, 홍콩 · 대만 · 싱가포르 등 아시아권 수출 물량의 80% 점유율을 보이고 있다. 국내 · 외 시장에서 우수성이 입증된 ㈜대상의 종가집은 4월 5~7일 서울 여의도에서 열리는 '2019 대한민국 발효문화대전'에 참가해 다양한 김치류를 선보였다.[179] 작년 국산김치 수출이 전년대비 20% 증가한 9,750만 달러를 달성하

[그림 8.1] 종가집 김치 제조공정(2011 NHERI리포트 제159호(2011.11.28.)

며 김치수출통계 작성 이후 최대치를 기록한 것으로 나타났다. 일본, 미국, 대만 등 국가에서 전년보다 10% 이상 증가하며 수출상승을 주도했는데, 김치의 건강기능성에 대한 세계적인 인지도 제고가 주효한 것으로 파악된다.

농림축산식품부에 따르면, 김치 수출액은 2015년 7,300만 달러, 2016년 7,900만 달러, 2017년 8,100만 달러, 작년 9,750만 달러로 나타났다. 수출국도 2017년 63개국에서 작년 68개 국가로 늘었으며, 특히 일본은 전년대비 23% 증가한 5,600만 달러로 전체 수출증가를 견인했다.[180]

[표 8.4] 한국의 김치수출 추이[181]

연 도	금액		중량		평균단가		수출 대상국	일본 비중	
	천달러	전년대비%	톤	전년비%	$/kg	지수		금액(%)	중량(%)
2000	78.847	0.0	23.433	-4.6	3.36	101.5	27	97.0	95.0
2001	68.731	-12.8	23.785	1.5	2.89	87.2	30	94.6	93.3
2002	79.318	15.4	29.213	22.8	2.72	81.9	28	93.5	92.8
2003	93.195	17.5	33.064	13.2	2.82	85.0	28	93.5	92.5
2004	102.726	10.2	34.827	5.3	2.95	89.0	35	94.3	93.1
2005	92.965	-9.5	32.307	-7.2	2.88	86.8	31	93.0	91.8
2006	70.328	-24.4	25.600	-20.8	2.75	82.9	40	89.1	89.0
2007	75.309	7.1	26.470	3.4	2.85	85.8	41	87.8	88.8
2008	85.295	13.3	26.897	1.6	3.17	95.7	48	88.0	87.5
2009	89.386	4.8	28.505	6.0	3.14	94.6	54	86.8	85.6
2010	98.360	10.0	29.672	4.1	3.31	100.0	54	84.2	81.3
2011	104.577	6.3	27.429	-7.6	3.81	115.0	60	83.0	80.4
2012	106.608	1.9	27.664	0.9	3.85	116.3	62	79.3	77.5
2013	89.277	-16.3	25.631	-7.3	3.48	105.1	61	73.8	75.0
2014	84.033	-5.9	24.742	-3.5	3.40	102.5	66	67.4	68.6
2015	73.546	-12.5	23.112	-6.6	3.18	96.0	66	60.6	64.1
2016	78.900	7.3	23.490	1.6	3.36	101.3	66	59.7	60.0
2017	81.394	3.2	24.311	3.5	3.35	101.0	67	56.0	56.3

자료 : 한국무역협회 K-stat

3) 수입현황(중국산)

(1) 중국산 김치 생산실태

중국 내 김치 가공공장은 산동성 청도 지역을 중심으로 주로 발달했으며, 수출량 또한 지속적으로 증가되고 있다. 현재 중국 내에 있는 김치공장들은 대부분 생산 초반기 한국 합자, 한국 독자 기업의 단계를 거쳐 현재는 현지 중국생산 기업이 거의 대부분을 차지하고 있다. 하지만 초기부터 한국 설비와 기술을 기반으로 생산하고 있어 중국산 김치의 품질은 한국산과 크게 다르지 않다고 볼 수 있다.[182)]

김치 수입은 2000년 이후 급속히 증가하였는데 2004년 72,104톤에서 2013년 219,792톤으로 204% 신장하였다. 특히 중국산 김치는 2005년 기생충 파동, 2007년 사카린 파동, 2009년 원산지 영향 등을 거치면서 국산 김치대비 가격경쟁력과 외식산업의 발달로 인해 그 수요를 점차 넓히고 있는 실정이다.[183)]

2017년 중국산 김치 수입액은 1억 2,867만 달러(1,455억)로서 전년 대비 5.9%, 수입량은 27만 5,631톤으로서 전년대비 8.8% 증가하였다. 2017년 중국산 김치 수입단가는 0.47달러(528원)/kg로서 전년의 0.48달러(556원)kg에 비해 2.6% 하락하였다.[184)]

[표 8.5] 한국의 김치수입 추이[185)]

연 도	금액		중량		평균단가		수출 대상국	일본 비중	
	천달러	전년대비(%)	톤	전년대비(%)	$/kg	지수		금액(%)	중량(%)
2000	202	405.0	473	413.0	0.43	80.7	2	87.7	98.8
2001	199	1.5	393	−16.9	0.51	95.7	2	98.2	99.9
2002	469	135.7	1,042	164.9	0.45	85.1	3	99.7	100.0
2003	10,315	2,099.4	28,707	2,655.3	0.36	68.0	3	99.7	100.0
2004	29,473	185.7	72,605	152.9	0.41	76.8	2	100.0	100.0
2005	51,340	74.2	111,459	53.9	0.46	87.1	5	99.9	100.0
2006	87,955	71.3	177,959	59.7	0.49	93.5	3	100.0	100.0
2007	110,166	25.3	218,910	23.0	0.50	95.3	2	100.0	100.0
2008	112,715	2.3	222,370	1.6	0.51	95.9	2	100.0	100.0
2009	66,335	−41.1	148,124	−33.4	0.45	84.7	3	100.0	100.0

연 도	금액		중량		평균단가		수출 대상국	일본 비중	
	천달러	전년대비(%)	톤	전년대비(%)	$/kg	지수		금액(%)	중량(%)
2010	102,019	53.8	192,936	30.3	0.53	100.0	6	100.0	100.0
2011	120,874	18.5	230,078	19.3	0.53	99.4	2	100.0	100.0
2012	110,842	−8.3	218,844	−4.9	0.51	95.8	3	100.0	100.0
2013	117,431	5.9	220,218	0.6	0.53	100.8	5	100.0	100.0
2014	104,396	−11.1	212,938	−3.3	0.49	92.7	8	100.0	100.0
2015	113,237	8.5	224,124	5.3	0.51	95.6	5	100.0	100.0
2016	121,485	7.3	253,432	13.1	0.48	90.6	8	100.0	100.0
2017	128,679	5.9	275,631	8.8	0.47	88.3	8	100.0	100.0

자료 : 한국무역협회 K-stat

(2) 중국산 김치 수입현황

2017년 대 중국김치 무역적자액은 1억 2,838만 달러로서, 지난 2007년 처음으로 1억 달러를 돌파한 이후 2009년을 제외하고 계속 1억 달러 이상을 기록하고 있다.

2017년 사드(THAAD; Terminal High Altittud Area Degense) 배치에 대한 보복조치로 안전, 건강상의 보호 등을 이유로 엄격한 통관, 반한감정으로 인한 한국산 불매운동 등이 김치수출에 일부 영향을 미쳤다.[186)]

[표 8.6] 중국산 김치 수입현황

구분	2004	2005	2006	2007	2008	2009	2010	2011	2012	2013
수입량(천톤)	72	110	177	220	220	147	192	229	217	219
금액(십만불)	29	49	87	110	111	66	101	120	110	117

전통적으로 김치는 한국에서 특별한 위상을 가지고 있으나 한국의 김치 생산자들은 중국 정부의 관료적 태도로 어려움을 호소하고 있다.

한국에서 중국으로의 김치 수출량은 2013년 108달러, 2014년은 1만 6,800달러로 점점 감소한 반면에, 중국산 김치의 한국 수출량은 한 해 수억 달러에 달하고 있다. 즉 중국산 김치의 가격이 한국산 김치에 비해 6분의 1에 불과해 국내시장을

이미 장악했다.[187]

한 · 중 FTA로 최대 2%까지 관세가 낮아진 중국산 김치 수입은 2016년 한국 수출액의 329배에 달하는 9,800만 달러를 기록하고 있다. 한국의 김치는 경제적 가치 외에 문화적, 역사적 중요성을 지니고 있어 유네스코는 2013년 김장문화를 세계문화유산으로 등재하였다.[188]

수입량이 급증하고 있는 중국산 김치가 외식시장을 넘어 가정 식탁까지 넘보고 있다. 이미 온라인에선 기존 10kg 이외에 가정에서 소비할 수 있는 5kg 포장까지 판매가 이뤄지고 있고, 식자재마트 등 오프라인 마트에선 중국산 김치를 쉽게 목격할 수 있게 되었다.

'김치의 날' 제정 근거를 신설한「김치산업진흥법」일부개정안이 국회를 통과하였지만, 중국산 배추김치가 신선농산물 보관 매대에 함께 진열되어 있을 정도이다. 가격은 국내산 김치의 4분의 1 수준으로 중국산 김치는 어렵지 않게 찾을 수 있다. 즉 내부의 냉장고에 중국산 김치가 보관되어 있다.

국내 김치 제조업체 대표는 "5kg까지 중국산 김치가 소포장되어 판매가 된다는 건, 이제 중국산 김치가 가정으로까지 침투하고 있다는 것으로 볼 수 있다."고 전제하며 "다만, 아직 국내산 김치와 중국산 김치의 맛 차이가 크게 나기에, 다수의 소비자들은 국내산 김치를 선택할 것"이라고 설명했다. 그는 "그렇더라도 고품질의 국산김치 생산과 차별화를 위해선 지리적 표시제를 시행해 표기사항이 달라지도록 해야 한다."고 강조했다.

중국산 김치 수입량은 지난해 27만 8,000여 톤으로 2018년 26만 7,000여 톤보다 1만 톤 넘게 들어와 역대 최대를 기록했다. 같은 월 기준 2017년엔 25만 2,000여 톤, 2016년엔 20만 2,500여 톤 등 매년 중국산 김치 수입 물량이 급증하고 있다.[189]

8.4 프리미엄 김치가공

1) 워커힐 호텔 김치

워커힐 호텔 앤 리조트가 오랜 연구를 통해 축적한 비법을 담아 워커힐 호텔 김치 브랜드를 출범하였다. 워커힐은 G20 정상회담이나 남북정상회담 등 큰 국가적 행사 만찬용으로 활용되어온 워커힐 수펙스 브랜드를 보유하고 있다. 워커힐 호텔 김치 브랜드 역시 워커힐의 수펙스 김치연구소에서 개발해 품질과 맛을 수펙스 김치의 제조 및 공정시스템 수준만큼 체계적으로 관리한다.

워커힐의 프리미엄 김치 브랜드인 워커힐 수펙스 김치는 조선 후기 서울, 경기 상류계층에서 전래되어온 전통의 맛을 그대로 재현해 아삭한 식감과 과하게 맵지 않은 맛이 특징이다.

1989년 김치연구소로서는 최초로 호텔 내에 설립된 워커힐 수펙스 김치연구소는 지속적으로 김치의 맛과 영양에 대한 연구를 꾸준히 진행해 왔다. 또한 셰프들이 전국 각 지방을 돌며 각 지역 풍토를 이해하고 작물들의 특성을 연구하는 등 좋은 원료 확보를 위한 노력도 아끼지 않았다. 1990년대 처음 상품화를 시작한 워커힐 수펙스 김치는 2008년 호텔업계 최초로 HACCP 인증을 획득했다. 김치 품질 유지에 대한 애정과 정성을 워커힐 호텔 김치에 담아냈다.

이미 프리미엄급의 워커힐 수펙스 김치는 남북정상회담, G20정상회담, 다보스 포럼 등 큰 국가 행사뿐만 아니라, 크고 작은 청와대 행사나 대통령 해외순방 및 올림픽선수단 등을 위한 식탁에 오르는 등 그 맛과 품질이 검증되었다. 워커힐은 이러한 제조 노하우와 오랜 연구결과를 워커힐 호텔 김치에도 적용해 일반 재료로도 최고의 맛과 품질을 일반 소비자들도 쉽게 접할 수 있게 했다.

워커힐 호텔 김치는 시중에서 쉽게 구할 수 있는 재료로 최상의 맛을 찾은 김치라며, 더 많은 소비자들이 우리나라 대표적 음식 중 하나인 김치를 더 맛있게 드실 수 있었으면 하는 마음으로 만들었으며, 특히 품질 유지를 위해 매일 워커힐 셰프들이 워커힐 호텔 김치제조 공장을 방문해 워커힐 호텔 김치 레시피를 지속적으로 관리, 전파하고 있다.

한편, 워커힐은 추가로 워커힐에서 직접 많은 이들과 워커힐의 김치를 나누기 위해 2014년부터 매년 11월 김장 담그는 날 행사를 개최해오고 있다. 워커힐 김장 담그는 날에는 김치를 함께 담그고 조리법을 전파하는 것은 물론 김장하는 날 준비해 나누어먹던 음식까지 함께 하며 전통음식 문화를 공유하는 기회로 자리 잡았다.[190)]

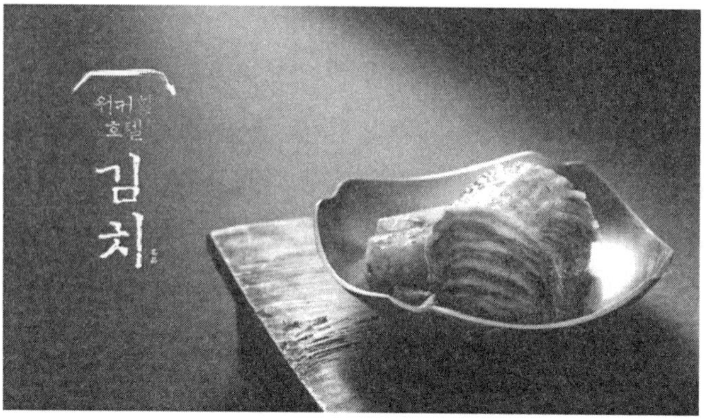

[그림 8.2] 워커힐 호텔 김치

2) 피코크 조선호텔 김치

신세계 조선호텔은 오래 전부터 내부에서 한식조리사들이 직접 담근 김치를 소량으로 포장해 판매해 왔다. 고급재료와 한식 전문요리사들의 레시피를 접목해 각각 '조선호텔 김치'라는 이름으로 선보였다. 가격이 비쌌지만 맛이 좋다는 입소문으로 소량으로 판매하던 김치를 대량생산으로 전환하고 가격을 낮춰 판매 중이다.

조선호텔은 신세계 계열사인 이마트와 손잡고 피코크 조선호텔 김치를 선보이고 있다. 고급스러운 이미지의 호텔 브랜드를 앞세워 홈쇼핑에서도 판매하며 점차 소비자들에게 인지도를 넓혀가는 모습이다.

9장

김치 식품명인과 김치 담금법

9.1 김치 식품명인의 이해

농림축산식품부는 우수한 우리 전통식품의 계승과 발전을 위해 전통식품 분야 대한민국 식품명인을 추천받는다.

전통식품 분야 식품명인제도는 우수한 우리식품의 계승·발전을 위해 식품제조·가공·조리 등 분야를 정해 명인으로 지정·육성하는 제도이며, 1994년부터 지금까지 총 85명이 지정되었다. 식품명인으로 지정되면 제품에 '대한민국식품명인 표시'를 할 수 있으며 언론홍보, 전시 및 박람회 참가 등 다양한 지원을 받을 수 있다.[191)]

1) 식품명인의 정의(자격) – 농림축산식품부

식품명인으로 지정받길 원하는 사람은 신청서와 자격요건 등을 증명할 수 있는 증빙서류를 첨부하여 시·도지사에게 제출하면 된다. 시·도지사는 현지조사와 문헌조사 등 사실조사를 실시하고 자체 식품명인 추천위원회의 심의를 거쳐 농식품부(식품산업진흥과)로 추천하여야 한다.

농식품부는 농촌진흥청의 분야별 전문가 등으로 구성된 적합성 검토단을 통해 현지 실사를 진행하며, 식품산업진흥심의회의 심의를 거쳐 식품명인을 지정한다. 농식품부 관계자는 "대한민국 식품명인은 단순히 음식의 조리·제조 기능인을 선정하는 것이 아니라, 우리 고유의 전통식품을 복원하고 후대에 전승하는 중요한 역할을 수행한다."며, "판로 확보 및 대외 수출 확대 등과 연계되도록 지원할 계획"이라고 밝혔다.[192)]

2) 식품명인제도[193)]

① 목적 : 우수한 우리식품의 계승·발전을 위하여 식품제조·가공, 조리 등 분야를 정하여 식품명인으로 지정 육성

② 실시근거 : 「식품산업진흥법」 제14조 및 동법 시행령 제14조 내지 제22조

③ 명인지정 분야 및 지정 대상

㈀ 지정분야 : 전통식품명인, 일반식품명인

㈁ 지정대상 : 대한민국 식품명인으로 신청하고자 하는 자는 다음의 자격요건 중 1개 이상에 해당되어야 한다.

㉠ 해당식품 관련 분야에 20년 이상 종사하였거나, ㉡ 전통식품을 원형대로 보전하고 실현할 수 있는 자, ㉢ 식품명인으로부터 전수교육을 5년 이상 받고 10년 이상 그 업에 종사한 자 등에 해당되어야 한다.

대한민국 식품명인은 우리 고유의 전통식품을 보전하고 계승 발전시키는 역할을 수행하는 만큼 공정하고 엄격한 절차에 의해 수행된다.[194]

3) 명인지정 절차

신청자(구비서류) – 시 · 도지사(접수, 사실조사, 추천 등) – 농림축산식품부(검토 및 사실조사, 전통식품 분과위원회 및 식품산업진흥심의회 심의를 거쳐 지정여부 결정) – 명인지정서 교부 및 공고

4) 제출서류

① 보유기능 및 제품 특성과 보전 · 보호 가치에 관한 설명서 1부

② 유래 · 전승 계보와 계승 경위 및 활동상황과 비법 등 기능보유를 증명하는 서류 1부

③ 전통식품의 원형복원을 입증하는 서류 1부(「식품산업진흥법」 시행령 제14조제1호의 분야)

④ 「식품산업진흥법」 시행규칙 별표1 제2호 나목에서 정한 경연대회 수상을 증명하는 서류 1부(「식품산업진흥법」 시행령 제14조제2호의 분야) 농림축산식품부 소관 「식품산업진흥법」 시행규칙에 의거한다.[195]

5) 식품명인 명칭변경 이유

2019.07.01. '식품명인'의 명칭을 '대한민국 식품명인'으로 변경하고, 명칭을 무단으로 사용하는 경우 과태료를 부과할 수 있는 기준을 마련한 「식품산업진흥법」

개정 시행령 및 시행규칙이 공포와 함께 시행에 들어갔다.

농림축산식품부는 "그동안 지자체와 민간단체 등에서 '명인'이라는 용어를 널리 사용함으로써 국가에서 지정하는 '식품명인'과 혼동하는 사례가 있었다."며, "전통식품명인의 명예와 자부심을 높이기 위해 '대한민국 식품명인'으로 명칭을 변경했다."고 밝혔다.[196]

[그림 9.1] 식품명인 인증마크

농림축산식품부에서 인정하는 명인 이외에도 단체에서 부여하는 김치명인과는 구분되어진다고 할 수 있다. 광주세계김치문화축제에서는 김치 관광의 간접 자원(인물)으로 광주세계김치문화축제에서 선정하는 올해의 김치명인으로 2004년부터 현재 2019년까지 매년 배출해 오고 있다.[197]

9.2 농림축산식품부의 김치 식품명인과 맛내기

1) 김순자 명장

(1) 명인 소개

경기 부천에서 2007년에 지정 품목인 배추김치로 식품명인 29호로 김치분야에서 명인이 되었다. '한성식품'의 대표이자 국가가 인정한 김치명장인 김순자 김치명인은 조선시대 말 조리책자 『시의전서(是議全書)』에 나오는 내용을 바탕으로 '100년 포기김치' 담그는 법을 직접 선보이고, 전문리더 과정 교육생들에게 우리 전통김치 맥을 전수해 주었다.

'100년 포기김치'는 낙지 · 소라 · 전복 · 잣 · 밤 · 청각 등과 새우가루를 천연조미료로 사용하고 배즙과 꿀을 넣어 단맛과 향기를 내는 것으로, 단지에 넣을 때는 북어 · 오이지 · 무를 사용해 조선시대 사대부가의 전통적인 맛을 그대로 재현하여 호평받은 김치이다.

1986년 '한성식품'을 설립해 김치를 최초로 산업화하여 B to B 시장점유율 1위를 유지하고 있다. 김치연구소를 통해 전통김치 비법을 바탕으로 전통김치, 다양한 특허김치뿐 아니라 '황제김치', '유기농김치', '동결건조김치' 등 고부가가치 김치 상품 개발에 힘쓰고 있다. 또한 김치 테마파크를 설립해 다양한 체험 프로그램을 진행하는 등 김치명장으로서 올바른 김치 문화와 역사를 알리는 데도 앞장서고 있다. 또한 2018 평창동계올림픽, 2003 대구유니버시아드, 2002 부산아시안게임, 88 서울올림픽 등 국제행사에 김치를 납품하며 한국 김치의 맛을 세계에 알리는데 기여하고 있다. 김순자 명장은 "한국 김치에 대한 자부심으로 한성식품을 설립해 34년간 김치 전통 비법 연구하고 과학적인 제조시스템을 개발하며 김치의 산업화·대중화를 위해 노력하고 있다."며 "앞으로도 대한민국 전통음식 김치의 맛과 역사를 지키면서 세계에 김치를 알리기 위해 김치 개발에 앞장설 것"이라고 밝혔다.[198]

'한성식품'은 대한민국 명장전 전시회에 복숭아포기김치, 배보쌈김치, 황제김치, 특허김치 등 김순자 김치명장이 개발한 다양한 특허김치를 전시한다. 특히 아이들과 외국인 등 더 다양한 사람들이 한국 김치를 즐길 수 있도록 미역, 양배추, 백년초, 치자 등 다양한 재료를 활용해 맵지 않게 만든 특허김치를 개발해 출시하고 있다. 현재까지 노란 치자물을 들인 '치자미역말이김치', 야채를 돌돌 말아서 만든 '한성미역김치', '미니롤보쌈김치', 백년초백김치 등 약 20여종을 선보이고 있다.

우리 김치가 2001년 코덱스 국제규격으로 채택됐고, 2013년 12월 나눔의 김장문화가 유네스코 인류 무형유산으로 등재되어 세계적인 식품으로 인정받아 김치 종주국으로서 위상 정립을 위해 우리 김치 보존과 전수가 체계적으로 이루어져야 할 때이다.[199]

(2) 김순자 명인의 맛내기 비법

① 명인 김치의 맛내기 비법[200]

㈀ 김치 명인이 선보이는 김치는 오랜 세월동안 수많은 실험을 거쳐 완성한 레시피를 토대로 만든다. 원재료와 주재료는 물론, 김치에 들어가는 적은 양의 양념까지 모두 정확히 계량해 일관된 김치 맛을 낼 수 있는 것이 명인 김치만의 특징이기도 한다.

㈏ 같은 재료라 하더라도 썰어서 넣을 때와 갈아서 넣을 때, 즙을 짜서 넣을 때의 중량이 모두 다르다. 그러므로 재료의 특성을 살펴 정확하게 계량해야 맛있는 김치가 완성된다.

㉠ 모든 재료는 먼저 믹서나 강판에 간 다음 거즈에 짜서 맑은 즙을 받는다.

㉡ 마늘과 사과, 양파는 100g을 갈아서 거즈에 짜면 40g의 즙을 얻을 수 있다.

㉢ 배는 100g을 갈아서 거즈에 짜면 평균 50g의 즙을 얻을 수 있다.

㉣ 생강은 100g을 갈아서 거즈에 짜면 평균 30g의 즙을 얻을 수 있다.

㈐ 양념의 배합순서를 지켜야 김치의 맛이 좋아진다.

갖가지 양념을 한데 섞어 버무려 만드는 것이 김치지만, 재료를 섞는 데도 순서가 있다. 재료의 특성을 고려해 김치 담그는 순서를 지키면 김치의 맛이 한결 좋아진다.

㉠ 고춧가루는 불려서 사용해야 김치의 색깔이 곱고 매운맛이 제대로 난다. 황태육수에 고춧가루와 찹쌀풀, 간 홍고추를 넣고 잘 섞은 후 30분 정도 불린다.

㉡ 중간 단계에서 간 마늘, 간 생강, 간 배, 꿀, 젓갈, 새우가루 순으로 넣어 버무린다.

㉢ 마지막 단계에서 채소를 넣어 양념이 고루 배도록 버무린다. 맛을 보아 싱거우면 천일염이나 죽염으로 간을 한다. 천일염이나 토판염은 갈아서 사용하는 것이 좋다.

㈑ 수확한 후 12시간 안에 담그는 김치[201)]

맛있는 김치를 만드는 첫 번째 비결은 역시 재료 선택에 있다.

겨울부터 봄까지는 해남과 진도에서 생산되는 배추를, 여름에는 강원도 대관령의 고랭지 배추를 골라 쓴다. 김치는 '살아 숨쉬는' 음식이다. 그런 만큼 신선한 재료를 사용하는 것이 무엇보다 중요한데, 한겨울의 월동 배추를 제외하고 지키는 원칙 한 가지는 바로 '수확 후 12시간이 지나기 전의 배추로 김치를 담근다'는 것이다. 배추 고유의 수분이 그대로 유지된 상태에서 절여야 맛과 향이 그대로 살아

있기 때문이다.

무 역시 깐깐하게 골라 사용한다. 봄이나 가을에는 경기도와 충청도 지역의 무를 많이 쓰고, 여름에는 강원도 무를, 겨울에는 전라남도 고창의 무를 골라 사용한다.

(ㅁ) 마늘 역시 까다롭게 골라 쓰는데, 서산의 육쪽마늘이나 의성마늘 같은 한지형 마늘을 주로 사용한다.

좋은 마늘은 쪽이 가늘고 알이 자그마하면서도 빼족한 게 특징인데, 맵고 아리지만 김치맛을 제대로 살려준다. 서산 육쪽 마늘은 끝이 버선코처럼 사뿐히 올라간 것이 특징인데, 마늘 향이 유난스럽지 않으면서도 은은해 김치의 맛이 고급스럽다. 서산 마늘은 구워 먹으면 단맛이 강해 평소에 만드는 음식에도 아낌없이 사용한다. 고추는 매운맛을 내지만 김치의 향을 살려주는 역할도 한다.

(ㅂ) 고추 역시 전국을 돌며 맛과 빛깔을 살핀 끝에 몇 군데를 정해놓고 구입한다.

주로 경상북도 영양과 충청북도 제천, 음성, 괴산 등의 고추를 골라 쓴다. 전라북도에서는 정읍과 익산에서 생산되는 고추가 맛이 있다. 영양은 국내 최대의 고추 산지로 이름난 곳이다. '빛깔 찬 고춧가루'라는 브랜드로도 잘 알려진 곳이다. 영양 고추는 매운맛과 단맛이 적당히 조화를 이루는 고추로 특히 색이 고와서 많이 사용한다. 유기농 배추로 김치를 담글 때는 특별히 강원도 화천에서 나는 물빛누리 용호 친환경영농조합 유기농 고춧가루를 쓴다.

(ㅅ) 새우젓은 엇젓[202)]을, 멸치액젓과 황석어젓은 달여서 쓴다.[203)]

가장 많이 사용하는 젓갈은 역시 새우젓이다. 가을에 담그는 추젓 중에 최고로 치는 것은 뽀얗고 알이 굵은 육젓이다. 같은 육젓이라 하더라도 산란 전에 담근 것과 산란 후에 담근 젓이 미묘한 맛의 차이가 있는데, 역시 산란 전에 잡은 새우로 담근 것이 훨씬 맛이 좋다. 하지만 즐겨 쓰는 새우젓은 엇젓[204)]이다. 시기를 꼭 정할 수는 없지만 들어가는 새우의 종류에 좀 차이가 있다. 엇젓은 크기가 약간 크고 불그스름한 새우가 섞여 들어간 새우젓인데, 빛깔이 그리 곱지는 않지만 구수한 맛이 돌아 김치의 맛을 살려준다.

새우젓을 비롯해 다양한 젓갈을 구입하는 곳은 충청남도 강경 지역으로, 토굴에서 발효시킨 것을 많이 사용한다. 젓갈 발효에 이상적인 온도는 10~15℃인데, 토굴에서 오랫동안 발효시켜 깊은 맛을 내는 젓갈만 내놓는다.

멸치젓과 황석어젓은 반드시 달여서 쓰는 것도 비법이다. 효소작용을 위해 생젓을 쓰기도 하지만, 위생적인 면을 생각해도 그렇고 담백한 맛을 살리려면 역시 달이는 것이 좋다. 젓갈이 좋은 젖산균을 함유하는 것은 맞지만 지방함량 역시 높다보니 오랜 기간 보관하다보면 세균이 번식하기 좋은 환경이 되므로, 뼈까지 달이면 칼슘을 온전하게 섭취할 수 있어 좋은 것 같다.

달이는 방법은 까다로울 것 같아도 어렵지가 않다. 잘 삭은 멸치젓이나 황석어젓을 물과 1 : 1로 섞은 다음 3시간 이상 달이는데, 처음에는 중간 불에서 달이다가 약한 불로 줄여 은근하게 달인다. 뼈가 흐물흐물해질 정도로 달여지면 베 보자기와 한지, 고운 거즈 등을 통해 세 겹으로 걸러 맑은 액젓만을 받는다.

이렇게 만든 액젓은 냉장 보관해두면 오랫동안 사용할 수 있으므로 한꺼번에 만들어두고 사용하면 좋다. 젓갈을 달일 때 천일염을 3% 정도 넣어 달이면 오래도록 두고 먹어도 변하지 않는다.

㈖ 좋은 천일염으로 심심하게 담근다.

원재료 다음으로 김치의 맛을 좌우하는 것은 역시 소금이다. 절임 소금으로는 서해안에서 채취한 천일염을 쓰는데, 반드시 3년 이상 간수를 뺀 소금을 사용해야 쓴맛이 없고 김치 고유의 풍미가 살아난다. 간수가 제대로 빠진 소금은 짜지 않고 단맛이 돌며 고슬고슬해서 구분하기가 쉽다. 특별히 감칠맛을 살리고 싶을 때는 토판에서 채취한 토판염을 쓴다. 토판염은 천연 미네랄 함량이 높고 마그네슘 함량이 적어 건강한 소금으로 알려져 있다.

㈗ 천연재료로만 단맛을 낸다.[205)]

배즙과 꿀, 찹쌀풀로 단맛을 낸다. 많이 사용하는 재료는 역시 배즙이다. 배즙은 맛이 강하지 않고 은은해서 다른 재료와도 잘 어울리는데, 버무려서 담그는 김치에는 갈아서 넣지만 나박김치나 백김치 같은 국물김치에는 맑은 즙을 내서 넣어야 깔끔하다. 양파즙을 넣어도 은은한 단맛이 난다. 주의해야 할 것은 아무리 좋은 재료라고 하더라도 지나치게 넣으면 김치 맛을 버린다. 배즙이나 양파즙 역시 적당한 양만 넣고 더 이상 욕심을 부리지 않아야 깔끔한 맛을 살릴 수 있다. 단맛을 좀 강하게 내야 하는 김치에는 꿀이나 매실청을 넣는다. 꿀을 넣으면 익으면서 군내가 나기 쉬우므로 적당한 양만 넣어야 한다.

찹쌀풀은 김치의 단맛과 감칠맛을 살리기 위해 넣는 재료이다. 찹쌀가루와 물의 비율은 1 : 5 정도가 적당하다. 찹쌀가루를 더 넣으면 너무 빽빽해서 양념을 버무리기가 쉽지 않다. 물김치나 백김치에는 찹쌀가루와 물의 비율을 1 : 10으로 잡기도 한다.

㈆ 담백한 황태육수와 새우가루로 맛을 낸다.

김치 양념을 버무리려면 액젓과 함께 육수를 좀 쓰게 되는데, 명인은 황태육수를 고집한다. 황태는 해독작용이 뛰어난 재료로도 알려져 있어 더욱 좋다. 황태와 다시마, 무, 양파, 대파, 표고버섯, 마른 새우를 함께 넣고 물을 부어 푹 우려내는데 30분 정도 끓여서 국물의 양이 처음의 반으로 줄어들면 불을 끄고 식힌 다음 걸러낸다. 바짝 말랐던 황태가 명태 크기만큼 불어나면서 구수하면서도 달큰한 맛이 돌게 되는데, 김치 양념을 버무릴 때 넣는 재료로는 새우가루가 있다. 잘 마른 국내산 꽃새우를 믹서에 갈아서 냉장고에 보관해두고 쓴다.

㉠ 황태육수 만들기 : 재료는 황태 1/8조각, 다시마 4조각(10g), 무 1토막(50g), 양파 1/5개(40g), 대파 흰대 부분 3줄기(40g), 표고버섯 3~4개(10g), 마른새우 한줌(10g), 물 10컵 등 분량의 물에 모든 재료를 넣고 중간 불에서 30분 이상 끓인다.

㉡ 찹쌀풀 쑤기 : 찹쌀가루 1컵, 물 2.5컵을 넣고 강한 불에서 약한 불로 줄여가며 풀을 쑨다.

㉢ 멸치젓 달이기 : 멸치젓 5컵, 물 5컵, 천일염 3큰술 바닥이 깊고 두꺼운 냄비에

멸치젓과 동량의 물을 섞어 붓는다. 중간 불에서 약한 불로 조절해 가며 3시간 정도 뼈와 살이 흐물흐물 해지도록 달이면 맛과 영양성분이 모두 우러난다.

② 명인 배추김치 만들기[206)]

배추는 김장철에 10~12시간 정도 절인다. 절이는 중간에 위아래 위치를 바꿔야 골고루 절일 수 있다. 날씨가 추우면 2시간 정도 더 절이며 실내에서 절이면 시간을 좀 줄여도 된다. 소금의 양이 많아지면 그만큼 빨리 절여지는데, 시간을 조절하지 못하면 김치가 짜지므로 중간에 주의해서 확인하는 것이 좋다. 봄이나 여름에는 한꺼번에 많이 담그지도 않고 배추 자체도 부피가 적으므로 절이는 시간을 반으로 줄이는 것이 좋다. 날씨가 더우면 절이는 시간이 단축되며 소금의 양도 적게 잡는 것이 좋다. 재료는 배추 9kg(3포기), 천일염 6컵(800g), 물 30컵(6리터)이다.

㉠ 중간 크기의 배추를 골라 밑동을 자르고 반으로 가른다.

㉡ 분량의 물에 천일염 4컵을 녹인다.

㉢ 반으로 쪼갠 배추에 소금물을 충분히 적신 후 남은 소금을 줄기 부분에 뿌린다.

㉣ 소금물에 적신 배추를 큰 통에 차곡차곡 담은 다음, 다시 소금물을 붓고 무거운 돌로 눌러 5~6시간 절인다.

㉤ 배추가 골고루 절여지도록 배추의 위아래 위치를 바꾼 후 다시 5~6시간 절인다.

㉥ 다 절여지면 흐르는 물에 3~4회 헹군 다음 건져서 물기를 뺀다. 배추의 갈라진 단면이 아래로 가도록 엎어서 쌓는다. 물기가 남아있으면 양념이 제대로 스미지 못하고 질척거리므로, 2시간 정도 천천히 시간을 두고 물기를 완전히 뺀다.

③ 명인 백김치 만들기[207)]

재료는 4kg 분량이다. 주재료는 배추 2.5kg(1포기), 무 300g(1/4개), 배추절임 천일염(1$\frac{1}{2}$컵), 물 7$\frac{1}{2}$컵), 무와 당근절임 고운소금 1작은술, 김치소(당근 1/5개, 청피망 1/3개, 홍피망 1/3개, 미나리 2줄기, 쪽파 3줄기, 배 1/10개, 대추 2개, 밤 1개,

석이버섯 3장, 잣 1/2큰술), 양념(마늘즙 3큰술, 생강즙 1/2작은술, 배즙 1큰술, 국물생수 10컵, 배즙 6큰술, 마늘즙 3큰술, 생강즙 1작은술, 소금 2큰술, 젓갈, 멸치액젓 1작은술)이다.

㉠ 배추 절이기 : 분량의 물에 천일염을 녹인 후 겉잎을 떼어낸 배추를 넣어 절인다. 10~12시간 정도 절인 다음 건져 헹궈 물기를 뺀다.

㉡ 김치소 준비하기 : 무와 당근은 채 썰어 분량의 소금에 10분 정도 절인 후 뒤적여 소쿠리에 건져 물기를 뺀다. 피망은 꼭지와 밑동을 잘라내고 반으로 갈라 씨를 뺀 다름 곱게 채 썬다. 미나리와 쪽파는 3cm 길이로 썬다. 배는 껍질을 벗겨 채 썰고, 대추는 돌려깎아 채 썬다. 밤과 불린 석이버섯도 채 썬다.

㉢ 김치소 만들기 : 무채와 당근채에 마늘즙, 생강즙, 배즙을 넣어 버무리다가 피망, 미나리, 쪽파, 배, 대추, 밤, 석이버섯, 잣을 넣고 버무린다. 마지막에 멸치액젓을 넣고 버무린 후 맛을 보아 싱거우면 소금으로 간한다.

㉣ 김치소 넣기 : 물을 뺀 절인 배추를 겉잎이 위로 가도록 놓은 후 버무린 김치소를 켜켜이 넣고 겉잎으로 감싼다.

㉤ 국물 만들기 : 분량의 물에 소금을 넣어 녹인 후 배즙, 마늘즙, 생강즙을 섞어 백김치국물을 만든다.

㉥ 국물 붓고 익히기 : 완성된 백김치를 통에 차곡차곡 담고 손으로 꼭꼭 눌러 공기가 통하지 않도록 한 후 준비한 국물을 넉넉하게 붓는다. 하룻밤 상온에 두었다가 냉장고에 넣어 보관한다.

2) 유정임 명인(농림축산식품부 식품명인 제38호, 풍미식품 대표)

(1) 명인 소개

경기 수원에서 포기김치로 2010년도에 식품명인 38호로 김치분야에 명인이 되었다.

(2) 유정임 김치명인의 통배추물김치[208)]

① 배추 절이기는 물 5리터에 천일염 4컵을 녹인 후 배추 2포기를 넣는다. 배춧

잎 사이에 천일염 각 70g씩을 뿌린 후 7~8시간 동안 절이는데, 절이는 중간에 한 번 뒤집어주어야 잘 절여진다.

② 큼직한 배추 2포기를 반으로 잘라 물 5리터에 천일염 4컵을 녹인 다음 배추 2포기를 넣는다. 배춧잎 사이사이 소금을 뿌려야 빨리 골고루 절여진다. 작은 배추는 3포기를 준비한다. 물김치배추도 김장김치와 똑같이 절이면 되는데, 겨울에는 12시간, 초겨울에는 7~8시간이면 적당하다.

③ 배추를 절인 다음에는 김칫소를 만들어 둔다. 무 1/2개(850g)를 0.2~0.3cm 두께로 곱게 채 썰어준다. 김칫소용 무채는 얇게 썰어야 채 즙이 잘 나온다.

④ 무채에 고운 고춧가루 2큰술(10g)을 먼저 넣어야 고춧가루의 색이 스며들어 김치의 색감을 더욱 좋게 만든다.

⑤ 김칫소 양념으로는 채 썬 배 1/2개(200g), 새우젓 1큰술(15g)의 즙을 짠 뒤 건더기를 으깨어 넣는다. 멸치액젓 1큰술 반(15g), 소금 1큰술 반(15g), 매실청 3큰술(30g), 조청 3큰술(30g), 다진 마늘 3큰술(40g), 다진 생강 1큰술(10g), 채 썬 양파 1/4개(40g)를 넣는다.

⑥ 다른 채소 재료는 3cm 길이로 썬 적겨자(또는 홍갓) 15장(70g), 채를 썬 홍고추 1개 반(20g), 씨를 빼고 채 썬 대추 6개(15g), 4cm 길이로 썬 쪽파 40g, 불려서 채 썬 목이버섯 4개(25g) 재료를 모두 골고루 섞어준다.

⑦ 김칫소를 4등분한 후 배추 2포기의 속을 조금씩 채운다.

⑧ 소가 빠져나오지 않게 배춧잎 끝을 포갠 후 담는다.

⑨ 남은 김칫소 국물을 붓는다.

㉠ 무 1/2개(750g)를 1.5cm 두께로 썬다.(배추 2포기 기준)

㉡ 소금과 설탕 각 20g을 넣는다. 골고루 버무려 1시간 동안 절여준다. 30분마다 뒤집어야 한다.

㉢ 절인 무에 고운 고춧가루 1큰술(5g)을 골고루 묻힌다.

㉣ 틈새 사이사이에 양념한 무를 넣는다. 이렇게 하면 공기가 드나드는 것을 막아준다.

㉤ 김칫국물 만들기는 물 4리터에 손질한 옥수수 5개(1kg)를 넣고 옥수수수염

20g과 대추씨 6개도 같이 넣어 센 불에서 끓으면 중불로 줄여 1시간 동안 끓여준다. 옥수수를 우려낸 물로 김칫국물을 만들면 구수한 맛을 낸다.

ⓑ 끓인 육수는 완전히 식혀준다. 옥수수 육수 3리터, 믹서에 씨를 제거한 홍고추 3개(50g), 고운 고춧가루 2큰술, 옥수수 육수를 조금 넣어 곱게 갈아준다. 간 고추즙을 면포에 넣고 배즙 300g, 사과즙 100g, 간당근 200g, 무즙 100g 넣어 맛이 우러나게 짜준다. 여기에 소금 6큰술을 넣어 간을 맞추고 김치통에 부어준다. 내용물이 뜨지 않게 살살 부어준다.

3) 강순의 명인(농림축산식품부 식품명인 제57호, 강순의 명가 대표)

(1) 명인 소개

경기 광주 지역에서 2014년에 지정 품목인 백김치로 식품명인 57호, 김치분야에서 명인으로 되었다.

(2) 명인의 맛내기 비법

① 강순의 명인의 김치 비법[209]

(ㄱ) 번거로워도 양념은 학독[210]에 간다.[211]

김치 담글 때 우리 선조들의 방법 그대로 학독에 재료를 갈아 양념을 한다. 번거롭고 힘들어도 전통방법 그대로 학독을 고집하는 이유는, 재료를 믹서나 기계 등에 갈 경우 발생되는 열에 의해 맛과 영양이 파괴되기 때문이다. 반면, 학독은 마른 고추나 마른 멸치 등 재료가 가지고 있는 자연의 맛을 그대로 살릴 뿐더러 김치 맛을 개운하게 하고, 또 쉽게 무르는 것을 방지하며 김치 빛깔도 한결 먹음직스럽게 만들어준다. 학독이 없을 때는 믹서기보다는 분마기로 대신하는 것이 좋다.

(ㄴ) 고추씨를 양념 겸 고명으로 사용한다.

김치에 고추의 칼칼한 맛과 영양을 더하기 위해 넣는데, 고추씨는 고추의 영양분이 가장 많이 함출되어 있다. 뿐만 아니라 고춧가루 못지 않은 매운맛을 가지고 있어, 고춧가루를 넣지 않아도 칼칼한 김치를 맛볼 수 있다. 고추를 빻을 때 그냥 털어내기 아까워 모아두었다가 김치에 넣기 시작해 고추씨김치의 원조가 되었다. 김치에 맛과 영양을 더하고 고명을 얹은 듯 식감까지 살려주는 양념이다.

㈐ 2~3년간 묵힌 소금을 사용한다.

배추나 무 등 김칫거리를 절이거나 음식의 간을 맞출 때 쓰는 기본 양념이다. 염분의 농도에 따라 김치 맛이 좌우되고, 발효되는 과정에서 젓산 등이 생성되도록 도와 독특한 맛을 내게 되므로 반드시 국내산 천일염을 고집한다. 간수가 충분히 빠지지 않으면 쓴맛이 나므로, 1년에 50포대씩 한꺼번에 구입해 2~3년간 간수를 충분히 뺀 뒤 사용하기 전 수분이 완전히 날아가도록 다시 햇볕에 바싹 말려서 쓴다.

㈑ 단맛을 위해 대추를 사용한다.[212)]

동치미와 같은 국물김치나 고추씨백김치 등을 담글 때 빠뜨리지 않고 넣는 재료가 말린 대추이다. 천연의 단맛을 내기 위해 넣는다. 동치미 등에 설탕을 넣으면 나중에 군내가 나는데, 대추를 넣으면 국물 전체에 은은한 천연의 단맛이 우러나와 국물 맛이 좋다. 뿐만 아니라 시원하고 톡 쏘는 맛을 오래 유지시켜 주는 역할을 하는데 통으로 넣어야 국물 등이 지저분해지지 않는다.

㈒ 맏물[213)] 햇고춧가루를 쓴다.

고춧가루는 빨갛게 잘 익은 맏물고추를 햇볕에 말린 '태양초'를 빻은 햇고춧가루만 쓴다. 고추는 한 줄기에 보통 다섯 번을 따는데, 맏물고추가 때깔이 약간 어둡고 두물, 세물 넘어갈수록 과피가 얇아지고 씨도 많아진다. 특히 맏물고추는 껍질이 두껍고 매우면서도 단맛이 강해 김치를 담갔을 때 아주 맛있고 빛깔도 곱다. 고춧가루가 너무 매우면 발효가 충분치 않고 다른 양념 맛이 제대로 나지 않으므로 피하고, 고추씨를 따로 빼고 고운 굵기로 빻아서 쓴다.

㈓ 콩물 등으로 풀국을 쑤어 쓴다.

김치양념에 찹쌀풀을 쑤어 넣는 것 또한 남도김치의 특징으로, 대부분 찹쌀가루로만 찹쌀풀을 쑤지만 맛과 영양을 더하기 위해 곱게 빻은 고구마가루와 콩물을 더해 풀국을 쑨다.

(ㅅ) 마른 새우로 천연조미료의 맛을 낸다.[214)]

마른 멸치와 마찬가지로 천연조미료 역할을 하는 양념으로, 주로 빨갛게 양념하는 김치를 담글 때 새우젓 대신 학독에 갈아 넣는다. 새우의 독특한 맛과 향이 어우러져 시원하면서도 감칠맛 좋은 김치의 맛을 볼 수 있다.

(ㅇ) 진한 감칠맛을 위해 마른 멸치를 갈아서 쓴다.

화학조미료에서 맛볼 수 없는 깊고 진한 감칠맛을 위해 쓰는 대표양념이다. 국물김치나 백김치처럼 하얗게 담그는 김치를 제외하고, 빨갛게 고춧가루 양념하여 담그는 김치에 빠뜨리지 않고 넣는데, 멸치 진젓의 깊고 구수한 감칠맛을 대신하기 위함이다.

(ㅈ) 맛과 영양을 위해 마른 고추를 갈아서 쓴다.

김치를 담글 때 고춧가루 외에도 마른 고추를 갈아서 넣는데, 고춧가루만 넣고 담글 때보다 빛깔이 고울 뿐더러 거칠거칠하니 한층 먹음직스럽고 맛 또한 훨씬 풍부해진다.

(ㅊ) 마늘과 생강은 계절에 따라 양을 조절해 쓴다.

알싸한 맛으로 김치에 빠져서는 안 될 기본양념이다. 매콤하면서도 독특한 향이 있어 김치의 맛을 더욱 좋게 해 줄뿐만 아니라, 마늘과 생강의 강한 매운맛은 살균작용과 방부작용을 하여 김치에 해로운 미생물 번식을 막고 상하는 것을 방지하는 역할을 해준다.

(ㅋ) 여름김치의 익는 속도를 부추로 조절한다.

계절에 따라 부재료 등을 가감하여 김치의 익는 속도를 조절한다. 부추는 특히 마늘과 같이 알싸하고 매콤한 독특한 향미가 있어 부재료로도 쓴다. 더욱이 부추는 김치를 더디 익게 하는 역할을 하므로, 계절에 따라 양을 달리하며 김치의 익는 속도를 조절한다.

㈓ 다시마로 천연의 감칠맛을 낸다.

화학조미료 대신 자연에서 얻을 수 있는 천연 감칠맛을 내기 위해 다시마를 고집한다. 두툼하니 질 좋은 다시마를 넉넉하게 넣고 국물을 충분히 우린 뒤, 동치미와 같은 국물김치에 또는 김치 양념에 촉촉함을 더하기 위해 풀국을 끓일 때 등 모든 김치에 넣어 빠뜨리지 않고 넣는다.

㈔ 한지에 맑게 거른 멸치액젓을 기본젓갈로 넣는다.

빠르면 1년, 길게는 5년에서 10년 이상 곰삭혔다가 꺼내서 먹는 기본 멸치젓이다. 오래 묵힐수록 맛이 승승해지는데, 국간장과 비슷한 색의 맑고 깨끗한 맛이 특징이다. 때문에 어떤 김치와도 잘 어울려 해마다 담가 곰삭히는데, 오래 삭히면 뼈까지 모두 삭아 거를 필요가 없지만 더 맑게 쓰기 위해 건더기가 없도록 한지에 맑게 걸러서 쓴다.

멸치 진젓은 끓이지 않아야 구수한 맛을 살린다. 전라도김치에 가장 많이 사용되는 기본 젓갈이라 할 수 있다. 주로 김장김치처럼 오래 두고 먹는 저장 김치 중에서도 고춧가루를 넣고 빨갛게 양념하여 담그는 거의 모든 김치에 감칠맛을 더하기 위해 넣는다. 젓을 끓여 넣으면 김치의 구수하고 시원한 맛이 없어지므로 끓이지 않은 진국을 넣는다.

㈕ 설탕 대신 그린 스위트로 단맛을 낸다.

김치를 담그면서 재료 자체의 맛을 살리기 위해 노력하지만, 제철이 아닌 재료로 김치를 담가 단맛을 보충해야 하거나 어느 정도 단맛이 필요한 김치의 경우 인공 감미료를 넣는다. 설탕이 단점을 보완하여 깔끔한 단맛을 위해 사용하고 있다. 단맛이 강해 소량을 넣어야 하는데, 배추 2포기를 기준으로 1/2작은술 정도면 적당하다. 김치에 꼭 넣어야 하는 경우를 제외하고 따로 표기하지 않았지만, 입맛에 따라 가감하는 게 좋다.

4) 이하연 명인(농림축산식품부 식품명인 제58호, 봉우리김치 대표)

(1) 명인 소개

경기 남양주 지역에서 2014년에 지정 품목인 해물섞박지로 식품명인 58호로 김치 분야에서 명인이 되었다.

(2) 명인의 맛내기 비법

① 명인이 소개하는 알아두면 좋은 김치에 대한 일반상식[215)]

(ㄱ) 김치는 양념할 때 약간 짠듯해야 익으면서 간이 맞는다.

(ㄴ) 화학조미료, 설탕, 양파, 대파, 꽃소금(정제염)을 넣지 않아야 김치가 익을 수록 맛이 있다.

(ㄷ) 김치가 싱거울 때는 김칫국물만 따라서 액젓을 넣어 간을 맞춘 후 다시 김치에 붓는다.

(ㄹ) 봄에 월동배추로 포기김치를 담글 때는 짧은 시간 동안 절여야 한다. 저온창고에 오래 보관한 김치라 오래 절이면 배추의 당분이 빠져 맛이 없다. 여름 얼갈이배추는 소금을 직접 뿌리지 말고 염도 10% 정도의 염수를 만들어 절인다. 그리고 얼갈이 크기에 따라 절이는 시간을 조절한다.

(ㅁ) 절이는 시간은 김치 재료의 크기나 수분함량, 소금염도, 수온 등 계절 환경에 따라 변할 수 있으므로 수시로 상태를 체크한다. 배추 포기김치를 담글 때 줄기부분이 살아있으면 토판염[216)]을 조금씩 뿌리면서 소를 넣는다.

(ㅂ) 여름 포기김치에는 무 대신 부추를 넣어도 좋다. 여름 김치에는 홍고추, 마른 고추, 청양고추 등을 기호에 따라 갈아 넣어도 맛있다.

(ㅅ) 국물김치를 담글 때는 물맛이 중요하므로, 수돗물을 7시간 정도 받아두었다가 염소성분을 날려 보낸 다음 쓴다. 국물을 만들 때는 토판염의 염도를 3%

정도로 맞춰야 개운하고 톡 쏘는 맛이 난다. 나박김치국물에 풀국을 엷게 쑤어 무즙과 배즙, 마늘즙을 넣고 토판염으로 간을 하면 맛있다. 이때 마늘은 즙만 짜서 쓰거나 편으로 썰어 넣는다. 마늘을 다져넣으면 국물이 탁해진다.

(ㅇ) 묵은지를 담글 때는 양념을 적게 쓰고 고추씨를 넣어야 칼칼한 맛이 오래 간다.

(ㅈ) 김치에 수삼이 너무 많이 들어가면 국물이 탁해지고 쓴맛이 날 수 있으니 주의한다.

(ㅊ) 오래 보관하고 먹을 김치는 찹쌀풀과 양념을 적게 쓰고 소금으로 간을 한다.

(ㅋ) 여름철 낮에 담근 김치는 잠들기 전에 김치 냉장고에 보관한다. 특히 열무김치는 여름날씨에 밖에서 익히면 색이 누렇게 변해 신맛이 강해진다.

(ㅌ) 김치는 저온에서 오래 익혀야 신맛이 덜하고 익을수록 맛있다. 15℃의 상온에서 36시간 정도 숙성시킨 다음, 4~8℃의 냉장고에 넣어 20일 이상 보관한다.

(ㅍ) 김치 냄새 없애는 방법은, 김치 냄새가 밴 용기는 채소를 잘게 썰어 넣고 뚜껑을 닫은 다음 하룻밤만 재워두면 냄새를 제거할 수 있다. 손에 밴 냄새는 식초로 씻어서 없앤다.

(ㅎ) 김치의 신맛을 없애는 방법은 솔잎, 치커리, 감잎 등 쓴맛이 나는 채소나 밤껍질, 날밤 등을 김치에 묻어둔다. 1포기에 2개 정도 분량의 달걀껍질을 넣거나 키틴성분이 있는 조개껍질을 넣어도 김치의 신맛이 줄어든다.

② 이하연 명인 김치비법

(ㄱ) 계절별로 배추산지를 다르게 사용한다.[217)]

묵은지용 배추 : 경남 거창 고랭지

김장 배추 : 경기도 양평

월동 배추 : 전남 해남

봄 배추(6월까지) : 경기도 양평

여름 배추(7~8월) : 강원도 홍천, 횡성, 정선 등 고랭지

㈁ 김치 종류에 따른 숙성 및 보관법[218]으로 김치는 종류, 담그는 계절에 따라 익히는 방법과 보관하는 방법이 달라진다. 가장 맛있는 시점을 찾아내는 게 쉽지만은 않다. 대개 김치를 담근 지 20일 정도가 지나면 최상의 맛을 내고 그 이후 서서히 맛이 떨어진다.

배추김치는 실온에서 하루 정도 익힌 다음, 김치냉장고에 넣고 20일 정도 익힌 후 먹으면 좋다. 통에 담을 때 공간에 여유를 둬야 익으면서 국물이 흘러넘치는 것을 막을 수 있다. 3개월까지는 두고 먹어도 괜찮지만, 그보다 더 오래 먹으려면 찹쌀풀을 빼고 담근다. 찹쌀풀이 들어가면 김치가 빨리 시기 때문이다. 미나리가 들어가면 김치가 빨리 시는 반면, 갓은 덜 시어서 계절에 따라 그 양을 조절하는 것이 좋다. 젓갈의 양 역시 중요하다. 젓갈이 많이 들어가면 빨리 신다.

㈂ 6개월 이상 숙성시켜 먹는 묵은지는 젓갈의 양을 줄이고 찹쌀풀을 빼서 담근다. 무채를 쓰지 않고 갈아서 넣는 것이 특징인데, 오랫동안 익히는 김치라 군내가 나거나 물러서 맛이 떨어지기 때문이다.

항아리를 땅에 묻고 6개월 정도 숙성시키면 맛과 영양적인 면에서 최고조에 이른다. 더 익히면 이상발효가 되므로 김치냉장고로 옮겨두고 먹는 것이 좋다. 김치냉장고로 옮긴 후에는 보관하기에 따라 2년 정도까지 두고 먹어도 맛이 변하지 않는다. 묵은지는 햇빛을 보면 검게 색이 변한다.

㈃ 해물김치는 최고의 선도를 유지하는 가장 신선한 상태의 해물을 넣어야 비린맛이 없고 시원한 맛을 낸다. 해물을 넣어 담그는 김치는 빨리 익고, 그만큼 빨리 시기 때문에 너무 많은 양을 담는 것은 좋지 않다. 실온에서 하루 익혀 김치냉장고에 넣고 2주 정도 익힌 다음 먹기 시작한다. 25일이 지나면 너무 익어 곰삭은 맛이 나기 때문에 그전에 다 먹는 것이 좋다. 찹쌀풀을 적게 넣는 것이 요령이다.

㈄ 고들빼기김치는 상온에서 하루를 익히고 김치냉장고에 넣어 한 달 정도 익혀 먹는다. 고들빼기는 쓴맛이 있어서 익어도 신맛이 잘 나지 않는 재료라 오랫동

안 두고 먹을 수 있다. 전라도 지방에서는 익히지 않는 풋김치 그대로의 쌉쌀한 맛을 즐기기도 한다.

㈂ 깍두기나 섞박지는 김치냉장고에서 열흘 정도만 익힌 다음 먹는다. 해물이 들어간 것은 더 빨리 시어서 조금씩만 담가 먹는다. 순무김치 역시 빨리 익고, 너무 시면 맛이 떨어지므로 그때그때 먹을 분량만 조금씩 담가 먹는다. 무는 단단한 것을 써야 쉽게 무르지 않는다.

㈃ 물김치는 날이 더우면 금방 시고 색깔이 누렇게 변해서 반나절만 상온에서 익힌 다음 김치냉장고에 넣고 먹는다. 아무리 더워도 상온에서 익히는 과정을 생략하면 맛이 나지 않는다. 물김치에는 풀국으로 찹쌀풀 대신 보리죽이나 밀가루죽을 넣기도 하는데, 구수한 국물맛이 나서 좋다.

㈄ 동치미는 11월 중순경에 담가 익히다가 12월에 개봉해서 1월까지 먹는 김치다. 골마지가 끼지 않도록 돌로 잘 눌러서 무가 항상 국물 속에 잠기도록 한다. 여름철에 담는 초롱무 매실동치미는 하루만 상온에서 익혀 김치냉장고에 넣고 2주가 지난 다음에 꺼내 먹으면 적당하다.

③ 김치별 젓갈 궁합[219)]

깔끔하고 시원한 맛을 내려면 새우젓과 황석어젓을, 깊고 진한 맛을 내려면 멸치젓과 갈치속젓을 쓰는 것이 기본이며, 젓갈은 곰삭을수록 맑고 담백한 맛을 낸다.

㈀ 새우젓(오젓) : 5월에 담근 새우젓

담백하고 시원한 맛을 내는 데는 새우젓만 한 젓갈이 없다. 거의 모든 김치에 조금씩 넣어 맛을 잡아준다. 국물의 색깔을 잘 살펴야 하는데, 온도변화가 없는 토굴에서 뽀얗고 노랗게 삭아 고소한 맛을 내는 것을 골라야 김치의 맛이 좋다. 갈거나 다져서 쓴다.

(ㄴ) 새우젓(육젓) : 6월에 담근 새우젓

통통하고 밝은 색을 띤다. 백김치나 비늘김치, 석류김치 등 무가 재료로 들어가는 김치에 넣어 시원한 맛을 살린다. 백김치에 넣을 때는 물에 건더기를 넣고 끓여 식힌 다음 그 물을 걸러서 쓴다. 새우젓 건더기를 손으로 짠 생국물을 백김치 소를 버무릴 때 넣는다.

(ㄷ) 갈치속젓 : 갈치를 3년 이상 곰삭힌 젓갈로 건더기 째 갈거나 잘 다져서 사용한다. 의외로 비린내가 나지 않고 구수한 감칠맛을 내는 것이 특징이다. 갈치포기김치, 풋마늘김치, 부추김치 등에 넣는다. 진한 젓갈 맛이 필요한 김치에 멸치생젓과 번갈아가며 쓴다. 국물을 넣을 때는 멸치생젓을 건더기 째 넣을 때는 갈치속젓을 사용한다. 멸치액젓 대신 갈치속젓 국물만 써도 좋다.

(ㄹ) 멍게젓 : 멍게가 제철인 6~7월에 담근다. 다른 젓갈처럼 소금을 많이 넣어 1년 이상 숙성시키지는 않고 멍게김치에 넣기 위해 소금을 뿌려 살을 절이는 정도로 만드는 것으로, 통통한 멍게살에 10 : 4 정도의 비율로 소금을 넣어 절인 다음 냉동고에 보관해 두고 쓴다. 멍게 질에서 받아낸 멍게국물을 넣어 김치를 담그면 특유의 향이 더 잘 살아난다.

(ㅁ) 황석어젓 : 참조기 새끼와 비슷하게 생긴 황석어로 담근 젓갈로 12~16cm 정도의 크기로 누런빛이 나고 구수한 냄새가 나면 잘 삭은 것이다. 요즘은 맛있는 황석어를 구하기 어려워 예전만큼 많이 사용하지는 않는다. 담백하게 담그는 서울식 배추 포기김치에는 멸치액젓 대신 황석어젓 국물을 넣어야 제 맛이 난다. 건더기는 잘게 썰어 무쳐서 밑반찬으로 먹으면 맛있다.

(ㅂ) 멸치액젓[220] : 멸치를 소금에 절여 삭힌 젓갈로, 새우젓과 함께 가장 많이 쓰며 구수하고 달콤한 맛을 낸다. 멸치젓을 고를 때는 뼈가 보이지 않을 정도로 푹 삭아 비린내가 나지 않고 보이지 않을 정도로 폭 삭아 비린내가 나지 않고 달착지

근한 맛을 내는 것을 고른다. 이하연 명장은 유명하다는 산지를 다 돌아본 끝에 경북 감포에서 찾아낸 3년 숙성 멸치액젓을 쓴다. 국물이 맑고 잡냄새가 없는데 손으로 찍어 먹어보면 짜지 않으면서 달고 구수한 맛이 난다. 맑은 국물은 떠서 배추김치에 넣고 깍두기에는 다져서 건더기를 넣기도 한다. 멸치액젓을 갓김치, 부추김치, 파김치, 고들빼기김치 등에 넣으면 깊은 맛이 난다. 멸치젓은 보통 4,5월에 잡히는 멸치가 가장 잘 숙성되어서 이때 담그는 것이 좋다. 생멸치와 소금의 비율을 10 : 6으로 하여 항아리에 멸치와 소금을 한 켜씩 번갈아 담고, 맨 위에는 소금을 하얗게 얹어 멸치가 보이지 않도록 한 다음 공기와 접촉하지 못하게 잘 밀봉한다. 1년 이상 숙성시켜야 한다.

(ㅅ) 밴댕이젓 : 곤쟁이젓 : 강화 지역에서 나는 작은 새우로 만든 젓갈이다. 보라색이 도는 작은 새우로 만드는데, 쌉쌀하면서도 특유의 향이 있어 독특한 맛을 낸다. 워낙 가격이 비싸고 맛이 독특해 다양하게 쓰이지는 않지만, 궁중에서 먹었다는 감동젓무라는 무김치는 곤쟁이젓이 들어가야만 제대로 맛을 낸다. 김치에 넣을 때는 손으로 꼭 짜서 국물만 넣는다.

(ㅇ) 싱싱한 밴댕이를 통째로 항아리에 담고 소금을 켜켜이 뿌려 숙성시킨 젓갈이다. 기름기가 없어 맛이 깔끔하고 담백하게 담그는 김치에 많이 넣는다. 밴댕이를 통째로 넣고 풋고추, 무를 넣어 버무린 밴댕이젓 풋고추김치는 시원하게 삭은 벤뎅이젓의 맛을 제대로 살린 김치이다. 잘 삭은 밴댕이젓 살을 젓가락으로 살살 찢어서 먹는 맛이 특별하다.

(ㅈ) 멸치생젓 : 싱싱한 멸치를 소금으로 버무려 옹기에 담고 숙성시키면 위로 맑은 국물이 뜨는데 그것이 멸치액젓이다. 멸치생젓은 멸치액젓을 따라내고 남은 건더기를 말한다. 구수하면서도 곰삭은 맛을 낸다. 흐물흐물한 건더기는 갈아서 쓰고 국물은 따로 걸러서 쓴다. 푸른잎이 많은 돌산갓, 쪽파, 무청, 풋마늘, 고들빼기, 총각무 등으로 담그는 전라도식 김치에는 멸치생젓이 들어가야 깊은 맛이 살아난

다. 모든 젓갈은 끓이지 않은 상태에서 사용해야 미생물 작용이 활발해 맛과 영양을 지킬 수 있다.

5) 윤미월 명인

(1) 명인 소개

경남 밀양 지역에서 2015년에 지정 품목인 배추통김치로 식품명인 제66호로 김치분야에서 명인이 되었다. 명인은 3대째 김치제조를 하고 있으며, 조선시대 『시의전서』에 소개된 배추통김치 제조방법을 그대로 재현해 내고 있다.

1987년부터 일본 (주)미산 김치의 품질관리 업무를 맡으면서 한국 전통김치의 우수성을 일본에 알리고 있으며, 2000년 김치 수출업계인 건식무역(주)을 설립했다.

매월 둘째 주, 넷째 주 금·토요일에는 일본 현지에서 김치교실을 운영하는 등 우리나라 전통김치의 맛과 우수성을 전 세계에 알리며 한식 세계화를 위해 노력한 것이 높은 평가를 받았다.[221]

(2) 윤미월 명인의 김치비법[222]

대대로 내려온 김치 명인의 김치 레시피 비밀은 황석어젓이다. 황석어젓은 살을 발라 양념에도 넣고, 분리한 뼈와 머리는 달여서 나중의 발효 과정에 이용한다. 숨이 잘 죽은 절인 배추에 황석어젓이 들어간 양념을 골고루 버무려 항아리에 담고, 그 다음엔 양념에 버무린 무를 담는다. 그 위에 다시 김장배추와 무를 차례로 쌓는 것이 비법이다. 위는 절인배추 겉잎으로 덮어 4일간 숙성시킨 뒤 뚜껑을 열어 미리 준비해 둔 황석어젓 뼈를 달인 국물을 붓고 다시 잘 닫아 100일이 지나면 먹음직스러운 통배추김치가 완성된다.

① 숭침채(통배추김치)

재료는 배추 5통, 무·배 1개씩, 전복 3개, 낙지 1마리(혹은 문어), 대파 2대, 청각·미나리 한 줌씩, 황석어젓·마늘 간 것 100g씩, 밤 50g, 생강 간 것 30g, 고춧가루 160g, 소금 500g, 물 400ml를 준비한다.

만들기는 전복은 내장을 떼고 깨끗이 씻어서 먹기 좋게 저민 다음, 하루 전날 소금을 가볍게 뿌려 냉장고에서 24시간 숙성시킨다. 낙지는 소금물에 씻은 뒤 먹기 좋게 저며 냉장고에서 24시간 숙성시킨다.

배추는 사이사이에 소금을 뿌려 6시간 정도 절인 뒤 깨끗이 씻어 물기를 뺀다. 무는 큼직하게 썬다. 배는 껍질을 벗겨 채 썰고, 대파는 흰 부분만 준비해 어슷 썬다. 청각은 한 입 크기로 먹기 좋게 썰고, 미나리는 잎을 떼어내고 3cm 길이로 썰고, 밤은 채 썬다.

황석어젓은 살을 바르고 뼈와 머리를 따로 모아둔다. 냄비에 황석어젓 뼈와 머리를 넣고 물 400ml를 붓고 달인 다음 국물만 걸러서 식힌다. 볼에 황석어젓 살과 전복, 낙지, 배와 대파, 청각과 미나리, 밤, 마늘 간 것, 생강 간 것, 고춧가루를 넣고 양념을 만든다.

절인 배추와 무에 양념을 버무린 뒤 항아리에 배추 한 켜, 무 한 켜를 번갈아가며 차례로 쌓는다. 항아리가 꽉 차면 절인 배추 겉잎으로 잘 덮어 상온에 둔다. 4일 후 배추가 숨이 죽어 가라앉으면 배추 겉잎 뚜껑을 열어 ㈀의 황석어젓 뼈와 머리를 넣고 달인 국물을 붓는다. 다시 배추 겉잎을 덮고 비닐로 항아리를 싼 다음, 항아리 뚜껑을 닫아두고 100일 후에 먹는다.

6) 오숙자 명인

(1) 명인 소개

광주 동구 지역에서 2018년에 지정 품목인 반지김치로 식품명인 제76호로 김치 분야에서 명인이 되었다.

(2) 명인의 맛내기 비법[223)]

명인의 지정식품인 반지는, 제조과정이 복잡하고 정성이 많이 가는 음식이지만, 할머니에게 배운 그대로 원형을 유지하여 전하고자 하였다.

반지김치는 배추와 무를 소금에 절여서 야채와 버섯, 배, 밤 등을 곱게 채 썰어서 고춧가루와 실고추로 연하게 버무린 김칫소를 배추와 무 사이사이에 끼어 넣어 배즙, 무즙, 양지육수를 섞은 국물을 부어 보름 후에 먹는 담백한 김치이다. 나주 오家의 자손들이 대대로 살아온 집성촌에서 내려오는 수많은 고유 음식들 중 반지 또한 나주 지역의 종가마다 비법이 다 다르게 전해지고 있다. 언제나 12월 초쯤이면 김장을 하셨고, 그걸 자연스럽게 보고 자라온 명인은 어린 시절 증조할아버지의 밥상에서 반지를 처음 접하였다.

반지는 집안의 가장 큰 어르신들이나 사랑방에서 손님을 대접할 때만 밥상에 올라왔던 음식으로, 어른들이 따로 나눠주시거나 남은 국물에 밥 말아먹어 본 것이 다였다고 한다. 할아버지가 긴 놋젓가락으로 곱게 썰어 세워놓은 반지를 뽑아 드시는 모습과, 나눠주신 반지와 국물에 밥 말아먹은 그 맛이 그렇게 잊을 수 없었다고 한다.

어렸을 적부터 자연스럽게 접한 반지를 본격적으로 고등학교 졸업 후 만들었으며, 대학 전공과는 연관이 없는 본인이라고 생각하였지만, 할머니가 주신 김치 담그는 것에 대한 여러 가르침들이 큰 영향을 주었다. 할머니는 집안 내에서 반지 담그는 방법을 이어갈 사람으로 가장 적합하다고 여기시고, 반지 담그는 법을 전수해 주셨다.

***반지 김칫소 만드는 비법**

- 무, 밤, 대추, 생강, 마늘, 대파, 그리고 건표고, 석이버섯은 각각 채를 썰고, 미나리, 갓은 잎과 뿌리를 제거하고 돌돌 말아 채를 썰어 사용한다.
- 낙지는 먹통을 떼어내어 사용하고, 대하는 모래주머니를 제거하여 살짝 쪄서 사용하고, 새우는 껍질을 벗겨 절반으로 자르거나 3등분하여 사용한다.
- 전라도 음식 특징 중 하나가 살짝 물기 없이 데쳐주는 것으로, 낙지나 대하는 완전히 익히지 않고 물로 살짝만 데쳐 사용한다.
- 무채에 실고추를 넣고 살살 비벼 붉은 색을 먼저 나게 한 뒤, 고춧가루, 나머지 재료를 모두 넣고 섞어준다.
- 겨울에만 구할 수 있는 동백하젓을 사용하여 건더기는 다져놓고, 국물은 따로 담아 김칫소 간을 맞출 때 사용한다.

- 반지는 김칫소 넣는 것도 일반 포기김치와 조금 다르다.
- 옛날에는 소를 젓가락으로 집어 배추 속 부분부터 차근차근 배추 겉잎 쪽으로 넣어갔다.
- 부리를 잡고 김칫소를 잘 넣고 끝부분 배추를 위로 올려주고 겉잎으로 좌우, 밑, 윗부분을 감싸고 짚으로 묶어준다.
- 절인 무 또한 칼집을 낸 부분에 소를 넣고, 배추 겉잎으로 감싼 다음 짚으로 묶는다. 그래야 칼집 속에 든 소가 빠지지 않는다.
- 단지에 청각과 대파를 깔고 배추를 넣고 사이사이에 무를 넣어 보관하는데, 단지가 가득 차지 않고 70% 정도만 채우고 나머지 갓잎, 무청, 배춧잎 등으로 위를 덮어준다.
- 양지육수, 배즙, 무즙, 무절인 물을 잘 혼합하고 동백하젓 국물로 간을 한 이 김칫국물을 김치 담고 24시간 후에 부어주면 반지김치가 완성된다.

10장

2013년 김장 세계인류문화유산 등재, 김장문화제

우리나라의 김장문화는[224] 아제르바이잔의 수도 바쿠에서 열린 제8차 유네스코 무형유산보호 정부간위원회에서 '김장, 한국의 김치를 담그고 나누는 문화(Kimjang; Making and Sharing Kimchi in the Republic of Korea)'를 2013년 12월 5일 유네스코 인류무형문화유산[225]으로 등재되었다. 한국의 대표적인 음식문화인 '김장문화'가 전 세계인이 함께 보호하고 전승하는 문화유산으로 자리매김하게 되었다.

채소절임 음식은 다른 문화권에도 많지만, 김장처럼 겨울이 다가오기 직전에 전 국민이 약속이라도 한 듯이 집중적으로 음식을 만들어 저장해 두고 먹는 풍속은 찾아보기가 힘들다. 공동체 아이덴티티의 나눔이라는 상징적 가치정서가 숨어 있으며, 김치의 과학적인 우수성을 전 세계에 다시 한 번 인식시켰다.

농림축산식품부는 이날 김장문화의 인류문화유산 등재를 계기로 김치 종주국으로서의 국제적 위상을 확고히 하고, 우리김치의 세계화를 촉진하기 위해 경복궁 내 광화문광장에서 '2013년 대한민국 김치문화축제'를 처음으로 개최했다.

1. 김장, 유네스코 인류무형문화 유산으로 등재

지금으로부터 수백 년 전으로 거슬러 올라가도 한국인의 밥상에는 김치가 있었다. 문화재청에 따르면, 고려시대 이규보(1168~1241)의 시에 '무를 장에 담그거나, 소금에 절인다는' 내용이 나오는데, 이것이 문헌상으로 김장이 언급된 가장 오래된 흔적이라고 보고 있다. 김장이 처음 글에 등장했을 때가 고려시대 무렵이었다는 것을 감안한다면, 그보다 훨씬 전부터 우리나라 사람들은 춥고 긴 겨울을 나기 위해 김장을 담가왔던 것이다.

이처럼 우리 조상들은 먼 옛날부터 김치를 담그며 친지와 이웃 간에 정을 나누는 김장문화를 지속시켜 왔다. 그런 김치가 오늘날에 와서는 한국에서 뿐만 아니라 전 세계에 건강식품으로 알려졌고, 2013년 한국의 김장문화는 12월 아제르바이

잔에서 열린 제8차 무형문화유산보호를 위한 정부 간 위원회 회의에서 UNESCO 인류무형문화유산으로 등재되기에 이르렀다. 유네스코 김장문화의 무형유산으로서의 의미를 다음과 같이 소개한다.

김장, 더 넓게 '김치를 담그는 것'은 한국인의 정체성에서 중요한 부분이다. 김장은 한국의 문자체계인 '한글'이나 '태극기'와 비교될 정도로 중요하다고 여겨진다. 광범위한 도시화와 서구화에도 불구하고 한국인의 90% 이상은 가족이나 친지가 집에서 담아주는 김치를 먹는다. 이는 '김장'이라는 문화가 현대사회에서 가족 협력 및 결속을 강화하는 기회임을 보여주는 사실이다. 김치를 담그고 나누는 것, 특히 공동작업인 김장은 한국인의 정체성을 재확인시켜 주는 일이다.

김장은 또한 많은 한국인에게 인류는 자연과 조화를 이루고 살아야 한다는 것을 상기하도록 해 준다. 김장은 자연에 대한 지식을 배우고 자연의 리듬에 맞추어 사는 것에 대한 인간의 창조성과 독창성을 보여주는 가장 우수한 사례이다. 한국인은 자연을 정복하기보다는, 자연과 함께 사는 것을 배운다. 김치의 재료와 담그는 방법은 지역마다, 가정마다 다양하다. 김장은 월동준비의 필수적 부분으로, 김장을 통해 많은 한국인들은 나눔의 정신을 깨닫고 실천하게 된다. 또 한국인들은 김치도 없을 만큼 가난한 이웃의 어려운 사정을 결코 무시하지 않는다.

김장철마다 지역사회 자원봉사 단체 및 기타 집단은 대규모의 김장행사를 조직하여, 수천 명이 김치 담그는 데에 참여한다. 여기에서 담근 김치는 모두 필요한 이들에게 기증된다. 이러한 대규모 행사에서 담근 김치를 나누는 풍습을 통하여 한국사회의 구성원들은 더욱 끈끈한 유대감을 갖는다.[226)]

남녀노소, 상·하 귀천을 막론하여 김장문화로 더욱 결속되는 사회 공동체다. 재료들을 준비해서 김치를 담고, 저장하고, 일년내내 양식으로 삼는 일련의 과정이 자연의 리듬과 이루는 조화, 그렇게 살아왔던 우리 선조들의 지혜, 그것이 김장문화가 갖는 무형유산의 의미이자 우리나라가 보존하고 지켜나가야 할 귀한 가치일 것이다.

2. 서울 김장문화제

우리 고유의 나눔과 정을 계승하기 위해 김장을 문화제로 구현한 '김장문화제'가 매년 서울시 주최 하에 열리고 있다.

'제1회 김장문화제'는 2014년 서울특별시가 주최가 되어 시작되었다. 국내에 거주하는 외국인들과 해외관광객, 다문화가정, 자원봉사자 등 총 6천여 명이 함께하여 255톤의 김치를 담가 이웃에게 나누는 행사를 가졌다. 김장문화 행사장에서는 다양한 우리 김치를 선보이고, 이동필 농식품부 장관, 김채수 한국농수산식품유통공사 사장, 주한 외국대사(부인)들이 참여해 직접 김장을 체험했다. 이후 서울특별시청 앞 서울광장 일대에서 개최하는 한국의 김장문화축제로 매년 11월 첫째주에 김장 행사는 열린다. 현장의 김치 체험 프로그램, 마늘, 파, 무릇, 부추, 달래 등을 넣지 않은 김치를 맛볼 수 있는 사찰음식 전시관, 고종의 '배동치미국수'뿐만 아니라 임금님 수라상에 올랐던 젓국지(배추김치), 송송이(깍두기), 국물김치 등을 엿볼 수 있는 궁중김치 전시관 등이 운영되었다.

2014년을 시작으로 개인부터 가족, 단체 모두가 즐길 수 있도록 매년 다른 테마를 가지고 돌아온다. 김치 명인들의 김장 시연, 다양한 김장체험, 볼거리 많은 전시 등으로 구성되어있는 본 문화제는, 내국인은 물론 외국인들도 참여할 수 있도록 꾸며져 있다. 특정한 주제와 프로그램명은 매해 다르지만, 문화제를 구성하는 전체적인 틀은 크게 다음과 같은 6가지로 나뉜다.

첫 번째는, 김장 나눔이다. 본 행사에서는 해마다 수십 톤, 어느 해는 수백 톤에 이르는 배추로 수천여 명의 사람들이 한 곳에 모여 동시다발적으로 김장을 담근다. 2018년도에는 한자리에 3,452명이 모여 '한 장소에서 가장 많은 인원이 김장담그기' 부문 월드 기네스에 최고기록으로 올라가기도 하였다.[227] 이렇게 많은 사람들이 따뜻한 마음을 한데 모아 담근 김치는 서울사회복지협회와 서울광역푸드뱅크센터를 통해 어려운 이들의 식탁으로 전달된다. 김장을 하며 따뜻한 정을 나누던 우리 선조들의 겨울이 축제가 되어 매년 서울 한복판에서 더욱 풍성하게 펼쳐지고 있다.

축제에서 또 빼놓을 수 없는 것이 다양한 체험들이다. 서울김장문화제도 역시 참가자들 모두가 즐길 수 있는 여러 체험 프로그램들을 매년 선보이고 있다. 준비되어 있는 김장재료들을 가지고 시민들이 직접 김장을 담가보는 행사라든지, 가족이 함께 참여해서 김장을 담고 담근 김치를 보쌈과 곁들어 먹어볼 수 있는 체험 프로그램들을 운영한다.

2014년도에 열린 제1회 서울김장문화제에서는 '아빠와 함께하는 요리경연대회'라는 이름으로 아빠와 어린이들을 대상으로 한 김치요리 경연대회가 개최되었다. 한솔요리학원에서 진행되었던 본 대회는, 초등학생 이상 자녀 1인과 아빠가 한 조가 되어 김치를 이용한 창작요리를 겨루는 내용으로 진행되었는데, 참가자들은 김치롤돈가스, 김치퀘사디아, 김치말이 베이컨 등등 많은 김치 퓨전요리들을 선보였다. 그 중 심사위원들의 선택을 받은 것은 '김치둘림한방전골' 그리고 '만두'였는데, 한방재료와 김치를 접목한 요리로써 맛과 영양, 모양 삼박자를 고루 갖췄다는 호평을 들으며 최우수상을 차지했다. 대회를 주관했던 한솔요리학원 기획팀 최광호 팀장은 "한국의 김장문화를 알리는 축제를 함께 할 수 있어 무척 뜻 깊게 생각한다."며 "서울김장문화제가 대한민국을 대표하는 큰 축제로 자리매김함으로써 내년에도 함께 진행할 수 있길 바란다."고 전하기도 했다.[228]

2017년에는 김장나눔 행사를 비롯하여 김치 명인의 김장 시연을 통해 김장 비법을 배우고 우리집 김치도 담아갈 수 있는 '서울 김장간', 김치를 활용한 셰프들의 이색 요리강좌, 외국인들의 김치 담그기 체험, 김치에 관한 재미난 전시, 김치 놀이마당(공연, 키즈존), 김치퓨전 푸드트럭, 팔도김치 마켓 등을 운영했다.

2018년에는 '따뜻한 나눔, 서울 김장하는 날'이라는 슬로건을 내걸며 총 3,452명이 모여 '한 장소에서 가장 많은 인원이 김장 담그기' 부문 세계 기네스기록을 경신했다.

2019년도 김장문화제에서는 명인들의 김치요리법을 배워서 그대로 김치를 담그고 완전한 김치를 집에 가져갈 수 있는 '우리집 김장간'이라는 프로그램을 진행했다. 축제 3일 모두 다른 명인들이 다른 종류의 김치를 선보였기 때문에, 참가자들은 원하는 김치(날짜)를 골라 체험할 수 있었다. 김장에 쓰인 김칫속과 절임배추는 명인들이 직접 준비한 것으로 품질 좋은 김장김치를 저렴한 참가비로 만들어 가져갈 수 있다는 점에서 좋은 호응을 얻었다.[229] 특히 3일차에는 서울토박이김치를 현 대한민국김치협회 협회장인 이하연 명인이 지도하여 대규모 김장이 진행되었다. 이하연 명인은 "본인의 양념으로 완성된 김치를 겨울 내 드실 테니 기쁘다면서(참가자들 모두) 맛있게 드시고 행복하고 건강한 식생활을 할 수 있다면 좋겠다."고 전하기도 했다.[230]

체험 프로그램 중에는 어린 참가자들을 위한 행사도 매년 기획되는데, 2014년도에 있었던 '열려라, 오감'이라든가, 2019년의 '어린이 김치교실'처럼 아이들이 직접 김장을 해보이고 김치의 색, 맛, 촉감 등을 느껴볼 수 있도록 하는 일종의 짧은 클래스들이 진행되었다.[231]

2019년의 '어린이 김치교실'은 종가집 김치에서 주관했던 프로그램으로, 좋은 김치를 만다는 요리법을 어린아이들의 눈높이에 맞추어 구성한 프로그램으로 단시간에 예약이 마감될 정도로 좋은 반응을 얻었다.[232]

이외에도 2014년도의 '양평농촌체험마을－김장체험'과 같이 직접 배추가 자라는 농촌으로 가서 로컬농부들이 수확한 배추 등 마련되어 있는 신선한 재료들로 그곳에서 김장을 담가보는 프로그램, 한국의 김장문화가 궁금한 외국인들을 대상으로 진행되는 김장체험 행사 등을 매해 운영해오고 있다. 2018년도에 이어 2019년에도 진행되었던 '외국인 김장간'에서는 김치에 대한 이야기도 듣고 '김장초보' 외국인들도 직접 김장을 담가볼 수 있는 행사가 준비되었다.[233]

일반 시민들이 가볍게 즐기기 좋은 체험 프로그램도 있는 반면, 전통적인 김치 조리법과 김치를 활용한 요리 레시피가 궁금한 사람들을 위해 전문가들이 음식을 시연하고 참가자들이 그 음식을 맛보거나 배울 수 있는 행사도 마련했다. 2019년에는 여섯 명의 전문 셰프들이 김치를 이용한 요리, 또는 김치와 곁들이면 좋은 요리 강좌를 진행하여 참가자들은 무료로 다양한 김치요리 노하우를 시연을 통해 배울 수 있었다.[234]

김치 명인들의 다양한 김치 조리법들을 직접 보고 배울 수 있는 프로그램에서는 익숙한 이름의 김치부터 평소에 쉽게 접하지 못했던 김치까지 각각의 명인들의 특별조리법 시연과 시식까지 준비되었다. 매년 이렇게 명인들의 손맛이 깃든 김치를 맛볼 수 있고, 그 레시피도 엿볼 수 있는 프로그램들이 열리는데 2019년도의 '명인의 김장간'에서는 전국에서 모인 김치명인들이 서울시민을 비롯한 국내·외 관광객들에게 그 비결을 전파했다.[235] 여기서는 함께 했던 명인들과 선보였던 김치들을 소개한다.

(1) 김치명인 1호 김순자 명인(대한민국 전통식품명인 제29호 포기김치)은 '100년 포기김치'를 소개했다. 1800년대 말에 편찬된 음식 관련 고서인 『시의전서(是宜全書)』에 등장하는 김치를 재해석한 포기김치로, 조선시대 사대부가의 맛을 재현했다.

김순자 명인의 '100년 포기김치'는 좋은 통배추를 절여서 실고추, 총백(대파의 흰줄기), 마늘, 생강, 생률(밤), 배는 채지고 조기젓을 저며 넣고 청각, 소라, 낙지 등을 섞어 넣은 다음 간을 맞춘다.

김 명인은 "중국산 수입김치가 만연한 시장 상황에 우리 국민들은 국내산 김치와의 차이점을 명심하고 있어야 한다. 국내산 김치는 유산균 종자부터 다르다. 정부와 업계는 어떤 것이 국내산인지 알리는 홍보활동을 전개하는 것이 필요하다."며 "국내산 김치와 김장문화 보존을 위해서는 우리 국민부터 국산김치를 찾아먹고 아낄 줄 알아야 한다."라고 강조했다.

(2) 대한민국김치협회장인 이하연 명인(전통식품명인 제58호 해물섞박지)은 해산물을 넣어 만든 김치인 '해물섞박지'를 설명했다. 이하연 명인의 해물섞박지는 조선 후기 『규합총서』(1815)의 '어육침채'를 재현한 김치로, 200년 전 조선시대 선조들의 맛을 재현한 전통김치다.

해물섞박지는 가지와 오이, 동가, 무, 배추 등의 채소와 전복, 낙지, 소라 등의 해물이 더해져 더욱 감칠맛을 낸다. 무, 배추와 갓을 절여 조기젓과 밴댕이젓을 손질해 무와 배추의 물기가 빠지면 장독에 넣은 후 갓, 오이, 가지, 파를 켜켜이 얹고 젓국과 손질해 둔 젓갈을 넣어 만든다. 후에 손질한 낙지와 소라 등 해산물과 육수국물을 넣어 베보자기로 싸매어 얹어둔 뒤 익혀서 먹는다.

(3) 유정임 명인(전통식품명인 제38호 포기김치)은 자연의 맛을 그대로 살린 서울, 경기도식 포기김치인 '명인포기김치'를 시현했다. 생새우, 새우젓, 황석어젓갈과 함께 만능 육수로 버무리고, 배추는 천일염으로 절여 조미료를 사용하지 않는다. 11가지 이상의 부재료와 22가지 이상의 영양소가 담겨있다는 것이 명인의 설명이다.

(4) 윤미월 명인(전통식품명인 제66호 숭침채)은 황석어젓갈을 사용한 김치인 '숭침채'를 선보였다. 배추 숭(崇), 잠길 침(沈), 나물 채(菜)의 '숭침채'는 문헌상 가장 오래된 배추김치의 원형이라는 것이 명인의 설명이다. 윤 명인의 집안 대대로 전해 내려오는 숭침채는 일반 배추김치와 달리 양념에 황석어젓갈과 전복, 낙지와 청각이 들어가 더욱 깊은 맛을 낸다.

숭침채는 윤 명인이 일본에서 운영 중인 한식당에서 비정기적으로 VIP 손님에게 제공하던 명인 김치로, 소금물에 배추를 담그지 않고 뿌리 부분에만 소금을 뿌려 절이기 때문에, 일반김치에 비해 단단하고 물이 잘 나오지 않는 것이 특징이다. 숭침채는 전복과 낙지를 속으로 활용하고 액젓 대신 황석어젓 살을 저며 시원한 맛이 강하다.

(5) 광주에서 첫 김치 명인으로 지정된 오숙자 명인(전통식품명인 제76호 반지)은 전라도 나주 지역의 대표 향토음식인 '나주반지'를 소개했다. 배추김치와 물김치의 반반 형태인 반지는 반찬으로 먹는 김치와 간의 정도가 다르다. 일반김치와 달리 맵거나 짜지 않고 시원한 맛이 특징이며, 젓갈로 동백하젓만을 넣어 감칠맛을 더하고 20여 가지의 소를 버무리지 않고 배추에 조금씩 발라 만든다.[236]

서울김장문화제에는 즐길 거리뿐만 아니라 매년 김치와 관련된 전시도 열린다.

조선팔도 구석구석 지역마다 그 지역 특색에 맞게 발전해 온 지역별 김치들과 일반 민가부터 임금님의 상차림에 오르기까지 다양한 모습의 김치들도 만나볼 수 있다.

2014년도에 진행되었던 김장, 시간의 지혜에서는 궁중김치, 사찰김치, 종가김치 등이 소개되었는데, 특히 이전에는 며느리들 사이에서 구전으로만 전수되어 내려온 종가김치 요리법이 네이버의 지식백과에 '종가내림발효음식'으로 기록되었다. 이 날 전시되는 종가집 김치들은 나주 밀양 박씨 박경중 종가의 반동치미, 서계 박세당 종가의 보쌈김치 등 500년 이상 전해 내려온 한국 종가김치로써 그것을 문화유산으로 남기기 위해 네이버와 함께 이같은 프로젝트를 진행하게 되었다고 한다.[237)]

2019년도의 전시 콘셉트는 서울 토박이들의 김치였다. 이하연 명인은 "서울 토박이들의 김치 레시피를 찾아내었다."면서 "대대로 서울에서 살고 서울에서 전해 내려왔던 그런 분들의 레시피로 30가지의 김치 전시를 한다."고 설명했다. 여기에 황석어젓갈만 사용해서 담갔던 서울식 김치 설명을 덧붙였다. 다른 젓갈 없이 황석어젓갈을 넣는 이유는 황석어젓갈이 다른 젓갈에 비해 깔끔한 맛을 내기 때문이라고 한다. 여기에 북어를 더해 더욱 깔끔하고 시원한 맛을 낼 수 있다고 설명했다.

마지막으로 소개할 김장문화제의 즐길 거리는 매년 축제의 먹거리를 담당하고 있는 장터이다. 김치를 이용한 다양한 음식들과 김장을 담그는데 필요한 신선한 재료들, 명인들이 담근 김치 완제품과 각 지역에서 올라온 특산품 등을 시중가보다 저렴한 가격에 파는 길거리마켓이 3일 내내 열렸다.

2014년부터 꾸준히 참여하고 있는 현 대한민국김치협회 회장이자 서울김장문화제가 서울 대표축제로 자리 잡을 수 있도록 큰 역할을 한 '이하연 명인'은 김장문화제에 대한 애정이 크다. 본 행사를 통해 우리 김치를 재발견하고 우리 식탁에 없어서는 안 될 김치를 선조들은 어떻게 먹었는지 참가한 시민들에게 알리고 싶다며 이를 통해 김치문화가 뿌리내리고 그 산업도 발전하길 원한다고 말했다. 더불어 참가하는 모든 사람들의 김치와 축제에 대한 많은 관심을 독려하기도 했다.[238)]

2015년에 열렸던 김장문화제의 개막식에서 박원순 서울시장은 "지난해 유네스코 인류무형문화유산에 등재된 김장문화는 우리 전통문화를 대표하고 있다. 외국인 2,500여 명이 사전예약을 한 것을 볼 때, 음식문화도 분명 한류가 될 수 있다.

김장문화를 세계적인 문화축제로 만들고 싶다."라고 말했다.[239] 또 2016년에 열렸던 서울김장문화제 한·일 양국 이원 생중계로 도쿄김장문화제가 동시에 진행되기도 했는데, 이는 김장문화제가 글로벌축제로 발돋움하는 한 계기가 될 수 있을 것으로 기대되어지는 첫 걸음이다.[240]

이하연 명장도 인터뷰에서 언급했지만, 한국의 연간 김치 수입률은 29만여 톤에 달한다. 우리나라 김치 수출량의 약 10배에 이른다. 김치 종주국으로서의 위상이 말이 아닌 것이 사실이다. 이 사실에 대해 아파하며 한국의 제대로 된 김치맛이 사라져가는 것에 대한 염려를 드러내기도 했다. 그러면서 서울김장문화제가 2013년도에 김장문화가 세계무형문화유산에 등재된 것과 같은 맥락으로 한국의 김장문화를 지속시키고 더욱 발전시킬 수 있으면 하는 바람을 전했다.[241]

〈김장문화제 사진들〉

[그림 10.1] 2019 김장문화제 1

[그림 10.2] 2019 김장문화제 2

[그림 10.3] 2018 김장문화제 1

[그림 10.4] 2018 김장문화제 2

[그림 10.5] 2018 김장문화제 3

〈김장문화제의 전시 김치들(김문경 제공)〉

갓김치

통대굽소박이

채깍두기(북한김치)

반지

빨간무김치 – 북한김치

가두배추김치(양배추김치) – 북한김치

음식디미방 물김치

숭침채

동치미

짠지

11장

김치와 인문학

1. 문학작품 속의 근대 식생활문화

1.1 모윤숙의 김장유감(1947)[242)]

"김장은 조선 안악네와 떠날 수 없는 인연을 가진 풍물음식이다. 아무리 다른 반찬이 좋아도 김치가 상 위에 안 놓이면 어딘가 그 밥상은 쓸쓸해지고 입맛이 잘 돌지 않는다. 동짓달이나 긴 밤에 긴 병풍을 너치고 따뜻한 온돌방에서 동치미 국물을 마시는 흥취란 조선사람이 아니고는 모를 취미다.

오십 년 전 우리의 부엌은 김치 내음새로 쉴 사이가 없었다. 그만치 김치는 우리 부엌과 식욕을 지배하는 밥 반찬감이였다. 김치의 역사가 오랜 만큼 김치의 종류도 복잡하게 발달되었다.

조선 13도마다 김치 담그는 풍속이 각각 다른 만큼 그 맛에 있어서도 가지각색으로 다른 맛이 난다. 우선 심심하면서도 시원하기가 천하제일인 평양 김치와 동치미가 있는가 하면 매웁고 짜면서도 어딘가 혀의 매력을 제공하는 전라도 김치가 있다. 그 외에도 개성 쌈김치, 경성의 유명한 깍두기가 있다. 그러나 이 김치의 가지가지 양식은 너머 도는 것이 많고 종류가 허다하여 태평성대에나 마음대로 해 먹을 수 있는 일이요 절대로 오늘날 같은 때는 가능한 일이 못 된다. 그저 무, 배추를 소금에 저려 먹는 정도만으로도 괴로운 부담이여늘 양념까지 합하면 그 소비 금액이 엄청나게 올나 간다. 나는 요새 가끔 '김치 없이 살 수는 없을까' 하는 생각을 해 본다. 일본 사람들처럼 소금에 저린 무쪽으로만도 밥을 먹을 수가 있다면 얼마나 편리하고 절약적일까?

우리 조선 아낙네들은 아무리 가난한 집에 살면서도 김장 때만 되면 꼭 김장을 해야 한다. 옷을 못 입고 밥을 굶을 지언정 남 다하는 김장을 안하고는 못 산다. 이것은 오랫동안 지내온 습관 때문도 있겠으나 생활태도에 있어 고집을 버리지 못하는 봉건적 습성에도 달했다. 김장을 할 형편이 못 되는대로 뺏대고 살 줄도 아는 주부가 필요하다. 지금은 초비상시 우리 주부들은 전무후무의 생활난의 육박을 당하고 있다고 하나, 우거지 한올 못 먹고 추운 다리밑에서 사는 전쟁동포를 생각하자 맛있는 김장만을 하려 하는 것은 지금 이 시대에는 맞지 않는 허영적인 주부다." 라고 물자난과 가난으로 고통 받으면서도 남들 하는 대로 살지 말고 그동안의 허영과 봉건적 습성에서 벗어나 소금만으로 만든 김치를 담가먹자는 주장을 하고 있음을 알 수 있다.[243]

1.2 김치와 민속

우리 한국인의 향수 가운데에는 뒤란 양지바른 곳에 맨드라미(鷄冠花)가 피어 있는 장독대, 봉숭아가 피어 있는 우물가를 들 수 있다. 맨드라미(鷄冠花)는 꽃은 물론이고 잎이나 대까지 붉은데, 이를 장독대 주변에 심는 이유는 그 붉은 기운으로 장독대를 침범하려는 귀신의 기운을 쫓으려는 유감주술(類感呪術)일 것이다. 장독 속에 붉은 고추를 넣는 것이나, 금줄에 붉은 고추를 끼우는 것이나, 또 붉은 팥죽을 동짓날 뿌리는 것이나 같은 이치인 것이다. 옛날에 염채를 저장할 때 장독 속에 맨드라미꽃을 넣어 붉은 빛을 내게 했던 것도 이같은 주술에서 비롯되었음직하다.[244]

1.3 박경리 『토지』의 식생활(침채류)문화(1897년부터 1945년까지의 시대 배경)

구한말 개화기와 일제강점기의 음식문화 연구가 많지 않은 이때, 이 시대를 본격적으로 다룬 소설을 분석하여 보고한 논문에서[245] 소설 『토지』는 박경리가 1969년에 제1부를 시작하여 1994년 총 5부의 완결판으로 모두 16권으로 완성한 대하소설이다. 토지의 전체적인 시간적 배경은 1897년부터 1945년이며, 제1부는 1897년 한가위에서 1908년 5월까지를 배경으로 하고 있다. 이 시기는 러 · 일 전쟁에서 승리한 일본과 을사보호조약이 체결되고 의병항쟁이 일어나는 때로서 작품에서는 최참판댁의 몰락과 조준구의 재산탈취 과정이 나타나고 있다. 제2부에서는 1911년 5월부터 1917년 여름까지가 시간배경으로 되어 있다. 간도를 둘러싼 중국과 러시아의 정세가 우리나라에 많은 영향을 미칠 때이다. 작품에서는 용정대화재를 시작하여 서희의 복수, 귀환의 과정에 집중되어 있다. 제3부는 1919년 3·1운동 이후로부터 1929년 광주학생운동사건 무렵까지인데, 이때는 서희가 토지와 집을 되찾은 후 삶의 목적을 자녀들에게 집중시키는 시기로 그려진다. 서민들의 삶과 지식인들의 모습도 그려지고 있다. 제4부는 1930년부터 1938년 남경학살에 이르는 시기까지가 배경이 되었다. 제5부에서는 1940년 8월부터 1945년 8월 해방까지가 배경으로 서희 일가의 삶과 민족의 삶이 그려져 있다.

제1부 경남 하동 평사리에서는 김치, 짠김치, 제3부 이후에서는(조선의 경성, 일본의 동경, 만주국의 신경(장춘) 등이 배경) 김치, 제4부에서는 무김치, 햇김치, 김치, 단무지, 오싱코, 제5부에서는 김치, 열무김치, 마늘장아찌, 콩잎장아찌, 단무지 등이 등장하였다.

침채류에서는 김치, 짠김치, 무김치, 햇김치, 열무김치 등의 전통김치와 일제 식민지 기간이었으므로 단무지, 오싱코 등의 일본 채소절임의 모습이 보인다. 이 당시의 외국음식은 호떡, 청요리 등의 중국음식문화의 보급과, 어디로 가든지, 특히 소도시나 소읍 같은 곳은 거의가 다 그러한데, 양과점을 위시하여 담배가게, 이발소, 목욕탕, 대개 그런 비슷한 업종은 일본인 경영이다. 〈중략〉 일상화되어 가고 있음에도 불구하고 그런 것들이 조선의 산천과 사람들에게 어울리지 않는 것은 〈중략〉 일본에서 건너왔고, 일본인 그들에 의해 주로 경영된다는 사실〈중략〉 서양 것, 일본 것이 혼합된 그 같은 새로운 업종을 이용하고 거래하면서도 못마땅했을 것이며(토지 제4부 1권 p.11)에서 보듯이 일본인에 의한 전파였다.[246)]

센베이라고 불리는 전병(煎餠)은 일제강점기에 앞서가는 문물의 상징으로 우리나라에 들어와 오랫동안 사랑받아 온 과자이다. 일본은 막부시대부터 빵을 군대식량으로 비축하기 위해 많은 노력을 기울였다. 1898년 육군은 영국, 프랑스, 독일 등지에 조사단을 파견하여 현지의 군용빵을 조사하고, 1905년에는 밀가루, 쌀가루, 달걀을 배합하고 맥주효모를 이용해 '고빵'을 만들었는데, 이 빵은 러·일전쟁 때 대단한 활약상을 보여주었다. 또 볶음콩가루를 넣어 베이킹파우더로 부풀린 '오쓰빵'도 만들었으며, 이 빵은 일본인의 입맛을 고려해 빵에 쌀가루, 볶은 콩가루, 검은깨 등을 첨가하였다. 그 밖에 비상식량으로 비축할 수 있는 '건빵'도 탄생했다.[247)]

1.4 이병기의 『가람일기』(1919) 중 식생활문화

『가람일기』[248)] 중 1919년 8월 26(화). "…아마 우리집에서도 밥을 지으리라. 우리 어머님께서 새 밤콩과 새 광저기를 따다가 밥을 지으시리라. 밥물이 끓어 거품이 펄펄 넘을 때마다 나를 생각하시리라. …밥을 한 그릇씩 한 그릇씩 가득가득 담아놓고 꿀 같은 장에 맛있는 지지미에 열무김치에 호박나물에 가지짠지에 고등어토막에 … 재미있게 먹을 것을, 애가 안 있으니 또한 걸린다. 하시려니 하며 부모님 봉양 못하며 늘 걱정하시게 되며…" 하였다.

8월 31일(일)에는 "종묘(宗廟)를 보고, 이조 500년 역대 제왕의 신령을 모시어 조상을 사랑함을 제왕부터 비롯하여 만인에까지 이르게 한 것이라. 뿌리 없는 나무 자랄 수 없고 샘 없는 가람 흐를 수 없으며, 부모 없이 생기는 사람 없나니, 나의 몸은 곧 부모의 몸이라, …그러므로 제사도 지내고 산소 치레도 하고 족보도 꾸민다. …예수교꾼들은 걸핏하면 마귀를 위하여 제사한다하지마는 우습다. …우리 조상에게도 기일(忌日) 제사하는 것은 마귀를 위함이 아니라, 신성하신 조상의 신령님께서 흠향(歆饗)하시라고 함이니 … 자손 된 도리로 근본을 생각하고 사랑하매, 비록 악마에게라도 제사하겠다고 하며, 우리의 조상을 우리가 위하지 아니하고 누가 위하랴. 조상을 위할지어라." 하였다.

2. 김치 박물관(뮤지엄 김치간)

2.1 1986년 명가김치 박물관으로 시작

김치 박물관은 1986년[249] 서울 중구 필동에서 '명가김치 박물관'이라는 이름으로 처음 문을 열었다. 이듬해 풀무원이 인수하여 운영하였다. 우리나라 최초의 김치박물관이며 식품을 주제로 한 유일한 박물관이었다. 1988년 강남무역센터 단지로 이사한 후 1988년 서울올림픽으로 인해 많은 외국 관광객이 박물관을 찾아, 체험방문 하면서 김치 세계화의 주춧돌이 되었다.

2006년 미국 잡지〈헬스〉가 김치를 세계 5대 건강식품으로 선정하며 우리 김치의 맛과 영양학적 가치에 큰 관심을 갖게 되었다. BBC, CNN, NHK 등 유명 방송들도 김치박물관을 소개하므로 세계인에게 김치를 알리고 권위 있는 박물관으로 자리매김 하는 계기가 되었다.

2013년 12월 유네스코 인류무형문화유산에 '김장문화'가 지정되었다. 김치 박물관은 2015년 3월 한국에서는 유일하게 CNN이 뽑은 세계 11대 음식박물관에 선정되었다.

2015년 4월 21일은 김치의 다채로운 이야기와 가치를 나누었던 김치 박물관의 시대를 마감하고, 종로구 인사동에 '뮤지엄 김치간'으로 재개관하여 많은 사람들에게 김치 이야기를 전하고 있다.

2.2 뮤지엄 김치간

'김치간(間)'에 대해 설명하면, 전통사회에서는 반찬을 만드는 곳은 찬간(饌間), 임금의 식사를 준비하는 곳은 수라간(水剌間), 양식을 보관하는 곳은 곳간(庫間)이라고 하였다. '뮤지엄 김치간'은 이런 '－간(間)'처럼 김치의 다채로운 면모와 사연이 흥미롭게 간직된 곳, 김치를 느끼고, 즐기고, 체험하는 공간이 되겠다는 다짐을 담아 '김치간(間)'이라고 이름지었다고 한다.

박물관[250]의 전체 면적은 607.1m²이며, 4층에는 김치로드(인포메이션 데스크)가 있고 뮤지엄 가게에서는 기념품을 구매할 수 있다. 카페 디히에서는 커피도 판매하며 김치 관련 서적도 전시되어 있다. 김치마당에는 대형스크린이 설치되어 김치구술사 영상 김치의 탄생과 진화를 볼 수 있으며, 김장플레이 테이블에서는 김장 담그는 게임도 체험할 수 있다. 또한 과학자의 방에서는 발효과학 테이블에서 전자현미경으로 김치 유산균을 관찰할 수 있다. 김치 사랑방에는 옛 부엌의 모습(부뚜막, 찬장, 찬마루) 등을 감상할 수 있다. 5층에는 소리로 듣는 김치 맛 김치로드가 있고, 지역별 김치 담그기 영상을 볼 수 있는 김치 공부방이 있으며 '김치 움'의 대형 냉장고에는 한국의 다양한 김치와 세계 절임채소 실물을 전시해 놓았다. 6층 전시장에는 유네스코 인류무형문화재단 헌정방에는 세계 인류무형문화유산, 그리고 김장문화, 근대 김장풍경과 '김치 아카이브'를 관람할 수 있다. 김장마루에서는 어린이 김치 체험 프로그램과 외국인을 위한 영어 체험 교실도 운영한다. 김치 맛보는 방에서는 백김치, 배추김치, 볶은김치 시식이 가능하다.

자료 : 일요서울, 2018년 11월 28일자

[그림 11.1] 뮤지엄 김치간 내부 모습

자료 : 브릿지경제, 2018년 4월 12일자

[그림 11.2] 뮤지엄 김치간 김치 특강

3. 김장 사례 모음

3.1 강릉 창녕 조씨 종가의 김장, '큰지하는 날'

명태를 주재료로 김치를 담그는 강릉 창녕 조씨 조○현 종가의 김장은[251] 김장을 하기 전에 명태를 손질하는 날을 하루 잡고, 많은 양을 담그는 배추김치와 무김치 만드는 작업을 큰 김장이라 하여 '큰지하는 날'이라 부른다. 그리고 큰 김장 다음날부터 남은 재료들로 깍두기, 동치미, 포식해, 소식해 등 별미김치를 소량씩 담는데 이를 '잔간하는 날'이라고 한다. 일주일 정도 걸리는 세 번의 작업으로 겨우내 먹을 김치와 젓갈을 준비한다.

***강릉 창녕 조씨 조○현 종가의 서거리지(서거리깍두기)**

강릉 창녕 조씨 종가에서는[252] 김장 첫날엔 배추로 통김치를 담그고, 다음 날에 명태 아가미를 넣어 깍두기를 담근다. 서거리지는 서거리를 절인 무, 마늘, 생강, 파 등과 함께 고춧가루에 버무려 담그는 일종의 생선김치다. 강원도 일대에서는 명태아가미깍두기, 명태서더리깍두기, 아가미깍두기 등으로도 불린다.

김치에 엿기름가루를 사용하는 예는 좀처럼 보기가 쉽지 않은데, 생선에 곡물을 넣어 발효시키는 식해를 만들 때 깊은 감칠맛을 내기 위해 엿기름가루를 사용한다. 서거리지에 엿기름가루를 사용하는 방식이 최○간 종부가 시어머니에게 전수받은 그대로의 제법이라는 점을 감안할 때 식해 문화권인 동해안의 식해 제조법이 이 지역 김치제법에도 영향을 준 것이 아닌가 추정된다. 특히 설탕이 지금처럼 보편적으로 사용되기 전에 우리 전통음식의 단맛은 엿기름가루를 이용한 것이었으므로 강릉 창녕 조씨 종가의 음식법은 전통방식에 더 가까운 것이다.[253]

'서거리'는[254] 명태의 아가미로 잘 씻은 후 절인 무, 마늘, 생강, 파와 함께 고춧가루에 버무려 담그는 내림 김치이다. 설탕 대신 엿기름가루를 넣는 것이 특징이다.

재료는 무 1,325g, 명태아가미 385g, 쪽파 140g, 고춧가루 150g, 엿기름가루 180g, 멸치액젓 60g, 꽁치액젓 60g, 마늘 65g, 생강 60g, 소금 60g을 준비한다. 만드는 법은 명태에서 아가미를 떼어 소금으로 깨끗이 문지른 다음 하나씩 떼어 물에 여러 번 씻는다. 무는 아가미 길이와 맞추어 비슷한 크기로 썰어 소금에 절인 후 물기를 뺀다. 아가미, 절인 무는 간을 보고 싱거우면 간을 맞춘다. 쪽파는 아가미와 비슷한 길이로 썬다. 마늘과 생강은 다진다. 아가미, 무, 마늘, 생강, 엿기름가루, 멸치액젓, 꽁치액젓, 고춧가루를 넣어 버무린다. 쪽파도 넣고 버무린 다음 항아리에 담아 숙성시킨다. 꽁치액젓은 꽁치와 소금을 3 : 1의 비율로 섞어 2년 동안 숙성시킨 후 달여서 액만 내린 것이다. 멸치액젓도 같은 방법으로 만든다.

이 종가의 '오징어지'는[255] 절인 배추에 오징어를 무채와 채 썬 명태, 마늘, 생강 등과 함께 고춧가루에 버무려 양념을 만들어 넣어 담근다. 무채를 쪄서 넣기에 이가 약한 어른들도 먹기에 좋다.

재료는 절인 배추 2,220g, 무(찐 것) 1,040g, 무(생것) 315g, 명태 1270g, 오징어(생것) 115g, 오징어(간 것) 35g, 쪽파 135g, 고춧가루 300g, 다진 마늘 100g, 다진 생강 115g, 새우젓 185g, 소금 20g, 액젓 175g을 준비한다. 만드는 법은 무는 7~8cm 길이로 가늘게 채 썬다. 쪽파는 뿌리 쪽을 반으로 갈라 2cm 길이로 썬다. 오징어(생 것)는 몸통의 껍질을 벗겨 얇게 저민 후 작게 다져서 갈아둔 오징어와 섞는다. 명태는 아가미와 머리, 뼈, 지느러미를 제거하고 절반은 5cm 길이로 큼직하게 썰고, 나머지 반은 살을 발라 채 썬다. 찐 무는 길이 5cm, 두께 1cm 크기로 썰어 김이 오른 찜기에서 찐다. 큰 그릇에 채 썬 무와 오징어를 넣고 버무린 다음 액젓, 다진 마늘, 다진 생강, 고춧가루, 새우젓, 소금, 채 썬 명태를 넣고 섞어 양념을 만든다. 쪽파는 마지막에 넣어 가볍게 섞는다. 손질한 명태와 무 찐 것을 각각 양념에 버무린다. 절인 배춧잎에 양념을 2~3장마다 한 번씩 켜켜로 넣는다. 항아리에 양념에 버무린 배추와 무를 켜켜이 담는다.

이 종가의 '포식해'는[256] 명태포 살을 발라 절인 무와 마늘, 소금, 고춧가루, 엿기름가루 등과 함께 하룻밤 재운 후 고두밥을 섞어 숙성시켜 먹는다. 강릉 지역의 이바지음식이다.

재료는 불린 생선포 350g, 마른오징어 130g, 마른생선 80g, 찰밥 130g, 무 550g, 엿기름가루 120g, 소금 45g, 식혜국물 180g, 다진 마늘 70g, 고운 고춧가루 90g, 명태 꼬리껍질 90g(덮음 재료)을 준비한다. 만드는 법은 무는 가로 · 세로 2cm, 두께 0.5cm 크기로 썰어 1시간 정도 소금에 절인다. 생선포는 이틀간 물에 불려 뼈를 제거하고 살만 발라낸다. 발라낸 살은 결대로 찢어 칼로 작게 썬다. 마른오징어와 마른생선은 가위를 이용해 불린 생선포와 비슷한 크기로 자른다.

큰 그릇에 절인 무와 다진 마늘, 불린 생선포, 마른오징어, 마른생선, 엿기름가루, 소금, 고운 고춧가루, 식혜국물을 넣어 하룻밤을 재운다. 고두밥(찰밥)을 지어 한 김 식혀 준비한다. 이 고두밥에 하룻밤 재워둔 버무린 양념을 넣고 다시 버무린다. 소금을 넣어 간을 맞춘다. 항아리에 담고 위에 여분의 불린 생선포를 찢어 올린 후 명태 꼬리 껍질로 입구를 덮고 숙성시킨다.

'소식해'는 포식해와 달린 고춧가루를 넣지 않으므로 백김치처럼 실고추와 잣 등의 고명을 넣는다.

재료는 생선포 250g, 찰밥 1,595g, 무 140g, 엿기름가루 120g, 다진 마늘 110g, 소금 35g, 식혜국물 60g, 잣 10g, 실고추 10g, 명태꼬리껍질 90g(덮음용)을 준비한다. 만드는 법은 무는 가로 · 세로 2cm, 두께 0.5cm 크기로 썰어 1시간 정도 소금에 절인다. 생선포는 이틀간 물에 불려 뼈를 제거하고 살만 발라낸다. 발라낸 살은 결대로 찢어 칼로 작게 썬다. 찹쌀을 물에 불려 고두밥(찰밥)을 지은 다음 한 김 식힌다.

큰 그릇에 찰밥과 절인 무와 다진 마늘, 불린 생선포, 마른오징어, 마른생선, 엿기름가루, 소금, 식혜국물을 넣고 골고루 버무린다. 고두밥(찰밥)을 지어 한 김 식혀 준비한다. 간을 맞춘 후 실고추와 잣을 넣어 섞는다. 항아리에 담고 위에 여분의 불린 생선포를 찢어올린 후 명태꼬리껍질로 입구를 덮고 숙성시킨다.(봄, 가을에는 따뜻한 아랫목에서 일주일 정도 숙성시킨다. 위에 겉물이 생기면 잘 삭은 것이다. 고두밥이 덜 식었을 때 재료와 섞어야 고르게 잘 섞인다.)

'쪼고리김치' 재료는[257] 무 말린 것 100g, 고춧가루 20g, 마늘 10g, 파 20g, 멸치액젓 5g, 설탕 30g을 준비한다.

만드는 법은 말린 무는 물에 불린 다음 물기를 꼭 짠다. 마늘과 파는 곱게 다진다. 그릇에 고춧가루, 다진 마늘, 다진 파, 멸치액젓, 설탕을 넣고 섞어 김치 양념을 만든다. 불린 무를 김치 양념에 넣고 버무려 항아리에 담는다. 무말랭이는 신선한 채소를 구하기 어려웠던 겨울에 비타민 등 각종 영양성분을 섭취하기 위해 고안된 먹거리이다. 말린 무를 이용하여 김치를 만들기 시작한 것은 조선 말기의 조리서인 『시의전서』에[258] "말린 무에 묵힌 간장을 달여 부었다가 따라내기를 여러 차례 하여 보관하였다가 봄, 여름에 고춧잎, 깨소금, 고춧가루로 양념하라."는 기록으로 알 수 있다. 『조선요리제법』(방신영, 1937)[259]에도 "말린 무에 생강, 고추, 파, 마늘 양념을 넣고 간장을 부어 봉해 두었다가 다음 해 먹을 때 기름, 깨소금에 버무려 먹는다."는 기록으로 알 수 있다. 간장을 기본으로 한 장김치에 가까운 모습을 보인다.

『우리음식』(1948)의 '무말랑이장아찌(乾蕪醬牙只)'는[260] "무를 1cm, 4방에 3,4cm 길이로 썰어 말린 것을 간장에 실고추 조금과 섞어 담아 얼마동안 두었다가 간장을 따라 한동안 끓여 다시 붓는다. 먹을 때 기름과 깨소금을 쳐 무친다."고 하여 간장에 재웠다가 무치는 방법이다.

『전통향토음식용어사전』(2010, 농촌진흥청)을 보면, 무말랭이는 지역에 따라 경북에서는 무말랭이짠지, 오그락지, 골금지, 골금짠지, 골짠지, 골곰짠지 등으로 불리고, 경남에서는 무말랭이약지라고 한다. 주로 경상도 지역에서 널리 애용되는 것이 확인된다. 그 영향 때문인지 현재는 무말래이김치에 멸치액젓을 이용하는 게 보편적으로 인식되어 있다.

'쪼고리김치'는[261] 본 김장을 하는 '큰지하는 날'에 김장과 함께 담근 후 단지에 꾹꾹 눌러 담아 겨우내 땅 속에 묻어 보관하고, 이듬해 모심는 날 꺼내서 먹는다. 서거리지와 함께 이 김치 역시 일꾼들을 위한 '일바라지김치'이다.

내림김치인 '쪼고리김치'는 본래 말린 무에 고춧가루, 마늘, 파, 멸치액젓, 설탕 등을 넣고 꽁치액젓을 넣어 담그는 방식이다. 그러나 20년 전부터 단맛을 선호하는 사람들의 기호에 맞추기 위해 손님상용으로 왜간장, 고춧가루, 설탕을 넣고 장아찌처럼 만들어 금방 먹을 수 있는 방법으로도 간간이 활용한다.

3.2 의정부 반남 박씨 종가의 내림김치

이 종가의 내림김치인 '보쌈김치'는[262] 개성지방의 향토음식으로 개성 인근 지역인 황해도 일대의 근기(近畿)지방 양반가나 부유한 집안으로 전파되었고, 의정부 반남 박씨 종가에서도 이 가문만의 특색 있는 조리법을 가미하여 내림음식으로 이어가고 있다.[263]

김○순 종부는 고향이 황해도인 친정 부모님의 영향으로 어린 시절부터 맛과 형태가 화려한 보쌈김치를 자주 접해보았기 때문에, 시집온 뒤에도 시어머니께서 가르쳐 주신 의정부 반남 박씨 종가의 보쌈김치를 쉽게 따라 할 수 있었다. 두 집안의 보쌈김치 만드는 법의 차이점은 친정의 보쌈김치에는 낙지를 넣지 않는다는 것이다.

일반적으로 보쌈김치는 소를 한데 버무려서 감싸는데, 의정부 반남 박씨 종가에서는 따로 속을 채워 넣는 점이 독특하다. 장미꽃처럼 펼쳐지는 종가의 보쌈김치를 처음 먹어보는 사람들은 상큼하면서 톡 쏘는 맛과 모양까지 화려한 김치를 보면서 다들 놀란다. 종부는 시어머니께서 돌아가신 해에 건강이 악화되어 방법을 조금 간소화하고자 양념소를 한데 버무려 보쌈김치를 담가보았으나, 본연의 그 맛이 나지 않아 다음 해부터 다시 시어머니께 배운 옛 방식을 그대로 고수하게 되었다고 한다.

시어머니는 보쌈김치용 배추로 개성배추를 사용했다. 조선배추는 개성배추와 서울배추 두 가지 품종을 통칭하는 표현인데, 이 종가에서는 개성배추를 조선배추라고 칭한다. 조선배추는 1800년대 말 한반도에서 육종에 성공하여 그 맛으로 중국의 호배추를 제치고 명성을 펼쳤는데, 그중에서도 개성배추는 서울배추에 비해 속이 성글고 길이가 길어 보쌈김치에 더 적합하였다. 호배추는 속이 훨씬 더 빽빽하면서 배춧잎이 짧아 채를 많이 설 수 없으며, 빨리 물러지기에 보쌈김치로 사용하기에 적합하지 않다. 그래서 종부는 시어머니처럼 개성배추 씨를 보관하지 않았던 것을 아쉬워한다. 다행히 지인 중 개성배추를 재배하는 이가 있어 그곳에서 구입하지만, 그 예전 시어머니 때 사용했던 개성배추와 동일하지 않다고 한다.

이 종가에서는 김장철에 배추김치와 보쌈김치를 함께 담가먹는데, 배추김치가 익기 전 짧은 기간 동안 두고 먹는다. 보쌈김치는 담근 지 일주일 정도 지나면 익기 시작하고, 한 달이 넘으면 물러지기 때문에 한 달 이내에 먹어야 한다.

3.3 전라도 보성 강씨네 집 김장과 김치 비법

전남 보성의 강○○ 씨 댁의 2019년 김장김치 만드는 법(200포기 기준 양)은 다음과 같다.

어렸을 적 고향 전라북도 전주에서 친정어머니께서 김치 담그는 모습을 보고 자랐으며, 함께 김장 담는 일을 옆에서 도와드리면서 김장 담그는 법을 알고 지낸 것이 전부였는데, 시집을 오면서 친정어머니께 배운 전북식 김치 방법과 시집와서 전남식 방법이 조금씩 섞였는데, 전남 벌교에서 생활하면서 조금은 뒤섞였지만 조선대학교에서 개설한 김치 최고지도자 과정을 배우면서 지금은 전북 쪽 영향을 더 많이 받아 해마다 김장김치를 담고 있다.

어머니 전○○ 씨는 전북 벌교에서 1982년부터 농약, 제초제, 비료를 사용하지 않은 쌀 유기농업을 시작했다고 한다. 어머니 연세는 64세이고 유기농배추를 사용하고 있는데, 유기농 배추는 맥반석이나 쌀겨, 깻묵, 어분가루를 잘 발효시킨 퇴비를 썼을 때 식감이 좋고 잘 무르지 않아 여러 번의 시행착오 끝에 가장 좋은 배합 비율을 찾았다고 한다. 유기농배추 재배 중간중간에 백초액, 콩물발효액, 왕겨를 뿌려주면서 영양을 보충해주어 더 좋은 유기농배추로 재배하고 있는데, 2년 전부터 전남 담양에서 재배한 배추로 김장을 담근다. 이곳에서는 오래 전부터 유기농 채소를 하고 있고, 전라남도 유기농명인으로 지정받은 농장에서 항암배추라고 불리는 배추를 사용하고 있다. 일반배추는 유기농배추보다 수분이 많아 좋지 않다.

잰피(초피)라는 열매를 말려서 가루를 내어 김치에 사용했는데, 맛도 독특하고 옛날엔 몸속에 충을 없애준다고 하여 많이 사용했다고 한다. 자세하게 만드는 방법을 소개하면, 김장 만드는 기간은 이틀밖에는 안 되지만 그전에 밭에서 수확한 배추를 2~3일 후에는 꼭 소금물에 절이기 작업을 해야만 조직이 단단하고 치밀한 유기농배추가 잘 무르지 않고 식감이 좋다. 전남 지역은 날씨가 따뜻하기 때문에 12월 초나 중순 쯤 수확을 해야 배추가 얼었다 녹았다를 하며 더 단단하고 단맛이 나서, 배추가 맛있을 때 김치를 담가야 더 맛있는 김치를 먹을 수 있다.

김장할 때 가장 중요한 것은 절이기인데, 배추 절이기에 사용되는 소금은 천일염으로 10년 이상 간수를 빼고 숙성시킨 후 사용한다. 천일염이 오래 숙성시키면 염도는 낮아지지만 간수가 빠져 쓴맛이 적고 달고 맛있기 때문이다. 배추를 2등분한 후 뿌리쪽만 살짝 칼집을 내어주면 간도 잘 되고 나중에 먹기도 편하다. 배추를 소금물에 적신 후 배추속대 부분에 2~3장 사이사이 소금을 뿌려준다. 차곡차곡 쌓은 후 7~8시간 절인 후 위쪽 배추와 아래쪽 배추를 뒤집고 다시 7~8시간 절인다. 흐르는 물에 3번 정도 헹군 후 물기를 잘 제거하고 준비해 둔 양념을 골고루 발라준다. 진공통에 담아 저온(1℃)으로 숙성시킨다.

***양념 만들기**

① 기초가 되는 육수 만들기 : 건새우 1박스, 북어 대가리 2kg, 밴댕이 1박스, 양파는 중간크기 20개, 청양고추 2kg, 말린 사과 10개, 말린 무는 중간크기 10개, 다시마 3장, 찹쌀 2kg이 필요하다.

준비방법은 재료에 따라 다르다. 먼저 다시마를 제외한 재료를 모두 넣은 후 재료의 3~4배 정도 물을 넣고 육수를 진하게 우린다. 건더기를 건져내고 다시 솥에 넣은 후 잠길 만큼 물을 넣어 2차로 육수를 우려준다. 1차와 2차 육수를 합친 후 다시마를 넣고 다시 끓인다. 육수가 우러나면 다시마를 건져낸다. 오래 끓이면 다시마의 쓴맛이 나오므로 맨 나중에 넣고 끓인다. 중요한 정보 하나를 더한다면 사과, 무, 배는 생으로 넣으면 텁텁한 맛이 나므로 끓여서 사용하는데, 넣어주는 것은 무르거나 빨리 익는 것을 방지해 준다.

② 찹쌀죽 만들기로는, 맛있게 우러난 육수에 충분히 불린 찹쌀을 넣고 저어가며 죽을 쑨다. 찹쌀은 손으로 으깨질 정도로 물에 불리고 죽을 쑨다.

③ 양념 만들기로는, 찹쌀죽은 충분히 식힌 후 새우젓 10kg, 마늘 3kg, 생강 1kg, 청각 1kg, 생무(중) 5개, 양파(대) 10개, 배 10개, 사과 10개, 생새우 10kg을 모두 넣어 갈아준다. 또한 멸치액젓 10kg, 양념발효액 2리터를 넣고 섞어주며, 고춧가루를 30근 정도 넣어 골고루 저어준다. 너무 묽지도, 되지도 않게 농도를 맞추어 주는데, 농도의 감각은 저어줄 때 주걱으로 저어주면 너무 힘들이지 않고 저을 수 있을 정도의 농도면 알맞은 농도이다. 여기에 무(중 3개)를 가늘게 채 썰고, 부추(2단)은 2~3cm 길이로 썰어서 양념에 섞는다. 맛을 보면서 부족한 간은 멸치액젓으로 맞춘다. 멸치액젓의 깔끔한 맛을 내는 비법은 따로 있다.

멸치액젓은 싱싱한 멸치로 젓갈을 담는다. 잘 삭으면 바구니에 망을 깔고 내린다. 맑은 원액을 받아 저온으로 3~4년 숙성시킨 후 사용하면 젓갈냄새가 나지 않고 깔끔한 맛을 낸다. 끓이지 않고 사용하는 것이다. 양념 발효액은 부추, 청양고추, 배, 키위, 매실 등을 넣고 발효시킨 후 숙성한 원액으로 각종 요리에 다양하게 사용할 수 있고 깊은 맛을 낸다. 너무 많이 넣으면 김치가 과발효 될 수 있으니 주의해야 한다. 양념은 김장하기 하루 전에 준비해 놓는다. 바로 양념을 해서 하는 것도 좋지만, 고춧가루를 섞은 후 하루 정도 두면 고춧가루가 충분히 불어서 더 부드럽고 선명한 고춧가루 색을 낸다.

거의 모든 재료를 갈아서 넣기 때문에 김장을 하고 양념의 농도를 조절하기가 쉽다. 생채소나 과일들을 김칫소로 많이 사용할 경우 물이 나와 김치를 담았을 때보다 양념이 씻겨나가지 않고 배추에 밀착력 있게 잘 묻어나 맛을 고루 낼 수 있다.

3.4 강릉 홍씨댁의 김장문화

강릉에서도 북쪽으로 올라가면 연곡면이라는 작은 마을에서 꽤 부농집이라고 칭하던 시골집에서 자란 나는, 농사를 지어서 그 수확으로 오로시 1년을 생계와 5남매 학비까지 충당해야 했던 기억은 1분 1초의 시간이 아까워서 학원을 전전하고 있는 요즘 아이들에 비교하면 눈물나게 살아남아야 하는 생활력을 배운 것 같다.

해마다 11월 중순에서 12월 초만 되면 김장김치와 추곡수매로 24시간이 모자랄 만큼 농사일에 치여 막걸리로 힘든 일을 이겨내던 아버지가 생각나며, 그로인하여 간경화에 죽을 고비를 몇 번이고 넘기신 아버지와의 추억은 해마다 김장김치를 하려고 제일 먼저 배추 절이기 준비하던 그때의 기억이 아스라이 떠올라 너무도 오래 전에 젊은 나이에 작고하신 아버지가 그리워진다.

1980년대 초만 해도 김장김치 담그는 일은 겨울준비에 가장 큰 행사 중에 하나였다. 어떤 바쁜 일보다 먼저 날을 정하여 온 가족이 함께 일손을 나눠 만드는 일은 굳이 화면으로 보지 않아도 세계문화유산에 등재된 김장김치 만들기 풍경이 똑같다. 조금 다른 부분이 있다면 매년 200여포기 정도의 김장을 하기 때문에, 밭에서 수확한 배추를 이등분으로 잘라 소달구지에 실어 8km 정도 떨어진 연곡면 영진리 바닷가에서 바위틈 사이에 조금은 넉넉한 공간을 확보하여 배추를 덤벙덤벙 담가두었다가 건져서 다시금 소달구지에 실어오는 일은 찬바람이 몰려오는 12월 초에 얼어붙은 손을 호호 불어가며 배추 절이는 일을 도왔던 기억은 지금은 참 아름다운 광경이라 표현하지만, 그 시절에 너무나 춥고 힘든 고통의 작업이었다. 소달구지에 가득 실은 배추를 바위틈으로 옮기는 일과 바닷물에 담가두었다가 건져내는 일은 참 열심히도 부모님을 도왔던 기억이 새록새록 돋아난다. 그렇게 소달구지로 배추를 절여 하룻밤 커다란 빨간 고무대야에 차곡차곡 쌓아두면 소금을 조금만 뿌려도 골고루 잘 절일 수 있었다.

그리고 명태를 손질하여 내장과 아가미, 알을 분리하여 육수를 내어 양념 만들고 버무리는 일들은 일상의 가정에서 만드는 재료가 비슷비슷하다. 그 옛날 강원도 주문진항에서는 명태잡이가 겨울 내 최고의 수익을 올리는 효자 상품으로 김장김치나 깍두기, 무생채 만들기에는 빠지지 않고 사용되는 재료였다. 명태는 머리부터 꼬리까지 버릴 것이 없는 생선으로 먼저 고니를 품은 내장으로는 찌개를 끓여먹거나 명태 알은 명란젓으로 만들고, 아가미는 깍두기 만들 때 넣으면 시원하고 깔끔한 맛을 더 잘 내어 주었다. 또한 창란은 손질하여 창란젓으로 만들어 젓갈로 이용했으며 머리와 살 부분은 끓여서 체에 걸러 육수로 이용하기도 했다. 이처럼 명태의 활용되는 것은 다른 지방에서는 볼 수 없는 독특한 지방 특색이다.

요즘은 연곡농협에서 김장철이 되면 해수로 절여진 배추를 주문받아 절임배추를 판매하고 있다고 하니, 그 옛날 친정아버지와 함께 달구지 타고 절여오던 김장철 풍경이 새삼 그립고 그립다.

일반적으로 김장 만드는 방법은 지역의 특색에 따라 가정의 경제적 여유에 따라 다르지만, 명태를 활용한 김장을 많이 만들었던 기억이 있다. 명태를 통째 넣어 푹 삶아 체에 내린 후 거즈에 걸러 육수로 사용한다. 맛있게 우러난 육수에 충분히 찹쌀가루를 넣고 저어가며 죽을 쑤어 준다. 찹쌀죽은 충분히 식힌 후 아래 재료를 갈아서 넣어 준다. 새우젓, 멸치액젓, 마늘, 생강, 대파, 쪽파, 양파, 배, 천일염, 설탕, 고춧가루를 넣어 저어준다. 너무 묽지도 되지도 않게 농도를 맞추어 준다. 무채를 썰 때는 채칼을 사용하지 않고 오로시 손으로 많은 양의 무채를 즐거운 이야기꺼리를 만들어 내며 즐거운 김장준비를 하였다.

김장하기 며칠 전부터는 뒤뜰에 묻어둔 김장독 정리와 밭에서 수확해둔 배추 다듬기, 그리고 배추를 반토막 낸 후 하루를 두었다가 하면 배추 부스러기가 적고 손질하기가 수월하였다.

양념은 김장하기 하루 전에 마늘 껍질을 제거하고 다지고 생강 손질하는 일들은 미리미리 준비해놓는다. 모든 재료만 준비하였다가 고춧가루를 섞는 것은 김장 당일에 간을 맞추어 버무린 후 바로 배추에 버무려 준다. 양념을 미리하면 고춧가루가 충분히 불어서 고춧가루 냄새가 나지 않지만 양념 보관과 관리 차원에서 양념을 바로 하여 버무린 후 냉장고에 보관할 것은 하루 정도 실온에 두었다가 보관하고 땅속 항아리에 담는 것은 그대로 꼭꼭 공기층이 생기지 않게 잘 보관한다. 조직이 단단하고 치밀한 배추를 사용하면 잘 무르지 않고 식감이 좋다. 11월 말쯤 배추를 밭에서 수확한 후 바닷물에 적셔 절인 후 소금을 윗부분에 조금씩 더 뿌려 절인다. 소금은 천일염[264)]으로 5년 이상 숙성시킨 후 사용한다.

잘 절여진 배추를 씻어준 후 양념을 고루 발라준다. 그늘진 뒤뜰에 구덩이를 파고 커다란 항아리를 묻어둔 김칫독을 김장 전날에 깨끗이 준비하여 버무린 김장김치를 공기층이 생기지 않게 차곡차곡 눌러 담아먹는 시기를 조절하면서 양념을 버무리지 않은 배추를 겉 부분을 감싸고 위에 천일염을 살짝 덮어 여름날까지 먹을 수 있도록 꽁꽁 잘 싸 매어 보관하여 다음해 김장을 할 때까지 든든한 먹거리가 되었던 기억은 지금도 김치가 넉넉하게 있어야 마음이 든든하기만 하다.

3.5 시어머니의 기억 속 김장

시어머니의 고향은 충청남도 서산이다. 태어나 유년을 그곳에서 보내셨고, 한 번도 고향을 떠나신 적이 없었다. 시어머니의 친정어머니는 음식솜씨가 유난히 좋아 동네 큰 잔치에서 꼭 모셔가는 분이셨다. 기억 속 시어머니의 김장은 여름에 논에서 자라는 새우를 체로 건진 다음 항아리에 새우 한 켜, 소금 한 켜를 넣어 새우젓을 직접 만들어 김장 젓갈로 쓰셨다. 김장 젓갈에 쓰인 젓갈을 소개하면, 자하젓(곤쟁이젓, 감동젓), 백하젓 등이다.

(1) 자하젓(紫鰕) 곤쟁이젓[265)]

자하는 보랏빛의 아주 작은 새우로 2~3월 또는 초가을에 소량 잡힌다. 이 자하로 담근 젓갈을 곤쟁이젓, 자하젓, 또는 감동젓이라고 한다. 만드는 방법은, 새우를 소쿠리에 담고 소금물에 흔들어 씻은 후 건져 물기를 뺀 다음 다시 소금으로 버무린다. 항아리에 꼭꼭 눌러 담고 웃소금을 넉넉히 올려 뚜껑을 닫아 두서너 달 봉해 두었다.

감동젓을 담그면 위에 기름 조각이 뜨는데 이것을 감동유라 하고, 이것을 떠냈다가 고기구이나 육회에 곁들여 먹으면 참기름처럼 고소한 맛이 일품이라 했다. 또 감동젓을 넣고 담근 김치를 감동무젓이라 했는데, 조선시대 양반가에서 설이 돌아올 때가 되면 김치 맛이 떨어지는데 감동무젓을 작은 항아리에 담아 선물했다 해서 유명해졌다.

(2) 백하젓(白鰕)[266)]

'눈같이 하얗다' 하여 백하란 이름이 붙은 새우다. 작고 빛깔이 희고 꼬리가 붉으며 배가 통통하게 살이 찐 새우를 1~2월 겨울철에 잡아 젓갈을 담근다. 자하젓처럼 새우를 소쿠리에 담고 소금물에 흔들어 씻어 물기를 뺀 후 소금을 약간 넣고 버무린다. 항아리에 새우와 소금을 번갈아 덮고 뚜껑을 잘 덮어 서늘한 곳에 보관하여 한 달 이상 충분히 삭힌다. 젓갈로 사용하지 않고 반찬으로 먹을 때는 파, 참기름, 깨소금을 넣어주면 풍미가 더해 없던 입맛도 돌아온다.

새우젓은 음력 3~4월에 담그면 춘젓, 5월이면 오젓, 6월이면 육젓, 삼복 이후 9~10월이면 추젓, 11월이면 동젓, 1~2월이면 동백하젓이라 한다. 늦봄부터 초여름에 잡히는 아주 작은 새우로 담근 곤쟁이젓, 초가을에 잡히는 어린 새우로 담근 자하젓(紫鰕醢, 자젓, 감동젓), 9월에 담근 엇젓, 돗대기새우로 담근 돗대기젓(뒷대기젓, 뎃데기젓), 중하로 담근 중하젓, 전라도에서 나는 아주 작은 보라색 새우로 담근 고개미젓도 있다.

한편, 전남 남부 지역에서 11월경 나는 민물새우로 담근 토하젓도 있다. 좋은 새우젓은 육질이 토실토실하고 액즙이 유색으로 맑으면서 풍미가 좋은 것인데, 새우의 산란기인 유월에 담근 육젓을 으뜸으로 친다.[267]

겨울에 먹을 김치를 담기 위해서는 봄부터, 가을까지 준비해야 한다. 소금은 지게에 지고 오는 등짐꾼에게 구입하여 금이 간 항아리에 넣어 간수를 빼고, 고등어 자반을 쌀푸대 종이에 싸서 소금 항아리에 보관해 특별한 날 먹기도 했다. 여름에 농사지은 고추는 볕이 잘 드는 마당에 말려서 절구에 넣고 빻아 굵은 체에 내린 것은 김장용으로 사용하고 고운 체에 내린 것은 고추장 담을 때 사용했다. 날리는 가루에 눈과 코가 매워서 수건으로 얼굴을 가리고 작업을 해야 한다.

김장은 입동 전에 담그는데, 배추를 손질하여 입구가 넓은 옹기 항아리에 절이거나 가마솥에 소금물을 끓여서 배추를 넣었다 꺼내서 절인다. 소금도 매우 귀한 시절이라 사용한 소금물은 버리지 않고 이웃끼리 돌려서 사용하였다. 고무장갑이 없어 맨손으로 큰 나무 절구에다 외무라 불리는 팔뚝만한 무를 넣고 절굿공이를 이용해 위 아래로 넣었다 꺼내기를 반복하며 무를 씻었다. 우물에서 길러온 물로 절인 배추를 씻어 싸릿대를 엮은 소쿠리나 삼잎 껍질을 엮어 만든 방석 위에 올려 물기를 빼주었다. 무는 채를 썰고 마늘, 생강, 파, 새우젓, 고춧가루를 넣고 버무려서 어른들이 드실 김치는 정성을 들여 더 맛있게 담았고, 식구들과 일꾼들이 먹을 김치는 양념을 조금 덜 들어가게 담았다.

계국지 김치도 담그는데, 먼저 게장을 담아먹은 다음 남은 게에다가 양념을 해서 만든다. 서산 앞바다에 사는 능쟁이라 불리는 칠게는 잡아 간장에 고추 넣고 게장을 담고, 남은 게장은 으깨서 김치를 담아 지져 먹는데 들기름과 쌀뜨물을 넣고 끓이면 밥도둑이 따로 없다. 게국지는 이른 새벽부터 서산의 개펄로 나가 능쟁이라 하는 칠게를 잡는다. 능쟁이는 게장도 만들고 게국지도 만드는 데 쓰인다. 이 게국지는 바다와 육지가 접해 해산물과 농산물을 쉽게 얻을 수 있었던 서산의 지역적 특성은 물론 하잘 것 없던 재료조차 아까워하던 서민들의 정서가 묘하게 점철 되어 탄생된 가장 독특한 향토음식이다.[268]

얼갈이배추와 무청, 청둥호박을 게의 일종인 능쟁이로 담근 게국 간장에 넣어 숙성시켜서 찌개로 끓여 먹는 이색적인 김치로 충남 서산 · 태안 지역의 향토음식이다.

게국지 김치는 일반 젓갈 대신 능쟁이 게국 간장을 이용하여 김치를 익힌 것이어서, 구수하고 진한 감칠맛이 나는 것이 특징이다.[269] 능쟁이는 게의 한 종류로 서산 앞바다에 서리가 내린 후에 나타난다. 갯벌에 사는 회색의 조그만 게를 일컫는 충청도 사투리며 칠게의 다른 말이다.[270]

바다는 품은 것들을 쉽게 내주지 않는 탓에 개펄 깊이 들어가야만 잡을 수 있고, 여러 번 잘 씻어주어야 흙내가 나지 않는다.[271] 요즘은 환경이 예전 같지 않아 꽃게를 넣고 게국지를 끓이는 식당이 많이 생겨났다.

배추김치를 시작으로 봄에 먹는 배추김치로는 장김치가 있는데, 배추는 포기로 절이고 양념은 조선간장과 쪽파, 마늘, 생강약간 넣고 버무려서 잎사귀에는 양념을 묻히지 않고, 줄기에만 드문드문 속을 넣어 익힌다. 깔끔한 맛이 특징인 김치이다. 그리고 무를 나박 썰고 배추 손으로 찢어서 담는 섞박지가, 호박김치는 늙은 호박으로 김치를 담는다. 늙은 호박은 껍질을 벗겨 썰어 김장을 하고 남은 우거지와 무청을 넣고 버무려 담는다. 김치로 그냥 먹기보다는 익혀서 겨우내 찌개를 끓여 먹기 위해 만들어 두었던 김치다.[272] 가마솥에 밥하던 시절 투거리라 불리는 뚝배기에 호박김치를 담고 들기름을 떨어뜨린 후 불린 쌀 위에 올려 쪄서 반찬으로 먹었다고 한다. 동치미는 외무라 불리는 무와 파, 마늘, 생강, 물만 넣고 커다란 항아리에 담가 놓는데, 겨울밤 삶은 고구마와 함께 먹으면 밤마다 먹어도 질리지 않다고 하셨다.

마지막으로, 짠지를 담그는 것으로 김장을 마무리했다. 어머님께서 어릴 적에는 봄에 먹기 위해 담그는 무김치가 있는데, 고추씨를 넣고 붉은 고추는 으깨서 소금을 넣어 담그는 짠지가 있다. 익으면 무가 노랗게 변해 썰어서 채 썰어 양념에 무쳐 먹거나 나박 썰어 물에 타 먹으면 개운해서 인기가 만점이다. 그 맛을 잊을 수 없어서 지금까지 담근다고 한다.

짠지는 무와 소금을 항아리에 켜켜이 담아 2~3일간 절인 다음 묵직한 돌로 눌러 놓았다가 무가 완전히 잠길 정도로 소금물을 부어 숙성시킨 김치이다. 먹을 때는 무를 나박썰기 하여 동치미처럼 물을 부어 낸다. 『조선무쌍신식요리제법』에 소개되어 있다.[273)]

긴 겨울동안 먹을 김장이 끝나면, 땅에 묻지 않고 부엌 옆 광에 차례로 담근 김치 항아리를 종류별로 놓아, 일년 내내 다양한 김치맛을 보셨다고 한다.

3.6 땅끝 해남 호장댁네 김치 이야기

전라남도 지역에서도 땅끝 해남은 월동배추가 아주 유명하다. 해남은 토양이 비옥하고 붉은색의 황토이며, 조선의 실학자 풍석 서유구 선생이 전라도 관찰사로 재직할 당시의 행정일지인 『완영일록』에도 토질의 비옥함이 나타나 있다.

해남의 비옥한 토양과 해풍은 건강한 식재료를 생산하는데 훌륭한 자원이 되어 주었다. 바다와 맞닿아 있는 우리 지역에서는 신선한 해산물을 쉽게 접할 수 있었고, 인근 섬에서 생산되는 깨끗한 소금과 신선한 제철 생선들로 집집마다 젓갈을 담아 사용하였다. 특히 우리집에서는 멸치젓과 조기젓을 빼놓지 않고 담갔던 기억이 난다. 이렇게 담근 젓갈들은 김장철에 요긴하게 쓰였다.

목포와 맞닿아 있는 해남으로, 신안에서는 소금을 팔러 오곤 했다. 특히 김장철과 정월 장 담그는 시기에는 소금장수가 며칠 동안 동네에서 소금을 팔며 신세를 지기도 했다. 당시에 토판염은 매우 귀한 소금이었지만, 우리 어머니는 늘 토판염으로 김치를 담그셨다. 유난히 아삭거리는 식감을 자랑하던 우리집 김치맛의 비결이 좋은 소금이었다고 어머니는 자신있게 말씀하신다.

오래 보관해서 먹는 김장김치는 무엇보다 절임이 중요하다고 말씀하셨고, 어린 나의 눈에도 배추를 다듬어 절임을 하고, 지하수로 깨끗이 씻은 다음 물기를 빼는 작업이 가장 힘들어 보였다. 1 : 9 농도로 소금물을 만들어서 한 번 담갔다가 빼서 소금 한 줌을 반으로 잘린 배춧잎 사이사이에 넣어주고 배추 뿌리 쪽에 소금 한 숟가락 정도 올려놓으며 배추를 절였다. 배추 절이기는 양념으로 옷을 입히기 이틀 전에 시작했다. 배추가 짜지 않을까 싶을 정도로 소금에 푹 절여진 느낌이 들 정도다.

김장 스케줄을 살펴보면 다음과 같다.

아침부터 배추를 채취해서 다듬어 놓고 점심을 드셨고, 절임을 시작하면 서너 시에 작업이 끝났고, 하룻밤 자고 이른 아침에 배추 아래 위를 바꿔주는 작업을 했다. 그리고 반나절이 지나고 저녁 무렵 배추를 깨끗이 씻어서 물기를 빼기 위해 쌓아놓았고, 다음날 아침 양념속을 채워 김치를 완성했다. 바로 먹을 김치에는 생굴을 넣으셨고, 양념을 조금 약하게 하셨고, 오래 두고 먹을 김치에는 생굴을 넣지 않고 간간하게 간을 하셨다.

내가 어렴풋이 기억하기로 30년 전에 배추는 지금처럼 크고, 다부져 보이는 배추가 아니었다. 잎맥이 선명하고 잎이 길며 색이 짙었고, 속이 꽉 차지 않으면서 향이 독특한 배추였다. 그땐 배추의 종을 몰랐지만, 그 배추가 바로 토종인 '구억배추'였다. 지금도 친환경으로 배추농사를 지어서 김장을 하고 있지만, 토종배추는 아니다. 20여 년 전만 해도 토종배추로만 김장을 담갔지만, 지금은 개량배추와 황금배추를 2 : 8정도로 섞어서 담는다. 부재료로 들어가는 토종갓은 특별히 씨를 뿌리지 않아도 겨울 들녘에 지천이었고, 토종무는 11월 말 서리가 내릴 즈음 뽑아서 지푸라기를 덮어서 보관했다가 사용했다. 김장에 잘 쓰이고 있다. 진한 보라색을 띠고 있는 홍갓은 김치의 풍미를 더해주는 좋은 식재료다. 요즘 부재료로 많이 쓰이는 미나리는 제철이 아니므로 우리집 김장에는 지금도 미나리는 들어가지 않는다.

해남에서는 김장을 12월 말에 많이 한다. 그래서 크리스마스 며칠 전에 김장을 시작해서 이브에 마무리했던 기억이 난다. 보통 크리스마스 시기가 우리동네 김장하는 날이었다. 해남 배추는 월동배추로 유명하다. 1월에도 해남 들녘에는 배추가 그대로 남아있다. 배추밭에 눈이 소복이 쌓여도 배추는 얼지 않고 싱싱하다. 겉잎이 시들해 보여도 한 잎만 벗겨 내면 속이 싱싱하게 살아있고 맛이 달다. 서울, 경기지역에서 한창 김장을 시작하는 11월 초에 해남의 들녘에 배추는 속도 차지 않고 활짝 피어 있다. 눈, 비, 바람을 맞은 배추는 영양가가 높고 맛이 좋다. 특히 땅끝의 바닷바람은 배추나 시금치에 맛있는 맛을 불어 넣어주는 마법의 바람이다. 한 집씩 돌아가며 김장 품앗이도 했고 김장철은 동네 잔칫날이었다. 노지에서 자라나는 대파와 말린 표고버섯, 다시마, 무말랭이, 북어로 육수를 만들고 찹쌀죽을 쑤어 양념에 넣는다. 젓갈로는 멸치젓과 조기젓이 주를 이루었고 생새우와 생조기를 갈아서 넣었다. 생새우와 생조기를 넣어도 비리지 않고 상하지 않으며 감칠맛을 내는 이유에 대해 어머니는 잘 절여진 배추 덕분이라 하셨다.

부재료인 홍갓과 쪽파, 무는 적당한 크기로 썰어 넣고 얇게 채 썰어 말린 무말랭이도 한 줌 넣어 주셨다. 생채와 무말랭이가 내는 맛은 아주 다르다고 하셨다. 정말 생채와 무말랭이는 식감도 다르고 김치 맛이 깊어진다.

나의 친정어머니는 매우 검소한 분이고 동네에서 손맛이 가장 좋은 부녀회장이셨다. 해남군에서 부녀회장을 가장 오래 하신 분으로 손꼽히기도 한다. 적극적이고 진취적인 성격의 소유자는 아니었고 매우 조용한 분이셨으나 손맛이 좋아 늘 동네일을 도맡아 하셨고 어른들의 사랑을 독차지한 맏며느리였다. 시부모님 모시고 아들 다섯과 딸 하나를 키우며 정말 부지런히 사셨다. 식구들이 많아도 삼시세끼 밥상은 늘 풍성하게 차려주셨다. 제철재료로 금방금방 차려내는 어머니의 밥상은 매 끼니 명품밥상이었다. 한여름까지 시원하게 내어 주시던 싱건지와 묵은지는 지금도 잘 먹고 있다.

어머니의 모습을 보고 자라며 나는 깨달은 바가 매우 크다. 건강한 식재료로 건강하게 차린 우리 음식이 사랑하는 나의 가족과 이웃들에게 보약이 되어 주겠구나

하는 생각이다. 허리 한 번 펴지 못하고 3일 내내 김장을 정성껏 담그던 어머니의 모습을 보며 누가 뭐래도 우리집 김장김치가 최고의 명품김치임을 자신한다.[274)]

3.7 서울 익선동 윤○○ 씨댁 서울음식과 김장

윤○○ 씨(68세)[275)]는 서울 익선동에서 출생하여 17세 때 출가, 1945년 이래 서울의 돈암동(현 삼선동)에서 거주해오고 있다. 시집살이를 하지 않았기 때문에 음식에 대한 지식과 기술은 주로 친정에서 먹어 본 바를 스스로 터득해 가면서 쌓았는데, 스스로 음식 만들기를 좋아하고 또 주위 사람들 사이에 음식을 잘하는 사람으로 평판이 돌아 친척, 친지들의 잔치에서 음식장만을 도맡아 해왔다고 한다.

윤씨의 경우, 본가 윗대 어른이 황해도에서 천석군 소리를 들었을 만큼 부유했었는데, 그래서 황해도 음식의 영향을 받았다고 할 수 있다. 그러나 이 당시 사대부들 중 많은 사람들이 서울과 본향에서 모두 살림을 하는 경우가 많아, 음식에 있어 다른 지방과의 교류가 많았던 것으로 전해지므로 윤씨의 경우가 특별히 예외적인 것은 아니었다고 볼 수 있다.

한편 윤씨가 말하는 서울 음식과 그 조리법은 서울의 반가음식이 궁중음식의 영향을 많이 받았다는 기존의 논의를 확인해 준다. 예컨대, 윤씨는 낙지나 북어 등을 넣은 화려한 형태의 보쌈김치를 먹고 자랐으며, 친정인 익선동집의 찬모가 궁중 주방나인이었다고 한다.

김치는 보쌈김치와 장김치가 가장 많이 애용되었다. 특히 장김치야말로 서울의 대표적인 김치인데, 지금은 사라지고 없다.[276)] 간장으로 맛을 내며 국물이 넉넉한 형태로 정월 보름에 떡과 함께 먹었다. 윤씨의 집안에서는 김치에 젓갈을 사용할 경우 새우젓과 참조기젓을 주로 썼다.

윤씨의 집안에서는 계절별로 음식을 하여 먹는 시절음식을 아주 중요하게 생각하여 음력에 따른 '음식행사'를 잘 지켰다고 한다. 그 중 김치와 관련된 것을 정리하면, "…4월 초에 조기젓, …6월이면 오이 한 접으로 오이지를 담고, …추석 이후 고추를 사서 빻아 말리고, 11월이면 김장을 하고, 김장 끝나면 메주를 쑤어서 정월 이후 간장을 담았는데…"고 한다.

일부 조리서에서 사라진 조리법이 서울의 반가에서 일제강점기까지도 실천되고 있었다는 것으로써 조리서를 통한 연구가 불충분했다는 것을 알 수 있으며, 윤씨는 서울음식은 대체로 깔끔한 것이 특징인데, 개성음식의 영향이라고 보고 있으며, 기억으로는 23종이나 되는 고이는 음식 고배음식도 잘 발달했다고 지적했다. 한편 일제를 겪으면서도 일본음식의 영향을 받지 않았다고 못박았다.[277)]

반가에서는 음식의 정갈하고 맛깔스러운 맛과 음식을 강조한 반면, 중인층 가정에서는 반가음식에 비해 다양하고 화려했다고 한다. 반가가 서울 지역의 엘리트로서 서울 음식만의 맛을 강조한 반면, 중인층의 경우 그 계층에 속하는 사람들이 가지는 배경이나 기호들이 다양했고, 또 다른 지역과의 차이를 보다 폭넓게 수용하려는 태도를 가졌던 것으로 보인다. 따라서 중인층은 서울음식을 주로 하되 다른 지역의 음식도 일상생활에서 즐겼다고 보여진다.

음식에도 반상의 구별이 있어서 반가인 민씨 집안에서는 소고기와 생치(꿩)을 주로 먹었고, 돼지고기나 닭고기는 '천한 음식'으로 생각했다. 민어의 부레를 이용해 만든 부레찜도 내장을 이용했기 때문에 약간 상스러운 음식이라고 여겼다.

1916년생 김씨는[278)] 경기도 포천에서 나서 자랐으나, 18세인 1933년 서울 의성정동(현 남대문로 5가)으로 시집을 온 이래 서울에서만 생활해 왔다. 본가가 대대로 한의사를 업으로 해왔고, 체신공무원인 남편을 두었으므로 중인층 가정을 이루고 살았다고 볼 수 있는데, 친정어머니로부터 배운 음식과 출가 이후 서울 시댁에서 배운 음식을 모두 서울음식이라고 생각하고 이용했다고 한다.

김씨가 만든 음식 중 김치는 장김치 외 고들빼기김치, 갓김치 등도 있어 서울음식에 전라도 음식이 포함되었다.

3.8 조○강 씨댁의 김장날 풍경[279)]

조○강 선생은 임진왜란 때의 의병장 조헌(趙憲)공의 12대손으로 1938년 충남 금산에서 출생하였다. 경주 최부잣집 손이신 할머니로부터 명갓집 내림 손맛 중봉가의 음식문화를 전수받아 한국 전통음식점 서교동의 동촌(東村) 및 동촌식품을 운영하였으며, 평창 금당계곡변에 정강원 한국전통음식문화체험관[280]을 설립하였다.

“시끌벅적한 김장날은 마치 잔칫날 같습니다. 엄마 옆에 쭈그리고 입맛 다시며 바라보고 있는 우리에게 노오란 배추속대 잎 하나를 툭 떼어서 빨갛게 버무린 무채를 넣고 반 접어 ‘아’ 하며 입에 넣어주시던 어머니의 손길이 그립습니다.

김장날은 잔칫집 분위기였습니다. 아이들은 아이들대로 배추를 나르고, 어머니는 무를 썰고 고춧가루에 파, 마늘, 갓이며 젓갈 같은 것들을 한데 섞어 소를 준비했지요. 시루에서는 돼지고기가 뜨거운 김을 내며 쪄지고 있었지요. 금방 먹을 보쌈고기는 삶는 법이지만, 이렇게 잔칫집 같은 김장날의 보쌈은 주로 시루에 쪄서 먹거든요. 기름기가 쏙 빠진 돼지고기를 썰어 막 버무린 채김치와 함께 배춧잎에 싸 먹는 맛도 여간 즐거운 일이 아닙니다.

옛날 엄마들은 김장을 담글 땐 창호지로 입을 봉한 채 일했습니다. 혹여라도 침이 튀게 되면 불경해져, 김치의 맛이 덜해진다는 이유였지요. 또한 음양의 조화가 이루어지지 않으면 발효가 잘 되지 않아 제 맛을 낼 수 없다는 의미이기도 했습니다. 김치며, 깍두기, 동치미, 총각김치 등은 어느 가정이나 으레 담는 것이었고, 양반집에서는 각종 해산물까지 넣어 보쌈김치를 담그곤 했습니다. 배추에 갖은 재료들을 마치 수놓은 듯이 소로 박아 담던 대갓집 보쌈김치는 맛과 멋의 상징이었지요. 또 무에 칼집을 내 소를 박는 석류(石榴)김치, 나물을 이용해 담그는 향긋한 봄김치… 그러한 내림 손맛들이 오늘 여러분의 손끝으로 이어졌으면 합니다.

옛날 김장은 반 식량이나 다름없었습니다. 300포기, 많으면 500포기나 했던 기억이 있습니다. 배추밭과 무밭, 전체를 다 떼어서 겨울 양식인 김장을 준비했지요. 김장이 끝나고 나면 연탄까지 들여놓고 나면 어머니 얼굴엔 안도감이 비치곤 했습니다. 월동준비를 끝낸 셈이거든요. 그에 비해 지금의 살림살이는 꼭 소꿉장난 같습니다. 그래도 냉장고에 꽉 들어차 있는 김칫통을 보면 마음 뿌듯한 것은 여전한 것 같습니다.

겨울철 뒷마당에 묻어둔 항아리에서 꺼내먹던 그 찡한 김치 맛, 살짝 언 깍두기를 무국에 얹어먹던 추억의 맛을 간직하고 싶습니다."

3.9 충남 아산 예안 이씨 이정○ 종가의 장독대와 김칫광

충남 아산 예안 이씨 이정○ 종가는[281] 조선시대 참판을 지냈던 이정○이 고종에게서 하사받은 집이라 하여 참판댁으로 불리며, 중요민속자료 제195호로 지정되었다. 다양한 문화유산을 가지고 있는데, 특히 이씨 종가의 장독대는 창덕궁 낙선재 장독대의 모양과 구조가 동일하다. 이는 규장각의 직학사(直學士)와 참판을 지냈던 이정○이 고종에게 하사받은 집이라 당시 낙선재의 모습을 본떠지었기 때문이다.

우리 조상들은 더운 여름에 김치를 저장하기 위해 석정(石井)과 겹항아리를 사용하였다. 주로 냇가나 우물가에 돌을 쌓아 석정을 마련하고, 그 안에 항아리를 넣어 물이 독을 타고 흐르면서 일정한 온도가 유지되도록 하였다.

겹 항아리는 항아리 어깨부분에 물이 흐를 수 있는 턱을 만든 것으로, 안쪽 한두 군데에는 구멍을 뚫었다고 한다. 겹 항아리에는 주로 동치미를 보관했으며, 몸이 불편할 때마다 조금씩 먹었다하여 '약지김치'라고 불렀다고 한다.

김칫광은 땅에 김칫독을 묻고 그 위에 가는 통나무를 원뿔 모양으로 세운 후 짚을 덮어 작은 움집을 만든 것이다. 이렇게 하면 눈과 비를 피하는 것은 물론 땅속의 온도가 일정하게 유지되어 김치의 숙성과 저장성도 좋아진다. 김칫독을 묻을 때는 땅을 판 후 습기가 차지 않도록 쌀겨를 5cm 정도 쌓아두고 흙을 덮은 후 바닥을 다진다. 독을 묻은 후에는 짚을 엮어 김칫독 주변에 빙 둘러놓는데, 이는 비가 내려도 흙이나 물이 김칫독으로 튀지 않도록 하기 위함이다.

생태 배춧속박이와 조기젓 배춧속박이는 이득○ 종손이 대학시절 친구집에 갔다가 우연히 생태살을 넣어 만든 김치를 처음 맛보게 되었고, 생태김치가 입에 맞아 집에 와서 어머니에게 이야기를 전했다고 한다. 아들이 맛있게 먹었던 음식을 어머니께서 생태살을 넣어 김치를 만들었고, 가족들이 생태김치의 시원하고 산뜻한 맛을 좋아해 그때부터 김장할 때 생태 배춧속박이를 추가로 담그게 되었다고 한다. 최황○ 종부도 시어머니에게 배운 생태, 조기젓김치를 담아 내림김치로 전승되고 있다. 내륙에서는 굴을 구하기가 힘들어 예전에는 김치에 넣지 않았는데, 최근에는 유통이 발달되면서 굴을 넣어 김치를 담고 있다.

막김치의 재료는[282] 배추 7kg, 무 2.5kg, 미나리 600g, 쪽파 400g, 갓 1kg, 간장양념 재료로는 조선간장 1.5kg, 소금 100g을 준비한다.

배추는 지저분한 겉잎을 떼고 6~7cm 길이로 썬다. 깨끗이 씻어 채반에 널어 물기를 뺀다. 무는 씻어 4cm, 길이 0.3cm 두께로 채 썬다. 미나리, 쪽파, 갓은 흐르는 물에 씻어 물기를 빼고 4cm 길이로 썬다. 조선간장에 소금을 넣고 섞어 간장 양념을 만든다. 큰 그릇에 손질한 재료를 모두 담고 간장양념을 부어 고루 버무린다.

미주풀이

1) 한복려, 우리김치 백가지, 현암사, 1999, p.23.
2) 주영하, 김치, 한국인의 먹거리, 도서출판 공간, 1994, pp.122-125.
3) 온고지신 : 옛 것을 익히고 그것을 미루어 새것을 앎. 다시 말하면, 옛 학문을 되풀이하여 연구하고 현실을 처리할 수 있는 새로운 학문을 이해해야 비로소 남의 스승이 될 자격이 있다는 뜻임.
4) 윤서석, 한국음식, 수학사, 1987.
5) 강인희, 한국의 맛, 대한교과서주식회사.
6) 황혜성, 한국요리백과사전, 삼중당.
7) 세계김치연구소 지음, 종부의 손맛을 기록하다. 한국종가의 내림 발효음식, 미디어 컴퍼니 쿠켄, 2015.
8) 김숙년, 600년 서울음식, 동아일보사, 2001.
9) 조정강, 손맛 밴 우리음식이야기, 웅진닷컴, 2002.
10) 한국의 맛 연구회에서는 처음으로 김치 담그기에 도전하는 초보자를 대상으로 200여종이나 되는 김치 중에서 전통의 맥이 이어져야 할 것, 선호도가 높은 것, 조리법이 어렵지 않은 김치들을 40종 선정하여 만드는 법을 묶어 출판하였다. 1위 배추통김치, 2위 오이소박이, 3위 총각김치, 4위 동치미, 5위 열무물김치, 6위 백김치, 7위 쌈김치, 8위 나박김치, 9위 섞박지, 10위 깍두기 등이다.
11) 윤서석, 위의 책, pp.391-394.
12) 조숙정, 오이지, 한국의 · 식 · 주생활사전, 식생활, 국립민속박물관, 2018, pp.733-734.
13) 김숙년, 600년 서울음식, 동아일보사, 2001, p.295.
14) 윤서석, 한국의 음식용어, 민음사, 1991, p.252.
15) 윤덕인 외 4인, 강원도 음식문화, 지식인, 2019, p.40.
16) 전순의 지음, 한복려 옮김, 위의 책, p.109.
17) 전순의 지음, 한복려 옮김, 위의 책, p.112.
18) 김숙년, 위의 책, 동아일보사, 2001, p.311.
19) 문화공보부 문화재관리국, 한국민속종합조사보고서(향토음식편), 1985, p.283.
20) 한국 종가의 내림 발효음식백과, 2014, 네이버와 세계김치연구소가 공동 기획하고 출판 지원함. 사진 및 원고정리는 쿠켄.
21) 세계김치연구소, 한국 종가의 내림 발효음식백과, p.146.
22) 세계김치연구소, 한국 종가의 내림 발효음식백과, p.146.
23) 한국의 · 식 · 주생활사전, 식생활, 조숙정, 반지, 국립민속박물관, p.391.
24) 농촌진흥청 국립농업과학원, 전통향토음식용어사전, 교문사, 2010, p.217.
25) 김숙년, 위의 책, 2001, p.310.
26) 이시필 저, 백승호 · 부유섭 · 장유승 옮김, 소문사설, 조선의 실용지식 연구노트, Humanist, 2011, p.116.

『소문사설(謏聞事說)』은 숙종의 어의 이시필의 저서로 온돌, 생활도구, 음식, 과학지식 등 실용지식 연구노트이다. 조선 후기의 실학(實學)은 이용후생(利用厚生)과 경세치용(經世致用)을 추구하는 실증적, 실용적 학풍으로, 국가운영을 책임진 사대부 실학자들은 조선사회가 안고 있는 제도적 문제를 지적하고 개혁방안을 마련하는 데에 힘썼다.

27) 강인희, 위의 책, pp.272-273.

28) 한국의 맛 연구회, 위의 책, pp.47-48.

29) 한국의 맛 연구회, 위의 책, pp.76-77.

30) 한국의 맛 연구회, 위의 책, pp.76-77.

31) 손정규, 우리음식, 삼중당, 1949, pp.38-39.

32) 세계김치연구소 지음, 한국종가의 내림 발효음식, 미디어컴퍼니 쿠켄, 2015, pp.75-76.

33) 김숙년, 위의 책, p.304.

34) 윤서석, 한국음식-역사와 조리법, 수학사, 2002, pp.267-268.

35) 명인의 맛 85가지 계절김치, 미래엔, 2010, p.39.

36) 배추는 열무인 듯함. 재료 중 열무는 없으므로.

37) 황혜성, 위의 책, p.292.

38) 윤서석, 위의 책, pp.264-265.

39) 김숙년, 600년 서울음식, 2001, p.301.

40) 조정강, 위의 책, p.229.

41) 윤미월의 김치이야기, http://www.윤미월.com

42) 김숙년, 위의 책, p.302.

43) 윤서석, 한국음식, 수학사, 2002, pp.270-271.

44) 한국의 맛 연구회, 위의 책, pp.14-17.

45) 한희순 · 황혜성 · 이혜경, 이조궁정요리통고, 학총사, 1957, p.138.

46) 한국의 맛 연구회 지음, 위의 책, pp.52-53.

47) 한국의 맛 연구회 지음, 위의 책, pp.19-21.

48) 김숙년, 위의 책, p.315.

49) 김숙년, 위의 책, p.315.

50) 조정강, 손맛 밴 우리 음식이야기, 웅진닷컴, 2002, p.246

51) 농촌진흥청 국립농업과학원, 전통향토음식용어사전, 교문사, 2010, pp.11-404.

52) 농촌진흥청 국립농업과학원, 전통향토음식용어사전, 교문사, 2010, pp.11-416.

53) 한복려, 우리가 정말 알아야 할 우리김치 백가지, 현암사, 2012, p.111.

54) 한복진 · 한복려 · 황혜성, 우리가 정말 알아야 할 우리음식 백가지, 2011, 현암사, p.450.

55) 한복진 · 한복려 · 황혜성, 우리가 정말 알아야 할 우리음식 백가지, 현암사, 2011, pp.436-437.

56) 한복진 · 한복려 · 황혜성, 우리가 정말 알아야 할 우리음식 백가지, 현암사, 2011, p.454.

57) 농촌진흥청 국립농업과학원, 전통향토음식용어사전, 교문사, 2010, p.217.

58) 한국강사신문, [EBS 한국기행] 김장김치 양념과 담그는 법 "게걸무, 볼락김치, 전복열무김치, 덤부

렁김치, 문어김치 등", 2019.11.30.

59) 농촌진흥청–콩잎김치.

60) 무등일보, 남도음식의 블루오션을 찾아라―11.김해 김씨 종가 고추장 · 반지 · 가죽잎부각, 2018.10.26.

61) 서부승 지음, 위의 책, p.23.

62) 박성희, 한식진흥원연구원.

63) 중부매일, '3소식' 불볕더위 날리는 전통사찰음식 어때?, 2019.08.07.

64) 경향신문, 겨울 산사서 담근 김치 '감칠맛', '개운한 맛', '매콤한 맛'으로 익어갑니다, 2019.12.27.

65) 경남도민일보, [지리산 제철밥상]장 가르기 · 가죽순김치, 2017.05.02.

66) 한복려, 우리가 정말 알아야 할 우리김치 백가지, 현암사, 2012, p.214.

67) 불교저널, 2011.07.07.

68) 불교신문, 아산 백련암 더덕물김치, 2016.03.23.

69) 글로벌이코노믹, '나는 몸신이다' 사찰음식 레시피 총정리! 면역력 높이는 방법 · 음식?, 2017.11.22.

70) 연합뉴스, 감칠맛 나는 사찰김치로 김장 담가볼까, 2013.11.01.

71) 불교신문, 봄맞이 '사찰음식' 특별전 뜨거운 호응, 2016.03.24.

72) 한복려, 우리가 정말 알아야 할 우리김치 백가지, 현암사, 2012, p.206.

73) 불교저널, 2011.07.07.

74) 새전북신문, [온누리] 사찰음식, 2012.08.26.

75) 불교저널, 2011.07.07.

76) 불교신문, 영국서도 사찰음식과 템플스테이 '호평', 2018.10.30.

77) 연합뉴스, 감칠맛 나는 사찰김치로 김장 담가볼까, 2013.11.01.

78) 불교저널, 2011.07.07.

79) 파이낸셜뉴스, 2019년 9월 23일자 김치 맛본 영국, 한국음식에 홀리다.

80) 훈제 파프리카가루+소금+후추+큐민가루+고춧가루를 섞어서 만듦.

81) 서울경제, '향신료의 나라' 사로잡은 김치 시즈닝, 2019.09.20.

82) 서귀포농업기술센터.

83) 여주시농업기술센터.

84) 농촌진흥청, 검정무, 2019.07.08.

85) 강원일보, [위크+]도내 지역 특색김치, 2005.11.18.

86) 고추재배전서–경상북도농업기술원 영양고추시험장.

87) 강원일보, [위크+]도내 지역 특색김치, 2005.11.18.

88) 강원일보, [위크+]도내 지역 특색김치, 2005.11.18.

89) 전북일보, [한국기행] '여름김치를 아시나요?' 4부. 향수로 버무린 맛, 질경이와 꼬시래기, 2019.07.25.

90) 강원일보, [위크+]도내 지역 특색김치, 2005.11.18.

91) 매일신문, 오랜 세월 이어지는 맛깔 나는 여름김치의 세계, 2019.07.19.

92) 농촌진흥청, 단델리온(식용민들레), 2019.07.08.

93) 오가닉라이프신문(https://www.iloveorganic.co.kr) 2019.07.22

94) EBSstory, 여름보양식, 닭배추김치와 닭물김치를 소개합니다!-EBS 한국기행.
95) 한복려, 우리가 정말 알아야 할 우리김치 백가지, 현암사, 2012, p.200.
96) 전북일보, [한국기행] '김치대첩' 3부. 덤부렁, 김장 그쯤이야, 2019.11.27.
97) 프레시안, 해산물요리의 바이블 같은 여수섬 안도 맛기행, 2019.08.13.
98) 제주일보, 국가대표 식품 김치의 진화…과학을 담그다, 2018.08.28.
99) 전북일보, [한국기행] '여름김치를 아시나요?' 3부. 복숭아처럼 향긋하고 달콤한, 2019.07.24.
100) MBC, [지금이 제철] 맛 · 식감 따라 골라먹는 '복숭아', 2015.08.06.
101) 양평군농업기술센터.
102) 농촌진흥청, 씀바귀, 2019.07.09.
103) 김천시농업기술센터.
104) 강원일보, [위크+]도내 지역 특색김치, 2005.11.18.
105) 네이버 국어사전, 명사 '방아깨비'의 방언.
106) 농촌진흥청, 용설채, 2019.07.09.
107) 제주일보, 국가대표 식품 김치의 진화…과학을 담그다, 2018.08.28.
108) 전북일보, [한국기행] '여름김치를 아시나요?' 4부. 향수로 버무린 맛, 질경이와 꼬시래기, 2019.07.25.
109) 강원일보, [위크+]도내 지역 특색김치, 2005.11.18.
110) 성주군농업기술센터.
111) 강원일보, [위크+]도내 지역 특색김치, 2005.11.18.
112) 뉴스엔, 강원도 별미 '통오징어김치' 뭐길래? 배현정도 사로잡았다, 2013.11.22.
113) 강원일보, [위크+]도내 지역 특색김치, 2005.11.18.
114) 뉴스엔, '한국인의 밥상' 최불암이 반한 평창 월동밥상, 2018.11.08.
115) 포항시 농업기술센터(포항시 북구 흥해읍 남성리 김순옥).
116) 전북일보, [한국기행] '김치대첩' 2부. 섬마을김치, 맛보다, 2019.11.26.
117) 뉴시스, 농진청, 건조배추기술 특허출원, 2018.12.12.
118) 일요서울, 경남특산물 박람회, '김치홍보관' 인기, 2017.11.17.
119) 뉴시스, 전남도 기능성 황칠김치산업화…제조법 특허 추가 기술이전, 2019.06.17.
120) 업다운뉴스, 한성식품, 저염도 퓨전김치 통해 김치의 대중화, 세계화에 기여하겠다, 2019.04.16.
121) 대박 백김치, 동화가든 대표 우승원.
122) 연합뉴스, 여수시 기능성 돌산갓김치 제조특허 3건 민간 이전, 2016.11.29.
123) 경향신문, 광양 오정숙 씨, 매실 백김치특허 획득, 2010.07.26.
124) 국민일보, "특허김치?, 특허막걸리?, 특허커피?", 2009.05.14.
125) 대전일보, 괴산농기센터, 브로콜리순 김치 괴산 대표김치 육성, 2018.05.23.
126) 뉴스1, "장수사과, 김치에 들어가다."…움채, 사과김치 출시, 2017.05.16.
127) 농민신문, 풍산김치 공장은…, 2018.12.14.
128) 농수축산신문, 저염 · 자생식물김치 등 가공제품 '호평', 2018.12.15.
129) 뉴시스, 울진군, 야생초 활용한 김치특허 마을기업 탄생, 2013.07.03.

130) 뉴스페이퍼, 강원 최우수김치 브랜드 평창 꽃순이, 나트륨 걱정 없는 황태김치, 2019.12.12.

131) 뉴스1, [우리고장 강소기업](주)대일 "기능성김치로 시장 확대", 2016.08.31.

132) 한국의 맛 연구회, 가장 배우고 싶은 김치 담그기 40, 북플리오, 2006, pp.2-3.

133) 한복려, 우리김치 백가지, 현암사, 1999, p.31.

134) 최홍식 : 김치상품의 품질향상, 김치과학과 기술, 5, 61(1999).

135) 최홍식, 김치문화와 과학기술시리즈(1), 한국의 김치문화와 식생활, 효일출판사, 2002, p.24.

136) 최홍식, 김치문화와 과학기술시리즈(1), 한국의 김치문화와 식생활, 효일출판사, 2002, p.25.

137) 아시아경제, 2019,10.27.

138) 김동명 외 1인 : 김치산업의 현황과 최근연구 및 기술개발 동향, 식품산업과 영양, 6(3), 53(2001).

139) 김치의 담금과 가공저장, 최홍식, 효일출판사, p.23.

140) 한경비즈니스, 제1258호(2020.01.08.)

141) 김주현 외, 국내소비자들의 김치 소비실태 연구, 2012.

142) 한복려, 위의 책, pp.18-21.

143) 유영혜(2002), 한국전통음식 중 김치에 대한 인지도 및 기호도 조사 : 세대별 차이 비교를 중심으로, 경기대학교대학원, 석사학위논문.

144) 식품재료학, 황재희 외 1인, 효일출판사, 2006.

145) 식품재료학, 황재희 외 1인, 효일출판사, 2006.

146) 내 몸을 살리는 야채 동의보감, 신재용, 2009.

147) 조연숙, 한 · 일 시판김치의 품질특성에 관한 연구, 영남대학교 박사학위논문, 2002.

148) 이투데이, sinembargo@etoday.co.kr

149) 조연숙, 한 · 일 시판김치의 품질특성에 관한 연구, 영남대학교 박사학위논문, 2002.

150) 조연숙, 한 · 일 시판김치의 품질특성에 관한 연구, 영남대학교 박사학위논문, 2002.

151) 홍선표, 조선요리학 1940(1397.11.9.).

152) 홍선표, 조선요리학 1940(1397.11.9.).

153) 전통김치, 안용근 · 이규춘 공저, 교문사, 2008년, p.170. 동아일보.

154) 전통김치, 안용근 · 이규춘 공저, 교문사, 2008년, p.171. 동아일보.

155) 김치의 담금과 가공저장, 최홍식, 효일출판사, p.23.

156) 서울=뉴시스, jmkim@newsis.com

157) 2017년도 김치산업동향, 2018-1, 세계김치연구소, p.39.

158) 2017년도 김치산업동향, 2018-1, 세계김치연구소, p.40.

159) 한국경제 TV. 입력 2018-12-17.

160) 한국농업신문 : 2019.10.13 http://www.newsfarm.co.kr/

161) 김치를 맛있게 하는 유산균으로 김치를 시어지게 하는 산패균 번식을 억제해 김치가 신선하게 유지되고 아삭거리며, 자극적이지 않고 숙성된 김치의 맛을 증가시켜주는 종가집만의 특허 받은 유산균.

162) 주간동아 2019.03.29 1182호(p30~31) grape06@donga.com

163) 2011 NHERI리포트 제159호(2011.11.28.).

164) 헤럴드경제 기사입력 2019-10-28 09 : 45 http://news.heraldcorp.com/view.

165) 서정석, 김치시장의 실태와 농협김치의 시장전략에 관한 연구, 아주대학교 석사학위논문, 1998, p.34.

166) 김옥선 외 1인, 서울지역 여성의 시판김치 구입현황과 구매촉진에 관한 연구, 「한국식생활문화학회」, 22(2), 2007, pp.167-175.

167) 한국식품정보원, 김치시장, 월간식품세계, 5(Nov.), 2004, pp.57-63.

168) 2017년도 김치산업동향, 2018-1, 세계김치연구소, p.14.

169) 2018식품유통연감(김치편), 식품저널, 2018.

170) 조경미, 영산대학교 관광대학원, 석사학위논문. 시판김치의 이용실태와 선호도 및 구매 행태에 관한 연구, −부산지역을 중심으로−.

171) 2017년도 김치산업동향, 2018-1, 세계김치연구소 p.13.

172) 조선래, 김치구매 시 소비자의 개인가치, 소비성향, 제품선택, 속성 및 재구매의도 간의 관계 −지각위험의 조절역할을 중심으로−, 상명대학교 대학원, 박사학위논문.

173) 대한민국김치협회 : 그동안 (사)한국김치협회와 (사)세계김치협회로 양분되어 있던 김치 관련 협회가 「김치산업진흥법」 시행에 맞춰 '대한민국김치협회'로 통합돼 2012년 1월 13일 공식 출범하고, 세계화를 위한 힘찬 발걸음을 내딛었다. 회원수 166곳. 초대 협회장은 김순자 회장이다.

174) 한국농어민신문, 2020.02.18.

175) http://blog.daum.net/siliyoon/14339506, 2016.12.01.

176) 농협중앙회, 농협김치공장결산자료, 2004.

177) 농식품 해외시장 맞춤조사 1812-04, 홍콩 : 김치 : 전자자료 보고서 기획 및 작성, 한국농수산식품유통공사.

178) 식품음료신문, 2018(http://www.thinkfood.co.kr(1월 16일).

179) 2011 NHERI리포트 제159호(2011.11.28.).

180) 식품음료신문, 2018(http://www.thinkfood.co.kr(1월 16일).

181) 2017년도 김치산업동향, 2018-1, 세계김치연구소 p.106.

182) 김연중 외, 중국김치, 당근의 생산, 유통, 수출현황과 전망, 한국농촌경제연구원 연구자료, 2006.

183) 세계김치연구소, 김치산업동향, 2015.

184) 2017년도 김치산업동향, 2018-1, 세계김치연구소, p.23.

185) 2017년도 김치산업동향, 2018-1, 세계김치연구소 p.107.

186) 2017년도 김치산업동향, 2018-1, 세계김치연구소, p.26.

187) 시사위크, 2015년 11월 30일.

188) 서울경제신문, 2016.12.09.

189) 한국농어민신문, 2020.01.14.

190) 디지털타임스, 2018.01.31.

191) 농어촌신문, 2019년 06월 27일.

192) 농어촌신문, 2019년 06월 27일.

193) 농어촌신문, 2019년 06월 27일.

194) 한국식품명인협회, http://kfgm.co.kr

195) 식품저널 인터넷식품신문(http://www.foodnews.co.kr) 2015.09.24.

196) 식품저널 인터넷식품신문(http://www.foodnews.co.kr) : 2019.07.04.

197) 김치관광 선호유형이 만족도에 미치는 영향, 소진석, 2014, 전남대학교 문화전문대학원 석사학위논문.

198) 세계타임즈, http://www.thesegye.com/news/newsview. 2019-10-30.

199) 이투데이, sinembargo@etoday.co.kr

200) 명인의 맛 85가지 계절김치-미래엔, 2010, p.11.

201) 명인의 맛 85가지 계절김치-미래엔, 2010, p.19.

202) 엇젓 : 9월에 담그는 새우젓.

203) 명인의 맛 85가지 계절김치-미래엔, 2010, p.20.

204) 9월에 잡은 새우로 담근 새우젓.

205) 명인의 맛 85가지 계절김치-미래엔, 2010, p.22.

206) 명인의 맛 85가지 계절김치-미래엔, 2010, p.26.

207) 명인의 맛 85가지 계절김치-미래엔, 2010, p.39.

208) 알토란 요리방송, 2019.09.02.https://weirdream.tistory.com

209) 강순의의 계절김치, 성전기획, 2011.

210) 고추·마늘 등 양념이나 곡식을 가는데 쓰는 연장.

211) 강순의의 계절김치, 성전기획, 2011. p.34.

212) 강순의의 계절김치, 성전기획, 2011. p.35.

213) 푸성귀나 해산물 또는 곡식이나 과일 등에서 그해에 맨 먼저 거두어들이거나 생산된 것.

214) 강순의의 계절김치, 성전기획, 2011. p.36.

215) 내가 담근 우리집 첫김치-웅진 리빙하우스(2011).

216) 자연상태의 갯벌을 염부가 쇠 롤러를 메고 겨울 내내 갯벌을 다져 만든 토판에서 소금을 얻은 것.

217) 내가 담근 우리집 첫김치, 웅진 리빙하우스, 2011, p.20.

218) 내가 담근 우리집 첫김치, 웅진 리빙하우스, 2011, p.21.

219) 내가 담근 우리집 첫김치, 웅진 리빙하우스, 2011, pp.22-23.

220) 내가 담근 우리집 첫김치, 웅진 리빙하우스, 2011, p.23.

221) 윤미월의 김치이야기, http://www.윤미월.com

222) 윤미월의 김치이야기, http://www.윤미월.com

223) 식품명인체험홍보관, 제121회 명인체험.

224) 식품저널 인터넷식품신문, 2013년 12월 5일자.

225) 유네스코 인류무형문화유산 : 세계유산협약에 따라 유네스코 세계유산위원회가 인류전체를 위해 보호되어야 할 보편적 가치가 있다고 인정하는 유산, 종묘제례 및 종묘제례악, 판소리, 강릉

단오제, 남사당놀이, 강강술래, 처용무, 영산재, 제주칠머리당영등굿, 가곡, 대목장, 매사냥, 택견, 줄타기, 한산모시짜기, 아리랑, 김장, 한국의 김치를 담그고 나누는 문화(2013.120, 농악, 줄다리기, 제주해녀문화, 씨름, 한국의 전통레슬링 등 20개 보유.

226) 유네스코 한국위원회 홈페이지http://heritage.unesco.or.kr

227) 이투데이 2018.11.05.일자.

228) 경향신문 2014.11.19일자.

229) 2019년 서울김장문화제 http://www.seoulkimchfestival.kr/2019/kr/

230) 이하연 명장 유튜브 인터뷰.

231) 2014년, 서울김장문화제 http://festival.go.kr
2019년, 서울김장문화제 http://www.seoulkimchfestival.kr/2019/kr/

232) 식품음료신문 2019.11.19.일자.

233) 2019년, 김장문화제 http://www.seoulkimchfestival.kr/2019/kr/

234) 2019년, 김장문화제 http://www.seoulkimchfestival.kr/2019/kr/

235) 2019년, 김장문화제 http://www.seoulkimchfestival.kr/2019/kr/

236) 식품음료신문, 2019.11.11.일자.

237) 2014년, 서울김장문화제 http://festival.go.kr

238) 이하연 김치명장 유튜브 인터뷰.

239) TRAVEL BIKE NEWS http://www.travelnbike.com 2015.1.16일자.

240) 선데이뉴스, 2016.11.6일자.

241) 2019년, 이하연 김치명장 유튜브 인터뷰.

242) 부인신보, 1947년 11월 18일자 칼럼 중에서.

243) 박채린, 문헌고찰을 통한 20세기 전반 김치제조 연구, 숙명여자대학교 전통문화예술대학원 전통식생활문화전공 석사학위논문, 2006, p.26.

244) 이규태, 우리의 음식이야기, 기린원, 1990, p.106.

245) 김미혜 · 정혜경, 소설 토지를 통한 구한말에서 일제강점기의 음식문화연구, 「한국식생활문화학회지」, 26(6), 2011, pp.539-553.

246) 위의 논문, p.549.

247) 오카다 데쓰, 정순분 옮김, 돈가스의 탄생-튀김옷을 입은 일본근대사, 뿌리와 이파리, 2004, pp.149-151.

248) 이병기(李秉岐, 1891~1968)는 국문학자, 시조시인으로 본관은 연안(延安), 호는 가람(嘉藍). 전라북도 익산 출신으로 1930년 조선어철자법 제정위원, 연희전문학교, 보성전문학교의 강사를 겸하다가 1946년부터 서울대학교 교수를 역임하고, 6 · 25를 만나 1951년부터 전북대학교 문리대학장을 지내다 1956년 정년퇴임하였다. 전라북도 전주시 다가공원에 시비가 세워졌다. 가람 이병기전집 30권 중 『가람일기』 부분 3권이 간행되었다.
이병기 저, 정병립 · 최승범 편, 신구문화사, 1975, 8/26-p.27, 8/31-pp.34-36, 9/7-p.46, 9/26-p.60, 10/2-p.77.

249) https://www.kimchikan.com

250) 일요서울, 2018.11.28일자.
251) 세계김치연구소 지음, 한국 종가의 내림 발효음식, 2015, pp.41-42.
252) 세계김치연구소 지음, 위의 책, pp.41-43.
253) 세계김치연구소 지음, 앞의 책, p.41.
254) 세계김치연구소 지음, 앞의 책, p.30.
255) 세계김치연구소 지음, 앞의 책, p.32.
256) 세계김치연구소 지음, 앞의 책, p.33.
257) 세계김치연구소 지음, 앞의 책, p.35.
258) 시의전서.
259) 조선요리제법.
260) 손정규, 우리음식, 삼중당, 1940, pp.98-99.
261) 손정규, 위의 책, p.46.
262) 세계김치연구소 지음, 한국 종가의 내림 발효음식, 2015, p.13.
263) 세계김치연구소 지음, 위의 책, 2015, pp.24-25.
264) 천일염에는 두 가지 종류가 있는데, 첫째, 장판염 : 장판 깔아놓은 상태에서 수확한 것, 둘째, 토판염 : 자연상태에서 갯벌을 염부가 쇠롤러를 메고 겨울 내내 갯벌을 다져 만든 것.
265) 궁중음식연구원, 수라일기, 2018.3.30, p.199.
266) 궁중음식연구원, 위의 책, p.199.
267) 한국세시풍속사전.
268) KBS1 한국인의 밥상.
269) 전통향토음식용어사전, p.33.
270) 네이버 지식백과.
271) KBS 한국인의밥상제작팀, 한국인의 밥상, ㈜시드페이퍼, 2012.6.25, p.218.
272) 김치연구소 지음. 2015.3, p.71.
273) 농촌진흥청국립농업과학원, 전통향토음식용어사전, 교문사, 2010.7.5. p.366.
274) 전라남도 해남군 산이면 상공리 호장댁 김명숙(83세) 여사와 딸 박성희(44세) 씨 제공.
275) 정혜경 · 이정혜 · 조미숙 · 이종미, 서울음식문화에 대한 연구-심층면접에 의한 사례연구, 「한국식생활문화학회지」, 11(2), 1996, pp.157-158.
276) 정혜경 외 3인, p.158.
277) 정혜경 외 3인, 위의 논문, p.159.
278) 정혜경 외 3인, 위의 논문, p.162.
279) 조정강, 위의 책, p.225.
280) http://www.jeonggangangwon.com
281) 세계김치연구소 지음, 위의 책, pp.92-93.
282) 위의 책, p.91.

Profile

윤덕인 尹德仁

- 가톨릭관동대학교 조리외식경영학과 명예교수
- 학위논문:한국과 일본 떡류의 변천 발달에 관한 비교연구(중앙대학교 이학박사)

〈주요저서〉

- 호텔외식조리문화개론, 신광출판사, 2004
- 한국음식, 관동대학교출판부, 2005
- 일본음식, 관동대학교출판부, 2006
- 최신 식품조리과학, 신광출판사, 2013
- 최신 외식창업과 메뉴개발론, 신광출판사, 2015
- 교류역사 속의 동아시아 음식문화, 지식인, 2018

〈공저〉

- 제민요술, 민음사, 1993
- 음식법, 아쉐뜨 아인스미디어, 2008
- 한국조리, 파워북, 2011
- 한국일생의례사전, 국립민속박물관, 2014
- 맛 · 격 · 과학이 아우러진 한국음식문화, 교문사, 2015
- 한국 의 · 식 · 주 생활사전-식생활, 국립민속박물관, 2018
- 강원도의 음식문화, 지식인, 2019

홍미숙 洪美淑

- 현 경원중학교 교사
- 학위논문 : 조리교육이 청소년기의 심리적 안녕상태에 미치는 영향연구(경기대학교 외식조리관리학, 관광학 석사)
- 조리기능장(2018)

김문경 金紋敬

- 가톨릭관동대학교 호텔외식경영학과 외래교수
- 학위논문 : 소비가치가 시판김치 이용고객의 소비성향과 제품선택 속성 및 재구매 의도에 미치는 영향 -위험지각의 조절역할을 중심으로- (가톨릭관동대학교 외식경영학 박사)
- 하담원식문화연구소 대표

〈공저〉

- 강원도의 음식문화, 지식인, 2019

박수금 朴秀錦

- 강원도립대학교 바리스타제과제빵과 외래교수
- 강릉 평생학습관 강사
- 학위논문 : 향토음식의 선택속성이 소비자 구매행동에 미치는 영향(가톨릭관동대학교 외식경영학 석사)